도표와 통계로 배우는
중국 경제

| 고정식 저 |

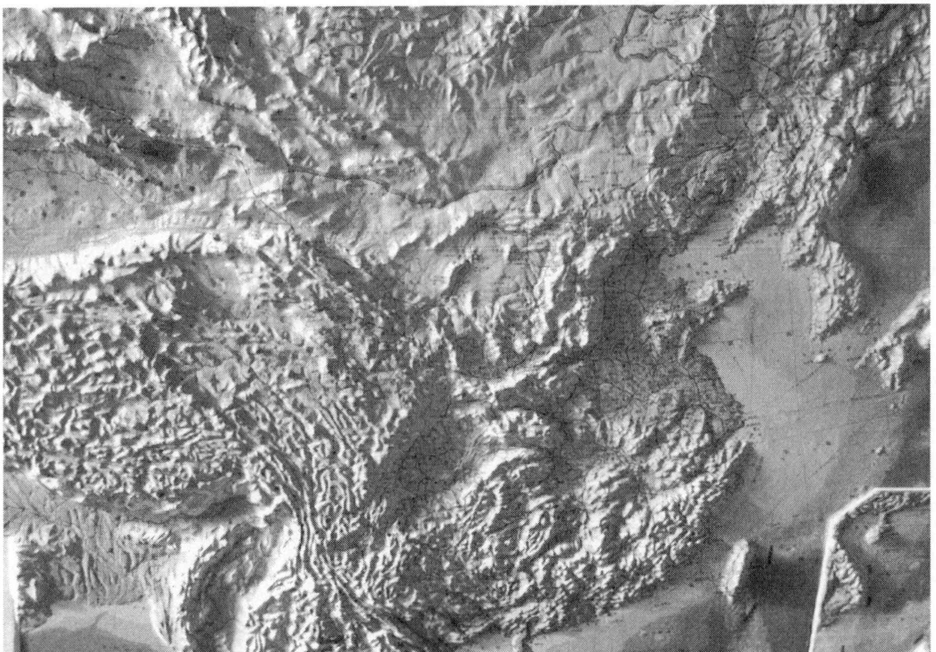

신아사

머리말

본서는 통계와 도표를 이용하여 이해하기 쉽도록 중국경제를 표현하였다. 일반적으로 경제활동은 통계를 통해서 이해하는 것이 객관적이고 알기 쉽다고 알려져 있다. 경제가 발전하고 선진국이 될수록 복잡한 경제 현상에 대한 객관적이고 종합적인 이해가 요구된다. 경제 통계에 대한 수요가 많아지는 것도 이러한 필요성 때문이다.

따라서 본서는 중국경제와 관련된 각종 통계를 수집하고 모아서 주제별로 분류한 이후 도표화하여 중국경제의 주요 내용을 설명하고자 하였다. 본서의 내용은 중국경제와 관련하여 매우 평이하면서도 종합적이고, 객관성을 유지할 수 있도록 작성되었다. 따라서 중국경제를 종합적으로 이해하는 데 도움이 될 것으로 생각한다.

오늘날 우리는 저마다 경험적으로 알고 있는 중국을 이야기하고 있다. 그러나 모두가 잘 알고 있다는 중국은 저마다 다른 모습으로 인식되는 경우가 허다하다. 이솝 우화에 나오는 장님 코끼리 만지기 우화와 비슷한 경우인 것이다. 특정 분야에 대하여 전문화될수록 종합적인 인식과 시각을 유지하는 것이 중요하다. 그러나 일반적으로 종종 상반된 현상이 발생한다. 그것은 특정 분야를 연구하고 관심을 가진 사람일수록 자신이 보고 싶은 부분만 보고, 알고 싶은 내용만 파악하고 경험하여 왔기 때문이라 생각된다. 이러한 점을 고려하여 이번에 발간하는『도표와 통계로 배우는 중국경제』는 중국경제와 관련된 가장 기초적이고, 객관적인 통계자료를 가지고 종합적으로 중국경제를 이해하고자

하였다.

먼저 본서에서는 중국경제를 세계경제 통계와 비교하여 이해하고자 하였다. 중국경제를 보다 객관적으로 파악하기 위해서 세계 주요 국가들과 통계적으로 비교하는 것이 필요하기 때문이다. 거울이 있어야 자기 얼굴을 제대로 볼 수 있는 것처럼 중국경제를 세계 주요 국가의 다양한 지표들과 비교해보면 중국경제의 성과와 장단점을 객관적으로 파악할 수 있기 때문이다. 중국경제는 매우 빠른 속도로 변화하고 성장하고 있는 국가이기 때문에 수많은 평가가 존재할 수 있다. 그러나 세계 국가와의 비교는 일방적으로 한 측면만을 강조하면서 중국을 지나치게 과대 평가하거나 과소평가하는 시각을 극복하고 균형적으로 인식할 수 있도록 해줄 것이다.

또한 중국의 개혁개방 30년의 정책 내용과 성과에 대하여도 특징적인 내용 중심으로 도표화하여 다루었다. 통계와 도표가 생성된 이면에는 이러한 경제통계가 가능하도록 한 정책과 제도가 있었기 때문에 이에 대한 기초적인 내용 이해도 필요하다. 중국의 개혁개방 정책과 내용은 사회주의 시장경제를 전제로 하여 설명된 경제학적으로도 매우 특수한 경우이기 때문에 기본적인 이해가 필요한 부분이다. 현재의 중국경제 성과를 만들어 낸 것도 경제개혁과 대외개방으로 표현되는 정책이 있었기 때문에 가능한 것이었다. 따라서 본 서에서는 중국의 개혁개방과 관련된 내용 중 핵심적인 내용만 선별해서 도표화하였고, 나아가 개혁개방 30년의 성과를 나타내는 경제통계를 기초로 각종 도표를 작성하여 그 이해가 용이하도록 노력하였다.

더불어 중국경제의 특성과 구조를 거시지표, 성장과 물가, 정부재정, 금융, 산업구조, 기업구조, 에너지, 소비와 인구구조, 고용과 임금, 교육과 인적자본 등 다양한 주제와 관련된 통계와 도표를 가지고 설명하였다. 중국경제의 특성과 구조를 이해하는데 가장 중요하면서도 핵심적인 지표들이라고 할 수 있다. 여기에서 소개된 통계와 도표를 눈으로 따라가다보면 중국 경제의 구조가 객관적으로 드러나게 될 것이다.

나아가 중국의 각 지역별 경제상황을 소득, 인구, 산업 등 중요한 경제지표 측면에서 비교하여 각 지역이 위치한 객관적 상황을 설명하고자 하였다. 중국은 매우 다양한 지역으로 구성되어 있고, 경제적 차이도 크기 때문에 지역별 비교를 통한 이해가 필요하다. 이를 통해 어느 지역이 중국 경제성장을 견인해왔고, 또 앞으로 지역격차를 줄이기 위하여 어떤 지역에 더 많이 투자되어야 하는지 등에 대하여 종합적으로 이해할 수 있게 해줄 것이다. 나아가 한국과 중국간의 경제교류를 무역, 투자, 인적 교류 측면에서 쉽게 이해할 수 있도록 관련 통계와 도표를 제시하였다.

어떻게 보면 본서는 중국경제의 입문서에 해당할 수도 있다. 왜냐하면 중국경제의 기본적인 내용들을 담고 있는 각종 경제통계를 활용하였고, 또 그것을 도표화하였기 때문이다. 그동안 교육현장에서 중국경제를 강의해오면서 이러한 필요성을 항상 느껴왔고, 중국 전문가, 기업인 등 다양한 사람들과 함께 활동해오면서 종합적이고 객관적으로 정리된 중국경제 내용이 필요하다는 것을 인식했기 때문이다. 물론 개인적으로도 중국경제에 대한 다른 전문가의 입장과 연구내용을 접할 때마다 균형 있는 시각을 견지해야 하였고, 나아가 중국경제의 다면적인 모습을 통계나 도표를 통하여 종합적으로 알고 있을 필요가 있다고 생각되었다. 이러한 의미에서 본서는 필자 자신의 필요성에 의하여 만들어졌을지도 모르겠다.

중국은 이제 우리 옆에 우뚝 선 거대한 실체가 되었다. 지난 수천 년의 역사 속에서 한반도와 중국은 그런 관계로 지속되어 왔다. 또한 중국은 경제성장을 통해 빠른 속도로 세계 중심으로 나아가고 있다. 중국경제의 성장과 변화는 한반도뿐만 아니라 세계 경제에 큰 영향을 미치고 있다. 한국과 중국은 지리적으로 가장 가까이 있으면서 경제협력 또한 지속적으로 강화해오고 있다. 따라서 향후 중국 경제는 한국경제에 더욱 중요한 의미를 지니게 될 것이다. 본 서가 중국경제를 이해하고, 미래를 준비하고자 하는 모든 독자들에게 조그만 도움이 되었으면 하는 마음 간절하다.

2015년

고정식

●● 목 차 ●●

Ⅳ. 중국경제의 특성과 구조

Ⅴ. 중국의 성별 경제 비교

표/그림목차

・・표・・

• • 그림 • •

중국 전도 및 각 지역 지도

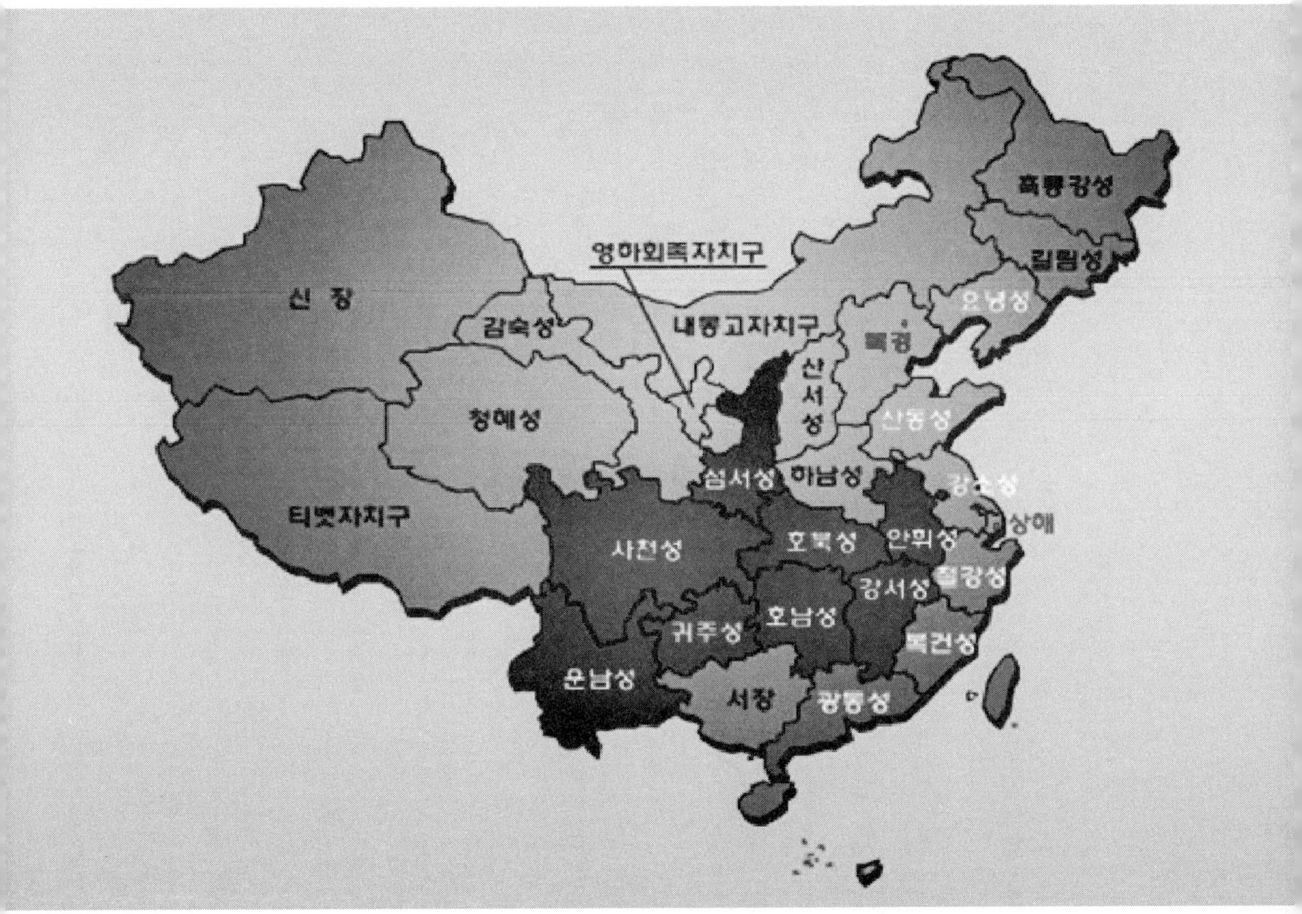
흑룡강성
길림성
요녕성
영하회족자치구
신 장
감숙성
내몽고자치구
북경
산
서
성
청해성
산동성
섬서성
하남성
상해
티벳자치구
사천성
호북성
안휘성
강서성
절강성
귀주성
호남성
복건성
운남성
서장
광동성

Ⅰ. 세계 속의 중국경제

국민소득과 경제규모
저축과 투자
산업생산과 제조업위상
에너지 생산과 소비
무역, 투자와 국제경쟁력
도시, 인구, 그리고 노령화

1 국민소득과 경제규모

<표 I-1-1> 세계 주요 국가의 국민소득과 중국

(단위 : 10억 달러)

	2006	2007	2008	2009	2010
한국	951.1	1,049.30	930.9	834.4	1,014.30
중국	2,787.40	3,493.80	4,519.30	4,990.50	5,878.60
홍콩	189.9	207.1	215.4	209.3	224.5
인도	947.7	1,205.90	1,283.20	1,353.20	1,722.40
일본	4,362.60	4,377.90	4,879.90	5,033.00	5,459.30
싱가포르	145.3	177.3	189.4	183.3	222.6
대만	376.4	393.1	400.1	377.4	430.1
멕시코	949.1	1,033.20	1,093.60	879.7	1,039.70
미국	13,398.90	14,061.80	14,369.10	14,119.10	14,660.40
브라질	1,089.40	1,366.90	1,653.10	1,593.40	2,089.20
프랑스	2,258.30	2,582.10	2,827.80	2,624.40	2,558.20
독일	2,919.90	3,332.30	3,627.80	3,326.40	3,302.70
이탈리아	1,865.60	2,115.00	2,295.20	2,110.10	2,049.90
러시아	989.9	1,299.70	1,660.80	1,222.00	1,479.80
스페인	1,235.00	1,441.20	1,593.10	1,463.80	1,407.40
영국	2,446.30	2,809.70	2,657.30	2,172.90	2,246.70
오스트레일리아	784	951.6	1,040.90	973.8	1,232.90
뉴질랜드	109.4	133.6	130.1	117	140.3

✣출처 : 한국은행, IMF, 대만통계청

- 국내총생산은 일정기간 내에 한 국가내에서의 총생산을 나타내는 것으로서 국민총소득에서 자국 국민이 해외에서 벌어들인 소득(해외수취 요소소득)을 빼고 외국인이 자국에서 벌어간 소득(해외지불 요소소득)을 포함한 금액
- 자국화폐 GDP를 기간평균환율로 나누어 계상

✣자료 : 한국은행「http: //ecos.bok.or.kr」2011. 8,
IMF「International Financial Statistics」2011. 8,
대만「http://www.cbc.gov.tw」2011. 8

<〈그림 I-1-1〉 세계 주요 국가별 국내총생산

(단위 : 억 달러)

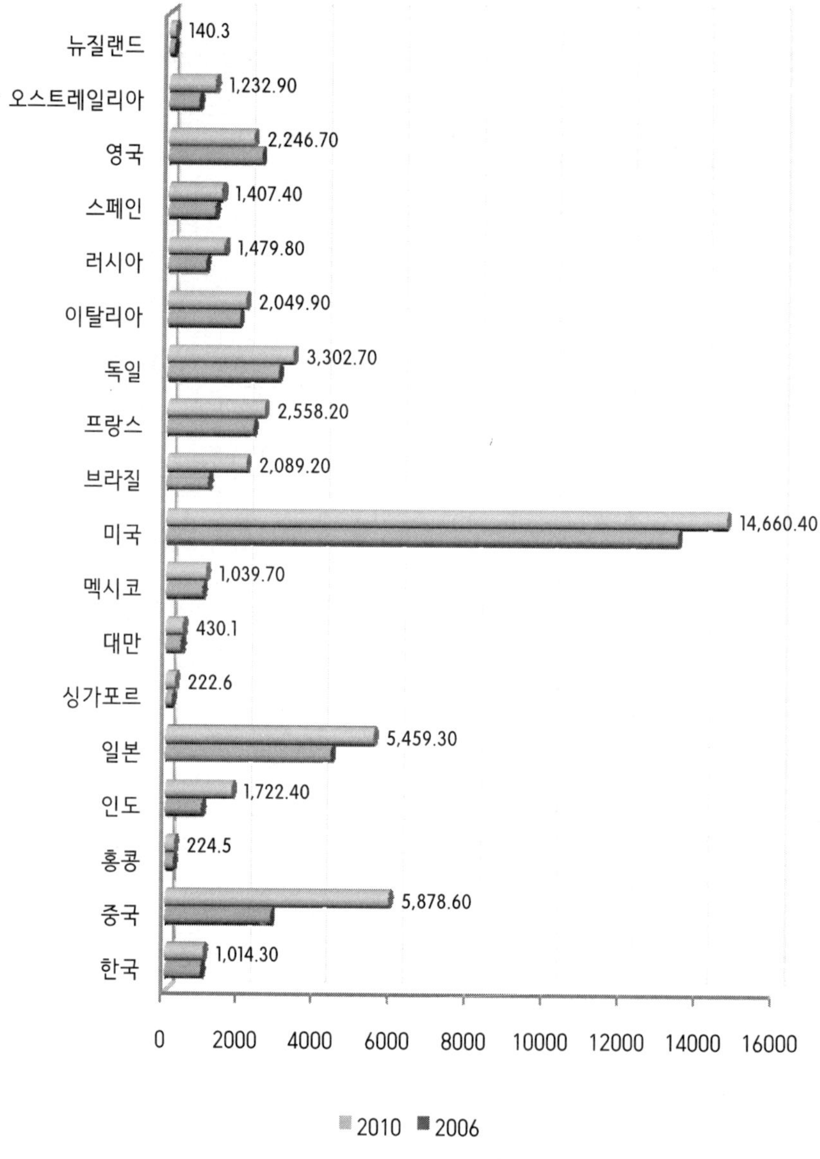

〈표 I-1-2〉 1인당 국민소득

(단위 : 달러)

	2006	2007	2008	2009	2010
한국	19,693	21,655	19,152	17,117	20,753
중국	2,120	2,644	3,402	3,738	4,383
홍콩	27,796	30,132	31,094	29,948	31,825
인도	819	1,027	1,078	1,120	1,406
일본	34,496	34,604	38,562	39,770	43,144
싱가포르	32,954	38,679	39,683	37,054	43,771
대만	16,491	17,154	17,399	16,353	18,588
캐나다	38,900	43,240	45,063	39,690	46,280
멕시코	8,801	9,460	9,886	7,852	9,166
미국	44,728	46,518	47,114	45,888	47,233
브라질	5,796	7,202	8,631	8,245	10,717
프랑스	36,793	41,818	45,538	42,027	40,744
독일	35,377	40,384	43,987	40,366	40,129
이탈리아	31,577	35,550	38,323	35,022	33,853
러시아	6,898	9,070	11,601	8,542	10,351
스페인	28,056	32,312	35,289	32,073	30,545
영국	40,410	46,139	43,371	35,244	36,216
오스트레일리아	37,793	45,058	48,380	44,463	55,368
뉴질랜드	26,136	31,564	30,407	27,062	32,127

❖출처 : 한국은행, IMF, UN, 대만통계청
　　　– GDP를 추계인구로 나누어 계상

❖자료 : 한국은행「http://ecos.bok.or.kr」2011. 8,
IMF「International Financial Statistics」2011. 8,
UN「http://esa.un.org/unpp」2011. 8,
대만「http://www.stat.gov.tw」2011. 8

〈그림 I-1-2〉 세계 주요 국가의 1인당 국민소득

(단위 : 달러)

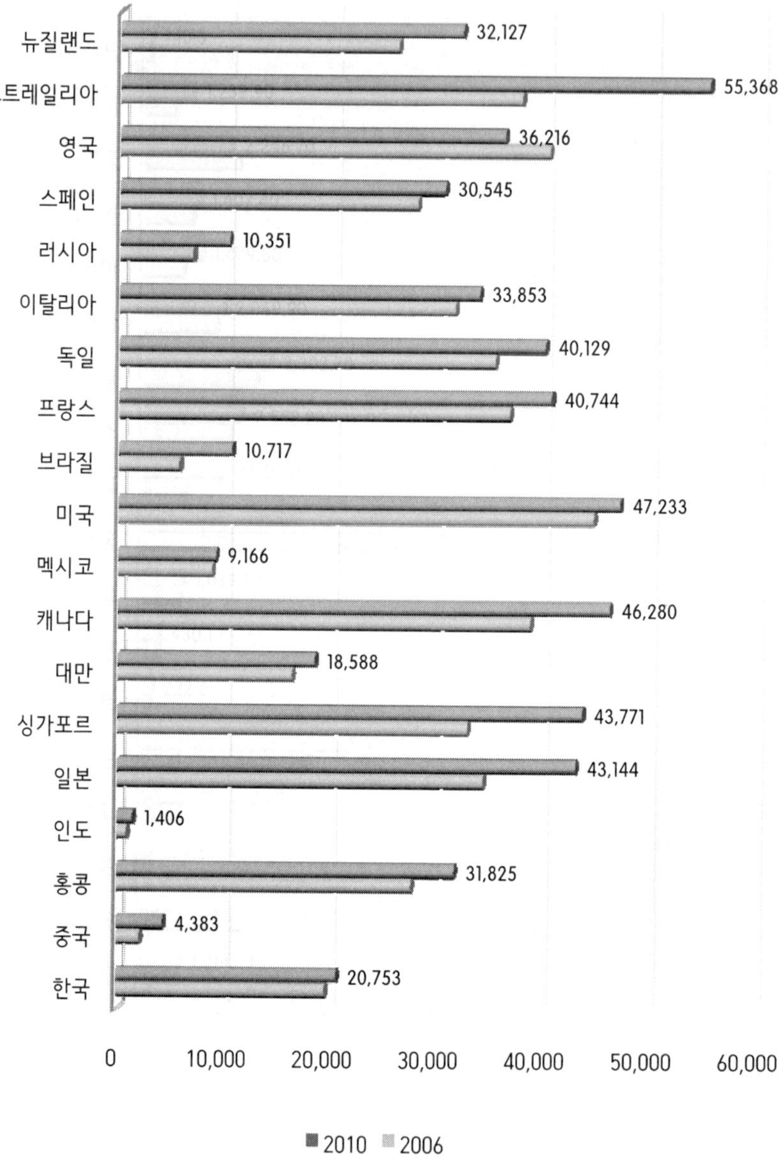

2 저축과 투자

<표 I-2-1> 세계 주요 국가 경제성장률

(단위 : %)

	2006	2007	2008	2009	2010
한국	5.2	5.1	2.3	0.3	6.2
중국	12.7	14.2	9.6	9.1	10.4
홍콩	7	6.4	2.3	-2.7	7
인도	9.6	9.3	6.8	8	8.5
인도네시아	5.5	6.3	6	4.6	6.1
일본	2	2.3	-1.2	-6.3	4
싱가포르	8.7	8.8	1.5	-0.8	14.5
대만	5.4	6	0.7	-1.9	10.9
캐나다	2.8	2.2	0.7	-2.8	3.2
멕시코	5.1	3.4	1.5	-6	5.3
미국	2.7	1.9	-	-2.6	2.9
브라질	4	6.1	5.2	-0.6	7.5
프랑스	2.7	2.2	-0.2	-2.6	1.4
독일	3.6	2.8	0.7	-4.7	3.5
그리스	6.2	4.3	1	-2	-4.5
이탈리아	2.1	1.4	-1.3	-5.2	1.2
러시아	8.2	8.5	5.2	-7.8	4
영국	2.8	2.7	-0.1	-4.9	1.3
오스트레일리아	2.6	4.6	2.6	1.3	2.7
뉴질랜드	2.2	2.9	-1.1	0.7	1.6

✣출처 : 한국은행, IMF, The World Bank, 대만통계청

- 일정기간 동안 경제규모의 실질적인 증가정도를 나타내는 지표로서 기준년가격 GDP의 전년비 증가율로 나타냄
- 연간경제성장률 = ((금년도 기준년가격GDP/전년도 기준년가격GDP) -1) × 100

✣자료 : 한국은행「http://ecos.bok.or.kr」2011. 8,
IMF「International Financial Statistics」2011. 8,
대만「http://www.stat.gov.tw」2011. 8,
The World Bank「http://www.worldbank.org」2011. 8

〈표 I-2-2〉 세계 주요 국가의 저축률과 중국

(단위 : %)

	2005	2006	2007	2008	2009
한국	32.1	30.8	30.8	30.5	30.2
중국	49	52	52	53	54
홍콩	32	34	33	34	31
인도	34	35	37	33	35
일본	27	28	28	27	24
싱가포르	39	42	44	45	–
캐나다	24	24	24	23	18
멕시코	23	26	25	26	22
미국	15	16	13	11	10
브라질	17	18	18	19	15
프랑스	19	20	20	20	16
독일	22	24	26	25	21
그리스	11	10	8	6	3
이탈리아	20	20	20	18	16
러시아	31	31	30	32	23
스페인	22	22	21	20	20
영국	14	14	16	15	12
오스트레일리아	19	21	21	21	–
뉴질랜드	16	15	15	14	16

※출처 : 통계청, 한국은행, The World Bank
※자료 : 한국은행「http://ecos.bok.or.kr」2011. 8,
The World Bank「http://www.worldbank.org」2011. 8

<표 I-2-3> 세계 주요 국가의 투자율과 중국

(단위 : %)

	2006	2007	2008	2009	2010
한국	29.7	29.5	31	26.2	29.2
중국	41.8	41.7	44	48.2	–
홍콩	21.7	20.9	20.4	21.3	23.7
인도	34.7	37	34.1	34.1	32.8
인도네시아	25.4	24.9	27.8	31	32.5
일본	23.8	23.7	23.6	20.2	20.2
싱가포르	21	21.1	30.2	26.4	23.8
캐나다	22	22.8	23	21.2	22.1
멕시코	25.9	26.3	27	23.6	25.7
미국	20.5	19.6	18	14.8	15.9
브라질	16.8	18.3	20.7	16.5	19.2
프랑스	20.9	22	21.9	19.1	19.3
독일	17.7	18.4	18.5	16.4	17.4
그리스	20.4	21.9	20.5	16.1	14.6
이탈리아	21.7	21.9	21.3	18.9	20.1
러시아	21.2	24.2	25.5	18.9	22.8
스페인	31	31	29.1	24.4	23
영국	17.9	18.6	16.7	12.4	15.1
오스트레일리아	27.6	29.3	29.5	27.9	27.5
뉴질랜드	23.1	23.9	22.5	18.9	19.9

〈그림 I-2-1〉 주요 국가의 저축률 대비 투자율 비교(2009)

(단위 : %)

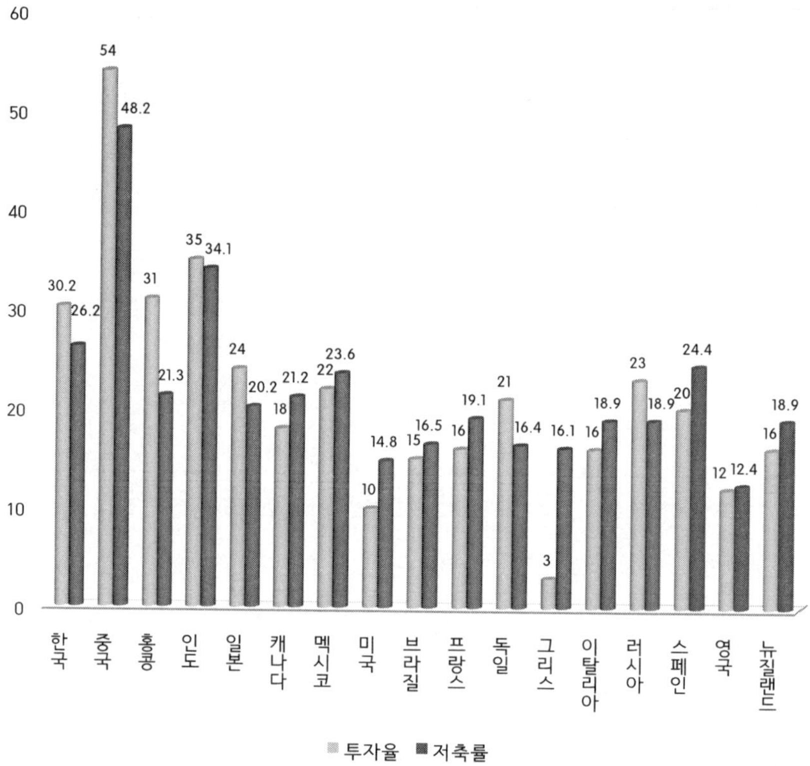

3 산업생산과 제조업위상

〈표 I-3-1〉 세계 주요 국가의 조강생산량

(단위 : 1000M/T)

	2006	2007	2008	2009	2010
세계	1,247,116	1,346,577	1,327,396	1,230,172	1,411,893
한국	48,455	51,517	53,625	48,572	58,912
중국	419,149	489,288	500,312	573,567	626,654
인도	49,450	53,468	57,791	62,838	66,848
일본	116,226	120,203	118,739	87,534	109,599
북한	300	300	300	250e	250e
대만	20,000	20,903	19,882	15,873	19,755
캐나다	15,493	15,572	14,845	9,286	13,013
미국	98,557	98,102	91,350	58,196	80,495
브라질	30,901	33,782	33,716	26,506	32,820
프랑스	19,852	19,250	17,879	12,840	15,414
독일	47,224	48,550	45,833	32,670	43,830
이탈리아	31,624	31,553	30,590	19,848	25,744
러시아	70,830	72,387	68,510	60,011	66,942
스페인	18,391	18,999	18,640	14,358	16,343
영국	13,871	14,317	13,521	10,079	9,709
오스트레일리아	7,881	7,939	7,625	5,249	7,296
뉴질랜드	810	845	799	765	853

✣출처 : 통계청, 한국철강협회

✣자료 : 국철강협회「철강통계연보」2006~2011

〈표 I-3-2〉 세계 주요 국가의 자동차 생산량(2010)

(단위 : 대)

	계	승용차	상용차
세계	62,428,630	48,256,313	14,172,317
한국	3,512,926	3,158,417	354,509
중국	13,790,994	10,383,831	3,407,163
인도	2,627,920	2,161,375	466,545
일본	7,934,057	6,862,161	1,071,896
캐나다	1,490,482	822,267	668,215
멕시코	1,561,951	942,876	619,075
미국	5,730,305	2,246,481	3,483,824
브라질	3,182,923	2,575,418	607,505
프랑스	2,047,658	1,819,462	228,196
독일	5,209,543	4,964,523	245,020
이탈리아	843,239	661,100	182,139
스페인	2,170,078	1,812,688	357,390
영국	1,090,139	999,460	90,679
오스트레일리아	223,354	188,158	35,196

✣출처 : 통계청, 한국자동차공업협회(KAMA)
　　　　- 일부국가는 추정치임
✣자료 : 한국자동차공업협회(KAMA)「http://www.kama.or.kr, 2011. 7,「세계 자동차통계」

<그림 I-3-1> 주요 국가 자동차 생산량(2010)

(단위 : 대)

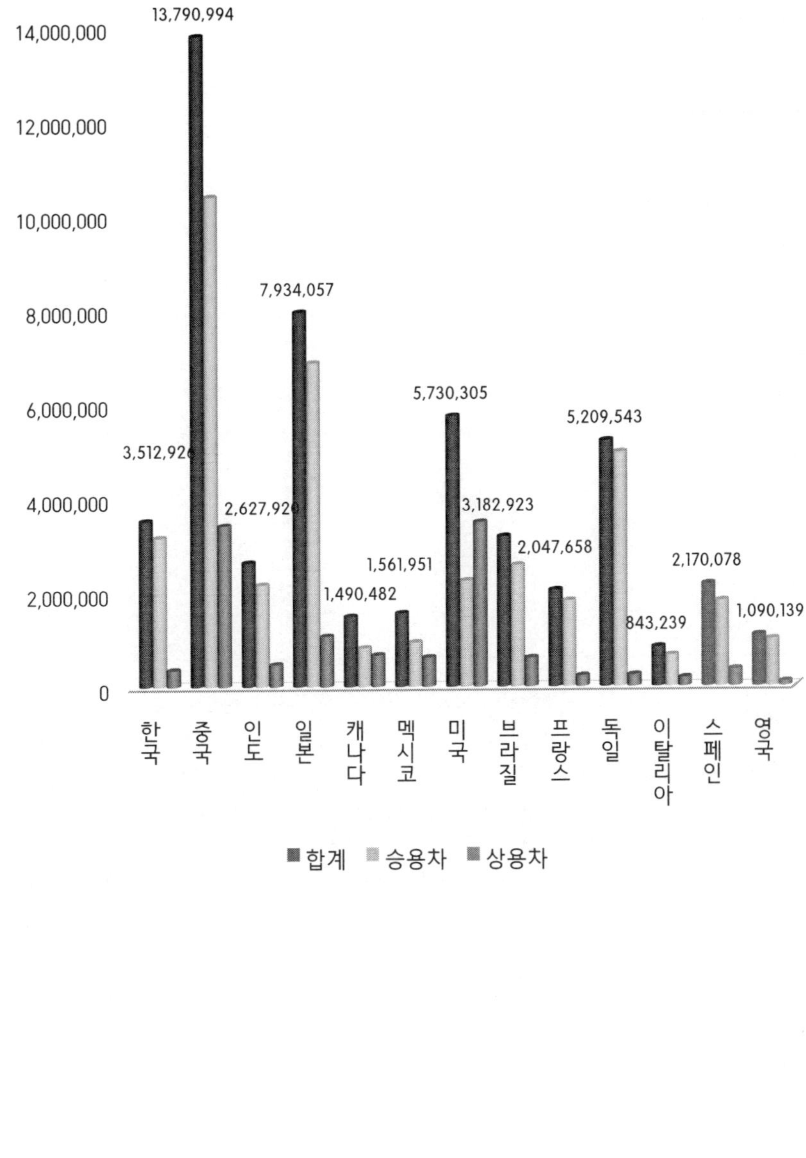

〈표 I-3-3〉 세계 주요 국가의 선박건조량(2010)

	척	선박건조량(CG/T)
세계	3,706	51,664
한국	524	14,907
중국	1,402	18,801
일본	577	9,821
대만	21	372
캐나다	5	11
미국	74	332
브라질	21	100
프랑스	7	271
독일	36	852
그리스	3	6
이탈리아	34	1,816
네덜란드	24	167
스페인	55	355
스웨덴	1	16
영국	5	5
오스트레일리아	7	30

✣출처 : 통계청, 한국조선협회

– 100GT이상 선박대상, 2000년부터 집계단위가 GT에서 CGT로 변경

– CGT : Compensated Gross Tonnage (표준화물선 환산톤수)

✣자료 : 한국조선협회「http://www.koshipa.or.kr」2011. 7, 1994년~1996년 자료는「2001 조선자료집」

<표 I-3-4> 세계 주요 국가 이동통신 가입자 수(2010)

	가입자 수(천명)	인구 100명당 가입자 수(명)
한국	50,767.20	105.4
중국	859,003.00	64
홍콩	13,416.00	190.2
인도	752,190.00	61.4
인도네시아	220,000.00	91.7
대만	27,839.50	119.9
캐나다	24,037.40	70.7
미국	278,900.00	89.9
브라질	202,944.00	104.1
프랑스	62,600.00	99.7
독일	104,560.00	127
이탈리아	82,000.00	135.4
러시아	237,689.20	166.3
스페인	51,492.70	111.8
영국	80,799.00	130.2
오스트레일리아	22,500.00	101
뉴질랜드	5,020.00	114.9

✣출처 : 통계청, ITU

✣자료 : ITU「http://www.itu.int」2011. 7

대만, 홍콩 및 대부분의 유럽국가는 SIM카드 판매개수로 집계함

<그림 I-3-2> 인구 백명당 이동통신 가입자 수(2010)

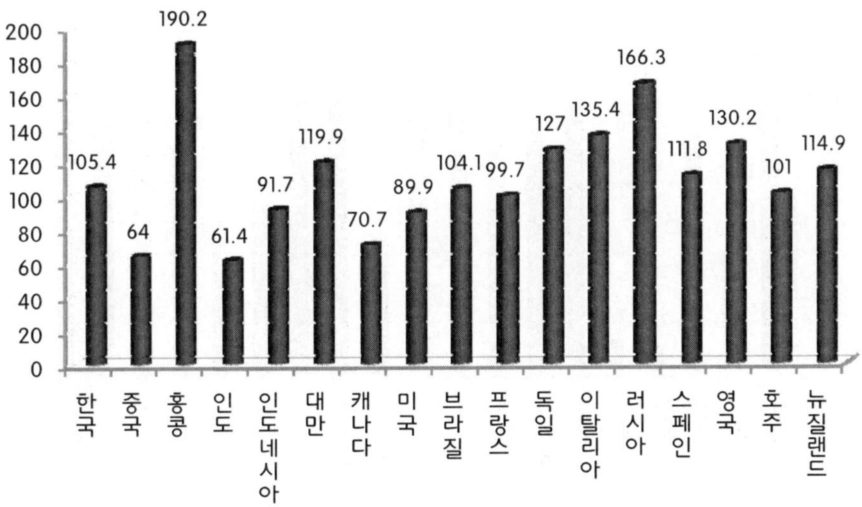

〈표 I-3-5〉 세계 주요 국가 인터넷 가입자 수

	인구 100명당 인터넷 이용자 수(명)	초고속인터넷 가입자 수(천명)	초고속인터넷 가입률(%)
한국	83.7	17,650	36.6
중국	34.3	126,337	9.4
홍콩	69.4	2,127	30.2
인도	7.5	10,990	0.9
인도네시아	9.1	1,900	0.8
일본	80	34,055	26.9
싱가포르	70	1,257	24.7
대만	71.5	5,265	22.7
캐나다	81.6	10,139	29.8
미국	79	81,744	26.3
브라질	40.6	14,087	7.2
프랑스	80.1	21,300	33.9
독일	81.8	26,000	31.6
이탈리아	53.7	13,400	22.1
러시아	43	15,700	11
스페인	66.5	10,579	23
영국	85	19,468	31.4
오스트레일리아	76	5,165	23.2
뉴질랜드	83	1,089	24.9

✣출처 : 통계청, ITU

✣자료 : ITU「http://www.itu.int」2011. 8

〈그림 I-3-3〉 주요 국가 인구 백명당 인터넷 이용자 수

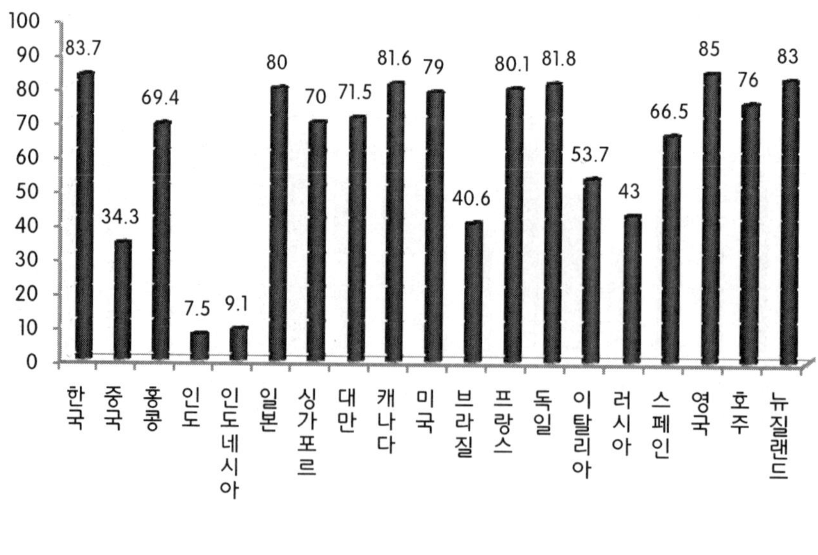

4 에너지 생산과 소비

〈표 Ⅰ-4-1〉 세계 주요 국가의 에너지원별 소비량

	총계 백만TOE	석탄 백만TOE	석유 (100만 ton)	천연가스 백만TOE	수력 백만TOE	원자력 백만TOE
세계	12,002.40	3,555.80	4,028.10	2,858.10	775.6	626.2
한국	255	76	105.6	38.6	0.8	33.4
중국	2,432.20	1,713.50	428.6	98.1	163.1	16.7
홍콩	25.9	6.3	16.1	3.4	–	–
인도	524.2	277.6	155.5	55.7	25.2	5.2
일본	500.9	123.7	201.6	85.1	19.3	66.2
캐나다	316.7	23.4	102.3	84.5	82.9	20.3
미국	2,285.70	524.6	850	621	58.8	192.2
브라질	253.9	12.4	116.9	23.8	89.6	3.3
프랑스	252.4	12.1	83.4	42.2	14.3	96.9
독일	319.5	76.5	115.1	73.2	4.3	31.8
이탈리아	172	13.7	73.1	68.5	11.2	–
러시아	690.9	93.8	147.6	372.7	38.1	38.5
스페인	149.7	8.3	74.5	31	9.6	13.9
영국	209.1	31.2	73.7	84.5	0.8	14.1
오스트레일리아	118.2	43.4	42.6	27.3	3.4	–
뉴질랜드	18.9	1	6.9	3.7	5.5	–

✣출처 : 통계청, BP, UN, 대만통계청

✣자료 : 통계청「장래인구추계」2006.11

BP「BP Statistical Review of World Energy」2011,「http://www.bp.com」2011. 7,

UN「http://esa.un.org/unpp」2011. 7, 대만「Statistical Yearbook」2009

〈표 I-4-2〉 세계 주요 국가의 석유 생산 및 소비

	생산(백만 톤)	세계점유율(%)	소비(백만 톤)	세계점유율(%)
세계	3,913.70	100	4,028.10	100
한국	0	0	105.6	2.6
중국	203	5.2	428.6	10.6
인도	38.9	1	155.5	3.9
인도네시아	47.8	1.2	59.6	1.5
이란	203.2	5.2	86	2.1
일본	–	–	201.6	5
카자흐스탄	81.6	2.1	12.5	0.3
쿠웨이트	122.5	3.1	17.7	0.4
사우디아라비아	467.8	12	125.5	3.1
싱가포르	–	–	62.2	1.5
대만	–	–	46.2	1.1
아랍에미리트	130.8	3.3	32.3	0.8
캐나다	162.8	4.2	102.3	2.5
멕시코	146.3	3.7	87.4	2.2
미국	339.1	8.7	850	21.1
브라질	105.7	2.7	116.9	2.9
베네수엘라	126.6	3.2	35.2	0.9
프랑스	–	–	83.4	2.1
독일	–	–	115.1	2.9
이탈리아	5.1	0.1	73.1	1.8
러시아	505.1	12.9	147.6	3.7
스페인	–	–	74.5	1.8
영국	63	1.6	73.7	1.8
오스트레일리아	23.8	0.6	42.6	1.1
뉴질랜드	–	–	6.9	0.2

출처 : 통계청, BP

자료 : BP「BP Statistical Review of World Energy」2011 ,「http://www.bp.com」 2011. 7

〈그림 I-4-1〉 세계 주요 국가의 석유 생산 및 소비 점유율 비교

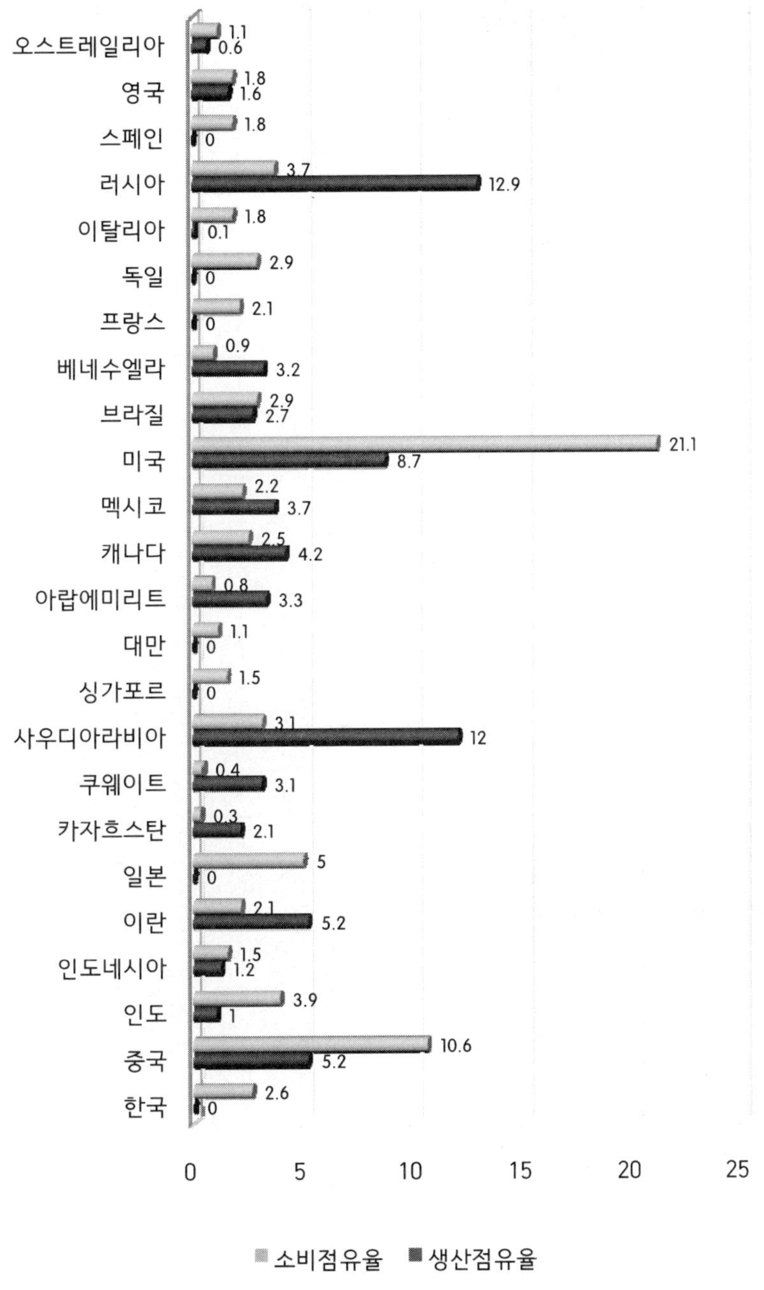

〈표 I-4-3〉 세계 주요 국가의 발전량과 발전구조(2007)

	발전량 (십억 kWh)	수력(%)	석탄(%)	석유(%)	가스(%)	원자력(%)
세계	19,818.90	15.5	41.5	5.3	20.8	13.7
한국	425.9	0.9	40.1	5.9	19.3	33.6
중국	3,279.20	14.8	81	1	0.9	1.9
인도	803.4	15.4	68.4	4.1	8.3	2.1
일본	1,123.50	6.6	27.7	9.8	25.8	23.5
북한	21.5	61.7	34.8	3.5	0	0
캐나다	639.7	57.6	18.1	1.5	6.4	14.6
멕시코	257.5	10.6	12.3	20.3	48.8	4
미국	4,322.90	5.8	49	1.8	21.2	19.4
브라질	445.1	84	2.3	3.1	3.5	2.8
프랑스	564.4	10.3	5	1.1	3.9	77.9
독일	629.5	3.3	49.3	1.8	11.6	22.3
이탈리아	308.2	10.6	16.1	11.5	56	0
러시아	1,013.40	17.5	16.7	1.7	48	15.8
스페인	300.2	9.2	24.8	6.2	30.8	18.4
영국	392.3	1.3	35.3	1.2	41.9	16.1
오스트레일리아	254.6	5.7	76.3	0.9	15.4	0
뉴질랜드	43.8	53.6	7.1	0	27.3	0

✢출처 : 통계청, The World Bank

✢자료 : The World Bank「World Development Indicators」2010

<표 I-4-4> 세계 주요 국가별 이산화탄소 배출량

	총량(백만 톤)	1인당(톤)
한국	501.3	10.31
중국	6,550.50	4.92
인도	1,427.60	1.25
일본	1,151.10	9.02
캐나다	550.9	16.53
멕시코	408.3	3.83
미국	5,595.90	18.38
브라질	364.6	1.9
프랑스	368.2	5.74
독일	803.9	9.79
이탈리아	430.1	7.18
러시아	1,593.80	11.24
스페인	317.6	6.97
영국	510.6	8.32
남아프리카공화국	337.4	6.93
오스트레일리아	397.5	18.48
뉴질랜드	33.3	7.74

✣출처 : 통계청, IEA

– 연료의 연소등과 같은 에너지 부문에서 발생하는 CO_2배출량, 시멘트제조 등 산업공정으로 인한 배출량 제외. 이산화탄소톤을 탄소톤으로 전환하려면 3.664로 나눔.

✣자료 : IEA「CO_2Emissions from Fuel Combustion」2010

<그림 I-4-2> 세계 주요 국가별 이산화탄소 배출량

(단위 : 백만 톤)

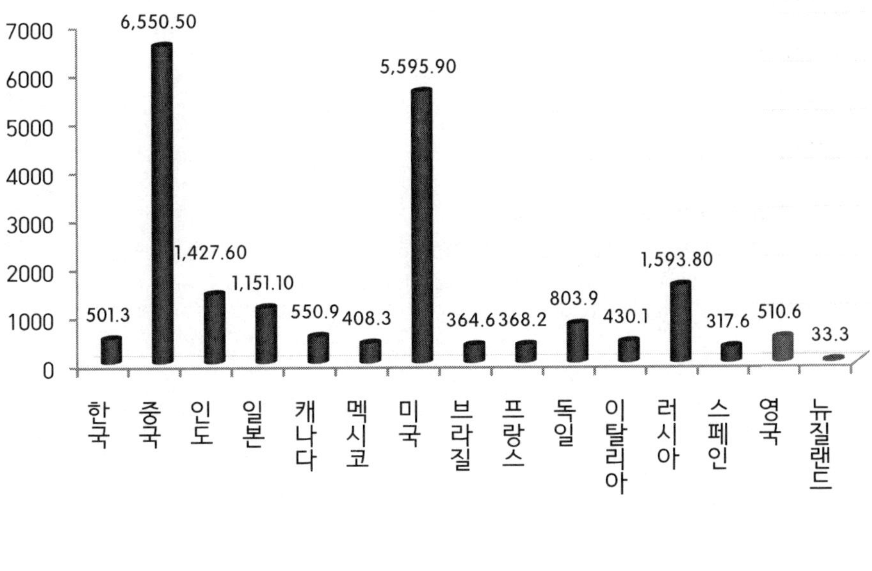

5 무역, 투자와 국제경쟁력

〈표 I-5-1〉 세계 주요 국가의 수출입 규모

(단위 : 백만 달러)

국가	수출	수입	수출입 합계
세계	15,077,300	15,140,900	30,218,200
한국	466,384	425,212	891,596
중국	1,578,270	1,394,690	2,972,960
홍콩	390,174	433,193	823,367
인도	219,950	327,011	546,961
일본	769,838	692,433	1,462,271
싱가포르	351,867	310,791	662,658
대만	274,601	251,236	525,837
캐나다	386,025	390,532	776,557
멕시코	298,138	316,556	614,694
미국	1,277,580	1,968,120	3,245,700
브라질	201,915	191,464	393,379
프랑스	512,902	601,131	1,114,033
독일	1,270,300	1,067,110	2,337,410
이탈리아	447,466	486,597	934,063
러시아	400,132	273,239	673,371
스페인	246,274	315,548	561,822
영국	410,297	561,700	971,997
오스트레일리아	212,356	201,639	413,995
뉴질랜드	32,283	31,818	64,101

✣출처 : 통계청, 한국무역협회, IMF, 대만

✣자료 : 한국무역협회 e-Biz지원본부 IT전략실 2011. 7,
IMF「International Financial Statistics」2011.7 ,
대만「http://eng.stat.gov.tw」2011. 8

〈그림 I-5-1〉 세계 주요 국가 수출입 현황(2010)

(단위 : 백만 달러)

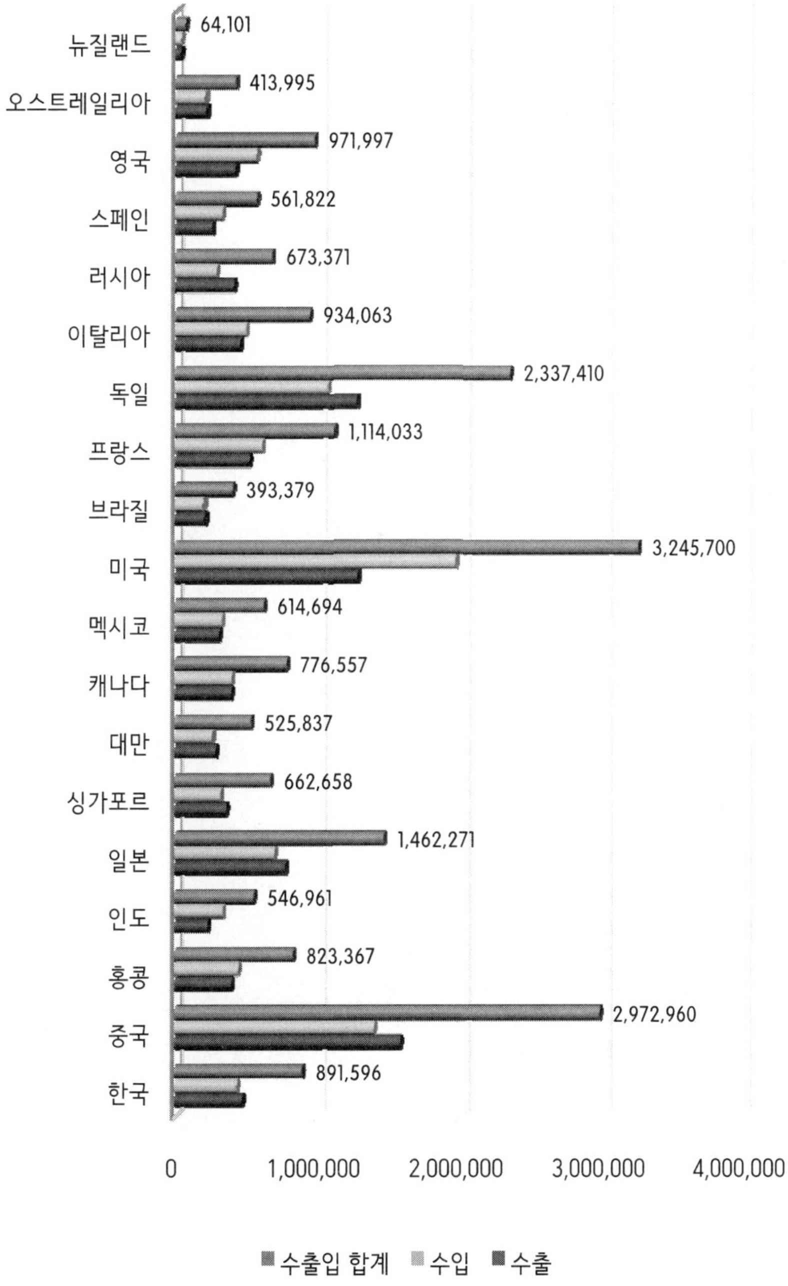

〈표 I-5-2〉 세계 주요 국가의 무역의존도(2010)

(단위 : %)

	수출	수입	수출입
한국	45.98	41.92	87.9
중국	26.85	23.72	50.57
홍콩	173.8	192.96	366.76
인도	12.77	18.99	31.76
일본	14.1	12.68	26.78
싱가포르	158.07	139.62	297.69
대만	63.85	58.41	122.26
캐나다	24.52	24.81	49.33
멕시코	28.68	30.45	59.13
미국	8.71	13.42	22.13
브라질	9.66	9.16	18.82
프랑스	20.05	23.5	43.55
독일	38.46	32.31	70.77
이탈리아	21.83	23.74	45.57
러시아	27.04	18.46	45.5
스페인	17.5	22.42	39.92
영국	18.26	25	43.26
오스트레일리아	17.22	16.35	33.57
뉴질랜드	23.01	22.68	45.69

✣출처 : 통계청, 한국무역협회, IMF, 대만
- 각국의 수출 · 수입액을 GDP로 나누어 계상

✣자료 : 한국무역협회 e_Biz지원본부 IT전략실 2011. 8,
IMF「International Financial Statistics」2011. 7,
대만「http://eng.stat.gov.tw」2011. 8

<그림 I-5-2> 주요 국가의 무역의존도 현황(2010)

(단위 : %)

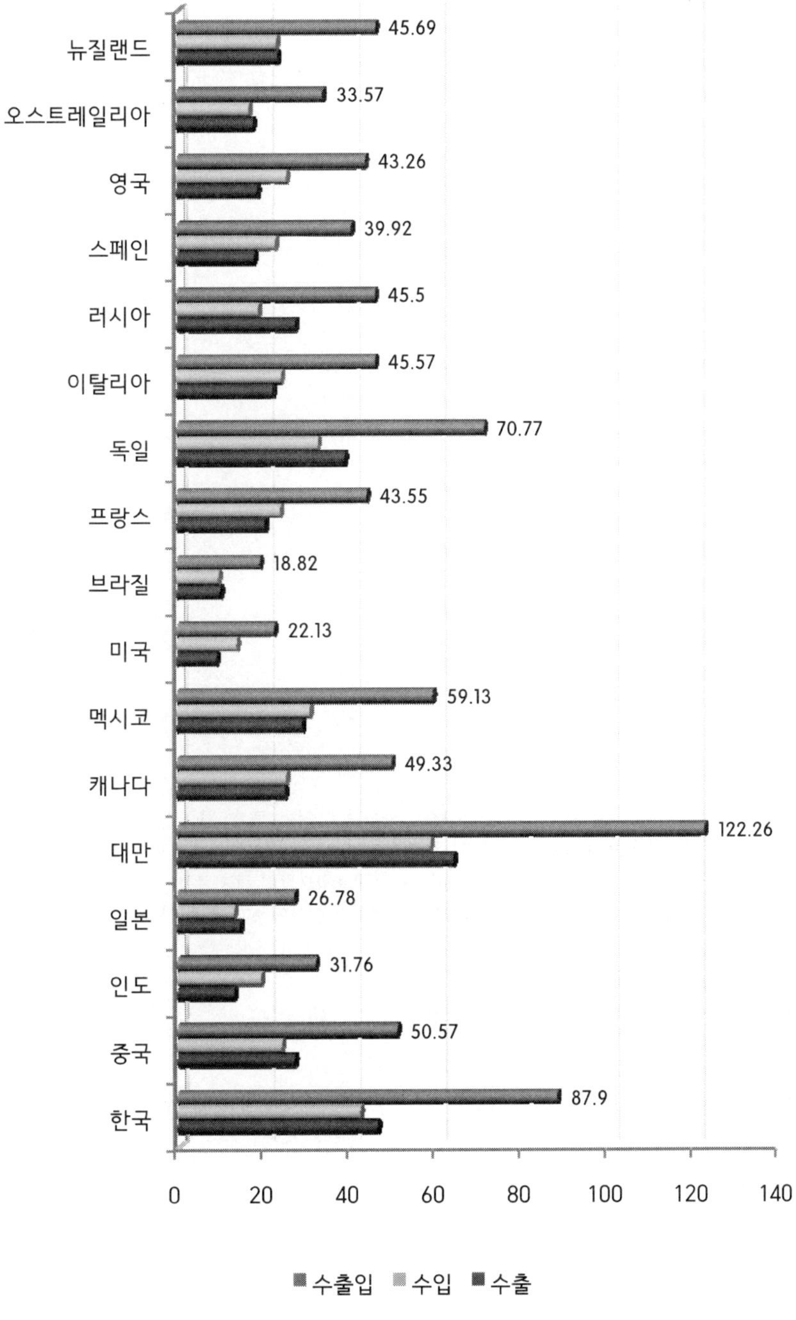

〈표 I-5-3〉 세계 주요 국가의 외국인직접투자 추이

(단위 : 백만 달러)

	2004	2005	2006	2007	2008
한국	9,246	6,309	3,586	1,579	2,200
중국	54,937	79,127	78,095	138,413	147,791
인도	5,771	7,606	20,336	25,127	41,169
일본	7,819	2,778	−6,503	22,548	24,418
캐나다	−445	25,693	59,765	108,404	44,689
멕시코	23,659	21,922	19,316	27,278	21,950
미국	145,966	112,638	241,961	275,758	319,737
브라질	18,166	15,066	18,782	34,585	45,058
프랑스	32,585	84,887	71,882	103,886	96,990
독일	−10,195	47,411	57,175	56,415	24,891
이탈리아	16,824	19,959	39,261	40,209	16,999
러시아	15,444	12,886	29,701	55,073	73,053
스페인	24,775	25,005	26,903	68,842	65,412
영국	56,002	175,973	148,850	183,412	95,968
오스트레일리아	37,334	−31,999	27,883	44,326	46,565
뉴질랜드	2,547	1,472	7,760	2,494	1,975

※출처 : 통계청, OECD

− 외국인 직접투자란 지속적인 이윤을 목적으로 하는 투자로서, 투자기업의 관리에 대하여 투자자의 상당한 정도의 영향력이 존재하게 되는 바 통상 투표권의 10% 이상을 취득함을 기준으로 함. 다만, 상기한 OECD자료는 국제수지표상의 투자동향자료를 기초로 작성되는 데 비하여, 국내통계는 외국인투자촉진법에 의거하여 신고되는 자료를 기초로 작성되는 바, 양자의 작성방법이 상이하여 직접 비교가 곤란함

※자료 : OECD「http://www.oecd.org」2011. 7,
OECD「OECD Factbook」2008~2010

〈표 Ⅰ-5-4〉 세계 주요 국가의 해외직접투자액 추이

(단위 : 백만 달러)

	2004	2005	2006	2007	2008
한국	4,650	4,291	8,127	15,276	12,794
중국	1,805	11,306	21,160	16,995	53,471
인도	2,179	2,978	14,344	17,280	18,362
일본	30,963	45,830	50,244	73,545	127,981
캐나다	43,341	27,540	44,404	59,631	77,626
멕시코	4,432	6,474	5,758	8,260	690
미국	316,223	36,235	241,244	398,597	332,012
브라질	9,471	2,517	28,203	7,067	20,457
프랑스	56,762	114,964	110,737	169,105	199,963
독일	20,559	75,848	127,287	179,572	156,160
이탈리아	19,273	41,795	42,091	90,797	43,754
러시아	13,782	12,768	23,151	45,916	52,629
스페인	60,567	41,804	100,305	138,523	77,168
영국	91,083	80,818	86,285	275,521	110,407
오스트레일리아	10,257	−37,984	23,419	16,804	35,780
뉴질랜드	−456	−1,520	501	3,234	100

✣출처 : 통계청, OECD
✣자료 : OECD「http://www.oecd.org」2011. 7,
OECD「OECD Factbook」2008~2010

〈표 I-5-5〉 세계 주요 국가의 외환보유고

(단위 : 백만 달러)

	금 포함	금 제외
한국	291,571	291,491
중국	2,875,895	2,866,080
홍콩	268,743	268,649
인도	287,051	275,277
일본	1,062,816	1,061,490
싱가포르	225,715	225,715
대만	387,206	382,005
캐나다	57,151	56,998
멕시코	120,586	120,264
미국	132,433	121,392
브라질	288,575	287,056
프랑스	166,224	55,800
독일	216,497	62,295
이탈리아	158,853	47,684
러시아	479,374	443,586
스페인	31,915	19,146
영국	82,412	68,345
오스트레일리아	42,268	38,659
뉴질랜드	16,723	16,723

〈그림 I-5-3〉 주요 국가 외환보유고 현황(2010)

(단위 : 백만 달러)

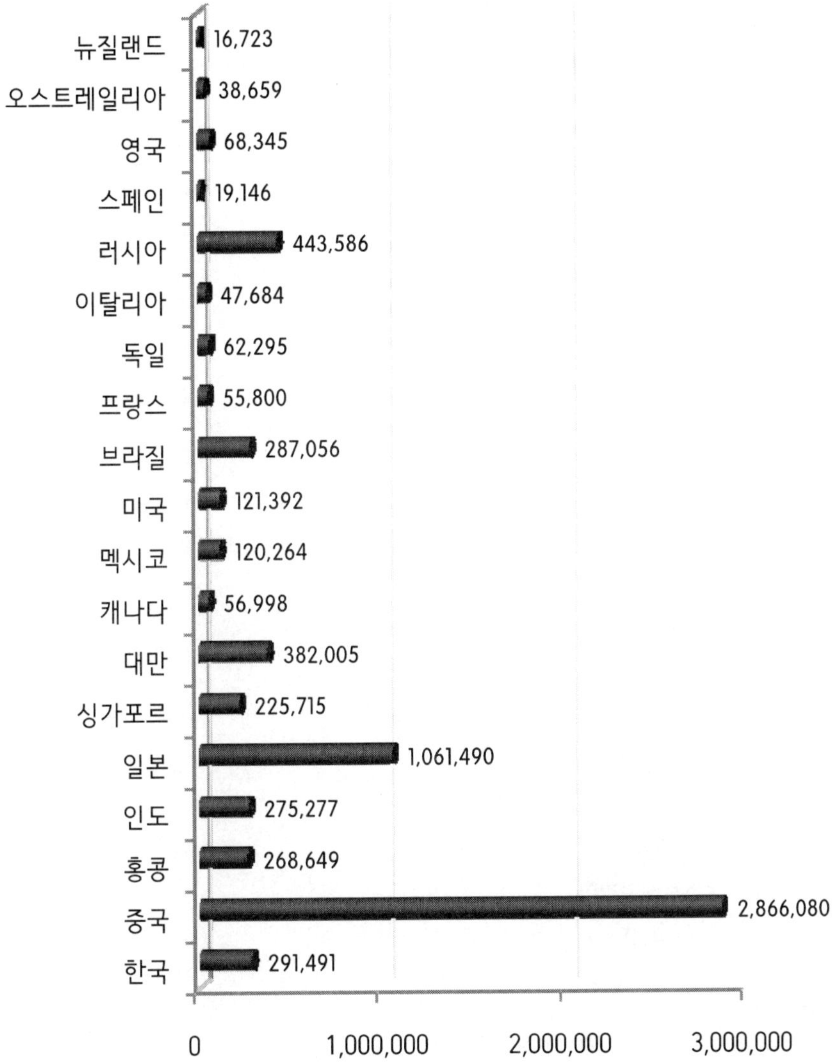

6 도시, 인구, 그리고 노령화

〈표 I-6-1〉 세계 주요 국가의 도시화 비율

(단위 : %)

	2010
세계	50.5
한국	83
중국	47
인도	30
일본	66.8
북한	60.2
캐나다	80.6
멕시코	77.8
미국	82.3
브라질	86.5
프랑스	85.3
독일	73.8
이탈리아	68.4
러시아	73.2
스페인	77.4
영국	79.6
오스트레일리아	89.1
뉴질랜드	86.2

❖출처 : 통계청, UN

❖자료 : UN「http://esa.un.org/wup2009/unup」2010. 6

〈그림 I-6-1〉 세계 주요 국가의 도시화 비율 비교(2010)

(단위 : %)

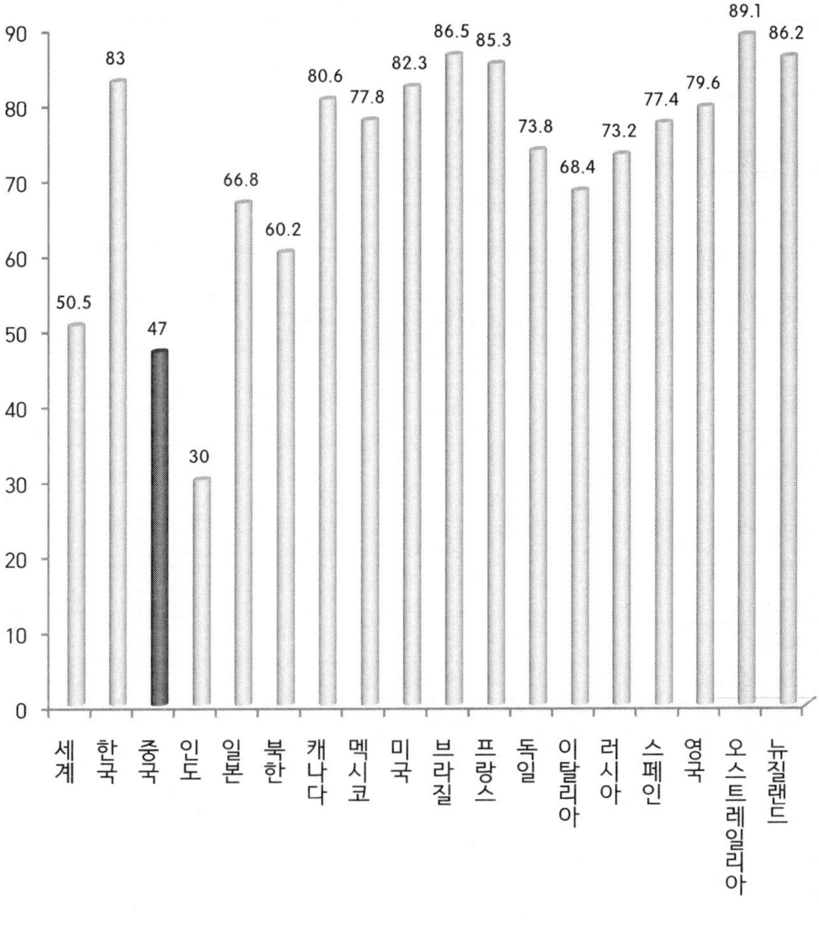

〈표 I-6-2〉 국별 주요 도시 인구(2010)

(단위 : 천 명)

국가명	도시	도시인구
한국(서울)	한국(서울)	10,039
한국	부산	3,446
한국	대구	2,431
한국	대전	1,515
중국(베이징)	중국(베이징)	19,612
중국	상하이	23,019
중국	선양	5,166
중국	텐진	12,938
홍콩(홍콩)	홍콩(홍콩)	7,069
인도(델리)	인도(델리)	22,157
인도	캘커타	15,552
인도	붐베이	20,041
일본(도쿄)	일본(도쿄)	36,669
일본	오사카	11,337
북한(평양)	북한(평양)	2,833
파키스탄	카라치	13,125
필리핀(마닐라)	필리핀(마닐라)	11,628
대만(타이베이)	대만(타이베이)	2,633
멕시코(멕시코(시))	멕시코(멕시코(시))	19,460
미국(워싱턴)	미국(워싱턴)	4,460
미국	로스앤젤레스	12,762
미국	뉴욕	19,425
미국	시카고	9,204
브라질	리오데자네이로	11,950
브라질	상파울로	20,262
프랑스(파리)	프랑스(파리)	10,485
독일(베를린)	독일(베를린)	3,450
그리스(아테네)	그리스(아테네)	3,257
이탈리아(로마)	이탈리아(로마)	3,362
러시아(모스크바)	러시아(모스크바)	10,550
러시아	세인트페데르스버그	4,575
스페인(마드리드)	스페인(마드리드)	5,851
영국(런던)	영국(런던)	8,631
오스트레일리아	멜버른	3,853
오스트레일리아	시드니	4,429
뉴질랜드	오크랜드	1,404

〈그림 I-6-2〉 세계 주요 도시의 인구수(2010)

(단위 : 천 명)

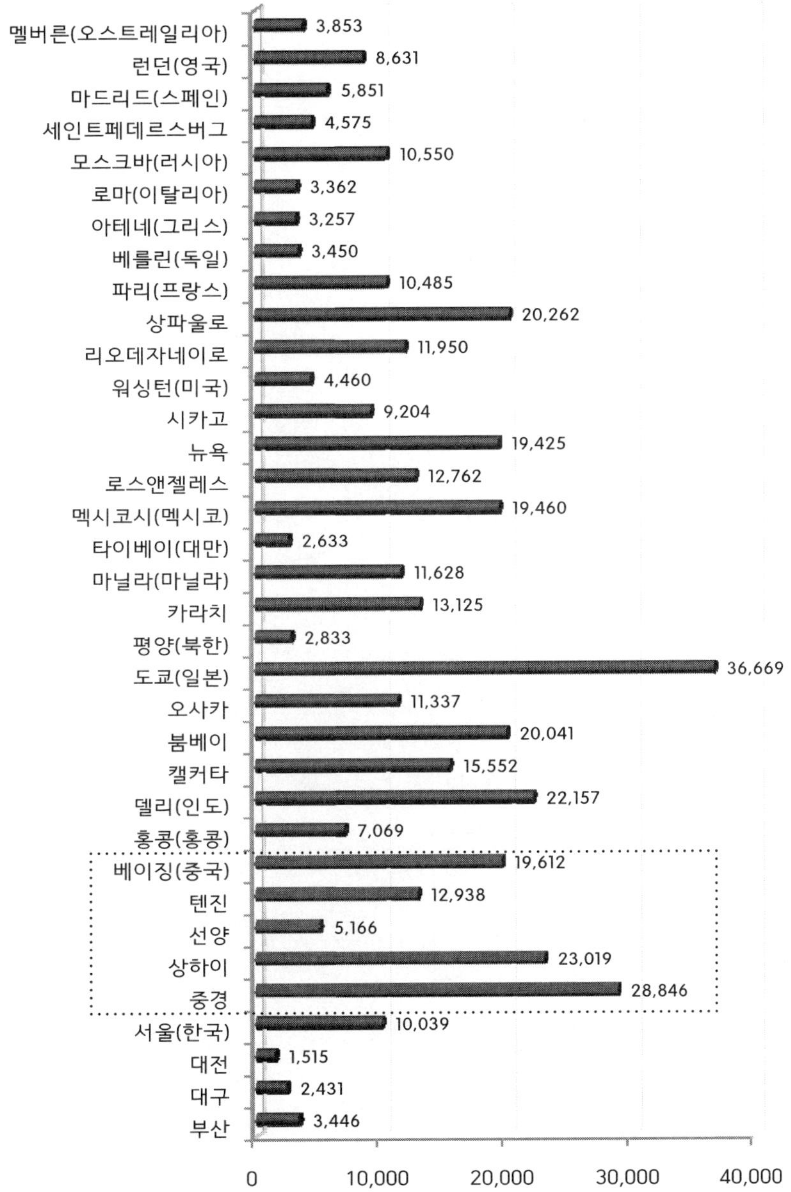

✣출처 : 통계청, UN, 대만통계청
　　　– ()로 표시된 도시는 해당국가의 수도

✣자료 : 통계청「시도별 장래인구 추계」2007.12
　　　UN「http://esa.un.org/wup2009/unup」2010. 6
　　　대만「Statistical Yearbook」2008

〈표 I-6-3〉 세계 주요 국가 노령화 지수(2010)

(단위 : %)

	인구	인구(0-14세)	인구(15-64세	인구(65세이상)	노령화지수
한국	100	16.2	72.9	11	67.7
중국	100	19.5	72.4	8.2	42.1
홍콩	100	11.5	75.8	12.7	110.7
인도	100	30.6	64.5	4.9	16.1
일본	100	13.4	64	22.7	169.8
싱가포르	100	17.4	73.6	9	51.8
대만	100	15.7	73.6	10.7	68.2
캐나다	100	16.4	69.5	14.1	86
멕시코	100	29.1	64.6	6.3	21.8
미국	100	20.1	66.9	13.1	65
브라질	100	25.5	67.5	7	27.5
프랑스	100	18.4	64.8	16.8	91.4
독일	100	13.5	66.1	20.4	151.2
그리스	100	14.6	66.9	18.6	127.4
이탈리아	100	14.1	65.6	20.4	144.7
러시아	100	15	72.2	12.8	85.1
스페인	100	15	68.1	17	113.4
스위스	100	15.2	68.1	16.7	109.6
영국	100	17.4	66	16.6	95.5
오스트레일리아	100	19	67.6	13.4	70.8
뉴질랜드	100	20.5	66.5	13	63.5

✣출처 : 통계청, UN, 대만통계청

✣자료 : 통계청「장래인구추계」2006.11

UN「http://esa.un.org/unpd/wpp/unpp, World Population Prospects, the 2010 Revision」2011. 6, 대만「Statistical Yearbook」2009

<표 Ⅰ-6-4> 세계 주요 국가의 노령화 지수(2015)

(단위 : %)

	인구	인구(0-14세)	인구(15-64세	인구(65세이상)	노령화지수
한국	100	13.7	73.4	12.9	94.8
중국	100	17.8	72.7	9.5	53.3
홍콩	100	10.8	74.4	14.9	138
인도	100	28.8	65.8	5.4	18.7
일본	100	13	60.7	26.3	202
싱가포르	100	14.6	73.7	11.7	80.4
대만	100	13	74.4	12.6	96.9
캐나다	100	16.2	67.8	16	98.6
미국	100	20.1	65.4	14.5	72.2
브라질	100	23	68.9	8.1	35.2
프랑스	100	18.3	63	18.6	101.8
독일	100	13	65.5	21.5	165
이탈리아	100	14.1	64.1	21.7	154
러시아	100	16.5	70.1	13.4	81.4
스페인	100	15.6	66.4	18	115.7
스위스	100	14.7	66.7	18.6	126.3
영국	100	17.3	64.7	18	103.7
오스트레일리아	100	19.1	65.9	15	78.7
뉴질랜드	100	20.2	65.2	14.6	72.3

✣출처 : 통계청, UN, 대만통계청

✣자료 : 통계청「장래인구추계」2006.11
UN「http://esa.un.org/unpd/wpp/unpp, World Population Prospects, the 2010 Revision」2011. 6, 대만「Statistical Yearbook」2009

〈그림 I-6-3〉 세계 주요 국가의 노령화 지수 변화

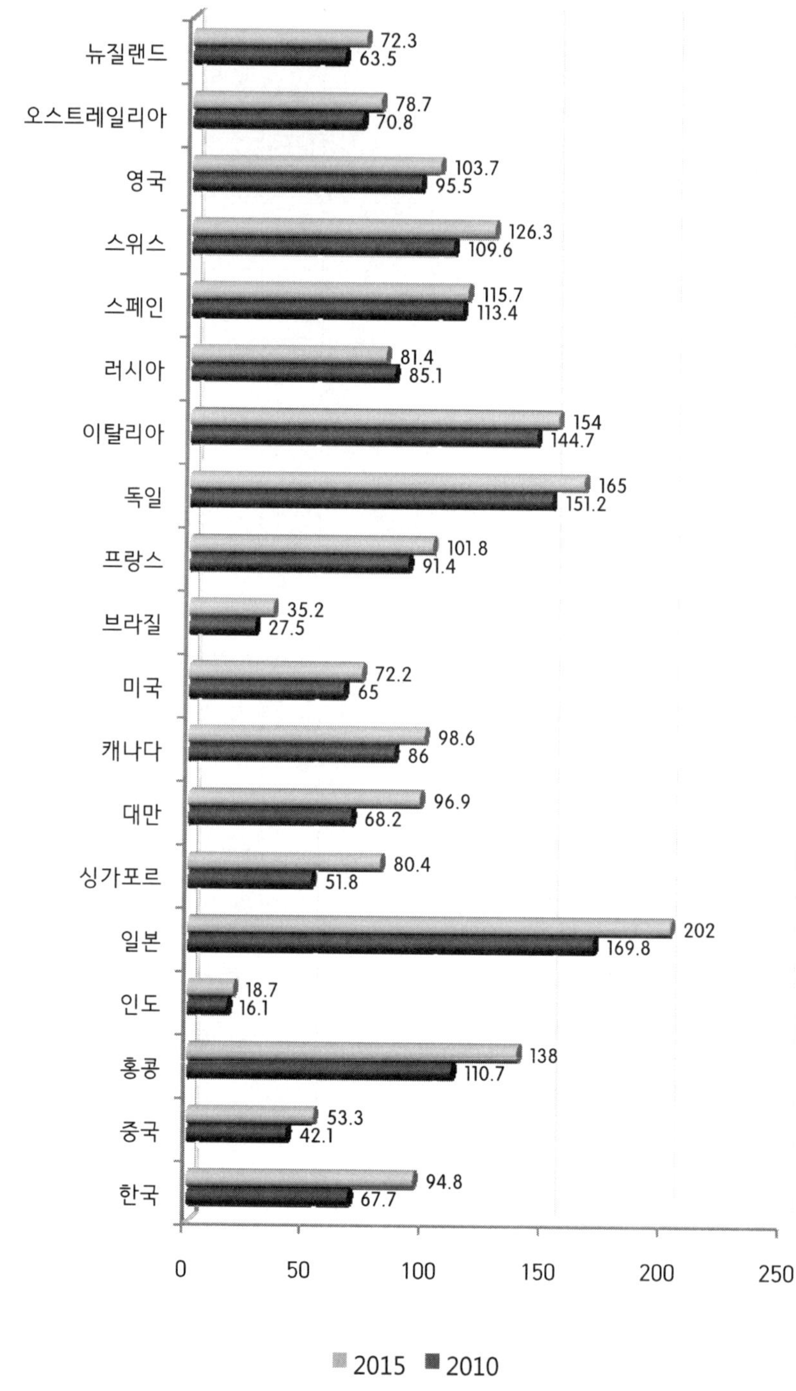

〈표 I-6-5〉 세계 주요 국가 인구 예측

(단위 : 천 명)

	2011	2012	2013	2014	2015
세계	6,974,036	7,052,135	7,130,014	7,207,460	7,284,296
한국	48,989	49,083	49,163	49,227	49,277
중국	1,347,565	1,353,601	1,359,368	1,364,773	1,369,743
홍콩	7,122	7,196	7,274	7,353	7,431
인도	1,241,492	1,258,351	1,275,138	1,291,780	1,308,221
인도네시아	242,326	244,769	247,188	249,563	251,880
일본	126,497	126,435	126,345	126,225	126,072
북한	24,451	24,554	24,654	24,754	24,854
파키스탄	176,745	179,951	183,189	186,429	189,648
싱가포르	5,188	5,256	5,301	5,337	5,375
대만	23,212	23,256	23,294	23,326	23,354
캐나다	34,350	34,675	34,994	35,310	35,624
멕시코	114,793	116,147	117,478	118,783	120,058
미국	313,085	315,791	318,498	321,197	323,885
브라질	196,655	198,361	200,050	201,701	203,294
프랑스	63,126	63,458	63,783	64,101	64,413
독일	82,163	81,991	81,804	81,626	81,471
러시아	142,836	142,703	142,558	142,400	142,229
스페인	46,455	46,772	47,043	47,291	47,532
영국	62,417	62,798	63,177	63,556	63,935
오스트레일리아	22,606	22,919	23,214	23,503	23,793
뉴질랜드	4,415	4,461	4,508	4,555	4,601

✣출처 : 통계청, UN, 대만통계청

✣자료 : 통계청「장래인구추계」2006.11

UN「http://esa.un.org/unpd/wpp/unpp,

World Population Prospects, the 2010 Revision」2011. 6,

대만「Statistical Yearbook」2009

〈그림 I-6-4〉 세계 주요 국가 인구 예측

(단위 : 천 명)

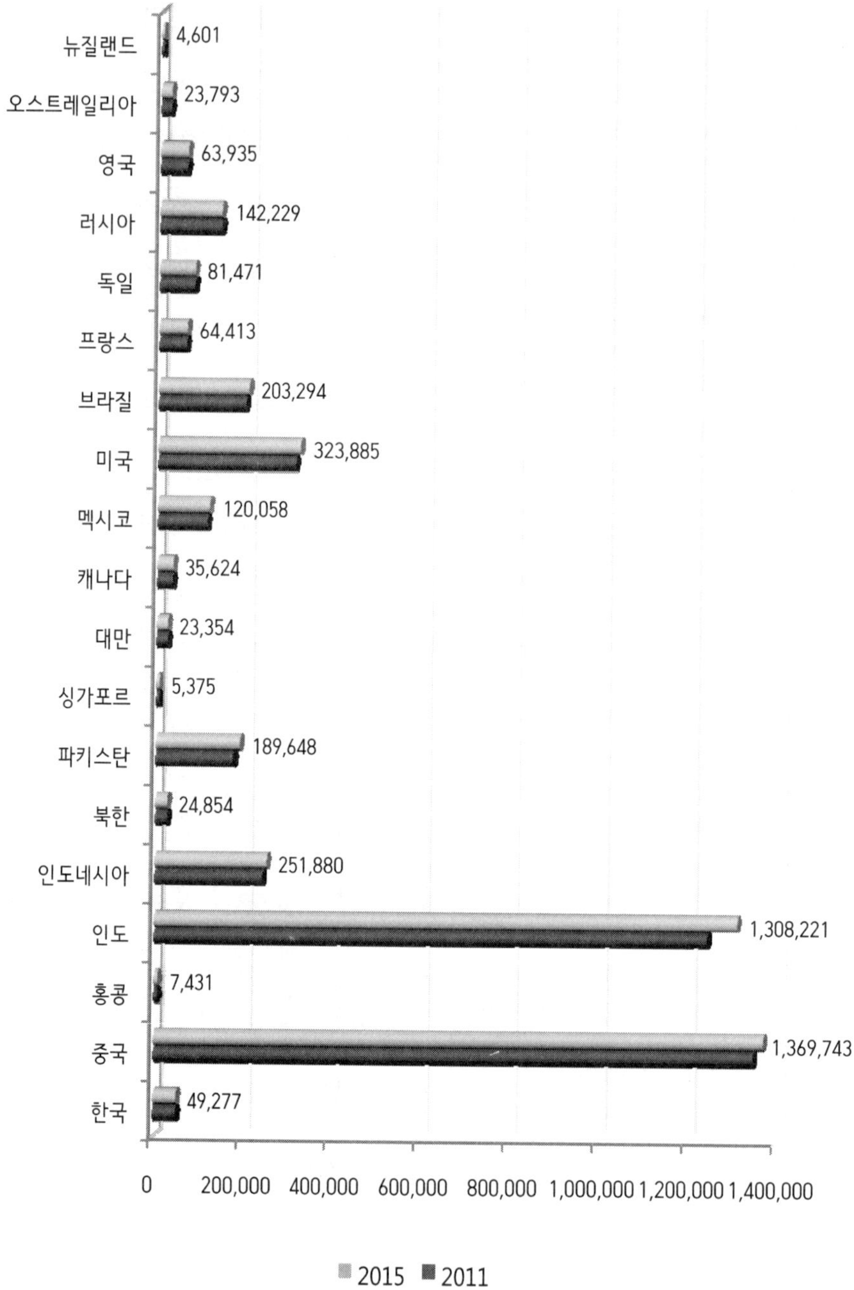

<표 I-6-6> 국가별 인구 순위

(단위 : 천 명)

순위	2000		2010		2020		2030	
	국가	인구	국가	인구	국가	인구	국가	인구
1	중국	1,277,558	중국	1,372,920	중국	1,454,462	중국	1,495,944
2	인도	1,013,662	인도	1,152,164	인도	1,272,166	인도	1,382,722
3	미국	278,357	미국	197,989	미국	317,124	미국	332,619
4	인도네시아	212,107	인도네시아	238,012	인도네시아	262,291	인도네시아	283,520
5	브라질	170,115	파키스탄	199,745	파키스탄	244,211	파키스탄	280,245
6	파키스탄	156,483	브라질	190,875	브라질	209,734	브라질	225,161
7	러시아	146,934	방글라데시	151,799	방글라데시	170,194	나이지리아	197,134
8	방글라데시	129,155	러시아	144,418	나이지리아	168,223	방글라데시	187,149
9	일본	126,714	나이지리아	138,698	러시아	140,639	러시아	135,207
10	나이지리아	111,506	일 본	127,315	멕시코	124,976	멕시코	134,912

*주 : 1. 자이레는 현재 콩고민주공화국임

✣자료 : UN, 『World Population Prospects』, 1998

통계청, 『장래인구추계』, 1996

통계청, 『북한인구 추계결과』, 1999

<표 I-6-7> 국토면적

(단위 : 천 ㎢)

국가명	국토면적	구성비	순위	국가명	국토면적	구성비	순위
세계	134,142.3	100	–	브라질	8,547.4	6.4	5
러시아	17,075.4	12.7	1	호주	7,741.2	5.8	6
캐나다	9,970.6	7.4	2	인도	3,287.3	2.5	7
미국	9,629.1	7.2	3	아르헨티나	2,780.4	2.1	8
중국	9,598.1	7.2	4	한국	99.6	0.07	109

✣출처 : 건설교통부 「국토이용에 관한 연차보고서」2000, FAO「www.fao.org」2001. 7

〈표 I-6-8〉 세계 주요 국가의 관광객 수

(단위 : 천 명)

	외래 방문객	국외 여행객
한국	6,891	11,996
중국	53,049	45,844
인도	5,283	10,868
태국	14,584	4,038
터키	24,994	9,873
캐나다	17,142	27,037
멕시코	22,637	14,450
미국	57,937	63,684
브라질	5,050	4,936
프랑스	79,218	23,347
독일	24,884	73,000
그리스	15,939	–
이탈리아	42,734	28,284
러시아	21,566	36,538
스페인	57,192	11,229
영국	30,142	69,011
오스트레일리아	5,586	5,808
뉴질랜드	2,447	1,965

✣출처 : 통계청, WTO
✣자료 : WTO「Compendium of Tourism Statistics」2010

<그림 I-6-5> 세계 주요 국가 여행객 출입국 현황(2010)

(단위 : 만 명)

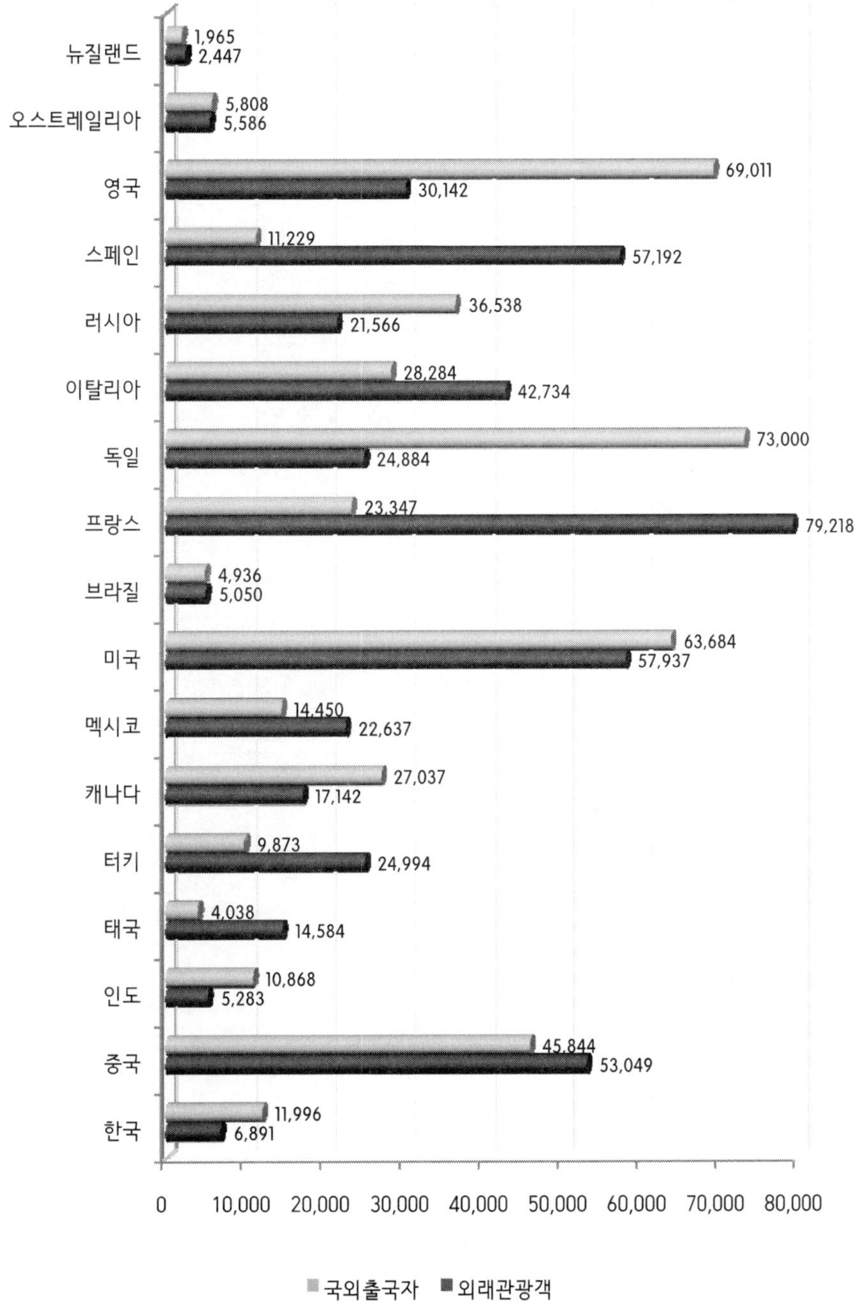

〈표 I-6-9〉 세계 주요 국가의 노동시간

(단위 : 시간)

	2004	2005	2006	2007	2008
한국(a)	47.4	46.9	46	45.4	43.7
중국(a)	46.9	51.1	50.4	49.4	47.9
홍콩(a)	46.5	46.4	45.5	45.8	44.6
인도(a)	47	47.2	46.9	–	–
일본(a)	43.5	43.5	43.5	42.9	42.4
싱가포르(b)	49.8	50.2	50.5	50.6	50.2
캐나다(b)	37.9	37.9	37.9	38	37.2
미국(a)	40.8	40.7	41.1	41.2	40.8
프랑스(c)	36	36.3	36.4	36.5	36.6
독일(b)	37.6	37.6	37.9	38.4	38.4
그리스(a)	42.3	42.3	42.1	42	41.8
이탈리아(a)	35.8	36.1	36.1	36.3	35.9
러시아(a)	–	6.9	6.9	7	6.8
스페인(a)	35.8	36.2	36.5	36.1	36
영국(b)	41	40.6	40.7	40.9	–
오스트레일리아(a)	38.1	38.1	37.9	37.6	37.7
뉴질랜드(a)	38.4	38	37.8	37.5	37.3

*제조업 주당 평균근로시간 (제조업 주당 평균근로시간)

✣출처 : 통계청, ILO

- 국가명 (a)=실근로시간, 국가명(b)=지불근로시간, 국가명(c)=통상근로시간
- 한국의 주당 평균 근로시간 = 월평균근로시간 7/30.4

✣자료 : ILO「http://laborsta.ilo.org」2011. 8

〈표 I-6-10〉 세계 주요 국가 제조업 평균임금

(단위 : 달러)

	2004	2005	2006	2007	2008
한국(E.G./m.)	1,931	2,331	2,641	2,893	2,500
중국(E.G./m.)	141	160	188	229	290
홍콩(R.T./d.j.)	42	36	41	44	44
인도(E.G./m.)	38	28	78	–	–
일본(E.G./m.)	2,709	2,650	2,576	2,521	2,839
싱가포르(E.G./m.)	1,982	2,100	2,277	2,498	2,795
대만(E.G./m.)	1,216	1,301	1,303	1,314	1,367
캐나다(E.G./w.s.)	662	739	798	875	888
미국(E.G./h.)	16	17	17	17	18
독일(E.G./h.)	19	19	20	–	–
러시아(E.G./m.)	–	298	375	503	646
스페인(E.G./h.)	15	15	16	18	21
영국(E.G./h.)	19	20	21	23	23
오스트레일리아(E.G./h.)	17	–	19	–	–
뉴질랜드(E.G./h.)	13	14	13	16	16

✣출처 : 통계청, ILO

– 평균임금 산정은 국가별 급여기준에 따라 다를 수 있음

– E.G. : 소득, R.T. : 율, h. : 시간당, d.j. : 일당, w.s. : 주당, m. : 월당

✣자료 : ILO「http://laborsta.ilo.org」2011. 8

〈표 I-6-11〉 인간개발지수(2010)

	인간개발지수HDI	출생시 기대수명(세)	평균교육기간	HDI 순위
한국	0.877	79.8	11.6	12
중국	0.663	73.5	7.6	89
홍콩	0.862	82.5	10	21
인도	0.519	64.4	4.4	119
이스라엘	0.872	81.2	11.9	15
일본	0.884	83.2	11.5	11
북한	–	67.7	–	–
싱가포르	0.846	80.7	8.8	27
캐나다	0.888	81	11.5	8
멕시코	0.75	76.7	8.7	56
미국	0.902	79.6	12.4	4
브라질	0.699	72.9	7.2	73
프랑스	0.872	81.6	10.4	14
독일	0.885	80.2	12.2	10
이탈리아	0.854	81.4	9.7	23
러시아	0.719	67.2	8.8	65
스페인	0.863	81.3	10.4	20
영국	0.849	79.8	9.5	26
오스트레일리아	0.937	81.9	12	2
뉴질랜드	0.907	80.6	12.5	3

✣출처 : 통계청, UNDP

✣자료 : UNDP「Human Development Report」2010

−인간개발지수(Human Development Index)는 UN이 각국의 교육수준,국민소득, 기대수명 등 주요통계를 활용하여 인간개발성취의 정도를 평가하는 지표

<표 Ⅰ-6-12> 세계 주요 국가 특허출원 및 등록(2010)

(단위 : 건)

	특허출원	특허등록
한국	163,523	56,732
중국	314,573	128,489
일본	348,596	193,349
싱가포르	8,736	5,609
멕시코	14,281	9,629
미국	456,106	167,349
브라질	–	2,451
독일	59,583	14,435
폴란드	–	3,958
러시아	38,564	34,824
스페인	3,884	2,277
우크라이나	4,814	4,002
영국	22,465	5,428
오스트레일리아	–	11,863
뉴질랜드	6,358	3,412

✣출처 : 통계청, 특허청

✣자료 : 특허청「지식재산통계연보」2011

<그림 Ⅰ-6-6> 국가별 특허등록 건수(2010)

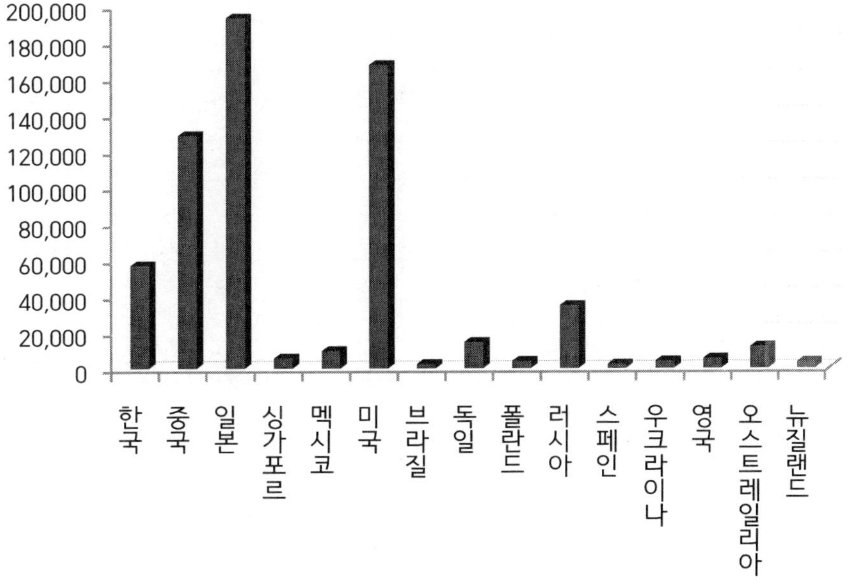

<표 I-6-13> 세계 주요 국가 경쟁력 평가 순위

	2007	2008	2009	2010	2011
한국	29	31	27	23	22
중국	15	17	20	18	19
홍콩	3	3	2	2	2
인도	27	29	30	31	32
일본	24	22	17	27	26
싱가포르	2	2	3	1	3
대만	18	13	23	8	6
캐나다	10	8	8	7	7
멕시코	47	50	46	47	38
미국	1	1	1	3	1
브라질	49	43	40	38	44
프랑스	28	25	28	24	29
독일	16	16	13	16	10
그리스	36	42	52	46	56
이탈리아	42	46	50	40	42
룩셈부르크	4	5	12	11	11
네덜란드	8	10	10	12	14
노르웨이	13	11	11	9	13
폴란드	52	44	44	32	34
포르투갈	39	37	34	37	40
러시아	43	47	49	51	49
스페인	30	33	39	36	35
스웨덴	9	9	6	6	4
스위스	6	4	4	4	5
영국	20	21	21	22	20
남아프리카공화국	50	53	48	44	51
오스트레일리아	12	7	7	5	9
뉴질랜드	19	18	15	20	21

✣출처 : 통계청, 스위스 국제경영개발원

✣자료 : 스위스 국제경영개발원「http://www.imd.org」 2011. 7

<표 I-6-14> 세계 주요 국가의 범죄발생

	살인범(십만 명당)	수감인원합계(명)	인구 10만명당 수감인원(십만 명당)
한국	2.2	45,882	97
중국	2.1	1,548,498	118
홍콩	0.6	11,580	168
인도	3.7	332,112	30
일본	0.5	79,055	62
싱가포르	0.5	15,038	350
캐나다	1.9	34,096	107
멕시코	13	214,450	196
미국	5.6	2,186,230	738
브라질	–	361,402	191
프랑스	1.6	52,009	85
독일	1	78,581	95
그리스	0.8	9,984	90
이탈리아	1.2	61,721	104
러시아	19.9	869,814	611
스페인	1.2	64,215	145
영국	2.1	88,458	124
오스트레일리아	1.3	25,353	126
뉴질랜드	1.3	7,620	186

✣출처 : 통계청, UNDP
✣자료 : UNDP 「Human Development Report」 2007/2008
– 살인범(십만 명당)자료는 2000–2004년까지 자료중 각 국가별 이용가능한 자료임

<그림 I-6-7> 인구 십만 명당 수감 인원

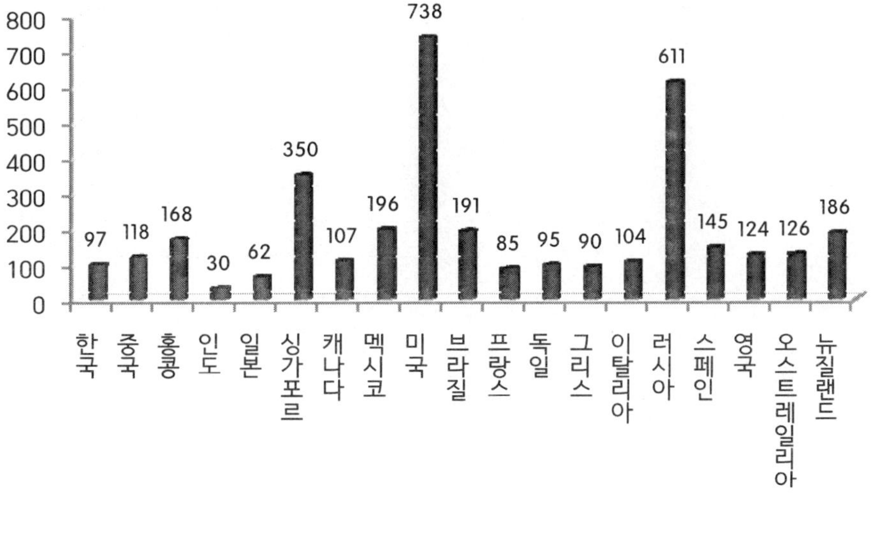

Ⅱ. 경제개혁과 대외개방

개혁개방의 배경
개혁개방의 전략과 방법
농업개혁
기업개혁
금융개혁
가격개혁
무역확대와 투자유치

1 개혁개방의 배경

〈그림 II-1-1〉 경제개혁과 대외개방의 배경

경제개혁 대외개방의 배경

· 농업 생산의 정체
· 인구증가율
· 축적메커니즘 붕괴

· 아시아신흥공업국과의 경제력 격차
· 민족통일문제

↓

· 사회주의 초급경제론
· 사회주의 계획적 상품경제론
· 사회주의 시장경제론

↓

· 시장경제도입
· 자원의 효율적 분배
· 비교우위 노동집약적 산업육성
· 국제경쟁력 강화

〈그림 II-1-2〉 개혁개방의 방향

개혁개방 방향

비교우위 입각한 발전 전략
내륙중시 → 연해중시
중공업중시 → 경공업중시
폐쇄적자립경제 → 개방적 수출촉진전략

점진적 · 단계적 발전전략
농촌경제 → 도시경제로 확대
점 → 선 → 면의 개방

2 개혁개방 전략과 방법

〈그림 II-2-1〉 개혁개방의 추진 단계

개혁·개방 추진단계

↓

제1단계[1978.12~1984.9] : 개혁의 실험단계

↓

제2단계[1984.10~1988.9] : 개혁의 본격화 단계

↓

제3단계[1988.10~1991.12] : 개혁의 조정단계

↓

제4단계[1992.1~] : 개혁의 가속화단계

〈그림 II-2-2〉 주요 경제개혁 가속화 내용 변화

경제개혁의 가속화

- 중국적 특색의 사회주의 시장경제 선포
- 국영기업 → 국유기업 [명칭변경 : 소유와 경영의 분리]
- 주식제를 통한 현대기업제도의 도입
- 거시조절 정책의 강화
- 가격자유화 본격추진
- 전방위 개방전략

〈그림 II-2-3〉 주요 주제별 개혁개방정책

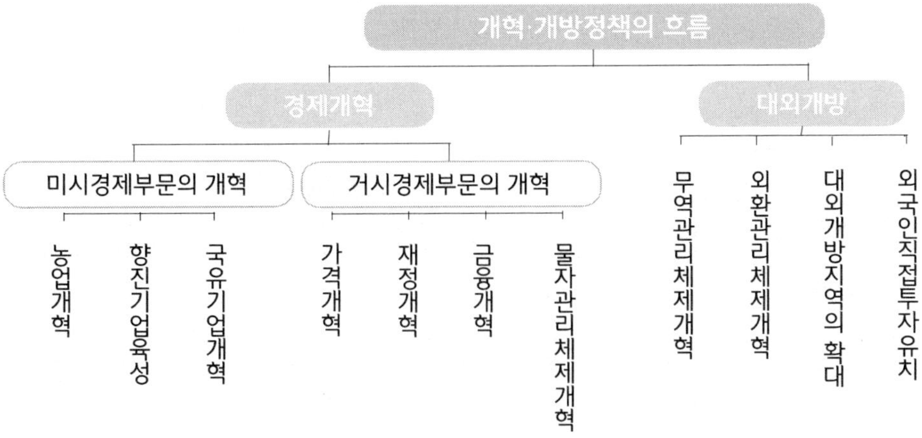

〈그림 II-2-4〉 주요 국유기업개혁

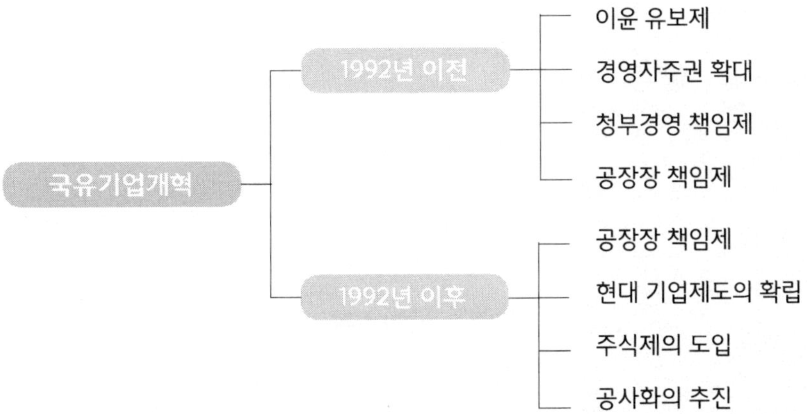

〈그림 II-2-5〉 단계별 주요 가격개혁

- 가격개혁
  - 초기 공산품 가격개혁 : 1979~1985년
  - 이중가격제의 도입 : 1985~1991년
  - 가격자유화의 본격추진 : 1992년 이후

〈그림 II-2-6〉 주요 금융개혁

- 금융개혁
  - 금융기관의 다원화
  - 금융시장의 형성과 정비
  - 거시경제 조절기능의 강화

〈그림 II-2-7〉 대외개방지역 확대 경로

대외개방지역 확대

4개 경제특구 지정[1980년 8월]

↓

14개 연해도시 개방[1984년 5월]

↓

장강삼각주, 주강삼각주 개방[1985년 2월]

↓

연해지역 개방[1988년]

↓

전방위 개방[1992년 3월]

〈그림 II-2-8〉 대외개방지역의 종류

- 경제특구
- 경제개발구
- 국가급경제기술개발구
- 고신기술산업개발구
- 과학기술원구(중관촌 등)
- 보세구

3 농업개혁

〈그림 II-3-1〉 중국 인구 대비 농경지 비중

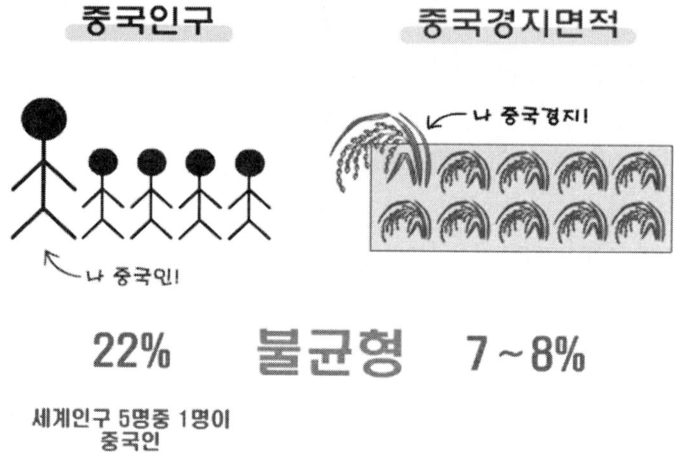

〈그림 II-3-2〉 인민공사의 구조

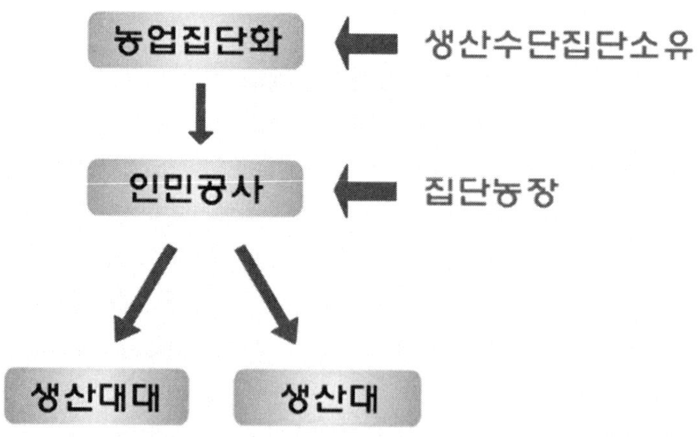

〈그림 II-3-3〉 중국 사회주의 농업의 저생산 순환구조

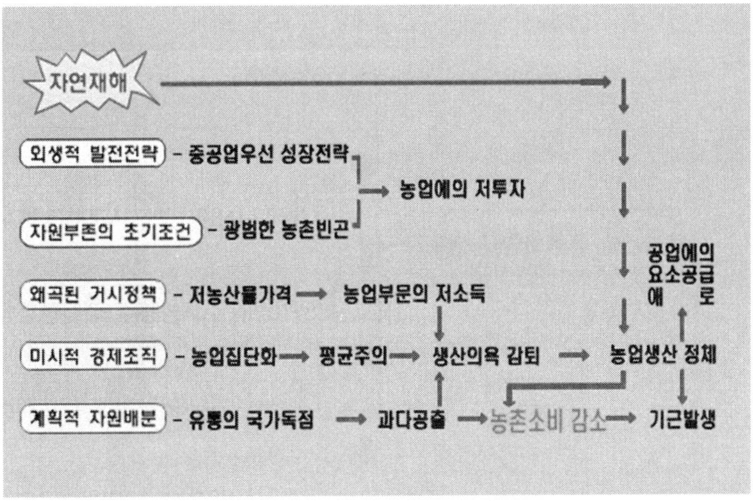

〈그림 II-3-4〉 중국 농업개혁의 기본방향

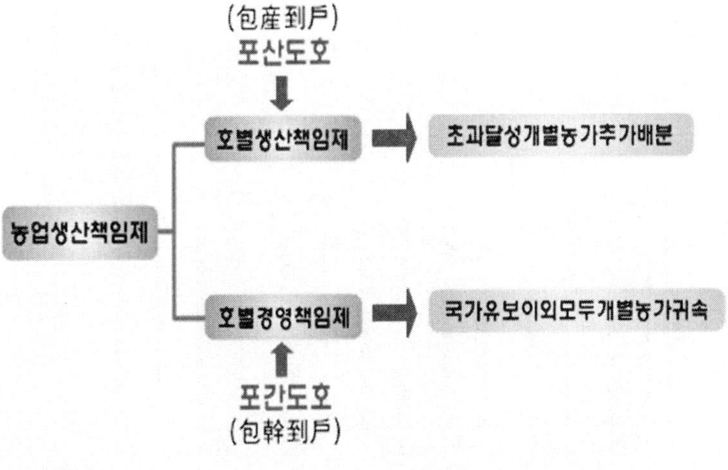

〈그림 II-3-5〉 농산물 유통구조의 개혁

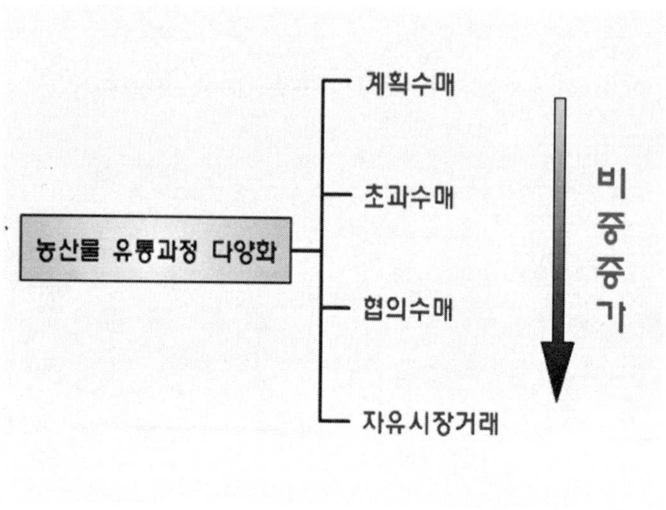

〈그림 II-3-6〉 초기 농업개혁과 농산물 시장거래 비중 추이

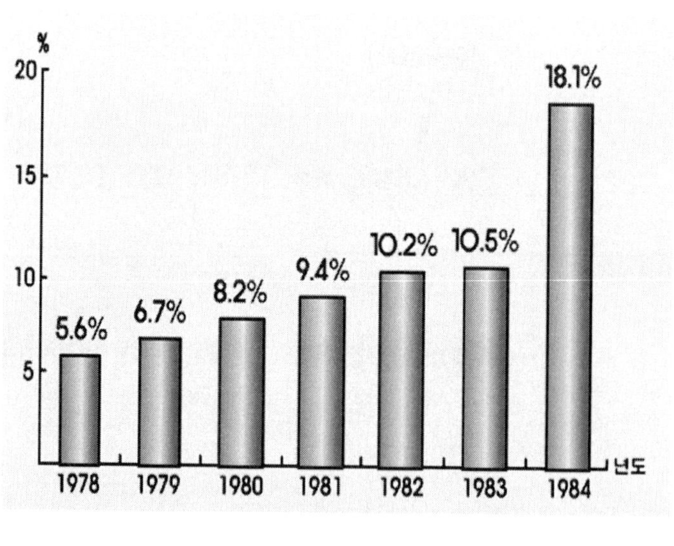

〈그림 II-3-7〉 농산물 가격 불균형의 발생구조

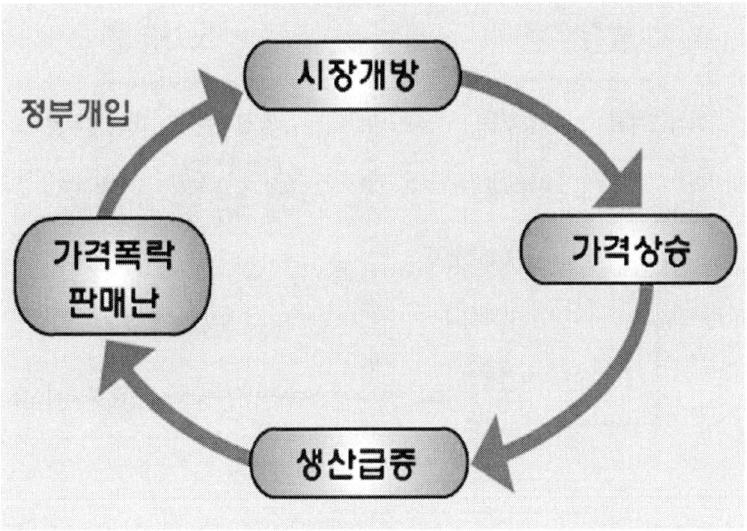

〈그림 II-3-8〉 농민의 도시이동 억제

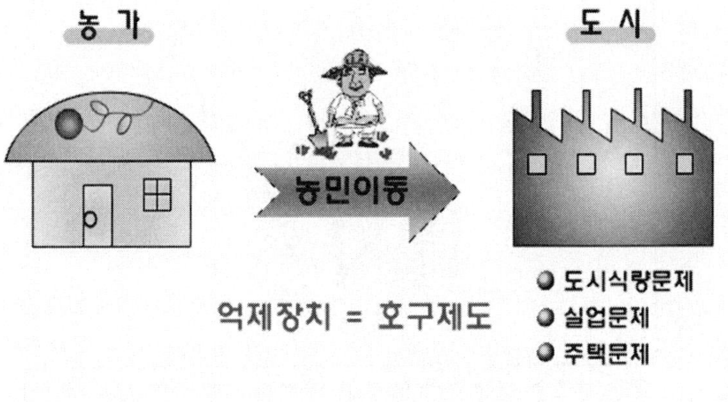

〈그림 Ⅱ-3-9〉 호구제도의 역할과 기능

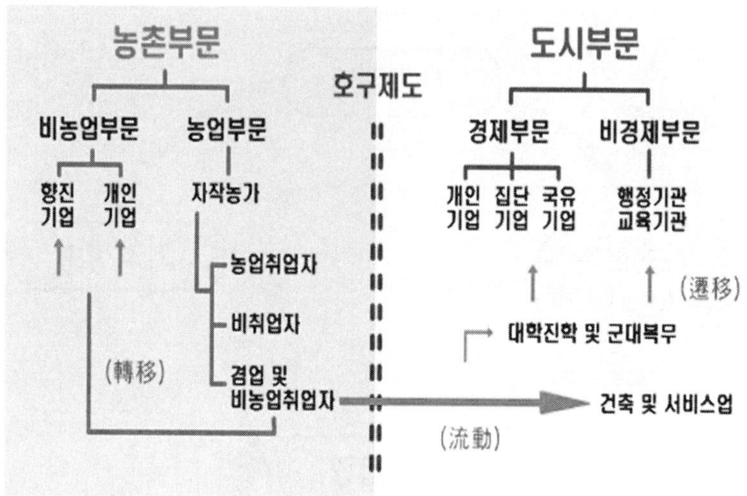

〈그림 Ⅱ-3-10〉 초기 농업개혁과 성장율 추이(1978-1999)

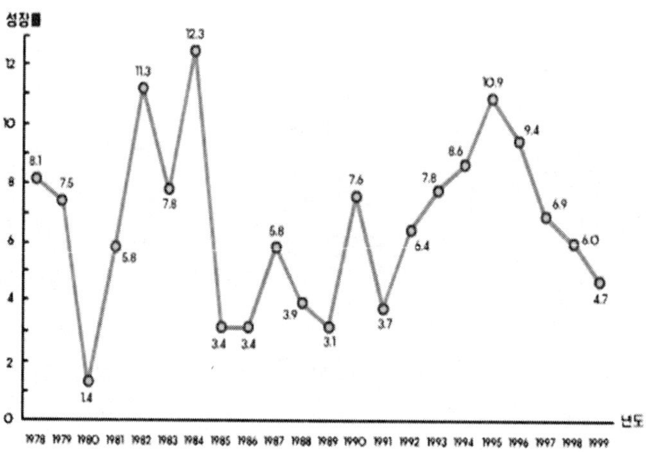

〈그림 II-3-11〉 농업개혁과 농가 경영모형

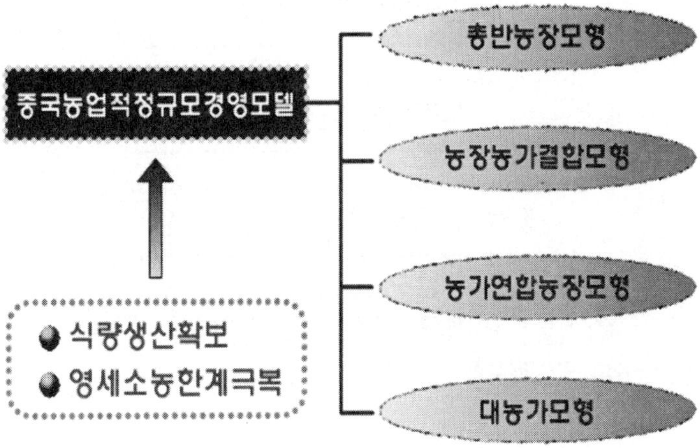

〈그림 II-3-12〉 인민공사의 해체와 신농업생산 모형

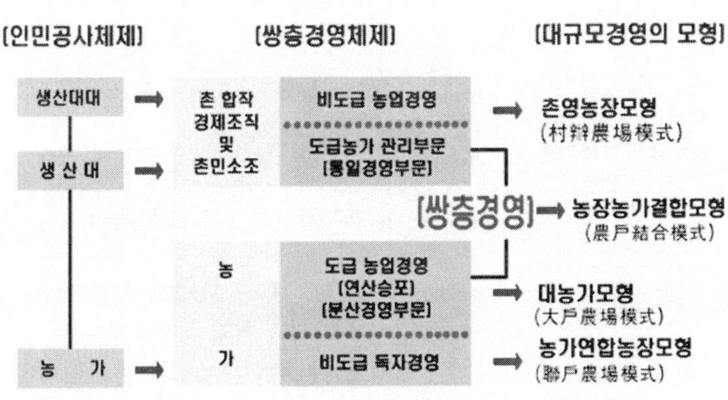

〈그림 II-3-13〉 식량의 수요공급 안정화 정책

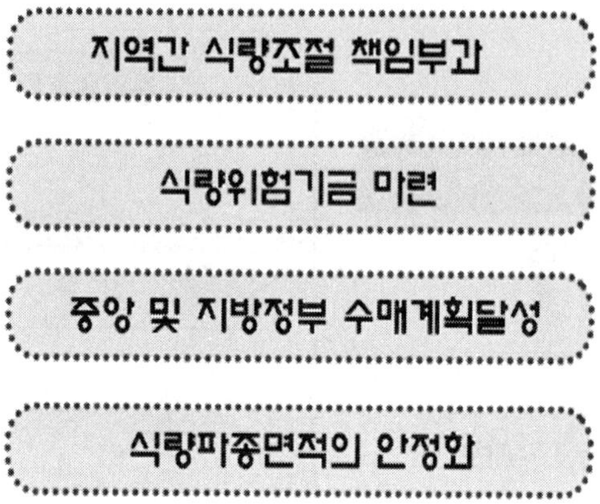

〈그림 II-3-14〉 중국 식량문제 전망

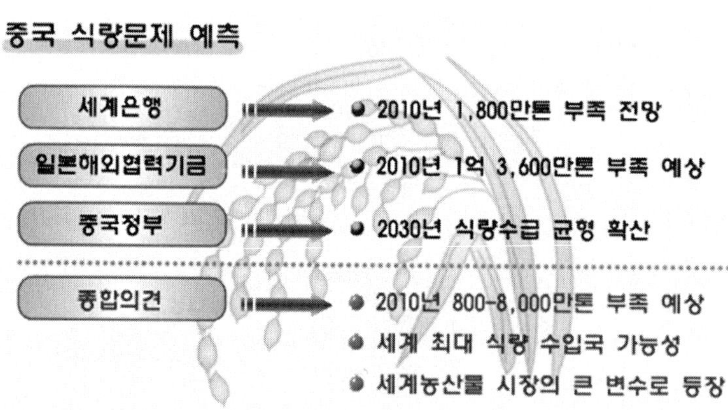

4 기업개혁

〈그림 II-4-1〉 중국 소유제별 기업분류

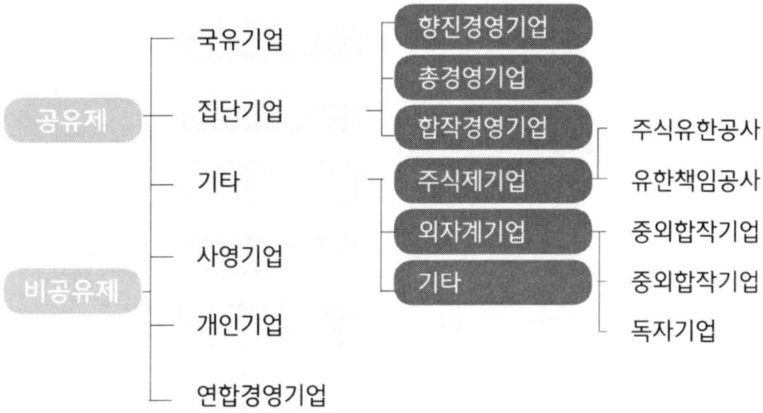

〈그림 II-4-2〉 중국 국유기업의 정의

과거의 전인민소유제기업 또는 국영기업으로서 중앙정부나 省·직할시·자치구 정부·현급시 정부·縣 정부 또는 區 정부가 출자하여 경영하는 기업

· 국영기업이란 명칭은 중국이 자본주의체제하에서 주식회사제도에 착안하여 소유·경영을 분리하려는 국유기업 개혁 취지에 따라 1993년 제8차 전국인민대표회의에서 헌법 개정을 통해 국유기업으로 개칭

· 국유기업의 근본적인 임무는 국가계획과 시장수요에 부합하도록 제품의 생산을 증대하여 물자에 대한 수요를 충족시키는 것

· 국가는 소유·경영권의 분리원칙에 따라 국유기업에 경영관리를 수권(授權)하고 국유기업은 수권받은 재산을 점유 또는 사용하며 법에 따라 처분할 수 있고 법인자격으로 수권받은 재산에 대한 민사책임을 부담

〈그림 II-4-3〉 중국의 사영기업 정의

8명이상의 근로자로 구성된 영리조직으로서 기업자산을 개인이 소유하며 사회주의 공유제를 보완하는 역할. 국가는 사영기업의 합법적인 권익을 보호하며 사영기업 투자자는 법에 따라 재산에 대한 소유권을 향유할 수 있음

사영기업은 첫째, 1인이 출자하고 경영하며 투자자가 기업채무에 대하여 무한책임을 지는 독자기업, 둘째, 2인 이상이 공동출자, 공동경영 및 손익을 자체 부담하는 기업으로 서면협의가 필요하며 합자인이 기업채무에 대한 연대무한책임이 있는 합자기업, 그리고 셋째, 출자자가출자액에 따라 회사에 대하여 책임을 지는 유한책임공사 등으로 분류

사영기업은 농민 · 도시실업자 · 개체공상호(個體工商戶) 경영자 · 퇴직자 및 기타 인력이 설립을 신청. 사영기업은 국가가 정한 범위 내에서 공업 · 건축업 · 교통운수업 · 상업 · 음식업 · 서비스업 및 수리업과 과학기술자문 등의 업종에 종사할 수 있으나, 군수 및 금융부문 등 국가가 금한 부문에는 종사할 수 없음

〈그림 II-4-4〉 중국 사영기업의 발전 경로

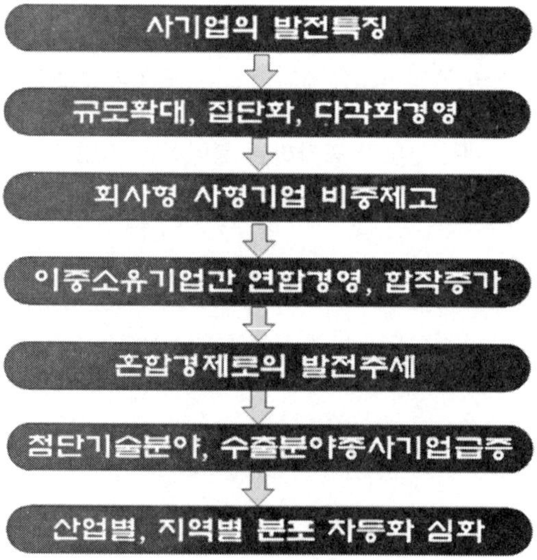

〈그림 II-4-5〉 외국인 투자기업별 주요 법규

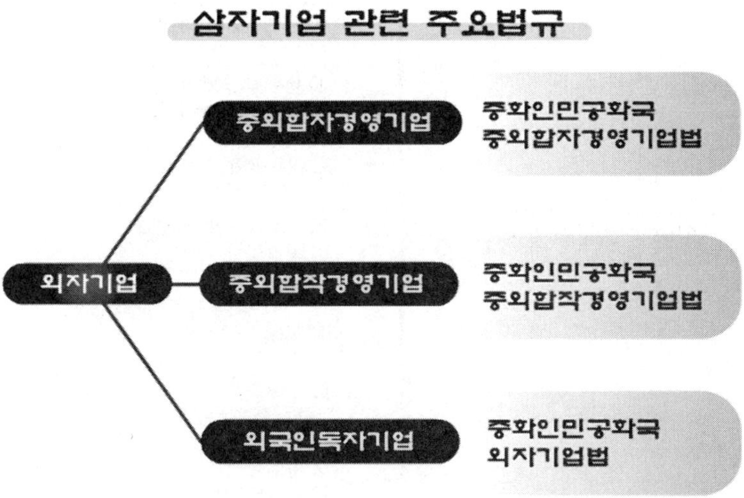

〈그림 II-4-6〉 국유기업의 생산책임제 주요 내용

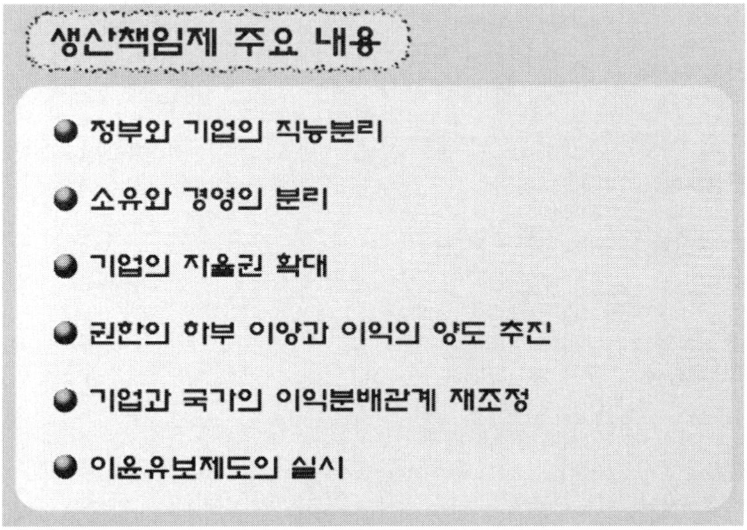

〈그림 II-4-7〉 국유기업의 청부경영책임제 형태

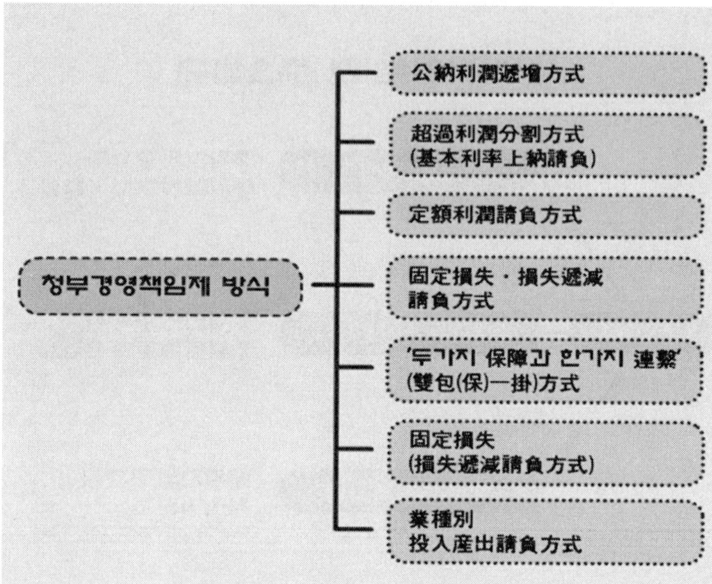

〈그림 II-4-8〉 청부경영책임제 형태별 주요 내용

	내 용
공납이윤체증방식	기업이 상품세 및 부가가치세를 국가에 공납한 후의 이윤에 대하여 기본공납액과 계약을 통해 일정한 증가율을 결정하여 매년 공납이세액을 체증시키는 방식. 국가에 공납한 나머지 부분은 기업내부에 유보
초과이윤분할방식 (기본이자율상납청구)	기업에 계약을 통해 기본공납액을 결정하고 이 기준액을 초과하는 순수입에 대해서는 계약을 통해 결정한 비율에 따라 국가와 기업이 분할하는 방식
정액이윤청부방식	기업이 계약을 통해 정해진 고정액수의 이윤(이윤액)을 공납하고, 초과이윤은 모두 기업에 유보시키는 방식. 종래의 이율이 적게 나던 기업에 적용되었음
고정손실 · 손실체감 청부방식	만성적인 적자를 국가보조금으로 상쇄하고 있는 기업에 대하여 손실한도액을 고정적으로 또는 점차 축소해 나갈 것을 청부하는 방식
두 가지 보장과 한 가지 연계방식	기업에 계약을 통해 공납이세액과 기술개조투자 두 가지 면에서의 이행을 보장하고, 기업의 임금총액 규모를 기업의 성과지표(공납이세액 혹은 총이세액)와 연계시키는 방식. 이세액이 1% 증가하면 임금총액은 0.3~0.7% 증가하였음
고정손실 (손실체감 청부방식)	만성적인 적자를 국가보조금으로 상쇄하고 있는 기업에 대하여 손실한도액을 고정 혹은 점진적으로 축소시킬 것을 청부하는 방식. 계약에 따른 한도액에 못 미치는 손실이 날 경우, 기업은 그 차액만큼을 자체 유보할 수 있음
업종별 투입산출 청부방식	석유, 석탄, 석유화학, 야금, 비철금속, 철도, 통신, 민항 등 8개 부문에서 실시하고 있음

〈그림 II-4-9〉 국유기업 소유제개혁의 방향

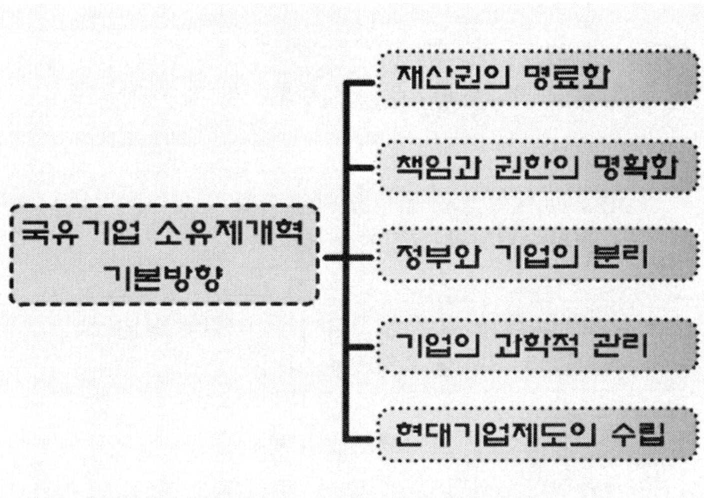

〈그림 II-4-10〉 국유기업 소유제 개혁의 주요 내용

"재산권 명료화 차원에서 국가의 국유자산 소유권과 기업의 법인재산권을 분리하며,"

"국가는 출자자로서 자산수익, 중요 결정의 권리와 기업 파산시 투자액 한도에서 유한책임을 지며,"

"기업은 국가를 포함한 출자자들에 의해 형성된 전체 자산에 대한 법인재산권을 갖고 자주경영, 손익 자기부담의 원칙 하에 그 자산 가치의 보존 및 증식을 책임지는"

"주식제는 소유와 경영의 분리에 유리하고 자본의 운영효율을 제고에 유리한 자본조직의 형식으로 자본주의도 사회주의도 이를 이용할 수 있으며, 이를 사유제와 동일시할 수 없다"

〈그림 II-4-11〉 국유자산경영회사의 설립경로

1. 업종별 기업주관부문이 지주회사로 개조되는 경우
2. 업종별 행정성 총공사를 개조하여 국유지주회사를 설립하는 방식
3. 대형 기업집단의 핵심기업이 국가 위탁을 받아 자산경영 기능을 수행하는 방식
4. 자산경영회사, 국가투자회사 등이 국유자산경영회사의 기능을 부여 받는 방식

〈그림 II-4-12〉 국유기업 회사화의 기본구조

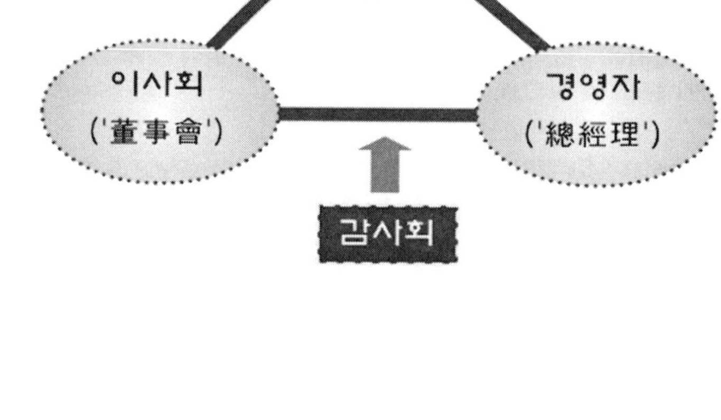

〈그림 II-4-13〉 국유기업 회사화의 주요 내용

국유기업의 회사화는
비국유 주체의 투자를 영입하는 투자주체의 다원화를 수반하는 것

대부분의 국유기업들은 회사로 개조되는 과정에서 엄밀한 의미의
국유기업이 아닌 혼합소유제 기업으로 전환.
이러한 투자주체의 다원화는 민간으로부터의 자금 유입을 통한
기업의 재무구조 개선은 물론 정부와 기업의 분리를 통한
경영메커니즘 전환에 기여할 것으로 기대

다만 공유제를 중심으로 한다는 전제에 따라
국민경제의 핵심 부분이 되는 기초산업의 대기업은
국가가 지배지분을 보유함으로써
국가의 통제력은 유지하겠다는 입장

〈그림 II-4-14〉 시기별 자본구조 개선 실험도시의 지정

1994년
18개 실험도시 선정
기업합병건수 127건
→(209건 1995년)

→

1996년
58개 실험도시 선정
기업합병건수 1192건
자산총액 292억원

→

1997년
110개 실험도시 선정

〈그림 II-4-15〉 기업 차원의 구조조정 방향

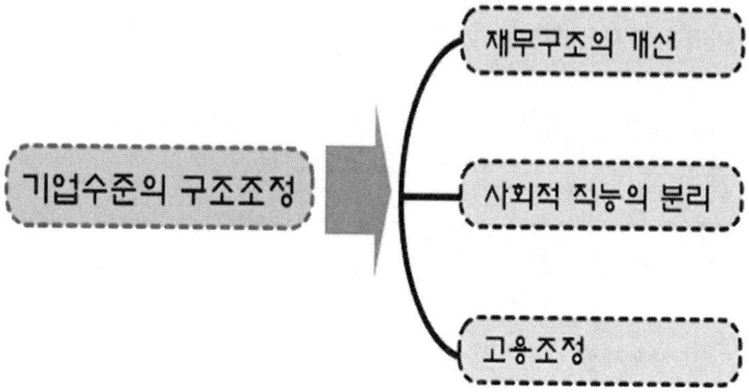

〈그림 II-4-16〉 기업 차원의 재무구조 개선방안

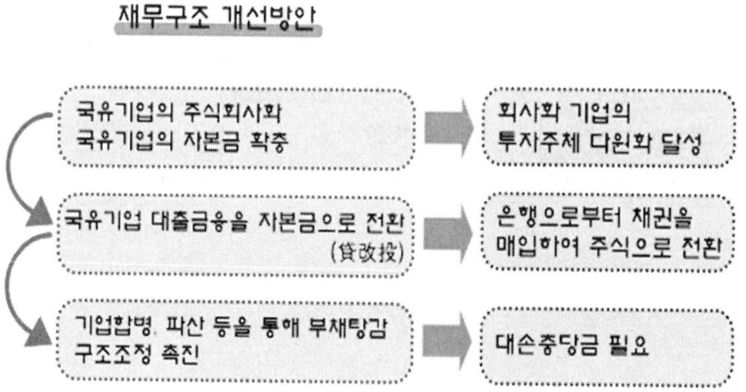

〈그림 II-4-17〉 기업의 비즈니스 활동과 사회적 책임의 분리

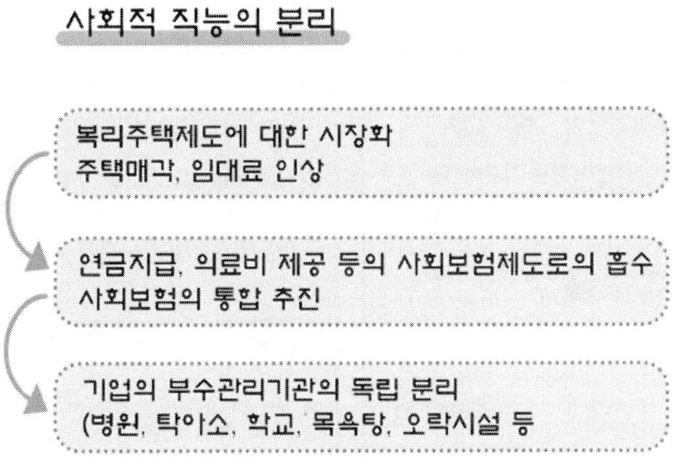

〈그림 II-4-18〉 국유기업의 부실경영 발생 경로

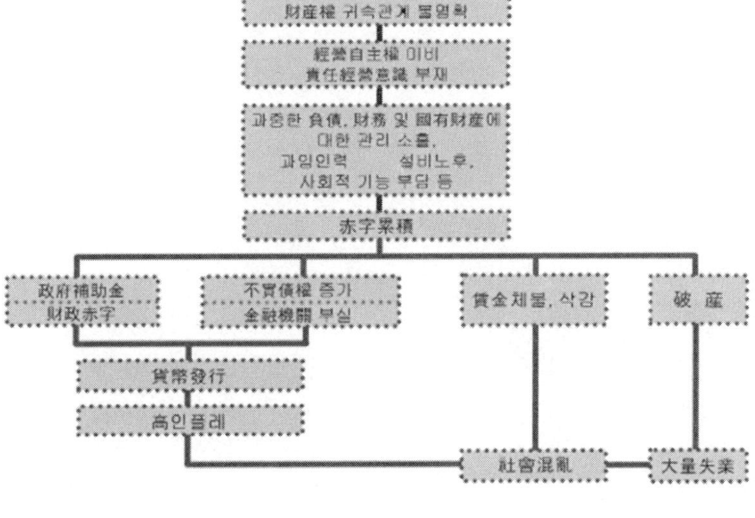

〈그림 II-4-19〉 초기 국유기업 개혁의 제약조건

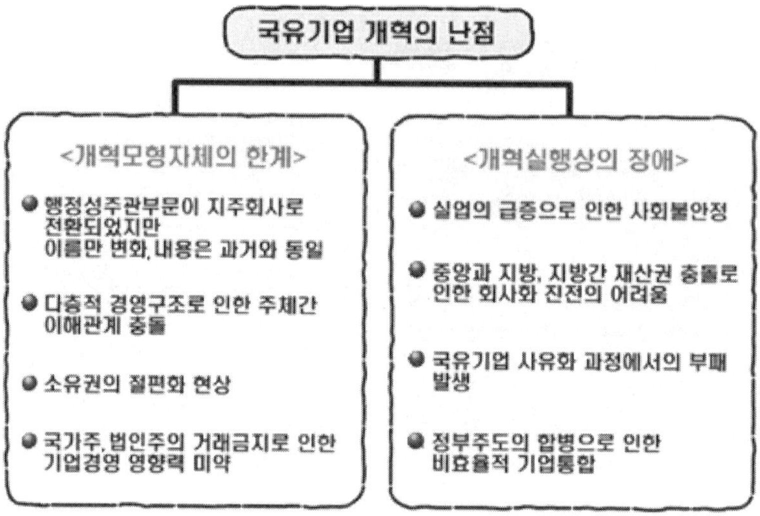

5 금융개혁

〈그림 II-5-1〉 중국 금융개혁의 목표

금융개혁 목표
- 단기금융시장 자본시장의 육성
- 통화가치의 안정
- 거시금융정책 집행 위한 중앙은행 기능 강화
- 단기금융시장 자본시장의 육성

중국의 금융부문은 1988-91년까지 운영된 정부의 긴축정책으로 인해 발전속도가 다소 지체되었으나 1992년 鄧小平의 '南巡讲话'를 계기로 개혁·개방 정책이 더욱 심화됨에 따라 가속화.
중국은 1993년 제 14기 3中全會에서 사회주의 시장경제체제 확립을 위해 '중앙은행 독립, 정책금융과 상업금융의 구분, 專業銀行의 상업은행화라는 금융원칙을 확립.
그리고 동 원칙을 실현하기 위해 1994년 3개의 국가정책성은행을 설립.

〈그림 II-5-2〉 중국의 금융영역별 은행분류

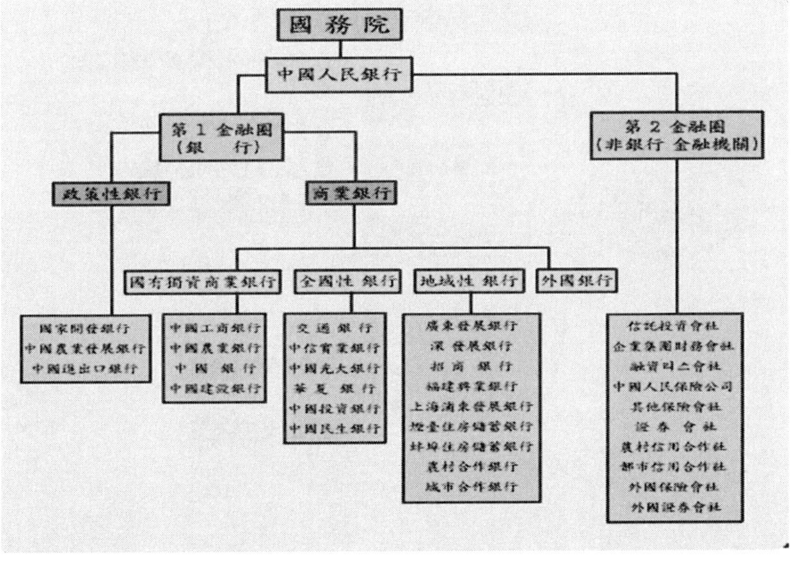

〈그림 II-5-3〉 중국의 국유상업은행 분류

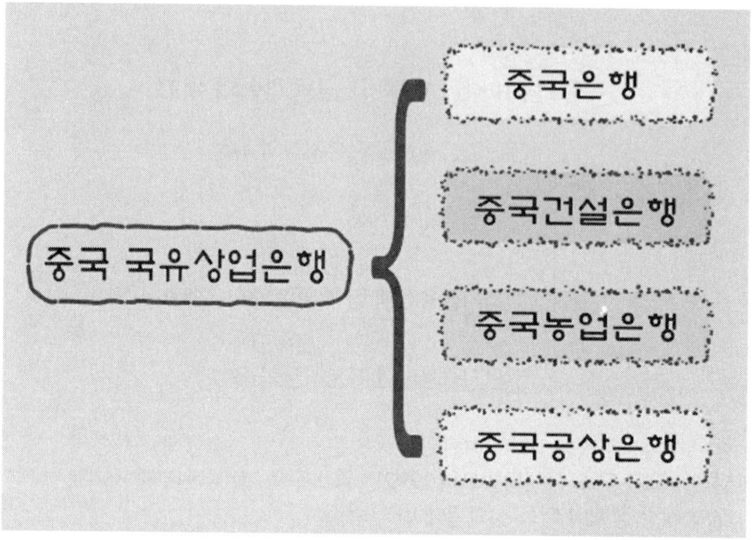

〈그림 II-5-4〉 중국의 제2금융권 금융기관

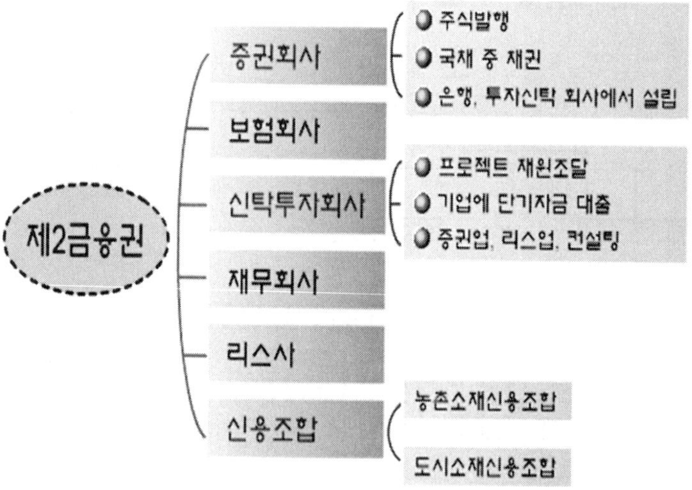

<그림 II-5-5> 중국 재무회사의 역할과 기능

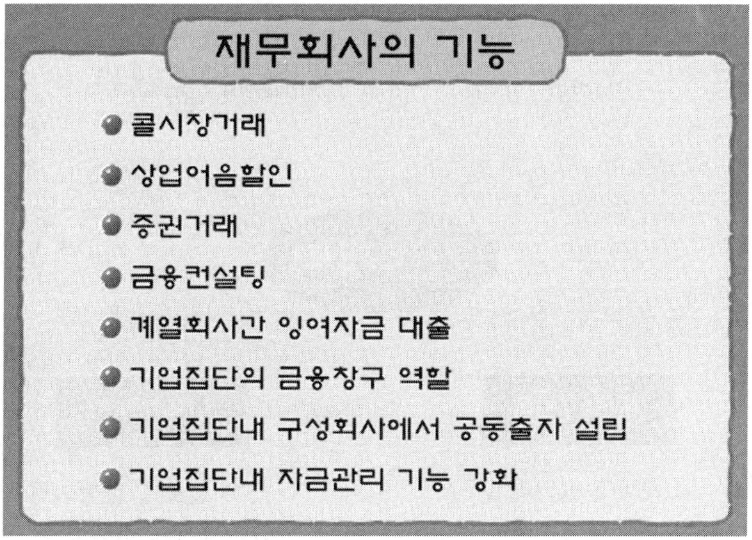

<그림 II-5-6> 중국 금융의 과제

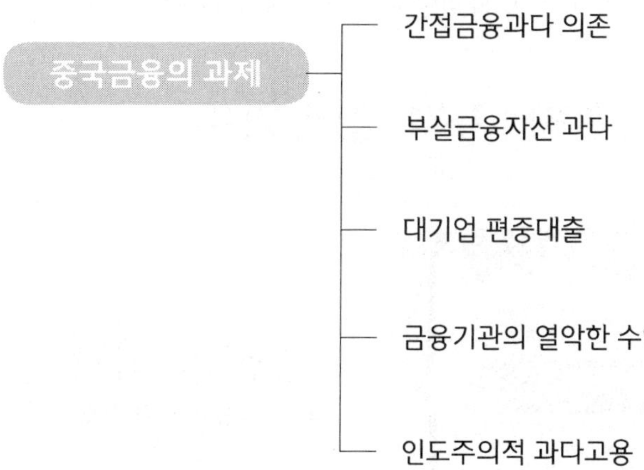

6 가격개혁

〈그림 II-6-1〉 중국 가격개혁의 목표

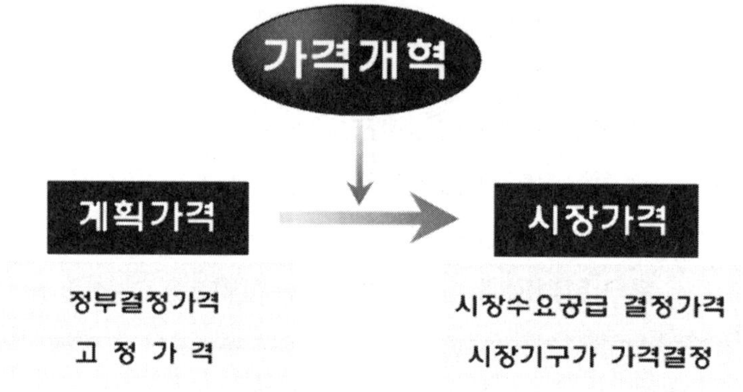

〈그림 II-6-2〉 사회주의 계획가격의 결정요인

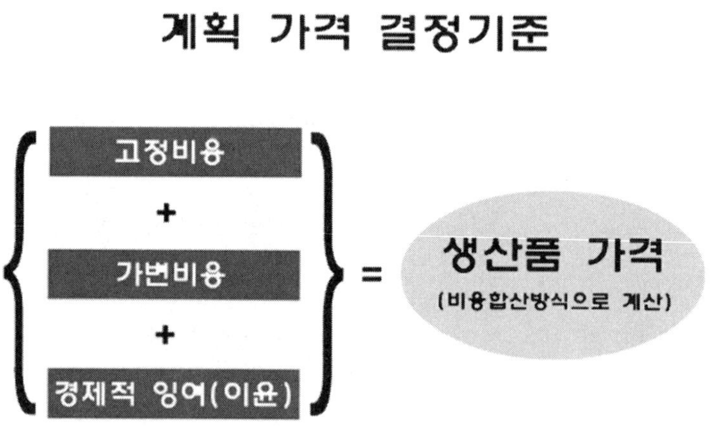

〈그림 II-6-3〉 사회주의 계획가격의 문제점(1)

자원배분의 비효율성 ➡

· 수요와 생산비용 왜곡반영

· 투입과 산출결정의 오류

· 가공생산분야 -> 가격과대평가 -> 과잉투자

· 원자재생산분야 -> 가격과소평가 -> 과소투자

· 생산요소의 적정투입 비효율성

· 국제가격과 국내가격의 큰 격차

〈그림 II-6-4〉 사회주의 계획가격의 문제점(2)

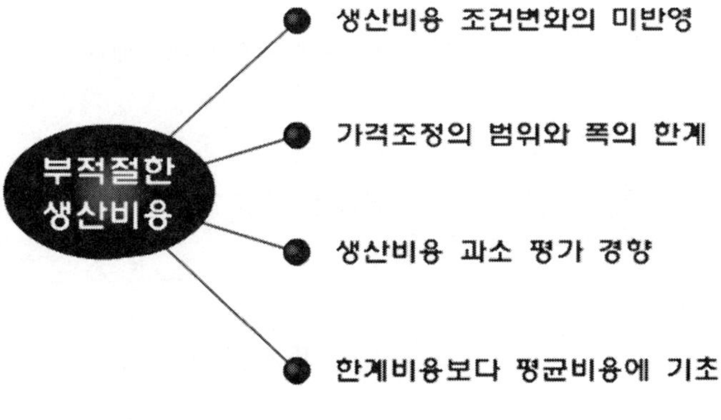

〈그림 II-6-5〉 초기 가격개혁의 목표

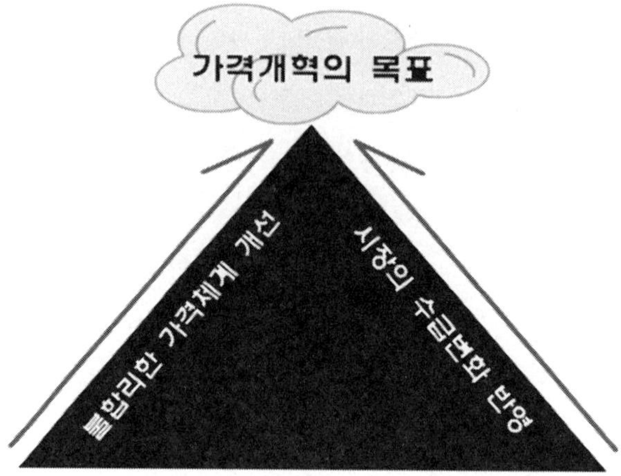

〈그림 II-6-6〉 가격체계 개선의 주요 내용

〈그림 II-6-7〉 시장가격의 역할과 효과

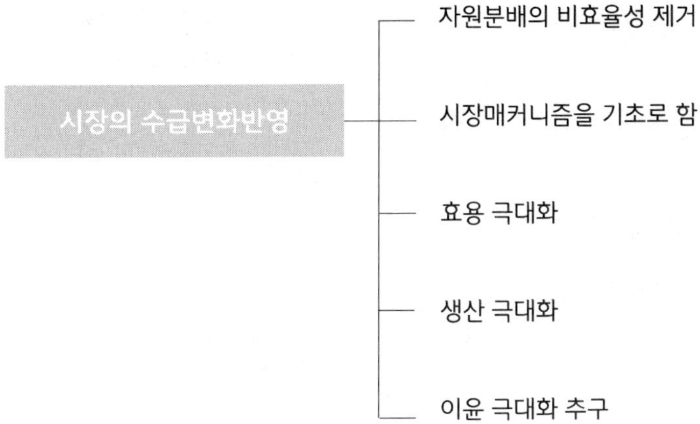

〈그림 II-6-8〉 가격개혁의 방법(1)

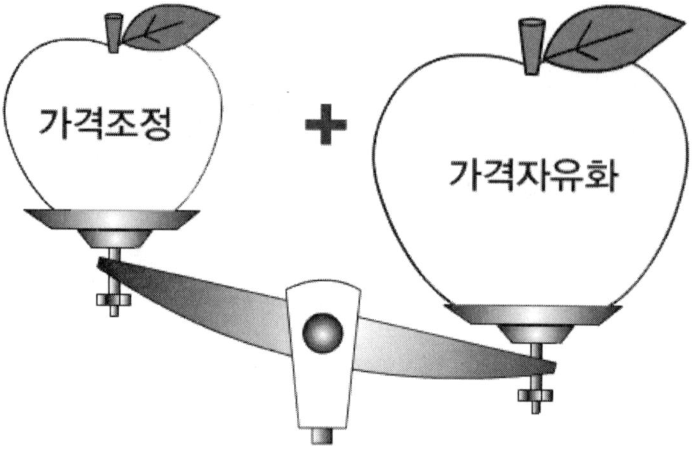

〈그림 II-6-9〉 가격개혁의 방법(2)

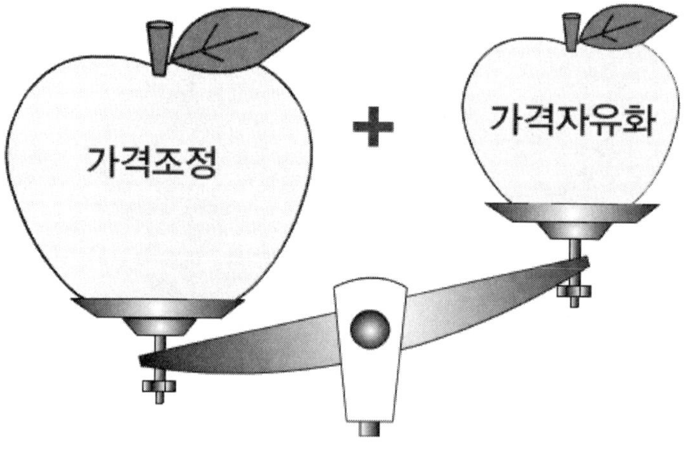

〈그림 II-6-10〉 가격개혁의 방법(3)

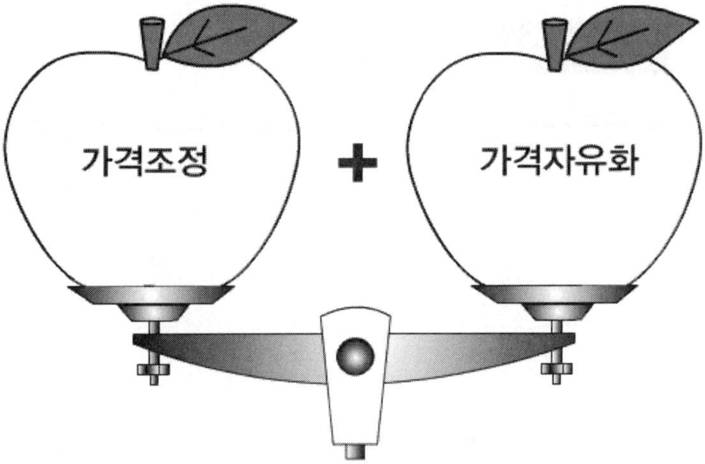

〈그림 II-6-11〉 가격개혁과 가격종류의 다양화

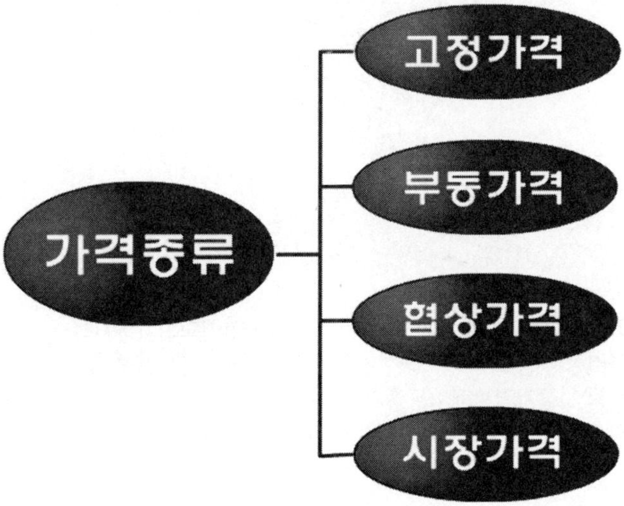

〈그림 II-6-12〉 부동가격의 범위와 가격변동 관리

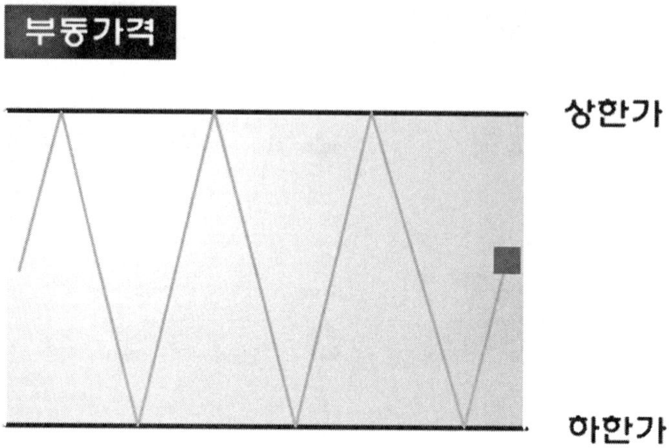

〈그림 II-6-13〉 이중가격제도의 장단점

장점	단점
부실기업 재정보호한계시 대안 계획가격결정시 참조 초과생산품 시장가격판매이윤증가 제품질의 향상	계획매커니즘의 기능저하 계획가격과 시장가격 모두 왜곡 가능성 유통질서혼란

〈그림 II-6-14〉 소비재 시장구조의 변화

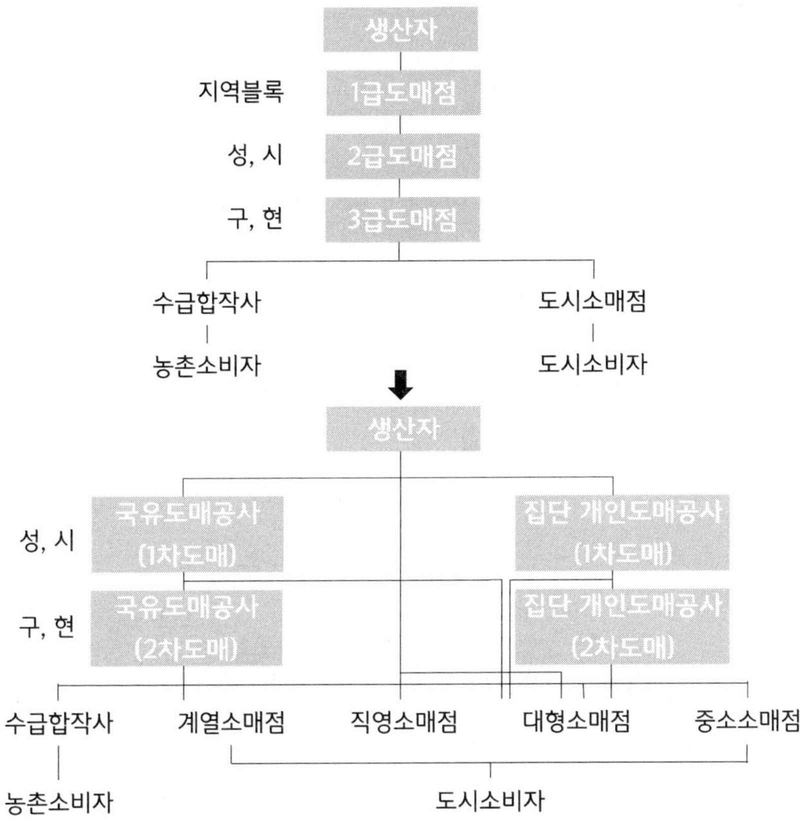

〈그림 II-6-15〉 석유거래 시장구조의 변화

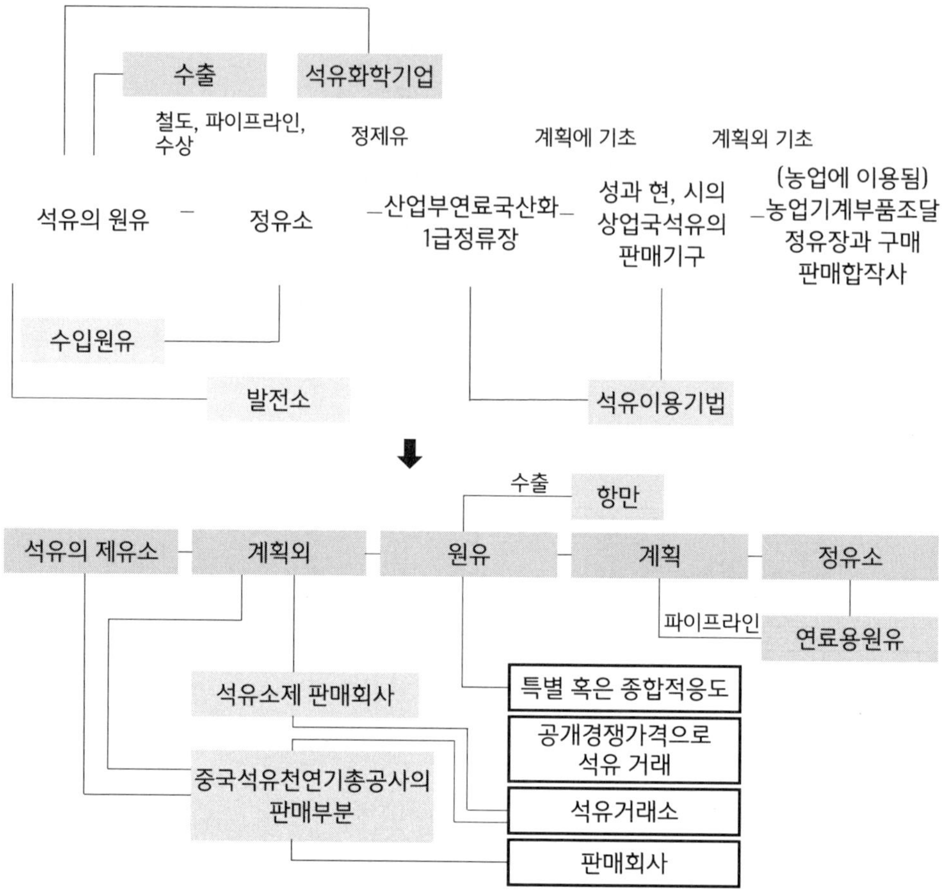

〈그림 II-6-16〉 철강 시장구조의 변화

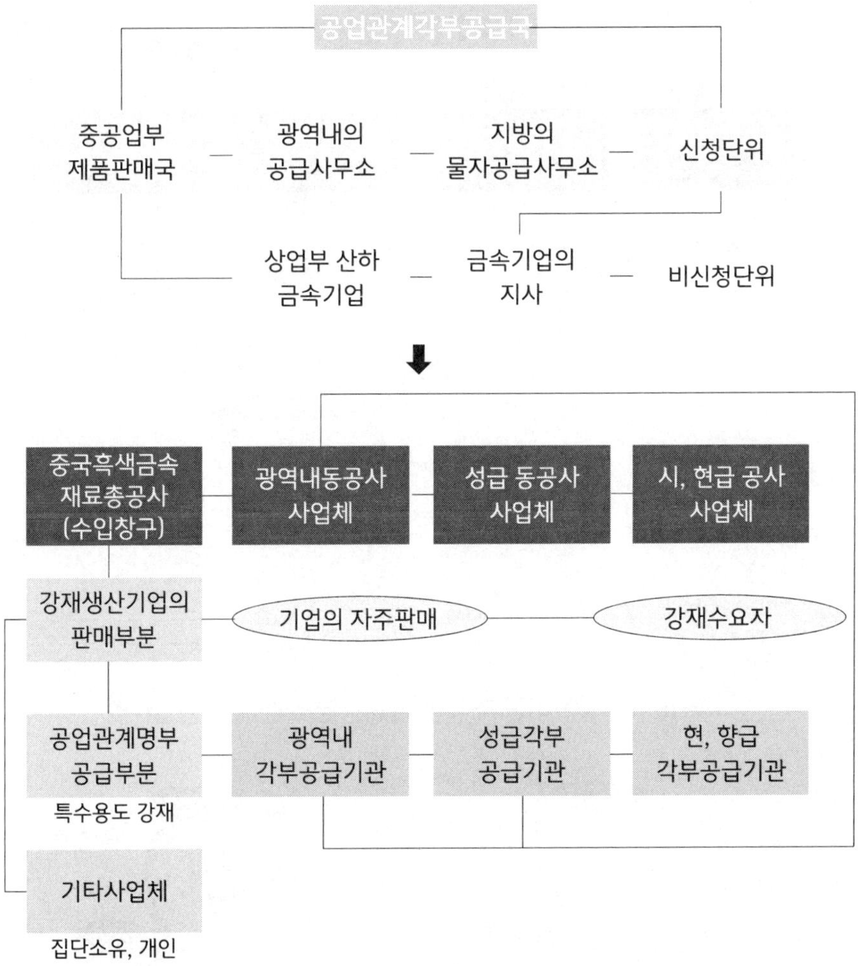

〈그림 II-6-17〉 이중가격제 필요충분조건의 불균형 상태

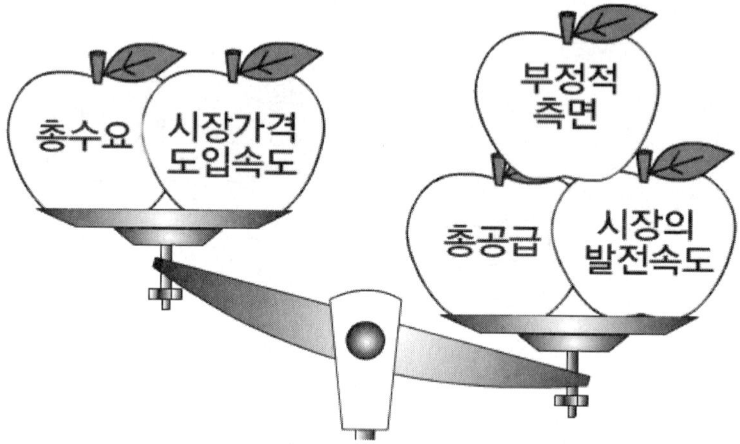

〈그림 II-6-18〉 이중가격제 필요충분조건의 균형 상태

<그림 II-6-19> 농산물 부문 시장가격 도입 비중 추이(1985-1995)

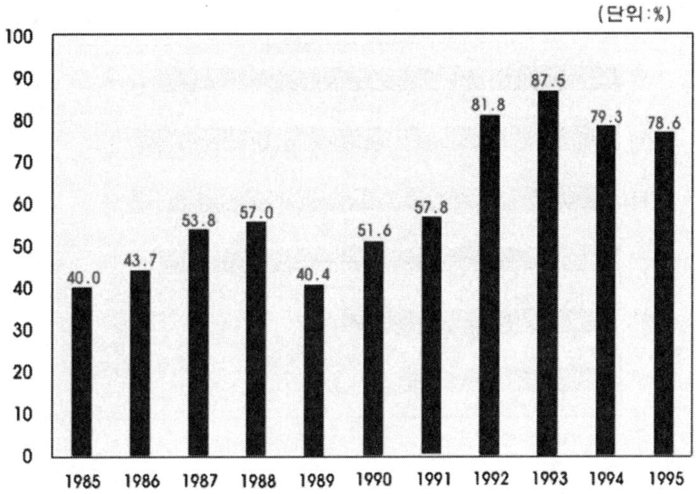

<그림 II-6-20> 소매상품 영역 시장가격 도입 비중 추이(1985-1995)

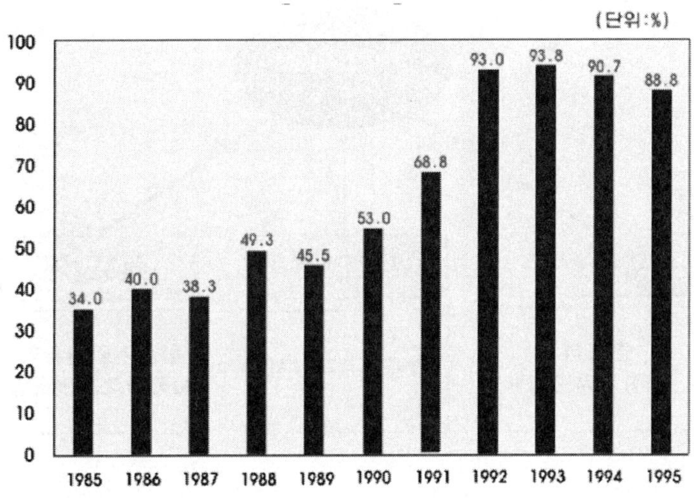

〈그림 II-6-21〉 생산재 부문 시장가격 도입 비중 추이(1990-1995)

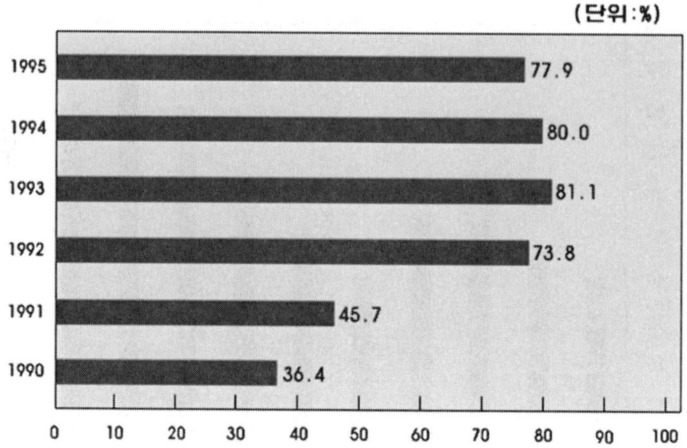

〈그림 II-6-22〉 가격개혁의 단계별 중점 내용

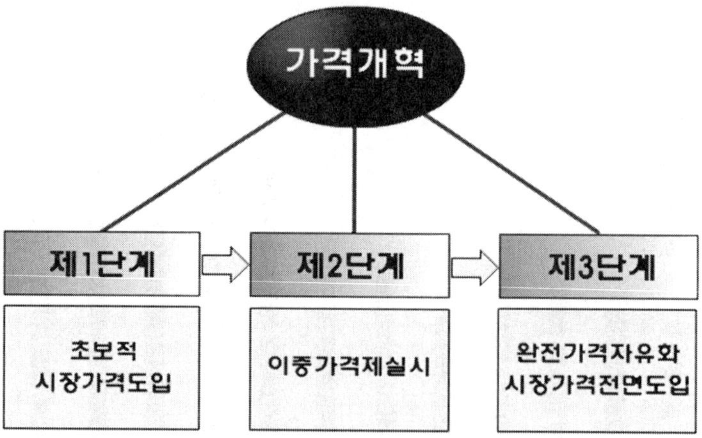

7 무역확대와 투자유치

〈그림 II-7-1〉 대외개방의 범위와 내용

대외개방의 범위

<table>
<tr><td rowspan="2">물품</td><td rowspan="2">대외무역</td><td>수출</td><td colspan="2">자원수출, 원료가공수출, 수출신용, 상품수출</td></tr>
<tr><td>수입</td><td colspan="2">기술 · 설비 도입, 技貿結合, 상품수입</td></tr>
<tr><td rowspan="12">자금</td><td rowspan="11">외자도입</td><td rowspan="4">외국차관
(원조)</td><td colspan="2">국제기관 차관(원조) – IMF, IBRD, UNDP 등</td></tr>
<tr><td colspan="2">각국 정부차관(원조)</td></tr>
<tr><td colspan="2">상업차관</td></tr>
<tr><td colspan="2">판매자신용</td></tr>
<tr><td rowspan="7">민간직접투자</td><td colspan="2">독자경영(Wholly–owned Foreign Enterprise)
合資경영(Equity Joint Venture)</td></tr>
<tr><td colspan="2">合作경영(Contractual Joint Venture)</td></tr>
<tr><td colspan="2">합작개발</td></tr>
<tr><td rowspan="2">보상무역</td><td>직접보상무역</td></tr>
<tr><td>간접보상무역</td></tr>
<tr><td colspan="2">리스(租賃)</td></tr>
<tr><td colspan="2">상주기관 설치</td></tr>
<tr><td colspan="2">대외투자 · 경제협력</td><td colspan="2">해외투자, 국제금융시장에서의 자금운용, 해외공사 수주, 대외원조</td></tr>
<tr><td>인력</td><td>방중</td><td colspan="3">외국기업사무소, 합자 · 합작 · 독자기업, 외국인 여행자(관광, 상용)
외국인 유학생, 전문가</td></tr>
<tr><td></td><td>대외파견</td><td colspan="3">시찰단 파견, 유학생, 연수생, 노동력 수출</td></tr>
</table>

자료: 浜勝彦 편, [經濟開放下のアジア社會主義諸國], アジア經濟研究所, 1985, p.144

〈그림 II-7-2〉 대외개방지역의 시간적, 공간적 발전 경로

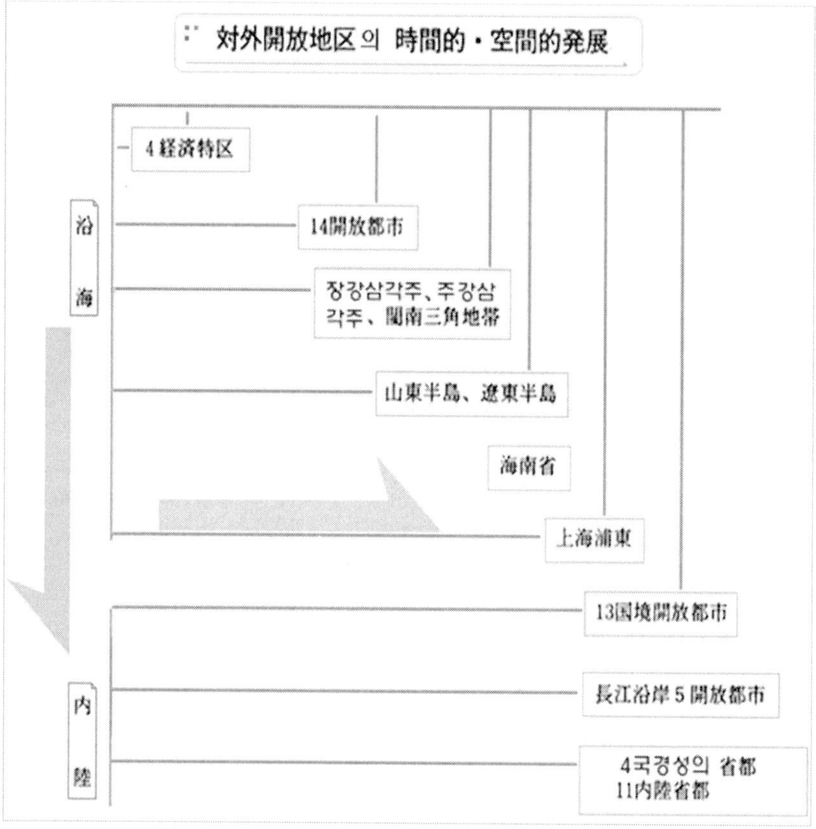

〈그림 II-7-3〉 WTO가입(2001년 12월)에 따른 중국경제에의 영향

분야	긍정적	부정적
거시경제	● 시장개방 확대, 규제 철폐로 성장 제고효과 ● 경제 구조조정(개혁) 가속화 ● 중국경제의 지속적 발전 조건 정비 ● 중국의 경쟁력 제고 ● 수입가격 하락으로 소비자 후생 증대	● 실업 증가 → 사회불안 증가
무역정책의 변화	● 무역환경 개선, 무역 확대 ● 미국 등의 쿼터 철폐로 방직, 가전 등의 품목 수출 증가	● 외국 선진제품에 의한 국내시장 잠식 ● 고급제품 수입 증가
투자제도 개혁	● 정책과 제도 투명성 제고 등 사업환경 개선 ● 외국인 투자 증가	● 국내 취약산업 붕괴
산업구조 고도화	● 산업구조 고도화 ● 외국자본 유입으로 정보통신, 전자 등 첨단산업 발전 ● 금융, 서비스산업 발전 가속화	● 부실기업, 금융기관 파산 가속화에 따른 불안정 ● 국내 산업구조의 이중성 심화 우려
기업 구조조정	● 기업 간 M&A, 기업구조조정 가속화 ● 기업경쟁력 강화와 체질 개선 ● 유망 사영기업의 성장과 국유 기업의 재편	● 부실기업 및 취약기업의 도태

〈그림 II-7-4〉 중국의 WTO 가입에 따른 경제적 영향 경로

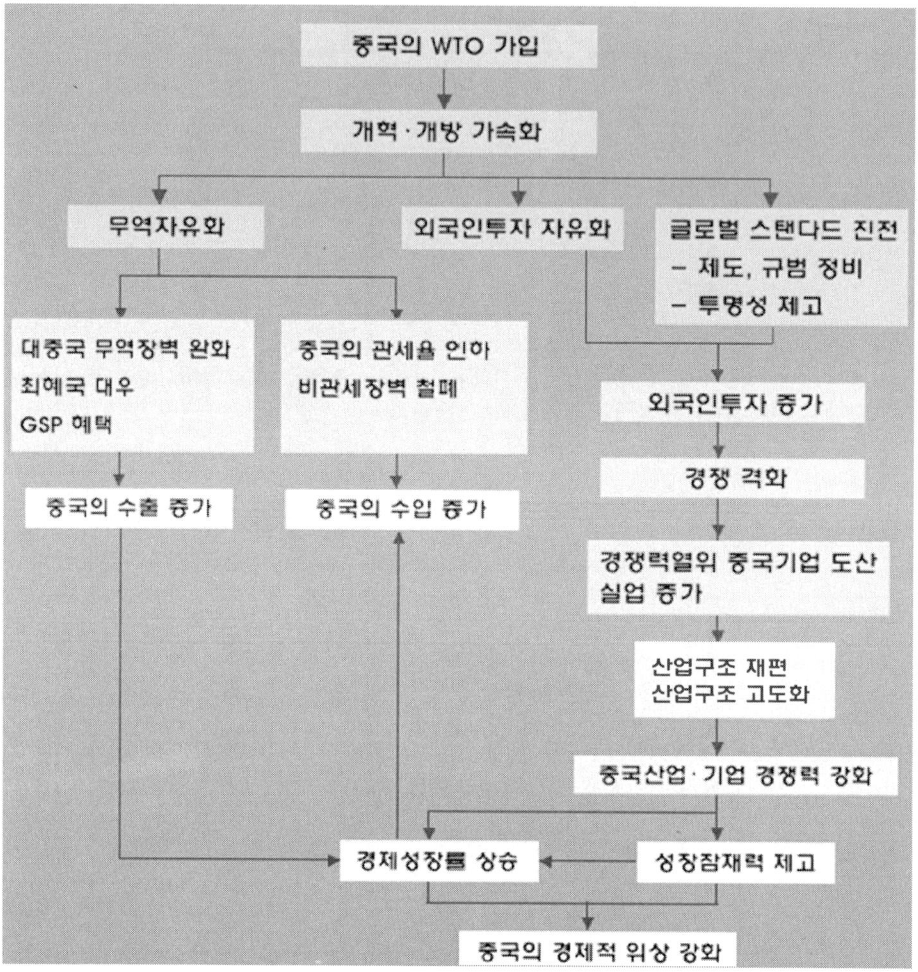

<그림 II-7-5> WTO 협정문의 구성

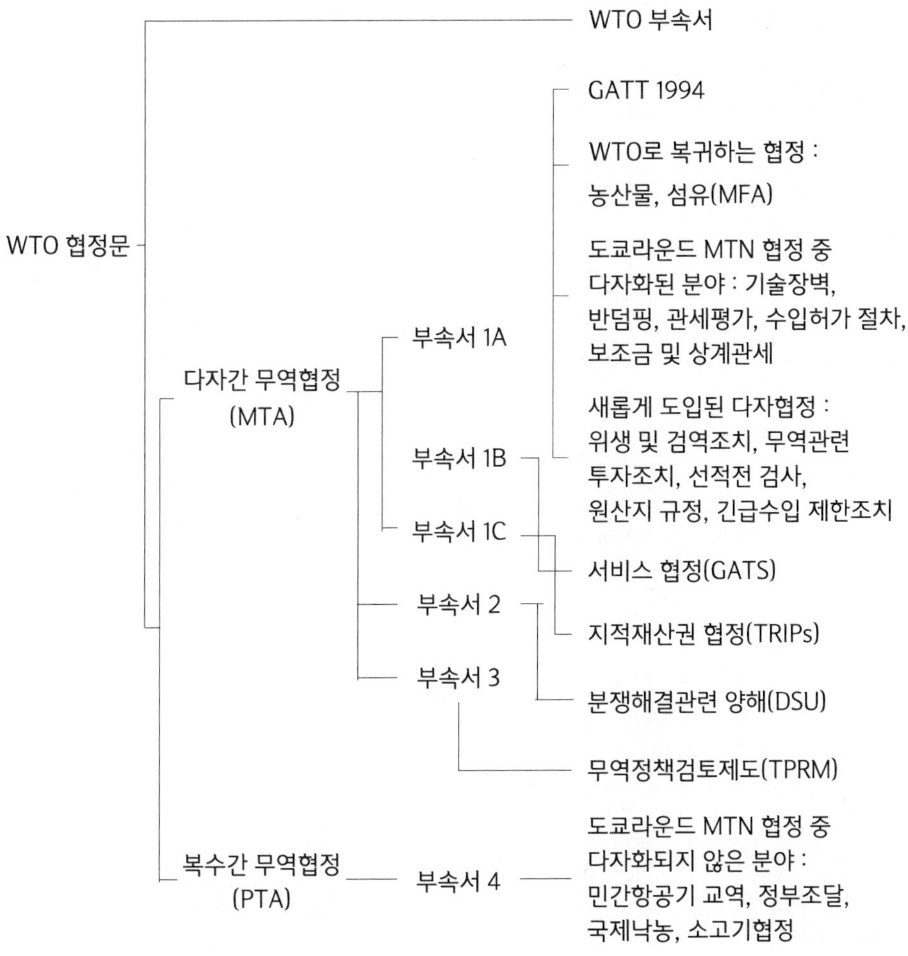

자료 : 강인수 외, 「국제통상론」, 박영사, 1998, p.69

〈그림 Ⅱ-7-6〉 WTO가입에 따른 무역과 투자정책의 변화

구 분		내 용
무역 정책	관 세	·공산품 관세율 2005년까지 9.4% ·농산품 2004년까지 17% ·ITA적용품목 2005년까지 관세 폐지 ·자동차 관세 2006년까지 25%, 부품 10%
	비관세 장벽	·GATI 1947 제 8조와 일치하도록 개정 ·수입허가 절차에 관한 협정 제 2조에 부합하도록 개정 ·수입허가 중 수입쿼터 가입 5년후 폐지, 특정상품수입통제 취소
	무역 경영권	·내국인 기업에 대한 무역권 3년 이내에 점진적으로 자유화 ·무역권 부역기준인 수출성과, 무역수지균형, 외화수지 균형 등 폐지 ·내국인 무역취득 요건 완화 ·외국인 투자기업에 대한 무역권 2년 후 완전 개방
투자 정책	투자조건	·TRIMs시행 ·현지조달 요구, 수출의무, 외환수지균형, 생산경영계획보고 폐지
	내국민 대우	·외자 우대 정책 개선 ·외자관련 법규 정비 ·TRIPs 이행

Ⅲ. 개혁개방 30년의 성과

고도경제성장의 달성
국제경제지위의 상승
대외개방(무역과 투자)의 성과
경제구조의 고도화
소비증대와 삶의 질 향상
인구조정과 기대수명의 증가
교통의 발달과 인프라의 개선

1 고도경제성장의 달성

〈표 III-1-1〉 중국과 세계 주요 국가의 경제성장률 비교(1978-2007)

(단위 : %)

국가	1978	1979	1990	2000	2006	2007	1979-2007
세계평균	4.4	4.2	2.9	4.1	3.9	3.8	3.0
미국	5.6	3.2	1.9	3.7	2.9	2.2	2.9
유럽연합	3.1	3.9	3.6	3.9	2.7	2.6	2.2
일본	5.3	5.5	5.2	2.9	2.2	2.1	2.4
중국	11.7	7.6	3.8	8.4	11.6	11.9	9.8
홍콩	8.5	11.6	3.9	8.0	7.0	6.4	5.6
한국	9.3	6.8	9.2	8.5	5.1	5.0	6.4
싱가포르	8.5	9.4	9.2	10.1	9.4	7.7	7.1
말레이시아	6.7	9.3	9.0	8.9	5.9	5.7	6.2
인도	5.7	-5.2	5.5	4.0	9.7	9.0	5.7
러시아			-3.0	10.0	7.4	8.1	0.1①
브라질	3.2	6.8	-4.3	4.3	3.7	5.4	2.7

*주 : ①1989-2007年 연평균증가율

✣자료 : 세계은행

〈그림 III-1-1〉 국내총생산(GDP) 증가 추이(1978-2007)

(단위 : 억 위안)

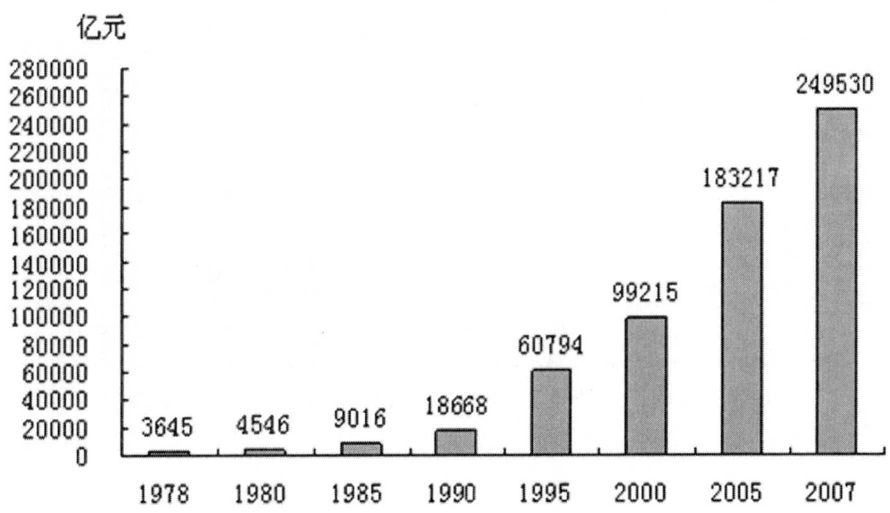

〈그림 Ⅲ-1-2〉 1인당 국민소득 증가추이(1978-2007)

(단위 : 위안)

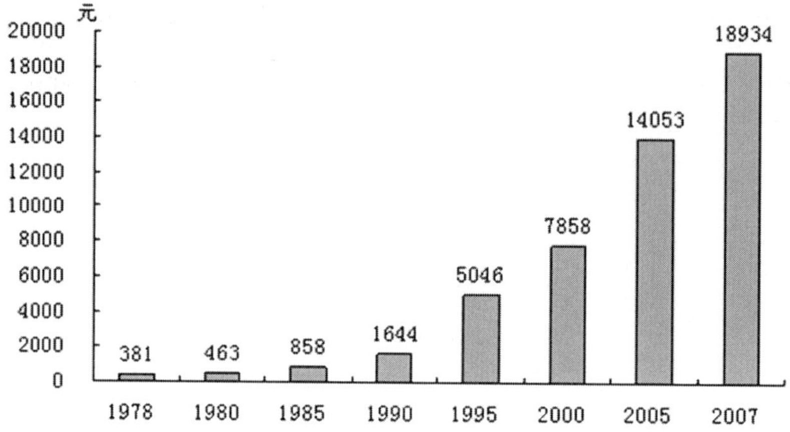

〈그림 Ⅲ-1-3〉 재정수입 증가추이(1978-2007)

(단위 : 억 위안)

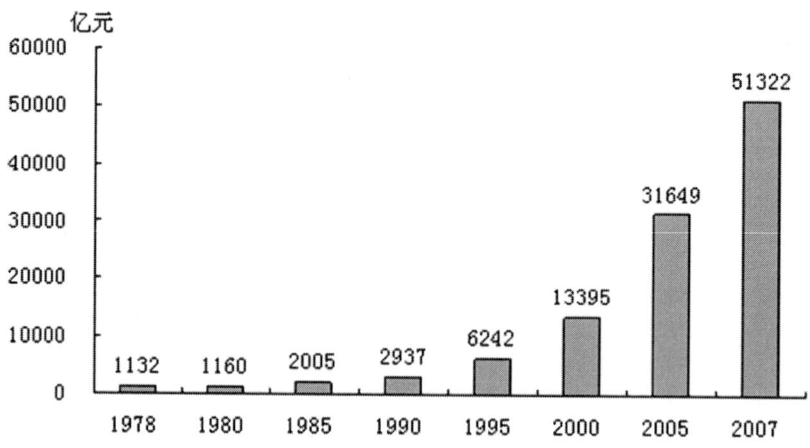

〈그림 III-1-4〉 조강 생산량 증가 추이(1978-2007)

(단위 : 만 톤)

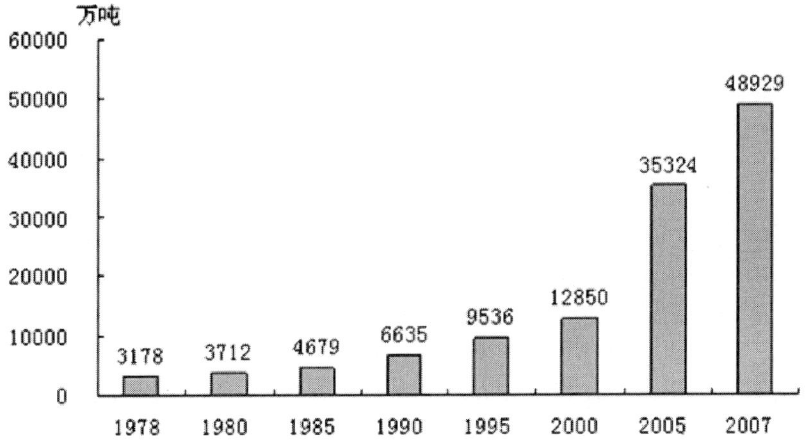

〈그림 III-1-5〉 에너지 생산량 증가 추이(1978-2007)

(단위 : 만 톤)

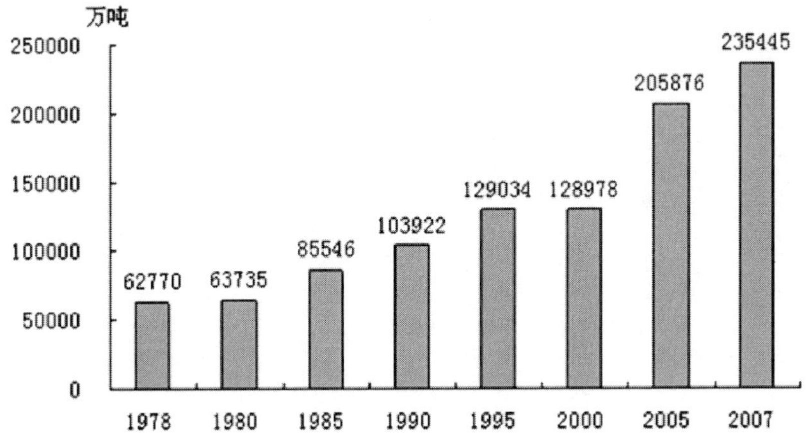

〈그림 III-1-6〉 식량 생산량 증가 추이(1978-2007)

(단위 : 만 톤)

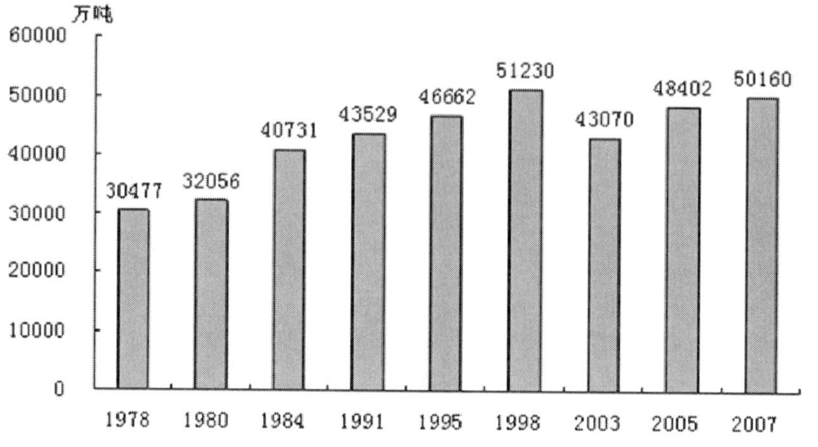

2 국제경제지위의 상승

〈표 III-2-1〉 중국과 주요 국가의 국내총생산 비중변화(1978-2007)

(단위 : 억 달러)

순위	1978年			2007年		
	국가	GDP	점유비중(%)	국가	GDP	점유비중(%)
	세계합계	84,315	100	세계합계	543,470	100
1	미국	22,769	27.0	미국	138,112	25.4
2	일본	9,676	11.5	일본	43,767	8.1
3	독일	7,166	8.5	독일	32,972	6.1
4	프랑스	5,018	6.0	중국	32,801	6.0
5	영국	3,220	3.8	영국	27,278	5.0
6	이탈리아	3,036	3.6	프랑스	25,623	4.7
7	캐나다	2,147	2.5	이탈리아	21,075	3.9
8	브라질	2,008	2.4	스페인	14,292	2.6
9	스페인	1,559	1.8	캐나다	13,264	2.4
10	중국	1,473	1.8	브라질	13,142	2.4

✣자료 : World Bank

〈표 III-2-2〉 중국과 세계 주요 국가 1인당 국민소득 비교(1997-2007)

(단위 : 달러)

순위	1997		2006		2007	
	국가	1인당GDP	국가	1인당GDP	국가	1인당GDP
1	리히텐슈타인	50,000	룩셈부르크	76,040	리히텐슈타인	
2	룩셈부르크	47,740	버뮤다		버뮤다	
3	스위스	44,440	노르웨이	66,530	노르웨이	76,450
4	일본	38,420	리히텐슈타인		룩셈부르크	75,880
5	노르웨이	36,920	海峡群岛		카타르	
6	버뮤다	35,990	스위스	57,230	스위스	59,880
7	덴마크	34,670	덴마크	51,700	덴마크	54,910
8	카이만군도	32,000	아이슬랜드	50,580	아이슬랜드	54,100
9	미국	29,910	아일랜드	45,580	海峡群岛	
10	싱가포르	27,180	미국	44,970	안도라	
	중국	750(145)	중국	2,010(129)	중국	2,360(132)

*주 : ①근사순위

✣자료 : World Bank《世界发展指标》

〈표 III-2-3〉 중국의 주요 공업품 세계 순위 변화(1978-2006)

공업품	단위	1978		2006		1978년대비 2006년증가(율)
		생산량	순위	생산량	순위	배
석탄	만 톤	61800	3	237300	1	2.8
원유	만 톤	10405	8	18477	5	77.6%
발전량	억 킬로와트	2566	7	28657	2	10.2
면포	억 미터	110	1	599	1	4.4
화학비료	만 톤	869	3	5345	1	5.2
시멘트	만 톤	6524	4	123676	1	18
조강	만 톤	3178	5	41915	1	12
TV	만대	0.4	8	8375	1	

자료 : 《中国统计年鉴》、UN DataBase。

〈표 III-2-4〉 중국의 주요 농산품생산 세계 순위(1978-2006)

(단위 : 만 톤)

품목	1978年		2006年		1978년대비 2006년
	생산량	순위	생산량	순위	배수
곡물	27,304	2	44,237	1	62%
대두	757	3	1,597	4	1.1
면화	217	3	675	1	2.1
땅콩	238	2	1,467	1	5.2
유채씨	187	2	1,265	1	5.8
사탕수수	2,112	7	9,978	3	3.7
차잎	27	2	103	1	2.8
과일	657	9	17,240	1	25.2
육류	1,103	3	8,051	1	6.3

✣자료 : 《中国统计年鉴》、粮农组织 Data Base

〈표 III-2-5〉 세계 주요 국가 경제의 세계 경제에 대한 공헌율

(단위 : %)

국가	1978	1990	2000	2006
세계 총액	100.0	100.0	100.0	100.0
미국	37.3	19.3	27.7	22.8
일본	18.2	30.5	10.4	7.8
유럽연합	15.9	25.8	18.5	13.1
중국	2.3	2.4	7.4	14.5
인도	1.2	2.1	1.4	4.2
러시아		-1.8	1.9	1.7
브라질	1.6	-3.4	2.1	2.0

✣자료 : World Bank Data Base

〈표 III-2-6〉 세계 주요 국가의 경제성장이 세계 GDP 증가에 미치는 영향

(단위 : %)

국가	1978	1990	2000	2006
세계총액	4.40	2.90	4.10	3.80
미국	1.64	0.56	1.14	0.86
일본	0.80	0.88	0.42	0.30
유럽연합	0.70	0.75	0.76	0.50
중국	0.10	0.07	0.30	0.55
인도	0.05	0.06	0.06	0.16
러시아		-0.05	0.08	0.06
브라질	0.07	-0.10	0.09	0.07

✣자료 : World Bank Data Base

3 대외개방(무역과 투자)의 성과

〈표 III-3-1〉 수출입 증가 추이(1978-2007)

(단위 : 억 달러)

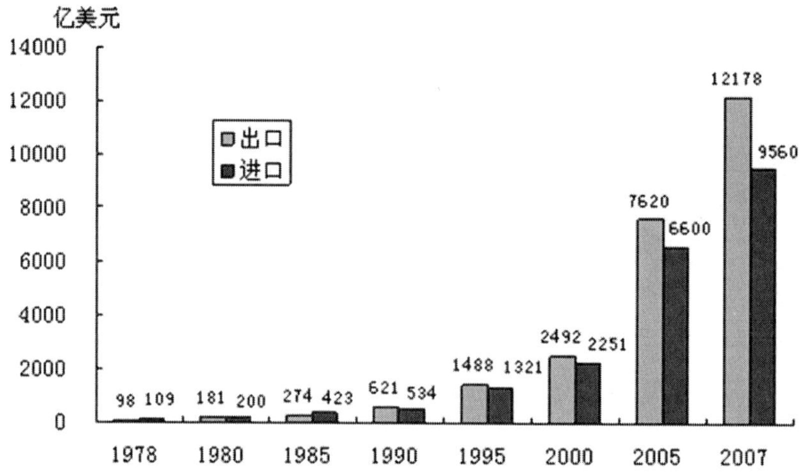

〈그림 III-3-1〉 대외개방 전후의 수출입 변화 비교

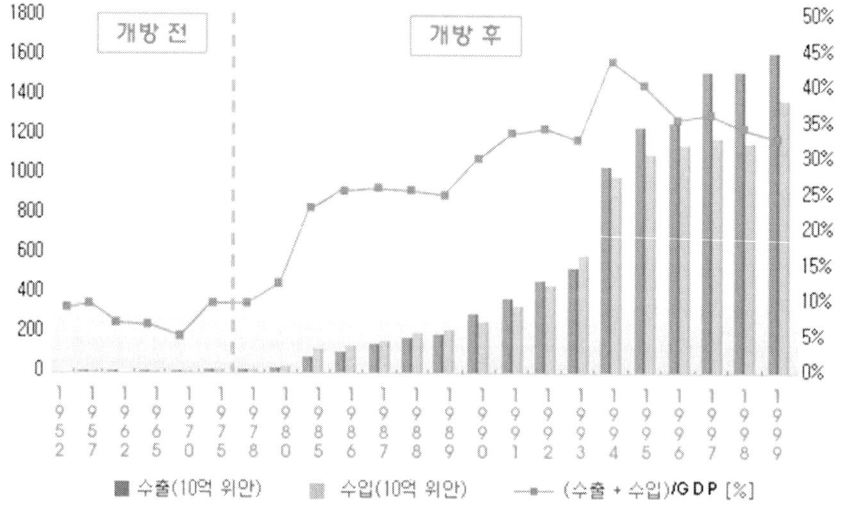

〈표 III-3-2〉 중국 수출입 세계 순위 변화추이(1978-2007)

(단위 : 억 달러)

순위	1978			2007		
	국가	무역액	세계점유비중	국가	무역액	세계점유비중
	세계 총액	26,650		세계 총액	281,090	
1	미국	3,319	12.5	미국	31,802	11.3
2	독일	2,642	9.9	독일	23,860	8.5
3	일본	1,781	6.7	중국	21,738	7.7
4	프랑스	1,612	6.0	일본	13,338	4.7
5	영국	1,437	5.4	프랑스	11,654	4.1
6	네덜란드	1,189	4.5	영국	10,528	3.7
7	이탈리아	1,126	4.2	네덜란드	10,412	3.7
8	구소련	1,028	3.9	이탈리아	9961	3.5
9	캐나다	947	3.6	벨기에	8481	3.0
10	벨기에-룩셈부르크	936	3.5	캐나다	8,082	2.9
29	중국	211	0.8			

✣자료 : WTO

〈표 III-3-3〉 중국의 서비스무역 세계 순위 변화(1982-2007)

(단위 : 억 달러)

순위	1982			2007		
	국가	무역액	세계점유비중	국가	무역액	세계점유비중
	세계총액	7674	100.0	세계총액	63164	100.0
1	미국	880	11.5	미국	7900	12.5
2	독일	653	8.5	영국	4567	7.2
3	프랑스	620	8.1	독일	4427	7.0
4	일본	539	7.0	일본	2930	4.6
5	영국	513	6.7	중국	2556	4.0
6	이탈리아	305	4.0	프랑스	2505	4.0
7	네덜란드	301	3.9	이탈리아	2255	3.6
8	사우디아라비아	219	2.9	스페인	2243	3.6
9	벨기에-룩셈부르크	193	2.5	네덜란드	1799	2.8
10	캐나다	186	2.4	아일랜드	1796	2.8
34	중국	43	0.6			

✣자료 : 世界贸易组织 Data Base

〈그림 III-3-2〉 외국인 직접투자 증가추이(1978-2007)

(단위 : 억 달러)

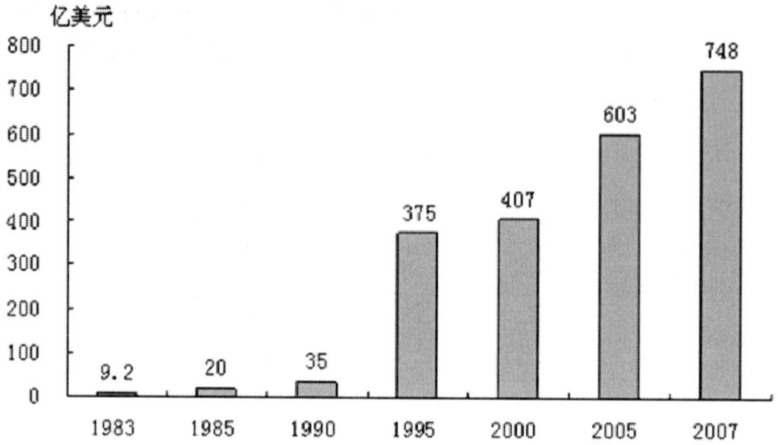

〈표 III-3-4〉 중국의 외국인투자 순위 변화 추이(1979-2007)

(단위 : 억 달러)

순위	1979		2000		2007	
	국가	FDI	국가	FDI	국가	FDI
1	미국	87	미국	3,140	미국	2,328
2	영국	65	독일	1,983	영국	2,240
3	캐나다	53	영국	1,188	프랑스	1,580
4	프랑스	27	벨기에-룩셈부르크	887	캐나다	1,087
5	브라질	24	캐나다	668	네덜란드	994
6	독일	17	네덜란드	639	중국	835
7	네덜란드	17	홍콩	619	홍콩	599
8	호주	15	프랑스	433	스페인	534
9	스페인	14	중국	407	러시아	525
10	이집트	1+2	스페인	396	독일	509
126	중국	0.0008				

〈그림 III-3-3〉 중국의 외환보유고 증가 추이

(단위 : 억 달러)

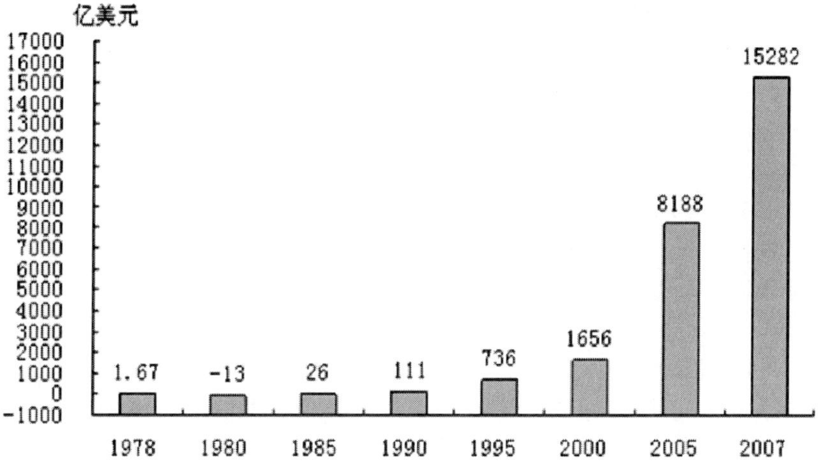

〈표 III-3-5〉 세계 주요 국가의 외환보유고 변화 추이(1978-2007)

(단위 : 억 달러)

순위	1978		2000		2007	
	국가	금액	국가	금액	국가	금액
1	독일	424	일본	3,472	중국	15,283
2	일본	289	중국	1,656	일본	9,484
3	스위스	174	홍콩	1,075	러시아	4,640
4	사우디아라비아	167	대만	1,067	대만	2,703
5	영국	155	한국	959	인도	2,666
6	브라질	114	싱가포르	797	한국	2,618
7	이란	109	독일	497	브라질	1,794
8	이탈리아	105	인도	373	싱가포르	1,625
9	스페인	98	멕시코	351	홍콩	1,526
10	프랑스	83	영국	342	나이지리아	1,102
38	중국	16				

✣자료 : UN database

〈표 III-3-6〉 국제여행수지 및 출입국자 수 비교(1995-2006)

순위	국제여행수입(억 달러)				출입국자 수(만 명)			
	1995		2006		1995		2006	
	국가	수입	국가	수입	국가	명	국가	명
	세계총계	4,862	세계총계	8,877	세계총계	53,899	세계총계	85,078
1	미국	937	미국	1,289	프랑스	6,003	프랑스	7,908
2	프랑스	313	스페인	575	미국	4,349	스페인	5,845
3	이탈리아	304	프랑스	540	스페인	3,492	미국	5,098
4	영국	276	영국	430	이탈리아	3,105	중국	4,991
5	스페인	274	독일	428	영국	2,172	이탈리아	4,106
6	독일	241	이탈리아	416	멕시코	2,024	영국	3,065
7	오스트리아	145	중국	371	중국	2,003	독일	2,357
8	호주	119	호주	237	폴란드	1,922	러시아	2,249
9	스위스	114	터키	184	오스트리아	1,717	멕시코	2,135
10	네덜란드	106	캐나다	169	캐나다	1,693	오스트리아	2,026
14	중국	87						

✣자료 : World BankData Base。

〈표 III-3-7〉 국제관광지출액 및 출입국관광객 수의 비교(1995-2006)

순위	국제 관광지출액(억 달러)				출입국 관광객 수(만 명)			
	1995		2006		1995		2006	
	국가	지출	국가	지출	국가	명	국가	명
	세계총액	4582.4	세계총액	8038.7	세계총액	57926.7	세계총액	103098
1	독일	665.3	미국	1043.1	미국	5128.5	홍콩	7581
2	미국	609.2	독일	842.1	영국	4134.5	독일	7120
3	일본	469.7	영국	783.3	폴란드	3638.7	영국	6954
4	영국	307.5	프랑스	377.9	러시아	2132.9	미국	6366
5	프랑스	207.0	일본	376.6	프랑스	1868.6	폴란드	4470
6	이탈리아	172.2	중국	282.4	캐나다	1820.6	중국	3452
7	네덜란드	131.5	이탈리아	274.4	일본	1529.8	러시아	2911
8	캐나다	126.6	캐나다	259.9	헝가리	1308.3	이탈리아	2570
9	오스트리아	116.9	한국	203.9	네덜란드	1231.3	캐나다	2273
10	러시아	116.0	스페인	203.5	스위스	1114.8	슬로바키아	2269
24	중국	36.9			중국(16)	452.0		

✣자료 : World Bank

4 경제구조의 고도화

〈그림 III-4-1〉 산업구조 변화 추이

(단위 : %)

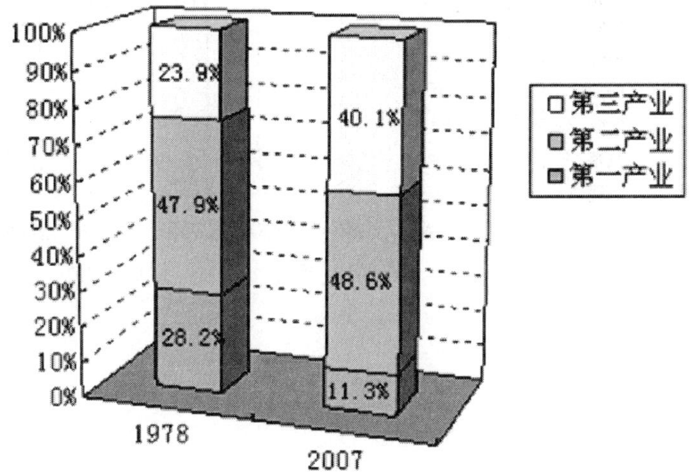

〈그림 III-4-2〉 산업별 비중 변화 추이(1978-2007)

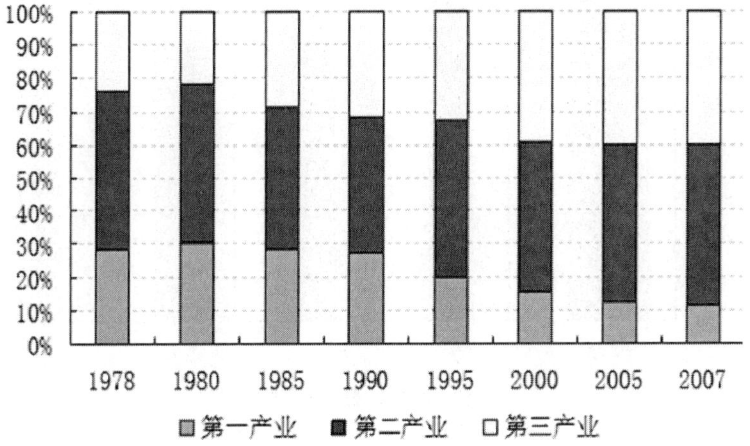

〈그림 III-4-3〉 농림어업, 목축업 비중 추이(1978-2007)

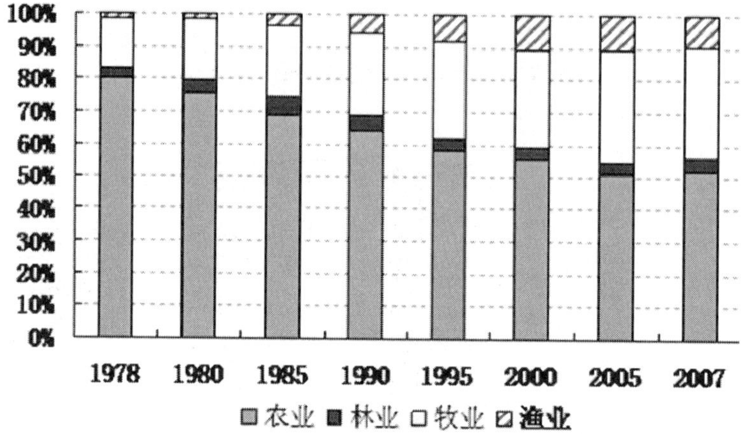

〈그림 III-4-4〉 주요 농산품별 5개 지역 생산량이 전국에서 차지하는 비중 변화 (1981-2007)

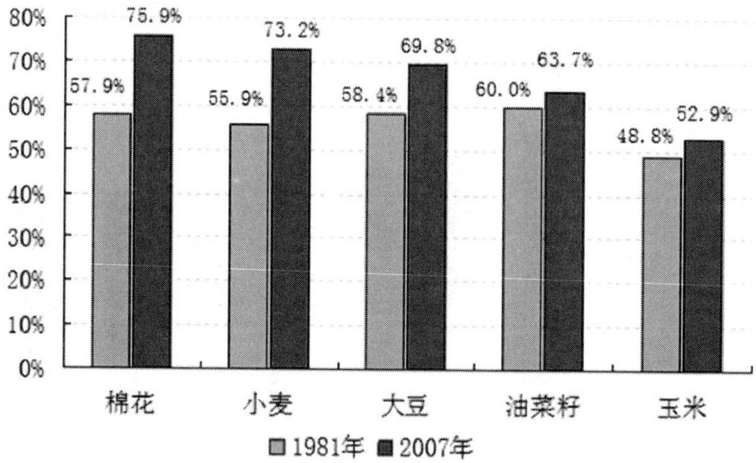

〈그림 III-4-5〉 도시 수의 변화(1978-2007)

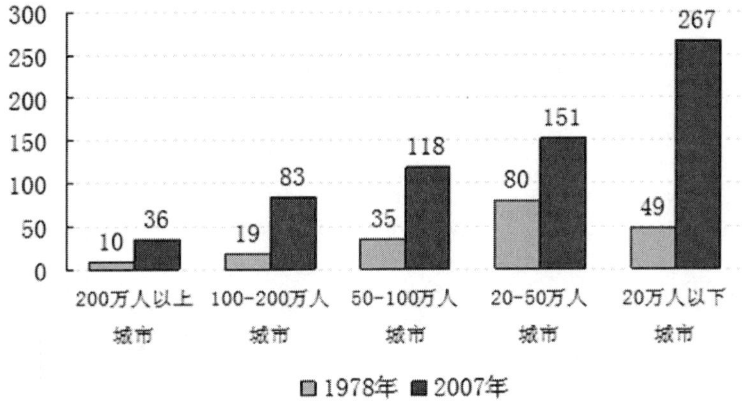

〈표 III-4-1〉 도시규모 변화

(단위 : 개)

도시	1978	2007	증가수	배수
합계	193	655	462	2.39
200만이상인구	10	36	26	2.60
100-200만명	19	83	64	3.37
50-100만명	35	118	83	2.37
20-50만명	80	151	71	0.89
20만명이하	49	267	218	4.45

〈그림 III-4-6〉 도시와 농촌의 구성비 변화

(단위 : %)

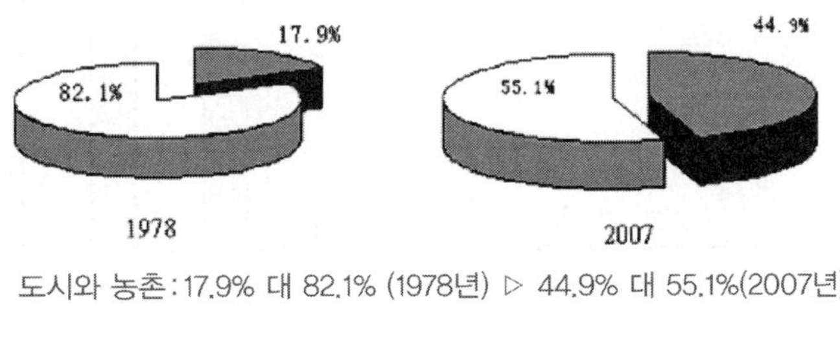

도시와 농촌 : 17.9% 대 82.1% (1978년) ▷ 44.9% 대 55.1%(2007년)

5 소비증대와 삶의 질 향상

〈그림 III-5-1〉 이동전화 사용자 추이

(단위 : 만 명)

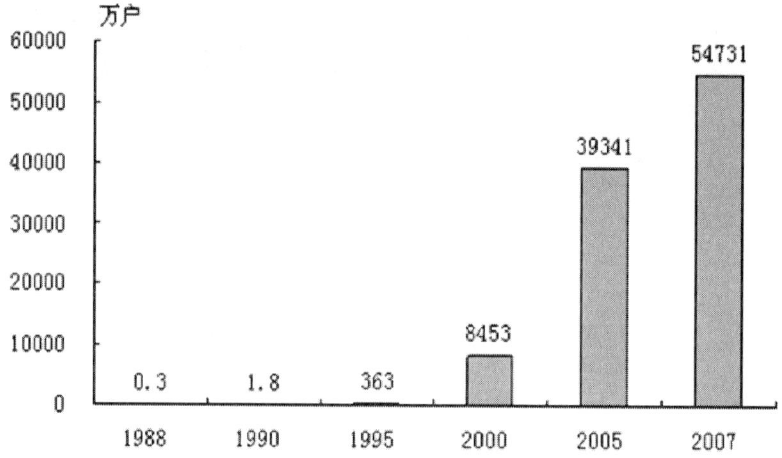

〈그림 III-5-2〉 도농주민의 저축 여신액 추이

(단위 : 억 위안)

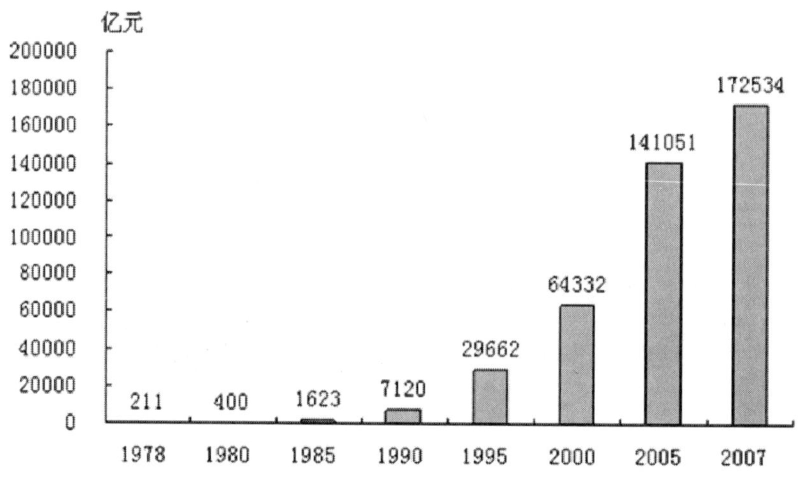

〈그림 III-5-3〉 도시주민 100가구당 내구소비재 보유 변화 비교

(단위 : 대)

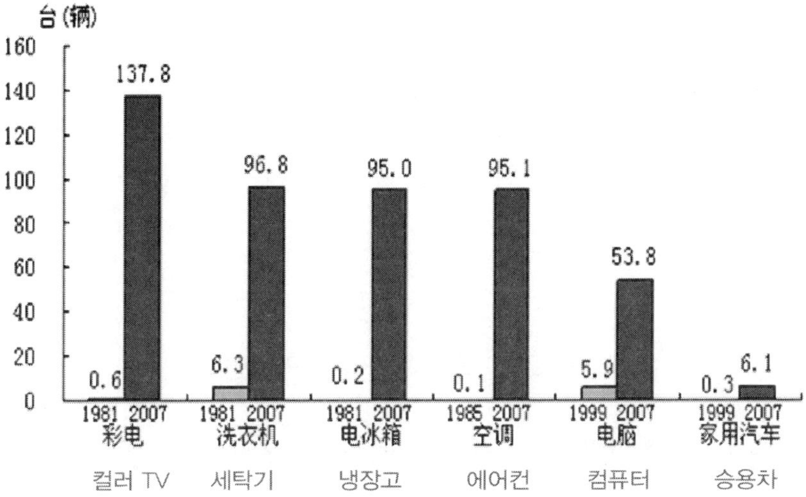

〈그림 III-5-4〉 농촌주민 100가구당 내구소비재 보유 변화 비교

(단위 : 대)

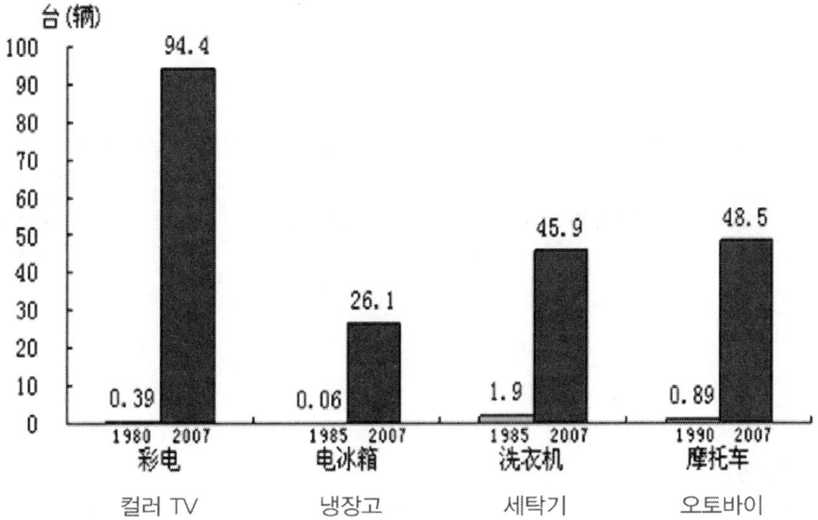

<표 III-5-1> 농촌주민 수입구조의 변화

(단위 : %)

	1990	1995	2000	2006	2007
순수입	100	100	100	100	100
임금성수입	20.2	22.4	31.2	38.3	38.6
가정경영수입	75.6	71.4	63.3	53.8	53.0
이전성수입	4.2	2.6	2.0	2.8	3.1
재산성수입	0.0	3.6	3.5	5.0	5.4

<표 III-5-2> 도시주민 수입구조 변화

(단위 : %)

수입항목	1990	1995	2000	2005	2006	2007
합계	100	100	100	100	100	100
임금수입	75.8	79.2	71.2	68.9	68.9	68.6
경영성수입	1.5	1.7	3.9	6.0	6.4	6.3
재산성수입	1.0	2.1	2.0	1.7	1.9	2.3
이전성수입	21.7	17.0	22.9	23.4	22.8	22.7

<표 III-5-3> 도시가정 수입수준별 소비수준비교(5분위 기준)

(단위 : 위안(元)/명)

	최저소득층 (20%)	중간저소득층 (20%)	중간소득층 (20%)	중간고소득층 (20%)	고소득층 (20%)
1980	105	126	152	190	261
1990	332	440	538	668	1018
2000	977	1233	1501	1877	3086
2007	1851	2358	2938	3683	5994
2007/1980(倍)	16.6	17.7	18.3	18.4	22.0
연평균증가율 (1980-2007)	11.2	11.5	11.6	11.6	12.3

〈표 III-5-4〉 도시가정 수입 수준별 소비수준 비교(7분위 기준)

(단위 : 위안(元)/명)

	최저소득층 (10%)	저소득층 (10%)	중간저 소득층 (20%)	중간중 소득층 (20%)	중간상 소득층 (20%)	고소득층 (10%)	최고 소득층 (10%)
1985	456	551	627	724	830	963	1163
1990	732	967	1098	1275	1457	1685	2021
2000	2540	3275	3948	4795	5895	7102	9251
2007	4036	5634	7124	9097	11570	15298	23337
2007/1985(倍)	7.9	9.2	10.4	11.6	12.9	14.9	19.1
연평균증가율 (1985-2007)	10.4	11.1	11.7	12.2	12.7	13.4	14.6

6 인구조정과 기대수명의 증가

〈그림 III-6-1〉 총인구와 출생률 추이

(단위 : 만 명)

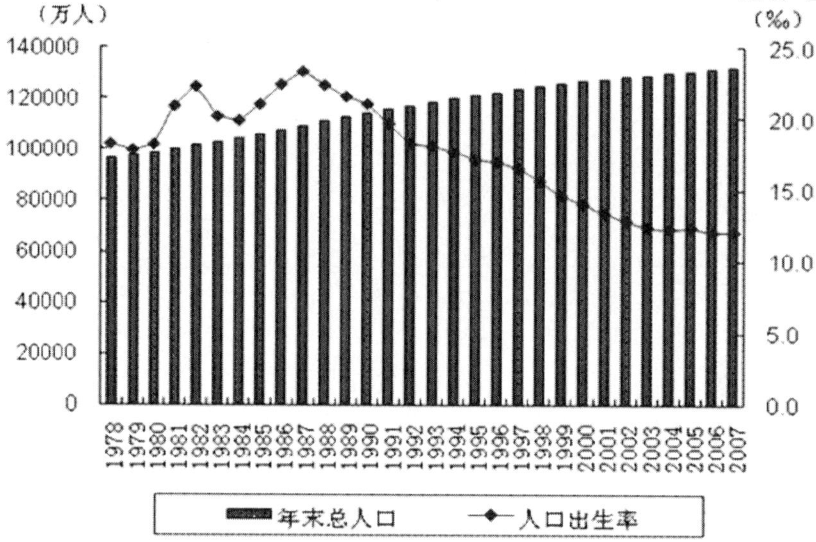

〈표 III-6-1〉 연령별 총인구에서 차지하는 비중

(단위 : %)

연도	0-14세	15-64세	65세 이상
1982	33.6	61.5	4.9
1990	27.7	66.7	5.6
1991	27.7	66.3	6.0
1992	27.6	66.2	6.2
1993	27.2	66.7	6.2
1994	27.0	66.6	6.4
1995	26.6	67.2	6.2
1996	26.4	67.2	6.4
1997	26.0	67.5	6.5
1998	25.7	67.6	6.7
1999	25.4	67.7	6.9
2000	22.9	70.1	7.0

2001	22.5	70.4	7.1
2002	22.4	70.3	7.3
2003	22.1	70.4	7.5
2004	21.5	70.9	7.6
2005	20.3	72.0	7.7
2006	19.8	72.3	7.9
2007	19.4	72.5	8.1

〈표 III-6-2〉 유아사망률과 평균수명

(단위 : %)

연도	유아사망율	평균수명		
		합계	남자	여자
1981	37.6	67.8	66.3	69.3
1990	32.9	68.6	66.8	70.5
2000	28.4	71.4	69.6	73.3
2005	24.3	73.0	70.8	75.3

〈표 III-6-3〉 6세 이상 인구의 평균교육연한

(단위 : 년)

연도	합계	남성	여성
1982	5.2	6.2	4.2
1990	6.3	7.0	5.4
1995	6.7	7.4	6.0
2000	7.6	8.1	7.1
2006	8.0	8.5	7.5
2007	8.2	8.7	7.7

〈표 III-6-4〉 학력별 교육인구의 총인구에서 차지하는 비중

(단위 : %)

연도	초등학교	중학교	고등학교	대학이상
1982	35.4	17.8	6.6	0.6
1990	37.2	23.3	8.0	1.4
1995	38.4	27.3	8.3	2.0
2000	35.7	34.0	11.1	3.6
2006	31.0	36.6	12.1	5.8
2007	29.9	37.8	12.6	6.2

7 교통의 발달과 인프라의 개선

〈그림 III-7-1〉 교통운수 분야에 대한 고정자산 투자(1978-2007)

(단위 : 억 위안)

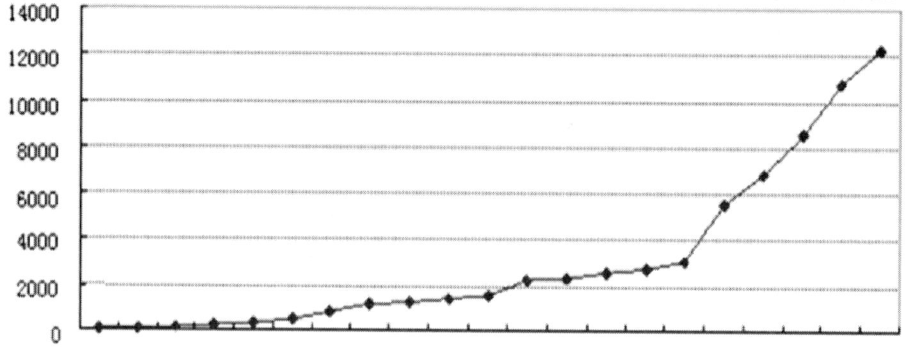

〈표 III-7-1〉 주요 교통수단 연도별 노선 길이 발전 추세

(단위 : 만 km)

연도	합계	철도	도로	수로	항공	송유관
1978	123.5	5.2	89.0	13.6	14.9	0.8
1980	125.4	5.3	88.8	10.9	19.5	0.9
1985	139.6	5.5	94.2	10.9	27.7	1.2
1990	171.8	5.8	102.8	10.9	50.7	1.6
1995	247.6	6.2	115.7	11.1	112.9	1.7
2000	311.8	6.9	140.3	11.9	150.3	2.5
2005	416.7	7.5	192.5	12.3	199.9	4.4
2006	428.7	7.7	192.5	12.3	211.4	4.8
2007	456.1	7.8	196.2	12.3	234.3	5.4

<표 III-7-2> 주요 항구 생산용부두 접안시설 수

(단위 : 개)

年份	항구 접안시설	만 톤급 이상	연해정박 시설	만 톤급 이상	내해정박 시설	만 톤급 이상
1978	735	133	311	133	424	0
1980	792	142	330	139	462	3
1985	844	189	373	173	471	16
1990	4657	312	967	284	3690	28
1995	6187	438	1263	394	4924	44
2000	7639	581	1455	526	6184	55
2005	9943	955	3110	769	6833	186
2006	10171	1108	3291	883	6880	225
2007	11404	1217	3453	967	7951	250

<표 III-7-3> 여객과 화물운송량 및 회전량

연도	여객량 (억 명)	여객회전량 (억 명/Km)	화물량 (만 톤)	화물회전량 (만 톤/Km)
1978	25.4	1743	24.9	9829
1980	34.2	2281	54.7	12026
1985	62.0	4436	74.6	18365
1990	77.3	5628	97.1	26208
1995	117	9002	123	35909
2000	148	12261	136	44321
2005	185	17467	186	80258
2006	202	19197	204	88840
2007	223	21593	228	101419

〈표 III-7-4〉 주요도시 궤도교통의 운행거리

(단위 : Km)

도시	운행거리
합계	713.9
북경	142.0
상해	236.6
광주	109.6
천진	71.6
대련	49.2
장춘	32.0
남경	21.7
중경	19.2
무한	10.2
심천	21.9

Ⅳ. 중국경제의 특성과 구조

1 경제지표 개관

〈표 Ⅳ-1-1〉 중국의 거시경제 지표 변화 추이(1)

(단위 : %)

지표	1978	1990	2000	2010
남	51.5	51.5	51.6	51.3
여	48.5	48.5	48.4	48.7
도시	17.9	26.4	36.2	49.9
농촌	82.1	73.6	63.8	51.1
취업구조				
1차산업	70.5	60.1	50.0	36.7
2차산업	17.3	21.4	22.5	28.7
3차산업	12.2	18.5	27.5	34.6
GDP 구조				
1차산업	28.2	27.1	15.1	10.1
2차산업	47.9	41.3	45.9	46.8
3차산업	23.9	31.6	39.0	43.1

〈그림 Ⅳ-1-1〉 도시와 농촌의 인구구조 변화 추이

(단위 : %)

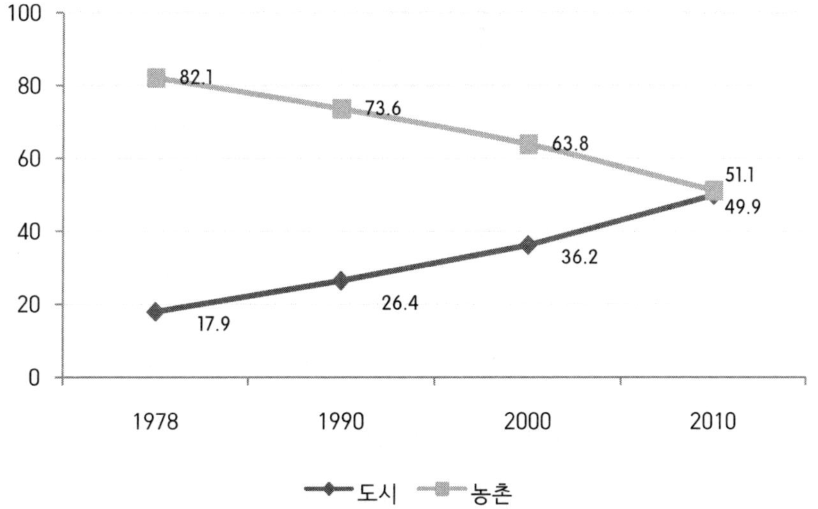

〈그림 IV-1-2〉 산업구조 변화 추이

(단위 : %)

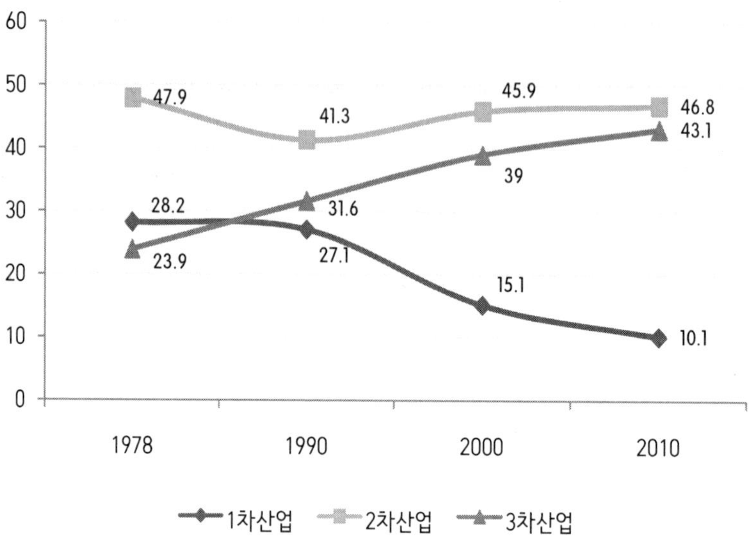

〈그림 IV-1-3〉 산업별 고용구조 추이

(단위 : %)

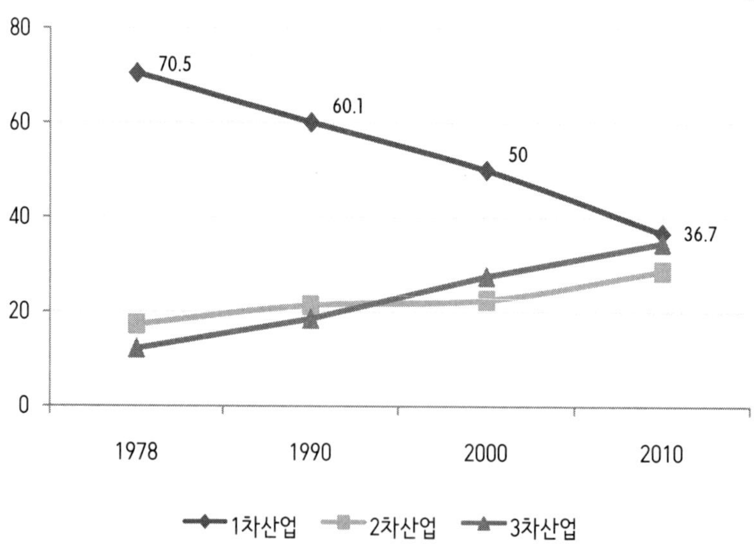

〈표 Ⅳ-1-2〉 중국의 거시경제 지표 변화 추이(2)

(단위 : %)

指标	1978	1990	2000	2010
고정자산투자구조				
도시		72.5	79.7	86.8
농촌		27.5	20.3	13.2
자금원천구조				
국가예산 자금		8.7	6.4	4.7
국내대출		19.6	20.3	15.2
외자이용		6.3	5.1	1.6
자체충당		65.4	68.2	78.5
수출구조				
초급상품		25.6	10.2	5.2
공업제품		74.4	89.8	94.8
수입구조				
초급상품		18.5	20.8	31.1
공업제품		81.5	79.2	68.9
외자이용(실행액기준)				
대외차관		63.5	16.8	
외국인직접투자		33.9	68.6	97.2
외국인기타투자		2.6	14.6	2.8
재정수입구조				
중앙	15.5	33.8	52.2	51.1
지방	84.5	66.2	47.8	48.9
재정지출구조				
중앙	47.4	32.6	34.7	17.8
지방	52.6	67.4	65.3	82.2
에너지생산구조				
석탄	70.3	74.2	73.2	76.5
원유	23.7	19.0	17.2	9.8
천연가스	2.9	2.0	2.7	4.3
수력, 원자력, 풍력	3.1	4.8	6.9	9.4
에너지소비구조				
석탄	70.7	76.2	69.2	68.0
석유	22.7	16.6	22.2	19.0
천연가스	3.2	2.1	2.2	4.4
수력, 원자력, 풍력	3.4	5.1	6.4	8.6

〈그림 IV-1-4〉 고정자산투자 자금원천(1990)

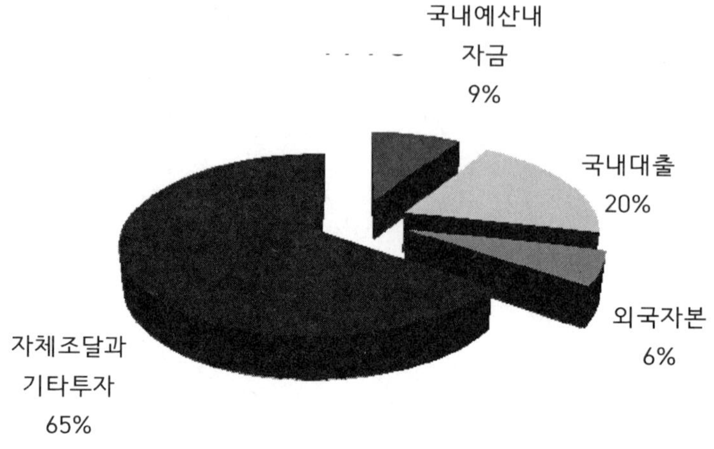

〈그림 IV-1-5〉 고정자산투자 자금원천(2010)

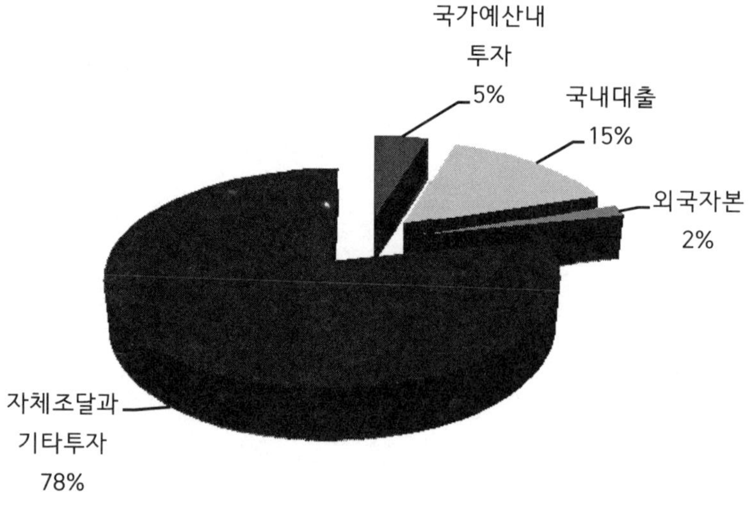

〈그림 IV-1-6〉 중앙과 지방의 재정수입 비중 추이

(단위 : %)

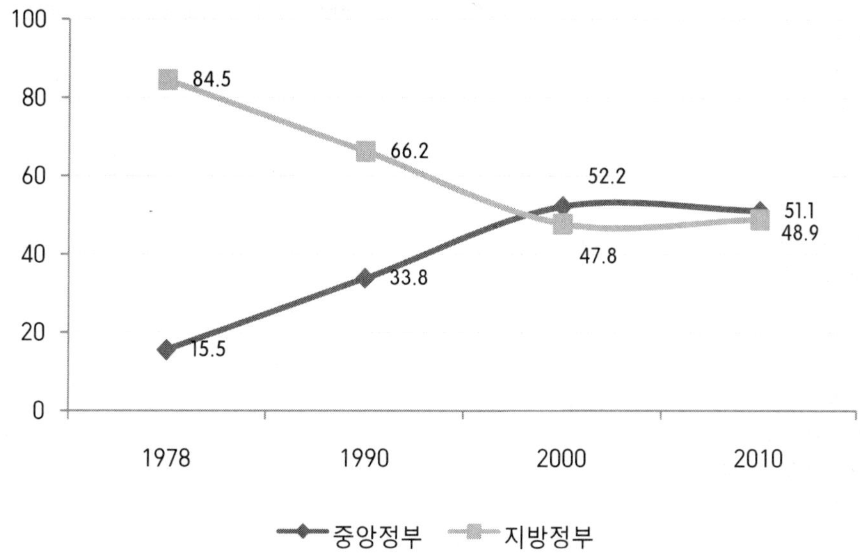

〈그림 IV-1-7〉 중앙과 지방의 재정지출 비중 추이

(단위 : %)

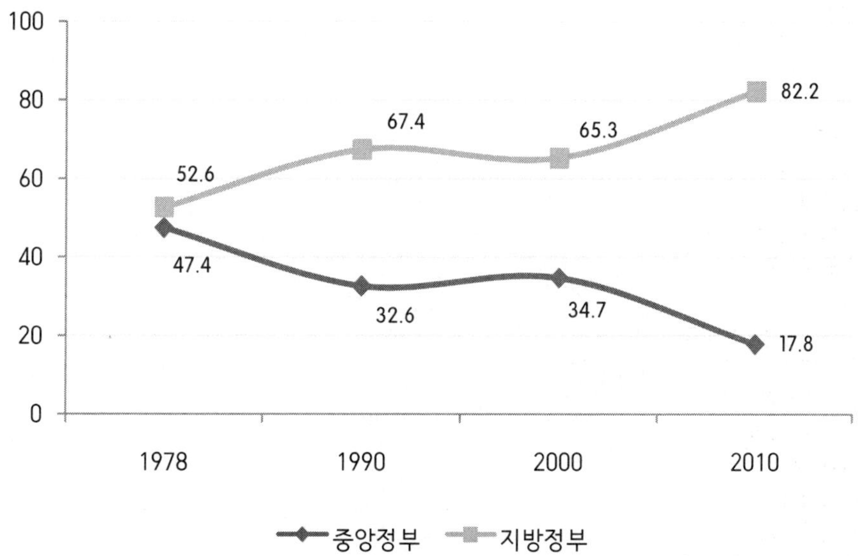

〈표 IV-1-3〉 중국 주요 산업의 변화 추세

(단위 : %)

지표	1978	1990	2000	2010
1차산업				
농업	80.0	64.7	55.7	53.3
임업	3.4	4.3	3.8	3.7
목축업	15.0	25.7	29.7	30.0
어업	1.6	5.4	10.9	9.3
공업				
대형기업			56.3	39.8
중형기업			12.9	32.2
소형기업			30.8	27.9
건축업				
국유기업		69.5	40.4	18.9
집단기업		30.5	32.3	3.8
해외동포투자기업			0.8	0.5
외국인투자기업			0.5	0.5
기타			25.9	76.4
교통운수업				
철도	44.2	15.5	13.1	11.2
공공도로	34.2	74.6	76.5	75.5
수운	17.4	8.3	9.0	11.7
민항	0.003	0.004	0.014	0.017
송유관	4.2	1.6	1.4	1.5
관광업				
외국인	12.7	6.4	12.2	19.5
홍콩, 마카오동포		89.9	84.0	76.6
대만동포	86.3	3.5	3.7	3.8
금융업				
금융기관자금구조				
각종저축			91.4	89.1
금융채권				1.7
국제금융기구부채			0.3	0.1
유통 중 현금			10.8	5.5
기타			−2.5	3.6
금융기관자금운용구조				
각종대출			73.3	59.5
유가증권과 투자			14.5	12.2
금과 은 보유				0.1
외환 보유			10.5	28.0
재정대출			1.2	
국제금융기관 자산			0.4	0.2
교육, 과학기술,문화				59.5

〈그림 Ⅳ-1-8〉 농업의 생산구조 변화 추이

(단위 : %)

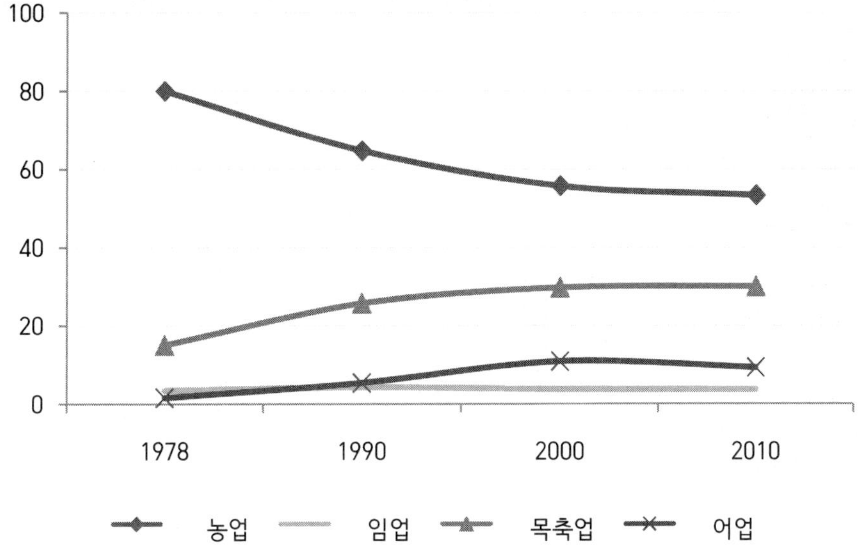

〈그림 Ⅳ-1-9〉 중국의 교통수단 이용비중 변화 추이

(단위 : %)

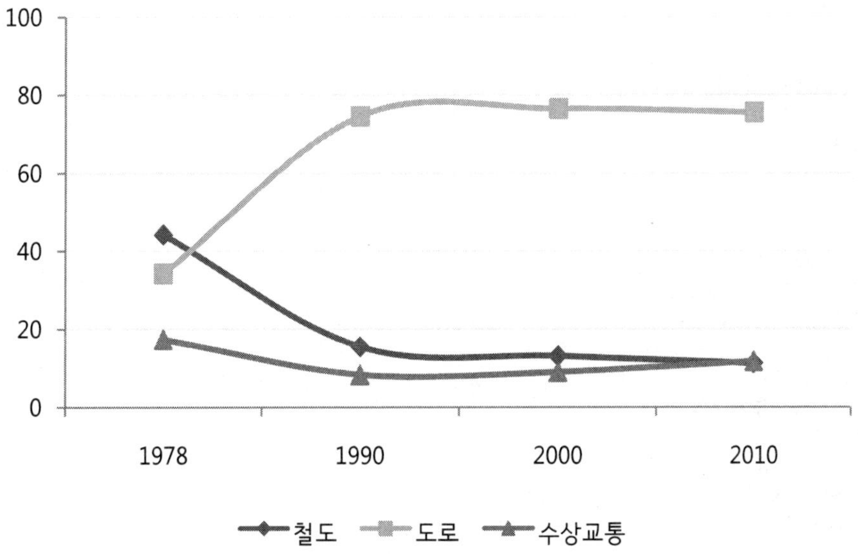

<표 IV-1-4> 중국의 주요 생활지표 변화 추이

(단위 : %)

지표	1978	1990	2000	2009	2010
교육					
전임교사구조					
대학교	2.4	4.4	4.5	10.9	11.2
중고등학교	36.9	33.7	38.8	41.9	42.0
초등학교	60.7	62.0	56.7	47.2	46.8
재학생구조					
대학생	0.4	1.2	2.7	10.7	11.2
중고등학생	30.8	26.9	35.2	39.2	38.8
초등학생	68.8	71.9	62.2	50.1	50.0
과학기술					
연구경비지출구조					
기초연구			5.2	4.6	4.6
응용연구			17.0	12.5	12.7
실험발전			77.8	82.9	82.8
생활					
도시주민소비구조					
식품		54.3	39.4	36.5	35.7
의류		13.4	10.0	10.5	10.7
주거		7.0	11.3	10.0	9.9
가정설비용품 및 서비스		10.1	7.5	6.4	6.7
의료보건		2.0	6.4	7.0	6.5
교통통신		1.2	8.5	13.7	14.7
교육문화오락		11.1	13.4	12.0	12.1
기타		0.9	3.4	3.9	3.7
농촌주민소비구조					
식품		58.8	49.1	41.0	41.1
의류		7.8	5.7	5.8	6.0
주거		17.3	15.5	20.2	19.1
가정설비용품 및 서비스		5.3	4.5	5.1	5.3
교통통신		1.4	5.6	10.1	10.5
교육문화오락		5.4	11.2	8.5	8.4
의료보건		3.3	5.2	7.2	7.4
기타		0.7	3.1	2.1	2.1
위생					
위생기술인구조					
영업허가증보유의사	39.7	45.2	46.2	42.1	41.1
등록간호사	16.4	25.0	28.2	33.5	34.9
약사	10.8	10.4	9.2	6.2	6.0
검사기술사	4.0	4.4	4.5	4.0	3.9
공업오염처리투자구조					
폐수처리			46.7	33.8	32.6
폐기가스처리			38.7	52.5	47.4
고체물질처리			4.9	4.9	3.6
소음처리			0.6	0.3	0.4
기타			9.1	8.5	15.6

〈그림 Ⅳ-1-10〉 학교 전임교사 수 변화 추이

(단위 : %)

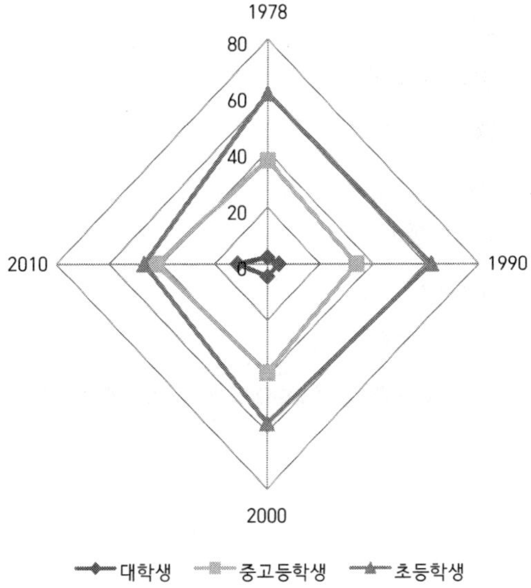

〈그림 Ⅳ-1-11〉 학력별 학생수 변화 추이

(단위 : %)

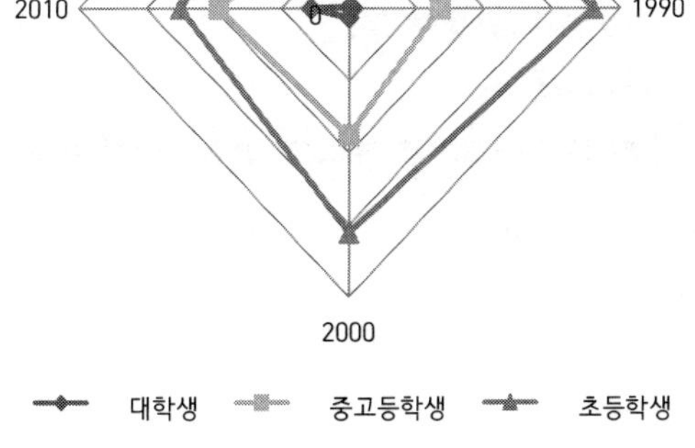

〈그림 IV-1-12〉 중국 도시주민 소비구조 변화

(단위 : %)

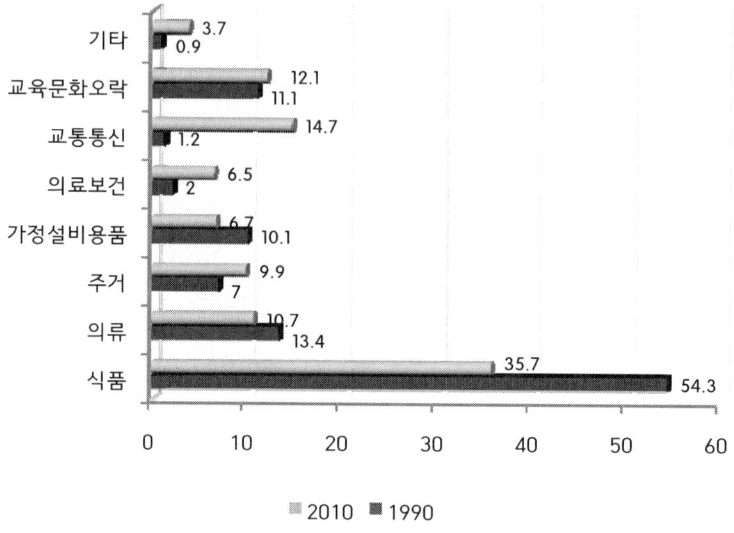

〈그림 IV-1-13〉 중국 농촌주민 소비구조 변화

(단위 : %)

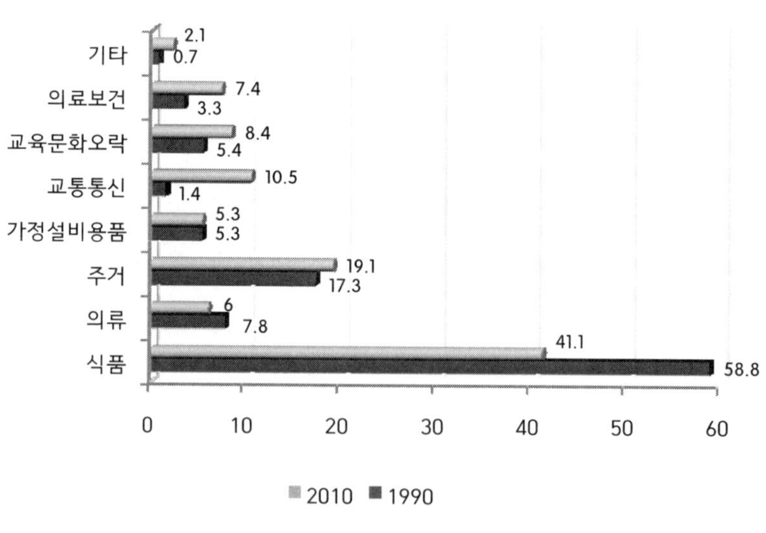

2 성장과 물가

〈표 Ⅳ-2-1〉 중국의 국민소득 추이

(단위 : 억 위안)

연도	국민총수입	GDP	1인당 GDP(元)
1978	3645.2	3645.2	381
1979	4062.6	4062.6	419
1980	4545.6	4545.6	463
1981	4889.5	4891.6	492
1982	5330.5	5323.4	528
1983	5985.6	5962.7	583
1984	7243.8	7208.1	695
1985	9040.7	9016.0	858
1986	10274.4	10275.2	963
1987	12050.6	12058.6	1112
1988	15036.8	15042.8	1366
1989	17000.9	16992.3	1519
1990	18718.3	18667.8	1644
1991	21826.2	21781.5	1893
1992	26937.3	26923.5	2311
1993	35260.0	35333.9	2998
1994	48108.5	48197.9	4044
1995	59810.5	60793.7	5046
1996	70142.5	71176.6	5846
1997	78060.8	78973.0	6420
1998	83024.3	84402.3	6796
1999	88479.2	89677.1	7159
2000	98000.5	99214.6	7858
2001	108068.2	109655.2	8622
2002	119095.7	120332.7	9398
2003	135174.0	135822.8	10542
2004	159586.7	159878.3	12336
2005	185808.6	184937.4	14185
2006	217522.7	216314.4	16500
2007	267763.7	265810.3	20169
2008	315274.7	314045.4	23708
2009	341401.5	340902.8	25608
2010	403260.0	401202.0	29992

<그림 IV-2-1> 중국의 GDP 추이

(단위 : 억 위안)

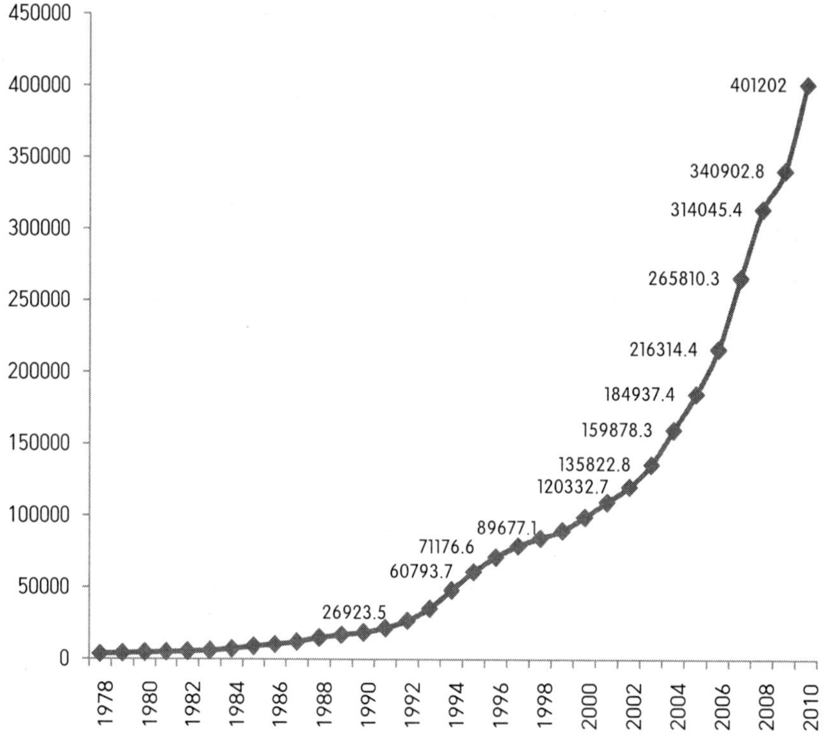

〈표 Ⅳ-2-2〉 중국의 경제성장률(1978-2010)

(단위 : %)

연도	국민총수입	GDP	1차산업	2차산업	3차산업
1978	111.7	111.7	104.1	115.0	113.8
1979	107.6	107.6	106.1	108.2	107.9
1980	107.8	107.8	98.5	113.6	106.0
1981	105.2	105.2	107.0	101.9	110.4
1982	109.2	109.1	111.5	105.6	113.0
1983	111.1	110.9	108.3	110.4	115.2
1984	115.3	115.2	112.9	114.5	119.3
1985	113.2	113.5	101.8	118.6	118.2
1986	108.5	108.8	103.3	110.2	112.0
1987	111.5	111.6	104.7	113.7	114.4
1988	111.3	111.3	102.5	114.5	113.2
1989	104.2	104.1	103.1	103.8	105.4
1990	104.1	103.8	107.3	103.2	102.3
1991	109.1	109.2	102.4	113.9	108.9
1992	114.1	114.2	104.7	121.2	112.4
1993	113.7	114.0	104.7	119.9	112.2
1994	113.1	113.1	104.0	118.4	111.1
1995	109.3	110.9	105.0	113.9	109.8
1996	110.2	110.0	105.1	112.1	109.4
1997	109.6	109.3	103.5	110.5	110.7
1998	107.3	107.8	103.5	108.9	108.4
1999	107.9	107.6	102.8	108.1	109.3
2000	108.6	108.4	102.4	109.4	109.7
2001	108.1	108.3	102.8	108.4	110.3
2002	109.5	109.1	102.9	109.8	110.4
2003	110.6	110.0	102.5	112.7	109.5
2004	110.4	110.1	106.3	111.1	110.1
2005	110.7	111.3	105.2	112.1	112.2
2006	113.3	112.7	105.0	113.4	114.1
2007	114.6	114.2	103.7	115.1	116.0
2008	109.8	109.6	105.4	109.9	110.4
2009	108.9	109.2	104.2	109.9	109.6
2010	110.8	110.4	104.3	112.4	109.6

〈그림 IV-2-2〉 중국의 경제성장률(1978-2010)

(단위 : %)

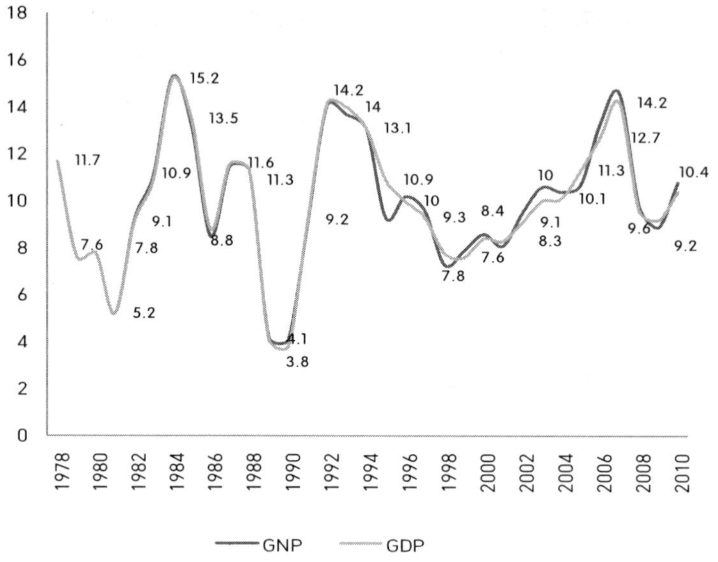

〈그림 IV-2-3〉 경제성장률과 산업별 성장률 추세 비교

(단위 : %)

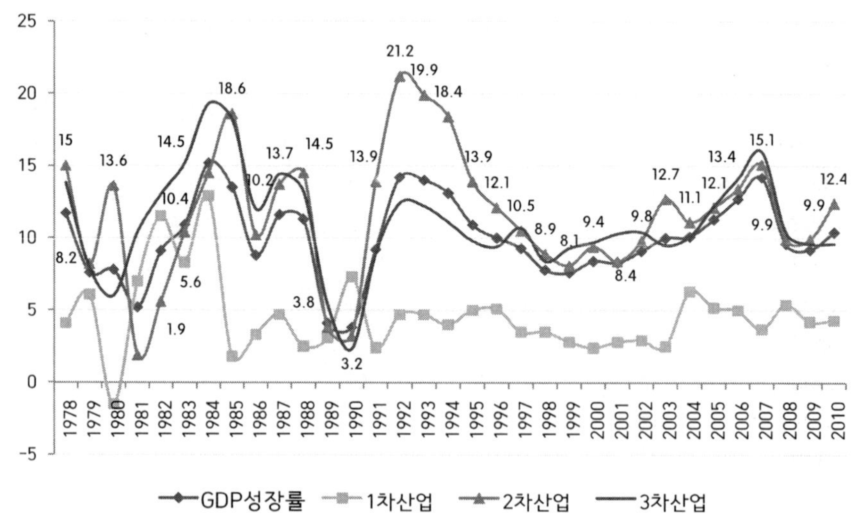

〈표 Ⅳ-2-3〉 중국의 물가지수 추이(1978-2010)

(단위 : 전년=100)

연도	소비가격지수			상품소매 가격지수	공산품 공장도 가격지수	원자재, 원료구매 가격지수	고정자산 투자가격지수
		도시	농촌				
1978	100.7	100.7		100.7	100.1		
1980	107.5	107.5		106.0	100.5		
1985	109.3	111.9	107.6	108.8	108.7		
1990	103.1	101.3	104.5	102.1	104.1	105.6	
1991	103.4	105.1	102.3	102.9	106.2	109.1	109.5
1992	106.4	108.6	104.7	105.4	106.8	111.0	115.3
1993	114.7	116.1	113.7	113.2	124.0	135.1	126.6
1994	124.1	125.0	123.4	121.7	119.5	118.2	110.4
1995	117.1	116.8	117.5	114.8	114.9	115.3	105.9
1996	108.3	108.8	107.9	106.1	102.9	103.9	104.0
1997	102.8	103.1	102.5	100.8	99.7	101.3	101.7
1998	99.2	99.4	99.0	97.4	95.9	95.8	99.8
1999	98.6	98.7	98.5	97.0	97.6	96.7	99.6
2000	100.4	100.8	99.9	98.5	102.8	105.1	101.1
2001	100.7	100.7	100.8	99.2	98.7	99.8	100.4
2002	99.2	99.0	99.6	98.7	97.8	97.7	100.2
2003	101.2	100.9	101.6	99.9	102.3	104.8	102.2
2004	103.9	103.3	104.8	102.8	106.1	111.4	105.6
2005	101.8	101.6	102.2	100.8	104.9	108.3	101.6
2006	101.5	101.5	101.5	101.0	103.0	106.0	101.5
2007	104.8	104.5	105.4	103.8	103.1	104.4	103.9
2008	105.9	105.6	106.5	105.9	106.9	110.5	108.9
2009	99.3	99.1	99.7	98.8	94.6	92.1	97.6
2010	103.3	103.2	103.6	103.1	105.5	109.6	103.6

〈그림 Ⅳ-2-4〉 상품소매가격 증가율과 경제성장률 추이

(단위 : %)

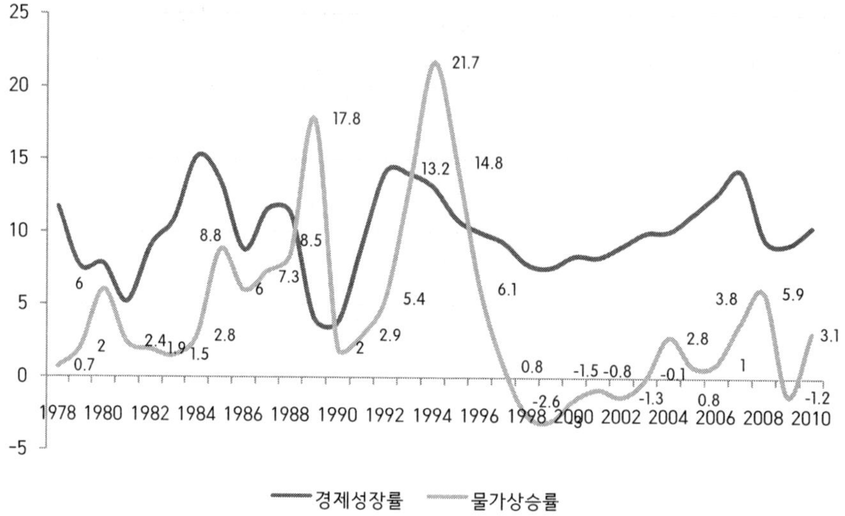

〈표 Ⅳ-2-4〉 소비자 가격지수 추이(1994-2010)

(단위 : 전년=100)

연도	주민소비가격			상품소매가격		
	총지수	도시	농촌	총지수	도시	농촌
1994	124.1	125.0	123.4	121.7	120.9	122.9
1995	117.1	116.8	117.5	114.8	113.5	116.4
1996	108.3	108.8	107.9	106.1	105.8	106.4
1997	102.8	103.1	102.5	100.8	100.8	100.7
1998	99.2	99.4	99.0	97.4	97.4	97.6
1999	98.6	98.7	98.5	97.0	97.0	97.1
2000	100.4	100.8	99.9	98.5	98.5	98.5
2001	100.7	100.7	100.8	99.2	98.9	99.6
2002	99.2	99.0	99.6	98.7	98.5	99.1
2003	101.2	100.9	101.6	99.9	99.6	100.5
2004	103.9	103.3	104.8	102.8	102.1	104.2
2005	101.8	101.6	102.2	100.8	100.5	101.4
2006	101.5	101.5	101.5	101.0	100.9	101.4
2007	104.8	104.5	105.4	103.8	103.3	104.9
2008	105.9	105.6	106.5	105.9	105.5	106.7
2009	99.3	99.1	99.7	98.8	98.7	99.0
2010	103.3	103.2	103.6	103.1		

〈그림 Ⅳ-2-5〉 소비자 가격지수 추이

(단위 : %)

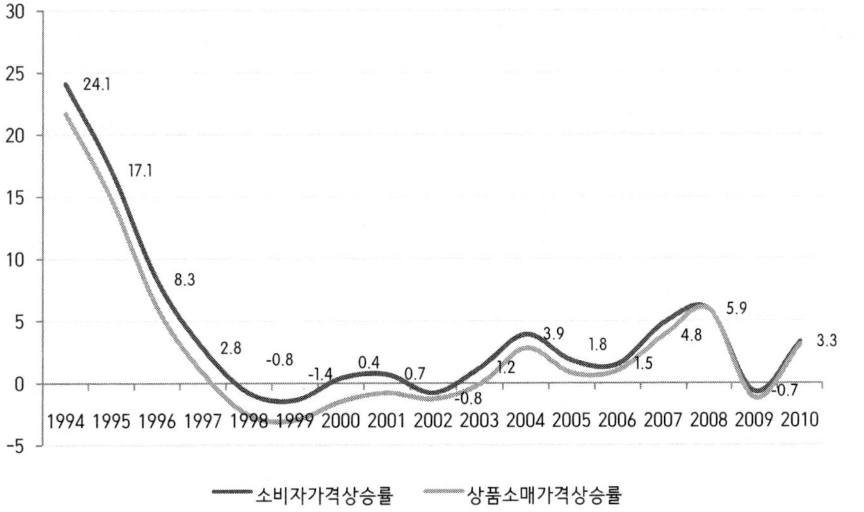

<표 IV-2-5> 주요 업종별 가격지수 추이(1980-2010)

(단위 : 전년=100)

연도	총지수	야금공업	전력공업	석탄공업	석유공업	화학공업	기계공업	식품공업
1980	100.5	106.2	98.4	106.4	102.1	98.2	97.5	101.2
1985	108.7	114.3	103.4	117.6	107.2	102.9	111.8	105.5
1990	104.1	110.3	107.4	106.2	107.1	101.6	102.8	101.0
1991	106.2	114.2	116.9	113.1	118.8	102.4	102.8	103.3
1992	106.8	114.2	108.8	116.1	115.3	102.7	106.6	106.2
1993	124.0	157.7	135.9	139.7	171.3	108.3	119.7	113.5
1994	119.5	106.8	139.5	122.2	148.7	115.4	109.5	123.4
1995	114.9	105.5	109.5	111.3	121.2	126.2	106.3	123.2
1996	102.9	97.7	113.1	113.7	104.6	103.4	101.6	104.2
1997	99.7	97.3	114.0	108.0	107.4	95.5	98.1	99.6
1998	95.9	93.1	105.5	96.6	93.0	92.9	97.0	98.6
1999	97.6	95.8	100.9	94.8	109.6	96.5	97.0	96.7
2000	102.8	103.3	102.4	98.1	144.3	101.0	97.4	95.8
2001	98.7	98.6	102.3	106.5	99.1	97.1	96.8	100.5
2002	97.8	97.6	100.8	111.6	95.2	97.6	96.2	99.6
2003	102.3	106.8	100.9	107.0	115.6	102.3	97.0	101.1
2004	106.1	116.9	102.4	115.9	114.2	107.7	99.4	106.5
2005	104.9	106.8	104.2	118.2	122.4	106.8	99.3	100.9
2006	103.0	103.3	102.8	105.8	120.3	100.7	100.4	100.4
2007	103.1	108.4	102.2	105.4	103.4	103.2	100.3	107.5
2008	106.9	111.9	101.8	131.4	118.5	107.4	101.0	109.6
2009	94.6	85.8	102.3	98.5	83.1	92.1	97.4	98.4
2010	105.5	109.4	102.0	110.9	124.7	106.8	100.3	103.8

3 정부재정

〈표 Ⅳ-3-1〉 중국의 재정수입과 지출 추이(1978-2010)

연도	재정수입 (억 위안)	재정지출 (억 위안)	증가율(%)	
			재정수입	재정지출
1978	1132.26	1122.09	29.5	33.0
1980	1159.93	1228.83	1.2	-4.1
1985	2004.82	2004.25	22.0	17.8
1990	2937.10	3083.59	10.2	9.2
1991	3149.48	3386.62	7.2	9.8
1992	3483.37	3742.20	10.6	10.5
1993	4348.95	4642.30	24.8	24.1
1994	5218.10	5792.62	20.0	24.8
1995	6242.20	6823.72	19.6	17.8
1996	7407.99	7937.55	18.7	16.3
1997	8651.14	9233.56	16.8	16.3
1998	9875.95	10798.18	14.2	16.9
1999	11444.08	13187.67	15.9	22.1
2000	13395.23	15886.50	17.0	20.5
2001	16386.04	18902.58	22.3	19.0
2002	18903.64	22053.15	15.4	16.7
2003	21715.25	24649.95	14.9	11.8
2004	26396.47	28486.89	21.6	15.6
2005	31649.29	33930.28	19.9	19.1
2006	38760.20	40422.73	22.5	19.1
2007	51321.78	49781.35	32.4	23.2
2008	61330.35	62592.66	19.5	25.7
2009	68518.30	76299.93	11.7	21.9
2010	83101.51	89874.16	21.3	17.8

〈그림 Ⅳ-3-1〉 정부의 재정지출과 수입 추이

(단위: 억 위안)

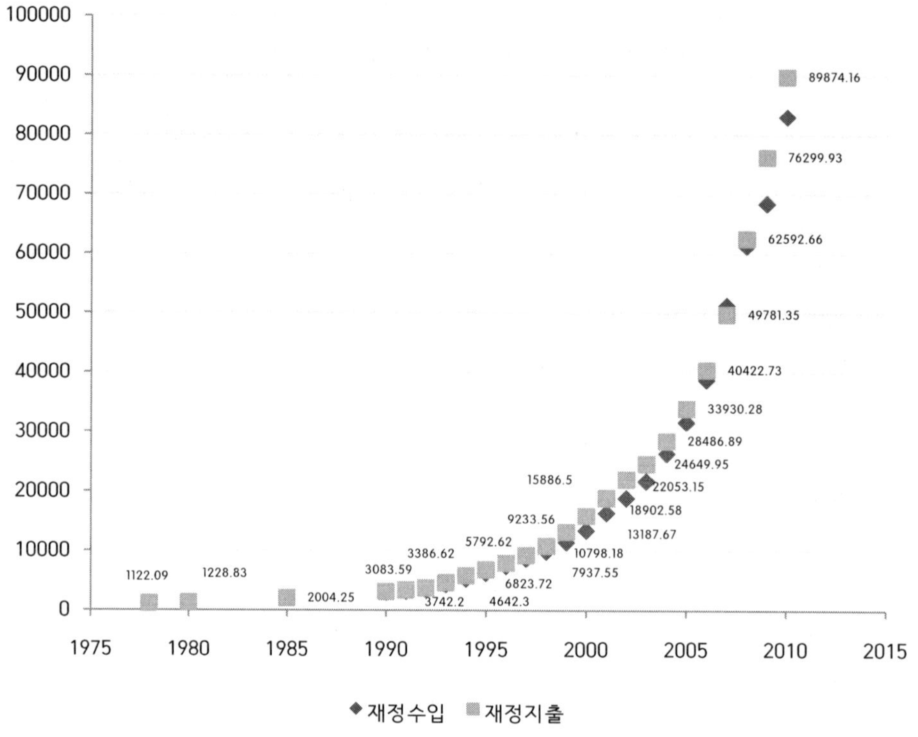

〈표 Ⅳ-3-2〉 세수 항목과 증가 추이

(단위 : 억 위안)

연도	합계	부가가치세	국내소비세	영업세	기업소득세	개인소득세	관세
1978	519.28						28.76
1980	571.70						33.53
1985	2040.79	147.70		211.07	696.06		205.21
1990	2821.86	400.00		515.75	716.00		159.01
1991	2990.17	406.36		564.00	731.13		187.28
1992	3296.91	705.93		658.67	720.78		212.75
1993	4255.30	1081.48		966.09	678.60		256.47
1994	5126.88	2308.34	487.40	670.02	708.49		272.68
1995	6038.04	2602.33	541.48	865.56	878.44		291.83
1996	6909.82	2962.81	620.23	1052.57	968.48		301.84
1997	8234.04	3283.92	678.70	1324.27	963.18		319.49
1998	9262.80	3628.46	814.93	1575.08	925.54		313.04
1999	10682.58	3881.87	820.66	1668.56	811.41	413.66	562.23
2000	12581.51	4553.17	858.29	1868.78	999.63	659.64	750.48
2001	15301.38	5357.13	929.99	2064.09	2630.87	995.26	840.52
2002	17636.45	6178.39	1046.32	2450.33	3082.79	1211.78	704.27
2003	20017.31	7236.54	1182.26	2844.45	2919.51	1418.03	923.13
2004	24165.68	9017.94	1501.90	3581.97	3957.33	1737.06	1043.77
2005	28778.54	10792.11	1633.81	4232.46	5343.92	2094.91	1066.17
2006	34804.35	12784.81	1885.69	5128.71	7039.60	2453.71	1141.78
2007	45621.97	15470.23	2206.83	6582.17	8779.25	3185.58	1432.57
2008	54223.79	17996.94	2568.27	7626.39	11175.63	3722.31	1769.95
2009	59521.59	18481.22	4761.22	9013.98	11536.84	3949.35	1483.81
2010	73210.79	21093.48	6071.55	11157.91	12843.54	4837.27	2027.83

*주 1. 기업소득세의 경우 2001년 이전에는 국유기업과 집체기업의 소득세만을 포함하였지만 그 이후는 기타소유제 기업의 소득세도 포함시킴. 따라서 상호비교가 어려움

*주 2. 국내부가가치세는 수입상품 부가가치세를 포함하지 않으며, 국내소비세도 수입상품 소비세를 포함하지 아니함

〈그림 IV-3-2〉 각종 세금수입의 증가 추이

(단위 : 억 위안)

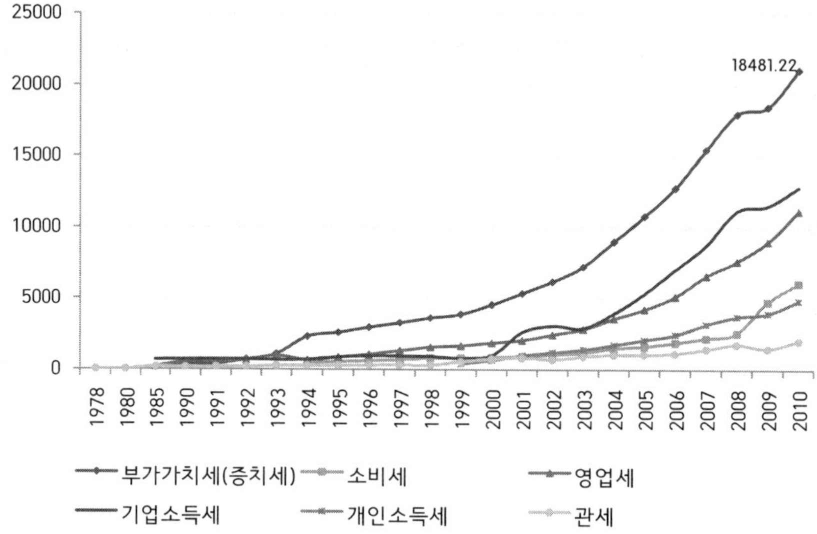

〈표 Ⅳ-3-3〉 중앙과 지방정부의 재정 수입 추이(1978-2010)

연도	재정수입 (억 위안)			비중 (%)	
		중앙	지방	중앙	지방
1978	1132.26	175.77	956.49	15.5	84.5
1980	1159.93	284.45	875.48	24.5	75.5
1985	2004.82	769.63	1235.19	38.4	61.6
1990	2937.10	992.42	1944.68	33.8	66.2
1991	3149.48	938.25	2211.23	29.8	70.2
1992	3483.37	979.51	2503.86	28.1	71.9
1993	4348.95	957.51	3391.44	22.0	78.0
1994	5218.10	2906.50	2311.60	55.7	44.3
1995	6242.20	3256.62	2985.58	52.2	47.8
1996	7407.99	3661.07	3746.92	49.4	50.6
1997	8651.14	4226.92	4424.22	48.9	51.1
1998	9875.95	4892.00	4983.95	49.5	50.5
1999	11444.08	5849.21	5594.87	51.1	48.9
2000	13395.23	6989.17	6406.06	52.2	47.8
2001	16386.04	8582.74	7803.30	52.4	47.6
2002	18903.64	10388.64	8515.00	55.0	45.0
2003	21715.25	11865.27	9849.98	54.6	45.4
2004	26396.47	14503.10	11893.37	54.9	45.1
2005	31649.29	16548.53	15100.76	52.3	47.7
2006	38760.20	20456.62	18303.58	52.8	47.2
2007	51321.78	27749.16	23572.62	54.1	45.9
2008	61330.35	32680.56	28649.79	53.3	46.7
2009	68518.30	35915.71	32602.59	52.4	47.6
2010	83101.51	42488.47	40613.04	51.1	48.9

〈그림 IV-3-3〉 중앙과 지방정부 재정수입 비중 변화 추이

(단위 : %)

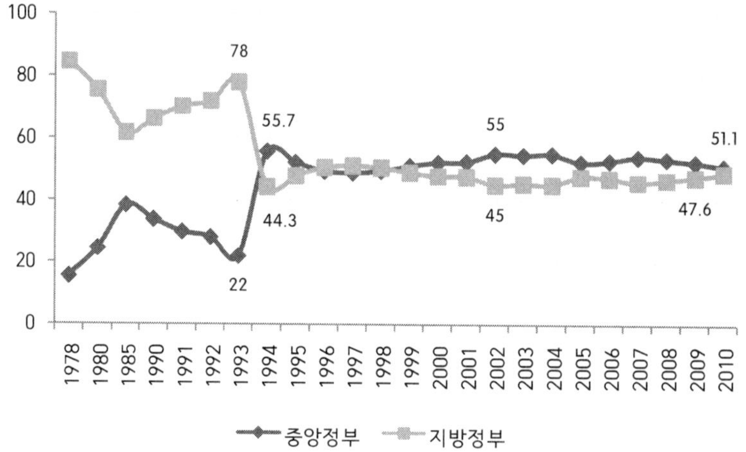

〈그림 IV-3-4〉 중앙과 지방정부의 재정지출 비중 변화 추이

(단위 : %)

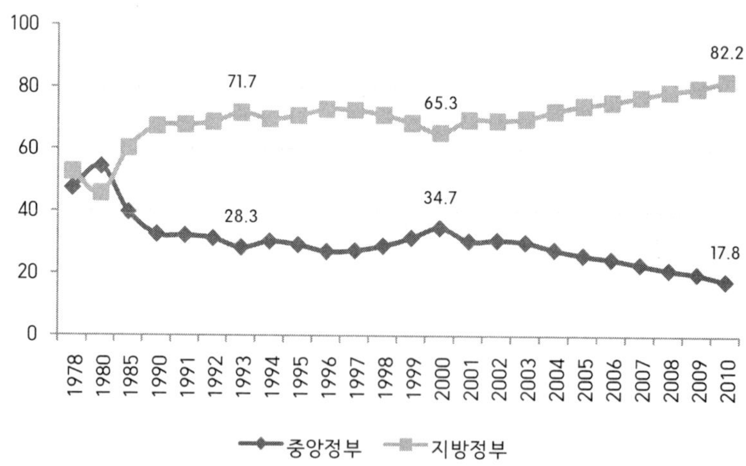

〈표 Ⅳ-3-4〉 중앙과 지방정부의 재정지출 추이(1978-2010)

연도	재정지출 (억 위안)			비중 (%)	
		중앙	지방	중앙	지방
1978	1122.09	532.12	589.97	47.4	52.6
1980	1228.83	666.81	562.02	54.3	45.7
1985	2004.25	795.25	1209.00	39.7	60.3
1990	3083.59	1004.47	2079.12	32.6	67.4
1991	3386.62	1090.81	2295.81	32.2	67.8
1992	3742.20	1170.44	2571.76	31.3	68.7
1993	4642.30	1312.06	3330.24	28.3	71.7
1994	5792.62	1754.43	4038.19	30.3	69.7
1995	6823.72	1995.39	4828.33	29.2	70.8
1996	7937.55	2151.27	5786.28	27.1	72.9
1997	9233.56	2532.50	6701.06	27.4	72.6
1998	10798.18	3125.60	7672.58	28.9	71.1
1999	13187.67	4152.33	9035.34	31.5	68.5
2000	15886.50	5519.85	10366.65	34.7	65.3
2001	18902.58	5768.02	13134.56	30.5	69.5
2002	22053.15	6771.70	15281.45	30.7	69.3
2003	24649.95	7420.10	17229.85	30.1	69.9
2004	28486.89	7894.08	20592.81	27.7	72.3
2005	33930.28	8775.97	25154.31	25.9	74.1
2006	40422.73	9991.40	30431.33	24.7	75.3
2007	49781.35	11442.06	38339.29	23.0	77.0
2008	62592.66	13344.17	49248.49	21.3	78.7
2009	76299.93	15255.79	61044.14	20.0	80.0
2010	89874.16	15989.73	73884.43	17.8	82.2

*주 1. 중앙과 지방의 재정지출은 모두 해당 정부단위 지출임

*주 2. 본표의 통계는 2000년 이전에는 국내외 채무의 원리금지출, 해외차관을 이용한 기초건설 분야 지출은 포함시키지 않았으나 2000년부터 전국 재정지출과 중앙재정 지출에는 국내외 채무 이자지출도 포함함

〈표 IV-3-5〉 중앙과 지방정부의 재정수입 항목과 현황(2010)

(단위 : 억 위안)

항목	재정수입	중앙	지방
합계	83101.51	42488.47	40613.04
세금 수입	73210.79	40509.30	32701.49
증치세(부가가치세)	21093.48	15897.21	5196.27
소비세	6071.55	6071.55	
수입증치세,소비세	10490.64	10490.64	
수출증치세환급､소비세	-7327.31	-7327.31	
영업세	11157.91	153.34	11004.57
기업소득세	12843.54	7795.17	5048.37
개인소득세	4837.27	2902.97	1934.30
자원세	417.57		417.57
도시건설세	1887.11	150.84	1736.27
부동산세	894.07		894.07
인지세	1040.34	527.82	512.52
증권거래인지세	544.16	527.82	16.34
도시토지사용세	1004.01		1004.01
토지증치세	1278.29		1278.29
차,선박세	241.62		241.62
항만사용세	26.63	26.63	
차량구입세	1792.59	1792.59	
관세	2027.83	2027.83	
경지점용세	888.64		888.64
부동산취득세	2464.85		2464.85
담배,차잎세	78.36		78.36
기타	1.80	0.02	1.78
비세금 수입	9890.72	1979.17	7911.55
특정수입	2040.74	298.03	1742.71
행정사업성수입	2996.39	396.02	2600.37
벌금및몰수성수입	1074.64	31.79	1042.85
기타	3778.95	1253.33	2525.62

〈그림 Ⅳ-3-5〉 재정수입 항목과 현황

(단위 : 억 위안)

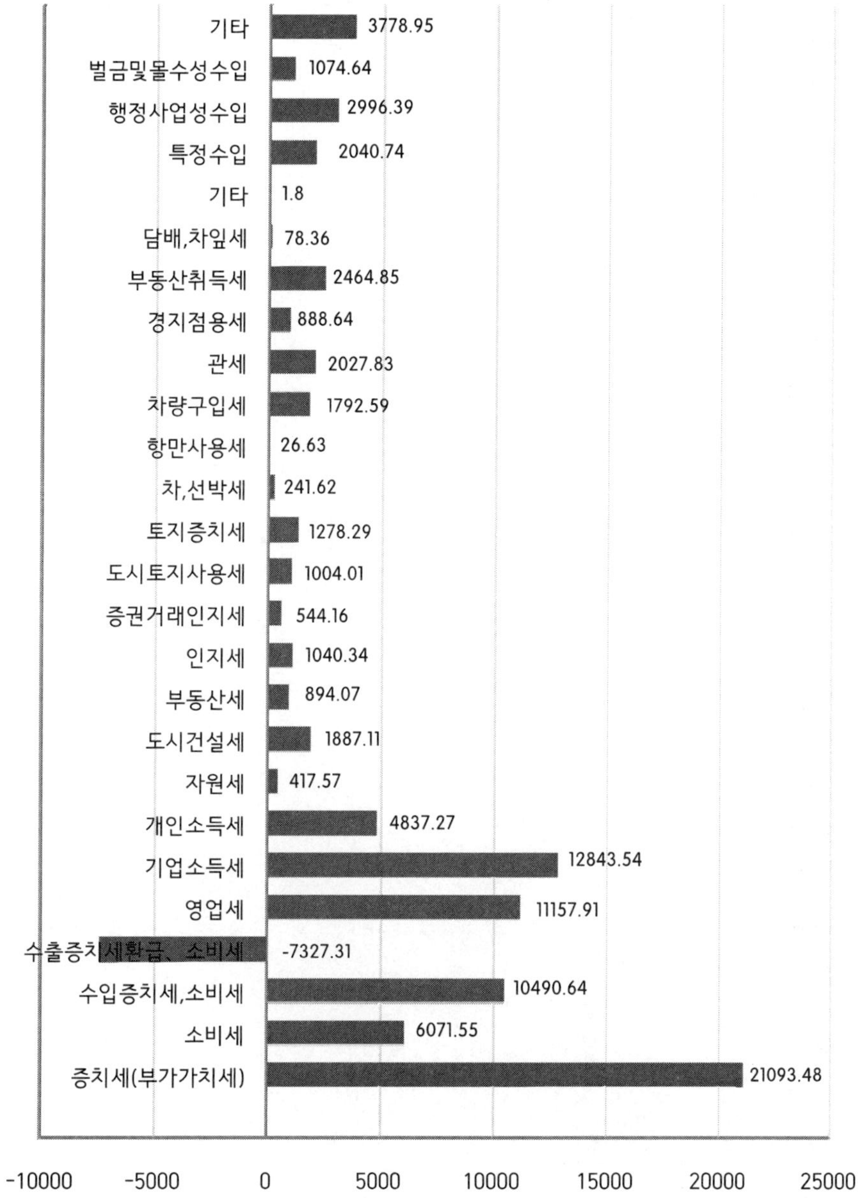

〈표 IV-3-6〉 중국의 채무 상환율과 부채비율 추이(1985-2010)

(단위 : %)

연도	부채 상환율	부채율	채무율
1985	2.7	5.2	56.0
1986	15.4	7.3	72.1
1987	9.0	9.4	77.1
1988	6.5	10.0	87.1
1989	8.3	9.2	86.4
1990	8.7	13.5	91.6
1991	8.5	14.9	91.9
1992	7.1	14.4	87.9
1993	10.2	13.9	96.5
1994	9.1	17.1	78.0
1995	7.6	15.2	72.4
1996	6.0	14.2	67.7
1997	7.3	14.5	63.2
1998	10.9	15.2	70.4
1999	11.3	15.3	68.7
2000	9.2	13.5	52.1
2001	7.5	15.3	67.9
2002	7.9	13.9	55.5
2003	6.9	13.4	45.2
2004	3.2	13.6	40.2
2005	3.1	13.2	35.4
2006	2.1	12.7	31.9
2007	2.0	11.5	29.0
2008	1.8	8.6	24.7
2009	2.9	8.7	32.2
2010	1.6	9.3	29.3

*주 1. 본 통계자료는 중국 외환관리국에서 제공

2. 부채상환율은 상환 외채 원리금과 당해연도 무역, 비무역외환수입(국제수지항목)의 비율

3. 부채율은 외채잔액과 당해연도 GDP와의 비율

4. 채무율은 대외채무와 당해연도 무역 및 비무역 외환수입의 비율

〈그림 IV-3-6〉 중국의 부채비중, 상환율, 부채율 추이

(단위 : %)

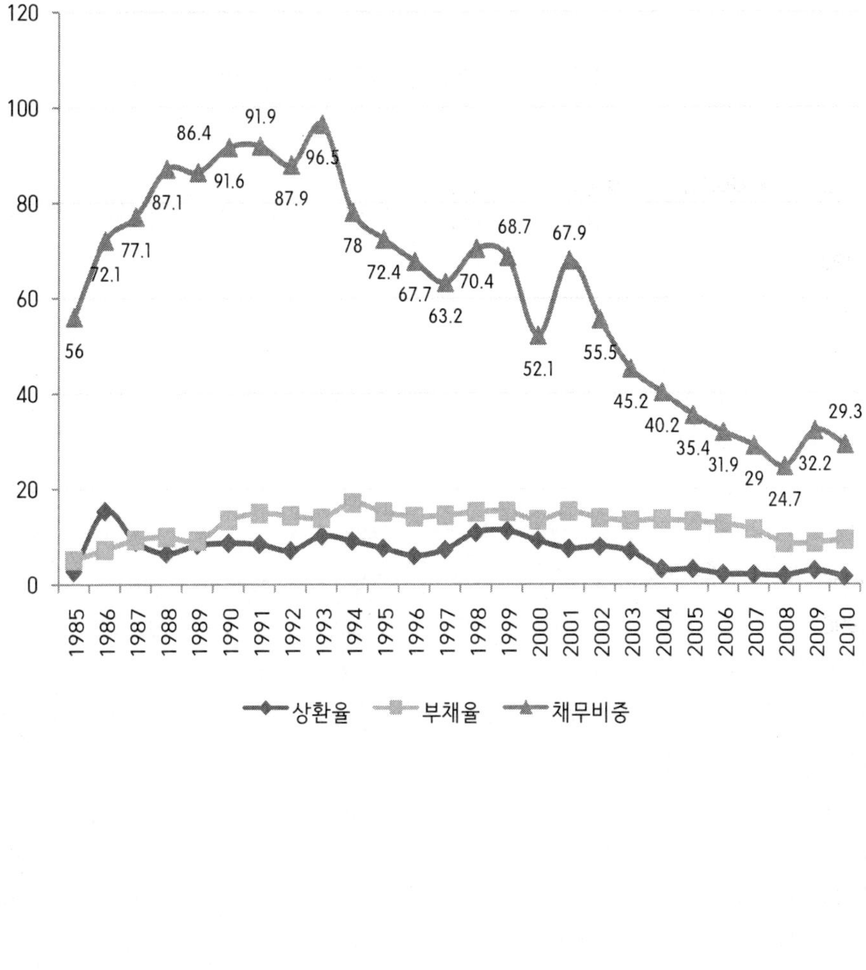

4 금융시장

〈표 IV-4-1〉 통화 공급량(1990-2010)

(단위 : 억 위안)

연도	통화량(M2)	통화량(M1)	유통중 현금(M0)	보통예금	준화폐	정기예금	저축예금
1990	15293.4	6950.7	2644.4	4306.3	8342.7		
1991	19349.9	8633.3	3177.8	5455.5	10716.6		
1992	25402.2	11731.5	4336.0	7395.2	13670.7		
1993	34879.8	16280.4	5864.7	10415.7	18599.4	1247.9	15203.5
1994	46923.5	20540.7	7288.6	13252.1	26382.8	1943.1	21518.8
1995	60750.5	23987.1	7885.3	16101.8	36763.4	3324.2	29662.2
1996	76094.9	28514.8	8802.0	19712.8	47580.1	5041.9	38520.8
1997	90995.3	34826.3	10177.6	24648.7	56169.1	6738.5	46279.8
1998	104498.5	38953.7	11204.2	27749.5	65544.9	8301.9	53407.5
1999	119897.9	45837.2	13455.5	32381.8	74060.6	9476.8	59621.8
2000	134610.3	53147.2	14652.7	38494.5	81463.1	11261.1	64332.4
2001	158301.9	59871.6	15688.8	44182.8	98430.3	14180.1	73762.4
2002	185007.0	70881.8	17278.0	53603.8	114125.2	16433.8	86910.7
2003	221222.8	84118.6	19746.0	64372.6	137104.3	20940.4	103617.7
2004	254107.0	95969.7	21468.3	74501.4	158137.2	25382.2	119555.4
2005	298755.7	107278.8	24031.7	83247.1	191476.9	33100.0	141051.0
2006	345603.6	126035.1	27072.6	98962.5	219568.5	38723.1	161587.3
2007	403442.2	152560.1	30375.2	122184.9	250882.1	46932.5	172534.2
2008	475166.6	166217.1	34219.0	131998.2	308949.5	60103.1	217885.4
2009	606225.0	220001.5	38246.0	181758.5	386219.1	82284.9	260767.3
2010	725774.1	266621.3	44628.2	221993.2	459152.7	105858.7	303302.2

<그림 Ⅳ-4-1> 통화공급량 추이

(단위 : 억 위안)

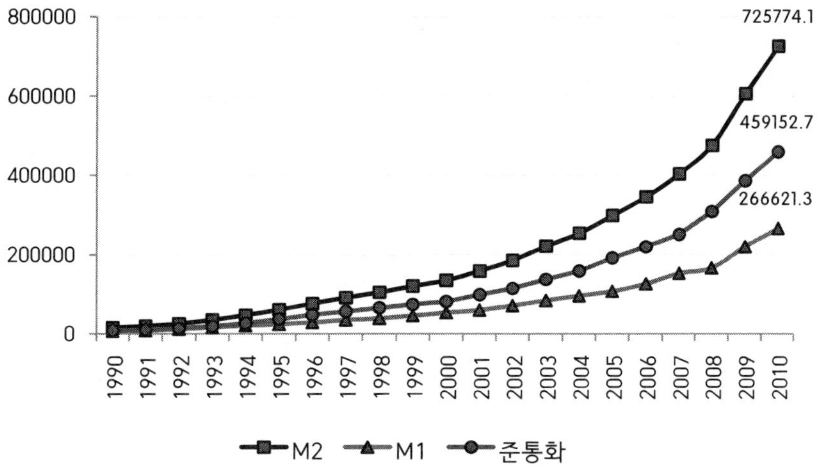

〈표 IV-4-2〉 통화 증가율 추이

(단위 : %)

연도	통화량(M2)	통화량(M1)			준통화		
			유통중 현금(M0)	정기예금		정기예금	저축예금
1991	26.5	24.2	20.2	26.7	28.5		
1992	31.3	35.9	36.4	35.6	27.6		
1993	37.3	38.7	35.2	40.8	36.0		
1994	34.5	26.2	24.3	27.2	41.9	55.7	41.5
1995	29.5	16.8	8.2	21.5	39.4	71.1	37.9
1996	25.3	18.9	11.6	22.4	29.4	51.7	29.9
1997	17.3	16.5	15.6	16.9	17.8	24.5	19.3
1998	14.8	11.9	10.1	12.6	16.7	23.2	15.4
1999	14.7	17.7	20.1	16.7	13.0	14.2	11.6
2000	12.3	16.0	8.9	18.9	10.0	18.8	7.9
2001	14.4	12.7	7.1	14.8	15.5	25.9	14.7
2002	16.8	16.8	10.1	19.2	16.8	21.8	17.8
2003	19.6	18.7	14.3	20.1	20.1	27.4	19.2
2004	14.7	13.6	8.7	15.1	15.3	21.2	15.4
2005	17.6	11.8	11.9	11.7	21.1	30.4	18.0
2006	17.0	17.5	12.7	18.9	16.7	17.2	14.6
2007	16.7	21.1	12.2	23.5	14.3	21.2	6.8
2008	17.8	9.1	12.7	8.2	23.2	28.1	26.3
2009	27.7	32.4	11.8	37.7	25.2	37.7	19.7
2010	19.7	21.2	16.7	22.1	18.9	28.7	16.3

〈그림 Ⅳ-4-2〉 통화유형별 증감 추이

(단위 : %)

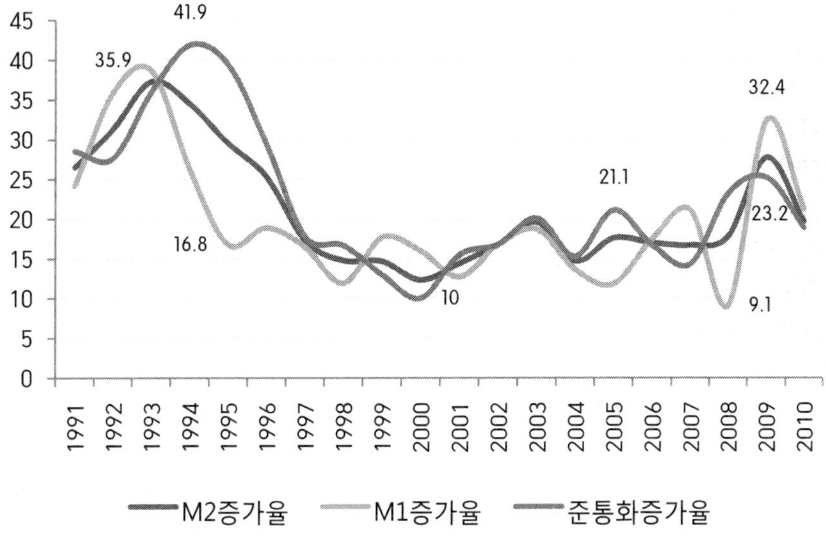

〈그림 Ⅳ-4-3〉 경제성장률과 물가 및 통화증가율 증감 추세

(단위 : %)

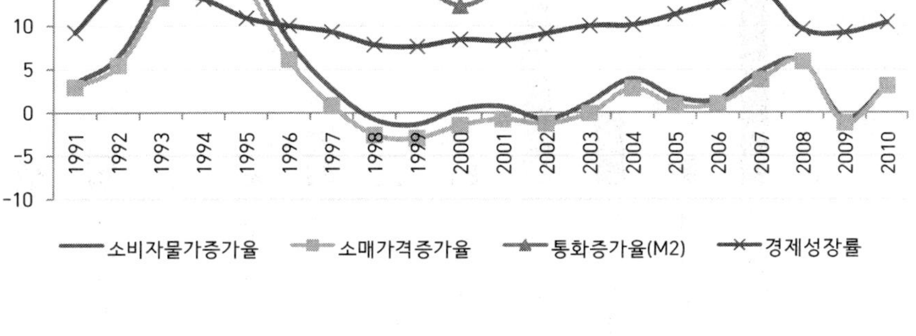

〈표 IV-4-3〉 중국의 금융기관 저축액 현황(2008-2010)

(단위 : 억 위안)

항목	2008	2009	2010
자금원천 합계	542844	681875	805879
각종 예금	466203	597741	718238
기업예금	157632	217110	244496
재정예금	18040	22411	25455
기관단체예금	21963	29560	66175
도시농촌예금	217885	260772	303303
농업예금	10075	14568	17244
위탁신탁류예금	3733	5945	6465
기타예금	36875	47375	55101
금융채권	20852	16203	13527
국제금융기구부채	733	762	720
유통 중 현금	34219	38246	44628
기타	20836	28923	28766

주 : 본표 통계항목에는 중국인민은행(中国人民银行), 정책성은행, 국유공상은행, 주식제 상업은행, 도시상업은행, 농촌상업은행, 농촌합작은행, 도시신용은행, 농촌신용은행, 신탁투자공사, 재무공사司, 임대공사, 외자금융기관, 중국우체국 저축은행(中国邮政储蓄银行) 등이 포함됨

〈그림 IV-4-4〉 금융기관 이용 주체별 예금액 현황(2010)

(단위 : 억 위안)

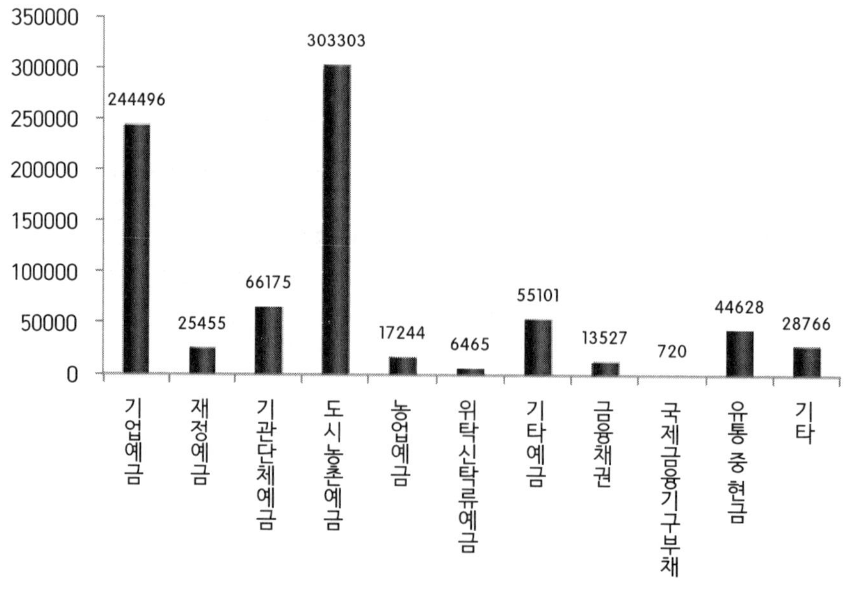

〈표 IV-4-4〉 금융기관별 대출 현황(2008-2010)

(단위 : 억 위안)

항목	2008	2009	2010
자금운용 합계	542844	681875	805879
각종 대출	303468	399685	479196
단기대출	125216	146611	166233
공업대출	36146	38769	
상업대출	17743	19483	
건축업대출	3687	3647	
농업대출	17629	21623	
향진기업대출	7454	9029	
외자기업대출	2271	2180	
사영및개체기업대출	4224	7117	
기타단기대출	36063	44763	
중장기대출	155034	222419	288930
위탁 및 신탁류대출	3026	5277	6163
기타대출	20191	25378	17869
유가증권 및 투자	71952	86643	98526
금은보유	337	670	670
외환보유	166146	193112	225795
재정차관			
국제금융기구내 자산	941	1765	1693

〈그림 IV-4-5〉 대출대상 기관 및 용도별 대출 현황(2009)

(단위 : 억 위안)

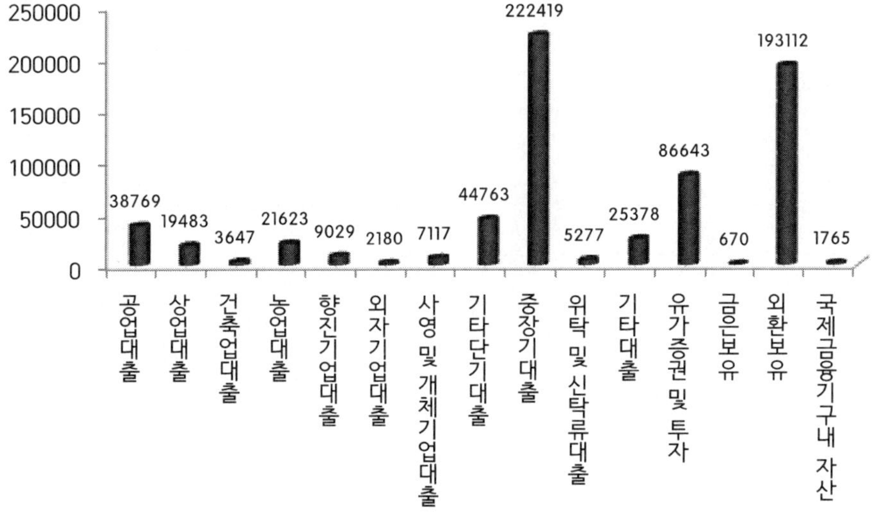

〈표 IV-4-5〉 저축이자율 변동 추이

(단위 : 이자율(%))

항목	2008. 10.19	2008. 10.30	2008. 11.27	2008. 12.23	2010. 10.20	2010. 12.26
보통예금	0.72	0.72	0.36	0.36	0.36	0.36
정기예금						
3개월	3.15	2.88	1.98	1.71	1.91	2.25
6개월	3.51	3.24	2.25	1.98	2.20	2.50
1년	3.87	3.60	2.52	2.25	2.50	2.75
2년	4.41	4.14	3.06	2.79	3.25	3.55
3년	5.13	4.77	3.60	3.33	3.85	4.15
5년	5.58	5.13	3.87	3.60	4.20	4.55

〈표 IV-4-6〉 대출이자율 변동 추이

(단위 : 연이자율(%))

항목	2008. 09.16	2008. 10.09	2008. 10.30	2008. 11.27	2008. 12.23	2010. 10.20	2010. 12.26
단기대출							
6개월	6.21	6.12	6.03	5.04	4.86	5.10	5.35
1년	7.20	6.93	6.66	5.58	5.31	5.56	5.81
중장기대출							
1년-3년	7.29	7.02	6.75	5.67	5.40	5.60	5.85
3년-5년	7.56	7.29	7.02	5.94	5.76	5.96	6.22
5년이상	7.74	7.47	7.20	6.12	5.94	6.14	6.40

〈표 IV-4-7〉 중국 주식시장 현황

항목	2008	2009	2010
주식상장기업수(A, B주)	1625	1718	2063
외자주식기업수(B주)	109	108	108
국외주식상장기업수(H주)	153	159	165
총발행주식수(억 주)	24584	26163	33184
유통주식수(억 주)	12579	19760	25642
주식시가총액(억 위안)	121366	243939	265423
유통주식총액(억 위안)	45214	151259	193110
주식거래량(억 주)	24131.39	51106.99	42151.98
주식거래금액(억 위안)	267113	535987	545634
상해종합지수(장마감)	1820.81	3277.14	2808.08
심천종합지수(장마감)	553.30	1201.34	1290.86
통장개설투자자수(만 개)	15198	17150	18858
평균주가수익률(%)			
상해	14.86	29.00	21.61
심천	16.72	46.00	44.69
평균매매빈도율(%)			
상해	393.00	499.00	198.00
심천	469.00	793.00	557.00
국채발행액(억 위안)	8558.20	17927.00	19778.30
기업채권발행액(억 위안)	8435.40	15864.00	15491.45
채권거래액(억 위안)	28601.49	40059.00	76206.00
국채현물거래금액(억 위안)	2122.51	2086.00	1661.64
국채환매거래금액(억 위안)	24268.66	35476.00	65877.79
증권투자펀드수(개)	439	557	704
증권투자펀드규모(억 위안)	25741.79	24536.00	24228.35
증권투자펀드거래금액(억 위안)	5831.06	10250.00	8996.00
선물총거래량(만계약)	136395.97	215752.00	312890.02
선물총거래액(억 위안)	719173.33	1305143.00	2959480.02

〈표 IV-4-8〉 주식거래 현황(2005-2010)

항목	2005	2006	2007	2008	2009	2010
상장기업수(개)	1381	1434	1550	1625	1718	2063
상장주식수(건)	1467	1520	1636	1711	1804	2159
A주	1358	1411	1527	1602	1696	2051
B주	109	109	109	109	108	108
주식총발행수(억 주)	7163.54	12683.99	17000.45	18900.12	20606.26	26984.49
A주	6936.08	12445.65	16746.62	18629.77	20332.77	26701.51
B주	227.47	238.34	253.84	270.35	273.49	282.98
유통주식	2498.89	3444.50	4933.64	6964.97	14200.19	19442.15
A주	2280.84	3215.54	4682.77	6696.76	13928.17	19160.47
B주	218.05	228.96	250.87	268.21	271.48	281.68
주식시가총액(억 위안)	32430	89404	327141	121366	243939	265423
A주	31811	88114	324588	120567	242127	263221
B주	620	1290	2553	800	1812	2202
#유통시가총액	10631	25004	93064	45214	151259	193110
A주	10028	23731	90527	44419	149456	190917
B주	602	1272	2538	795	1803	2193
주식거래액(억 위안)	31665	90469	460556	267113	535987	545634
A주	31099	89217	454771	265890	533889	563466
B주	565	1252	5785	1222	2097	2168
총거래주식수(억 위안)	6623.73	16145.23	36403.75	24131.39	51106.99	42151.98
A주	6470.87	15808.62	35683.93	23912.78	50648.91	41806.42
B주	152.86	336.61	719.82	218.62	458.09	345.56
상해종합지수						
최고	1328.53	2698.90	6124.04	5522.78	3478.01	3306.75
최저	998.23	1161.91	2541.53	1664.93	1844.09	2319.74
연말장마감	1161.06	2675.47	5261.56	1820.81	3277.14	2808.08
심천종합지수						
최고	333.28	552.93	1567.74	1584.40	1240.64	1412.64
최저	237.18	278.99	547.89	452.33	557.69	890.24
연말장마감	278.75	550.59	1447.02	553.30	1201.34	1290.86

주 : 본표의 주식 총발행수에는(A+H) 주식기업이 발행한 홍콩주식(H股)은 포함하지 아니함

<표 Ⅳ-4-9> 주식발행량 추이(1991-2010)

연도	주식발행량 (억 주)	A주	H주, N주	B주
1991	5.00	5.00		
1992	20.75	10.00		10.75
1993	95.79	42.59	40.41	12.79
1994	91.26	10.97	69.89	10.40
1995	31.60	5.32	15.38	10.90
1996	86.11	38.29	31.77	16.05
1997	267.63	105.65	136.88	25.10
1998	105.56	86.30	12.86	9.90
1999	122.93	98.11	23.05	1.77
2000	512.04	145.68	359.26	7.10
2001	141.48	93.00	48.48	
2002	291.74	134.20	157.54	
2003	281.43	83.64	196.79	1.00
2004	227.92	54.88	171.51	1.53
2005	567.05	13.80	553.25	
2006	1287.77	351.11	936.66	
2007	637.24	413.27	223.97	
2008	180.29	114.91	65.38	
2009	415.96	260.38	155.58	
2010	928.37	561.33	367.04	

〈그림 IV-4-6〉 주식발행량 추이

(단위 : 억 주)

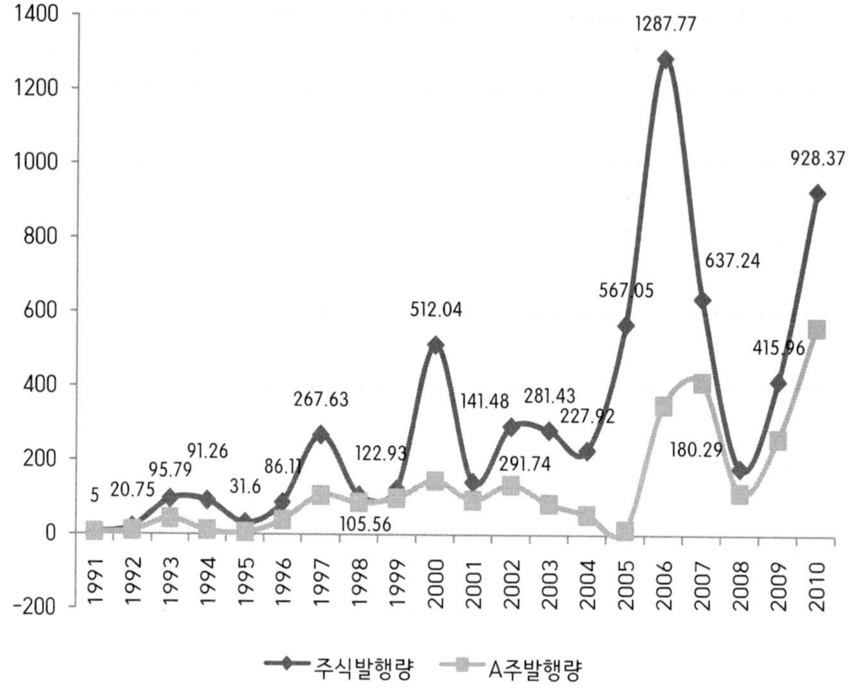

〈표 Ⅳ-4-10〉 주식발행을 통한 자금조달 규모 추이(1991-2010)

연도	주식자금조달액 (억 위안)	A주	#증자	H주, N주	B주
1991	5.00	5.00			
1992	94.09	50.00			44.09
1993	375.47	276.41	81.58	60.93	38.13
1994	326.78	99.78	50.16	188.73	38.27
1995	150.32	85.51	62.83	31.46	33.35
1996	425.08	294.34	69.89	83.56	47.18
1997	1293.82	825.92	170.86	360.00	107.90
1998	841.52	778.02	334.97	37.95	25.55
1999	944.56	893.60	320.97	47.17	3.79
2000	2103.24	1527.03	519.46	562.21	13.99
2001	1252.34	1182.13	430.63	70.21	
2002	961.75	779.75	56.61	181.99	
2003	1357.75	819.56	74.79	534.65	3.54
2004	1510.94	835.71	104.54	648.08	27.16
2005	1882.51	338.13	2.62	1544.38	
2006	5594.29	2463.70	4.32	3130.59	
2007	8680.17	7722.99	227.68	957.18	
2008	3852.21	3534.95	151.57	317.26	
2009	6124.69	5004.90	105.97	1073.18	
2010	11971.93	9606.31	1438.25	2365.62	

〈그림 IV-4-7〉 주식발행 조달금액 추이

(단위 : 억 위안)

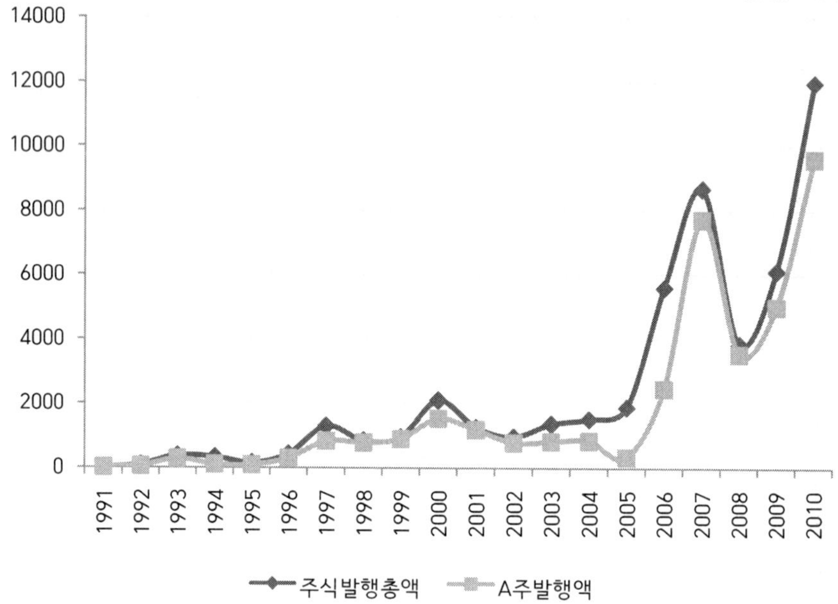

〈표 Ⅳ-4-11〉 외환보유고 현황 추이(1978-2010)

연도	금 보유 (만 온스)	외환 보유고 (억 달러)	연도	금 보유량 (만 온스)	외환 보유고 (억 달러)
1978	1280	1.67	1994	1267	516.20
1979	1280	8.40	1995	1267	735.97
1980	1280	-12.96	1996	1267	1050.29
1981	1267	27.08	1997	1267	1398.90
1982	1267	69.86	1998	1267	1449.59
1983	1267	89.01	1999	1267	1546.75
1984	1267	82.20	2000	1267	1655.74
1985	1267	26.44	2001	1608	2121.65
1986	1267	20.72	2002	1929	2864.07
1987	1267	29.23	2003	1929	4032.51
1988	1267	33.72	2004	1929	6099.32
1989	1267	55.50	2005	1929	8188.72
1990	1267	110.93	2006	1929	10663.40
1991	1267	217.12	2007	1929	15282.49
1992	1267	194.43	2008	1929	19460.30
1993	1267	211.99	2009	3389	23991.52
			2010	3389	28473.38

〈그림 Ⅳ-4-8〉 중국의 외환보유고 추이

(단위 : 억 달러)

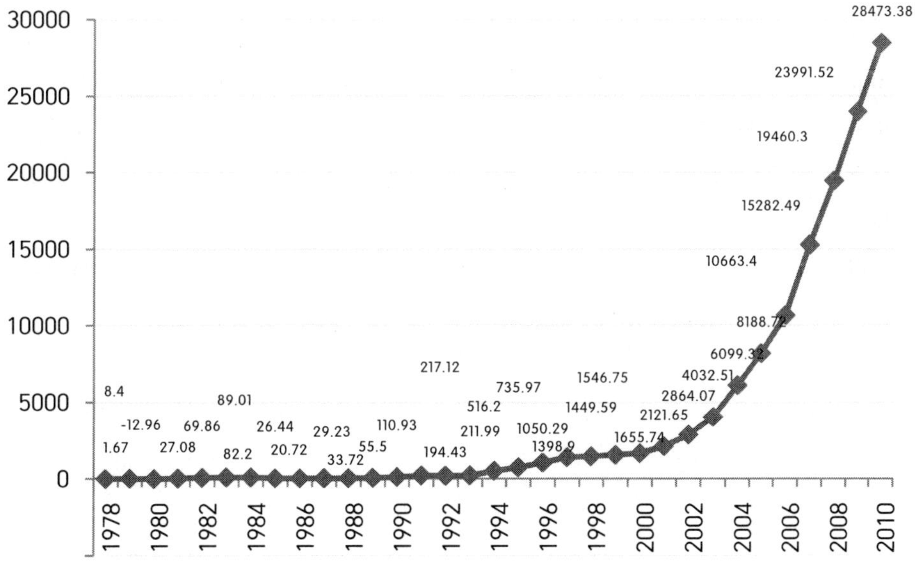

〈표 IV-4-12〉 보험회사 자산 현황(2002-2010)

(단위 : 억 위안)

연도	총자산					
		재산성보험	생명보험	재보험	중국자본	외국자본
2002	6320.00	948.00	5161.00	211.00		
2003	9088.00	1176.00	7657.00	255.00		
2004	11953.68	1411.38.	8352.90	262.37	11540.63	413.05
2005	15286.44	1718.81	13458.27	292.70	14630.97	665.64
2006	19704.19	2340.45	17446.26	311.31	18862.60	862.66
2007	28912.78	3880.51	23249.16	877.26	27656.26	1256.51
2008	33418.83	4687.03	27138.45	994.45	31893.93	1524.91
2009	40634.75	4892.62	33655.05	1162.01	38582.37	2052.39
2010	50481.61	5833.52	42642.66	1151.79	47860.49	2621.12

〈표 IV-4-13〉 보험기업 자산 운영 현황(2004-2010)

(단위 : 억 위안)

年份	자금운용액					
		은행예금	국채	금융채권	기업채권	증권투자기금
2004	10778.62	5071.10	2618.44	1026.25	639.73	666.32
2005	14092.69	5165.55	3590.65	1804.71	1204.55	1107.00
2006	17785.40	5989.11	3647.01	2754.25	2121.56	912.08
2007	26647.81	6503.44	3956.56	4897.84	2799.76	2519.41
2008	30552.83	8087.49	4208.26	8754.06	4598.46	1646.46
2009	37417.12	10519.68	4053.82	8746.10	6074.56	2758.78
2010	46046.62	13909.97	4815.78	10038.75	7935.69	2620.73

<그림 Ⅳ-4-9> 보험회사 자금운영 현황

(단위 : 억 위안)

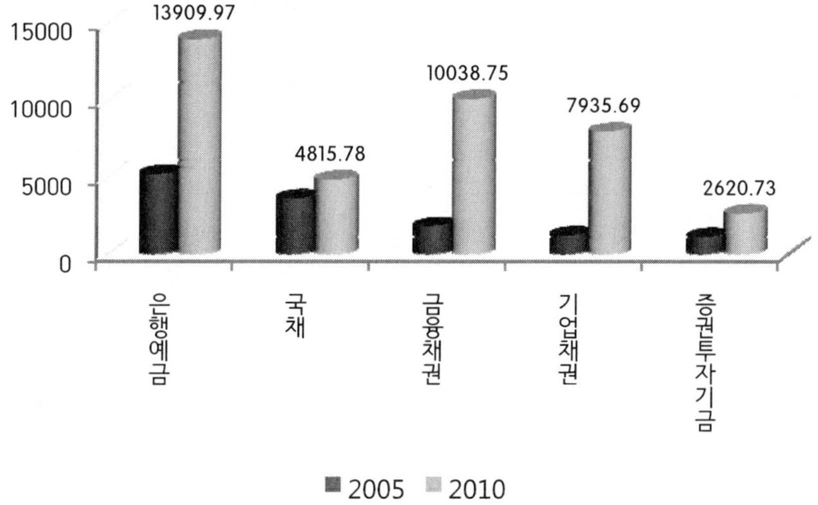

<표 Ⅳ-4-14> 중국의 보험기업 현황

항목	2009			2010		
	기업수(개)	종업원(명)	#여직원	기업수(개)	종업원(명)	#여직원
합계	138	630734	324752	142	685856	355099
보험집단기업	8	1954	824	8	2208	908
중국자본기업	68	599923	306629	81	649976	333696
중앙본부기업	68	22040	9845	81	24375	10968
성급지사	1058	144202	73590	1126	165387	85093
핵심지사	5671	223900	119461	5812	246310	134238
기타지사	11813	135355	65332	13176	138885	67088
영업부	2771	15130	7182	2535	15339	7119
판매서비스부	45701	59244	31219	45519	59475	29190
합자기업	52	28857	17299	53	33672	20495
중앙본부기업	52	10526	6215	53	10903	6513
성급지사	150	10094	6124	168	10191	6133

〈표 Ⅳ-4-15〉 중국의 인민폐 환율 추이(1985-2010)

(단위 : 위안/상대국 통화)

연도	100달러	100엔	100홍콩달러	100유로
1985	293.66	1.2457	37.57	
1986	345.28	2.0694	44.22	
1987	372.21	2.5799	47.74	
1988	372.21	2.9082	47.70	
1989	376.51	2.7360	48.28	
1990	478.32	3.3233	61.39	
1991	532.33	3.9602	68.45	
1992	551.46	4.3608	71.24	
1993	576.20	5.2020	74.41	
1994	861.87	8.4370	111.53	
1995	835.10	8.9225	107.96	
1996	831.42	7.6352	107.51	
1997	828.98	6.8600	107.09	
1998	827.91	6.3488	106.88	
1999	827.83	7.2932	106.66	
2000	827.84	7.6864	106.18	
2001	827.70	6.8075	106.08	
2002	827.70	6.6237	106.07	800.58
2003	827.70	7.1466	106.24	936.13
2004	827.68	7.6552	106.23	1029.00
2005	819.17	7.4484	105.30	1019.53
2006	797.18	6.8570	102.62	1001.90
2007	760.40	6.4632	97.46	1041.75
2008	694.51	6.7427	89.19	1022.27
2009	683.10	7.2986	88.12	952.70
2010	676.95	7.7279	87.13	897.25

〈그림 Ⅳ-4-10〉 인민폐의 대미 달러 환율 추이

(단위 : 백달러 대비 인민폐 환율)

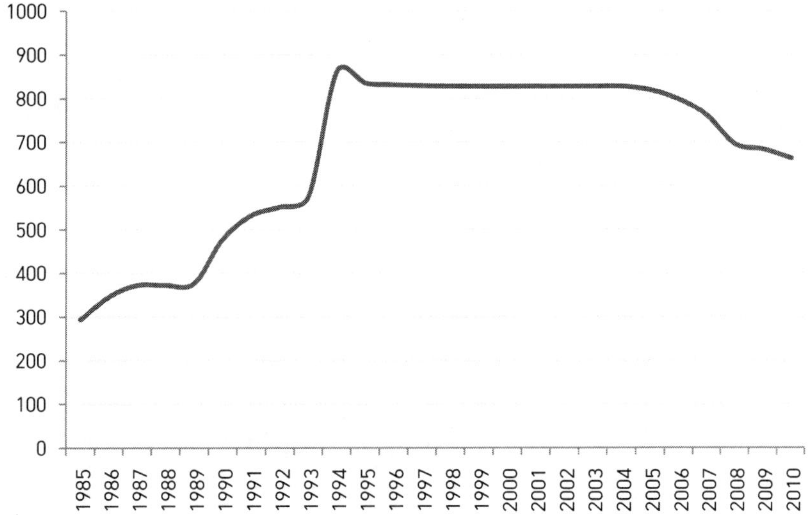

〈그림 Ⅳ-4-11〉 일본 엔화에 대한 인민폐 환율 추이

(단위 :백엔 대비 인민폐 환율)

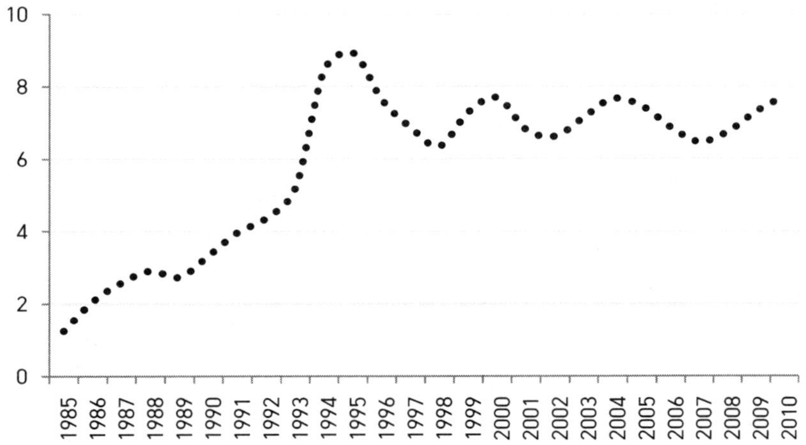

〈그림 IV-4-12〉 홍콩 달러에 대한 인민폐 환율 추이

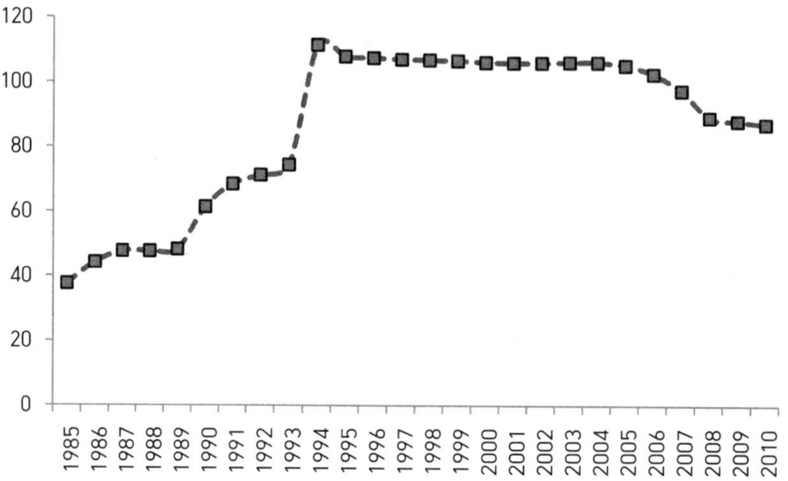

5 기업구조

5.1. 일정 규모 이상 공업기업

〈그림 Ⅳ-5-1〉 기업 수의 연도별 증가 추이

(단위 : 개)

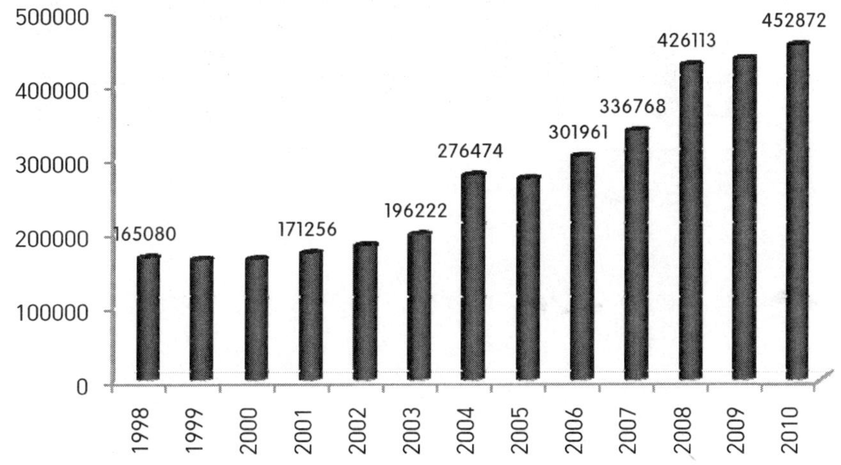

〈그림 Ⅳ-5-2〉 공업기업의 생산액 증가 추이

(단위 : 억 위안)

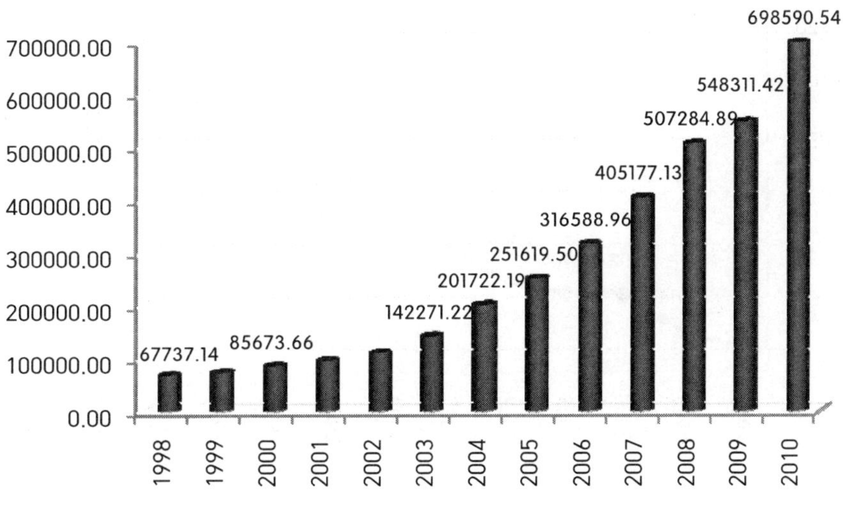

〈그림 IV-5-3〉 공업기업 평균 생산액 증가 추이

(단위 : 억 위안)

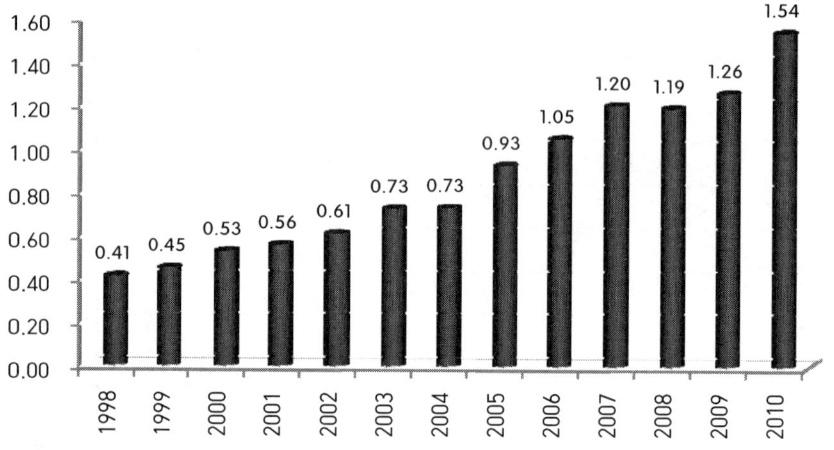

〈그림 IV-5-4〉 공업기업 평균 이윤총액 증감 추이

(단위 : 억 위안)

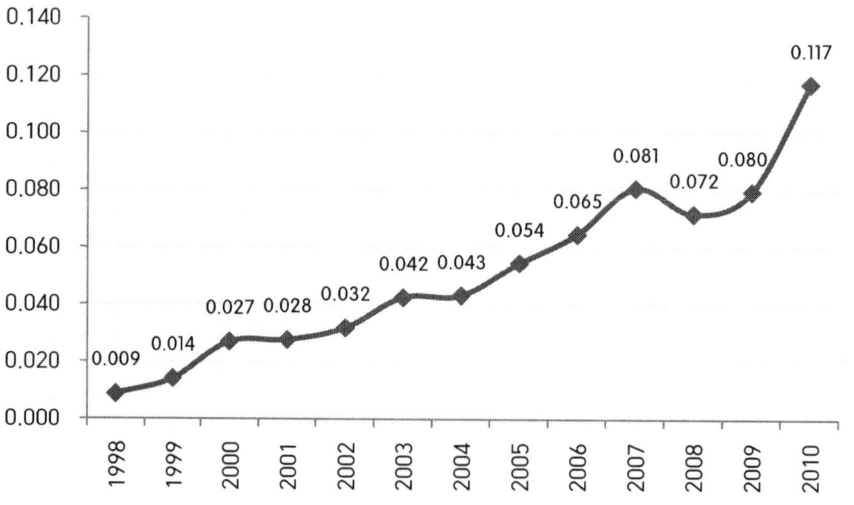

〈그림 Ⅳ-5-5〉 공업기업 종업원수 증감 추이

(단위 : 만 명)

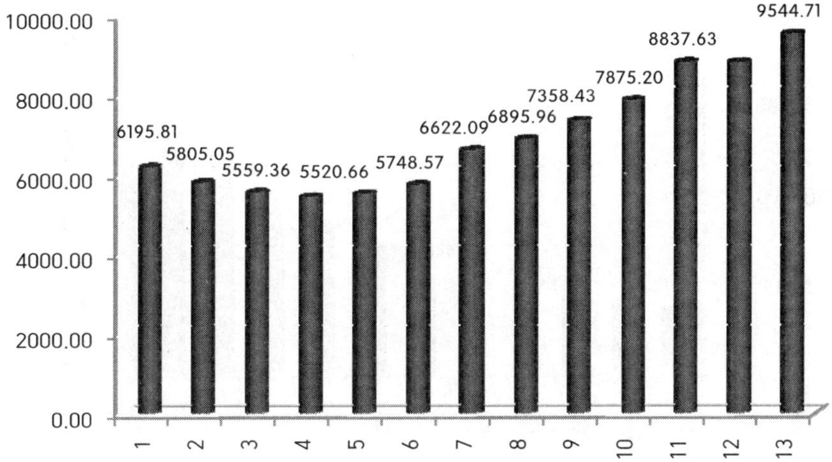

5.2. 국유기업

〈그림 Ⅳ-5-6〉 국유기업 수 증감 추이

(단위 : 개)

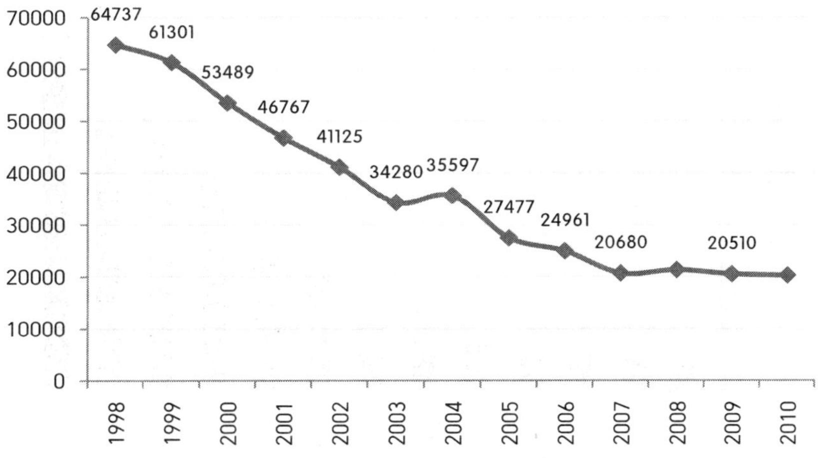

<그림 IV-5-7> 국유기업 생산총액 증감 추이

(단위 : 억 위안)

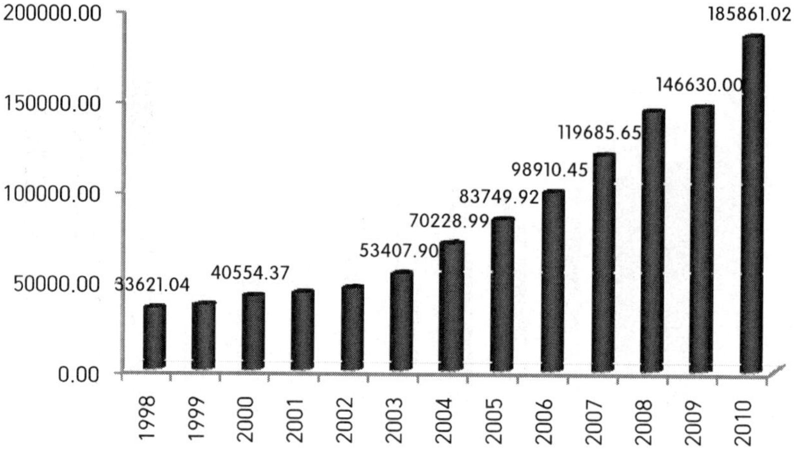

<그림 IV-5-8> 국유기업 평균 생산액 증감 추이

(단위 : 억 위안)

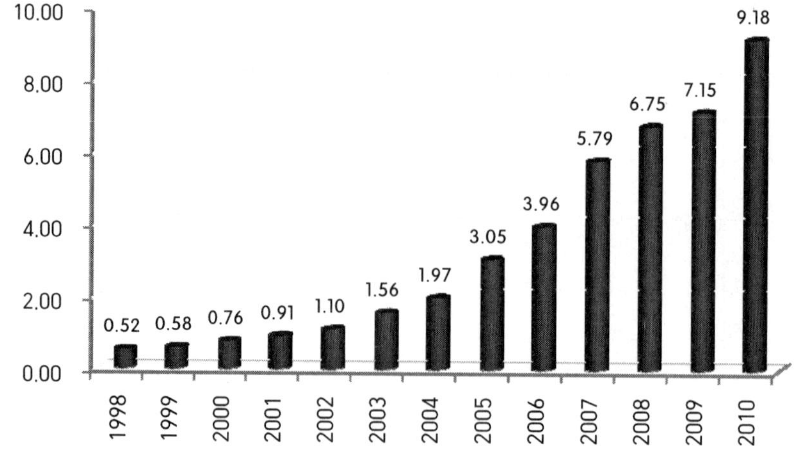

〈그림 Ⅳ-5-9〉 국유기업 종업원 수 증감 추이

(단위 : 만 명)

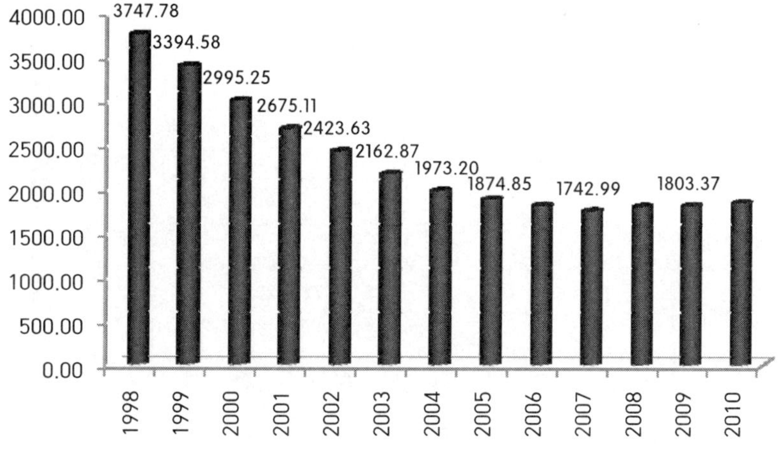

5.3. 사영기업

〈그림 Ⅳ-5-10〉 사영기업 수 증감 추이

(단위 : 개)

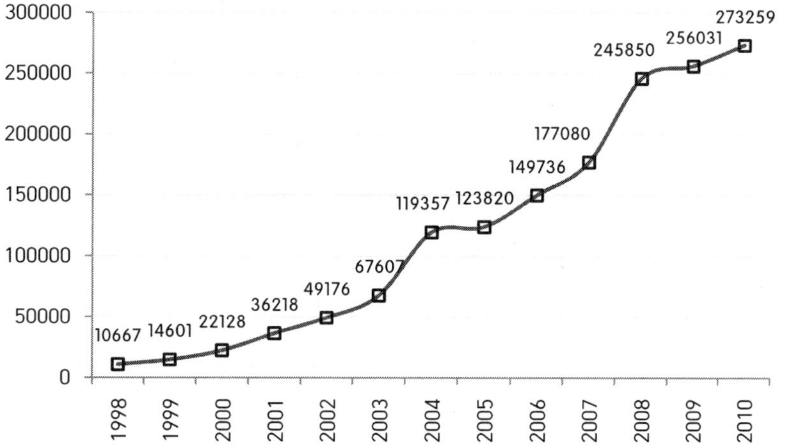

〈그림 IV-5-11〉 사영기업 생산액 증감 추이

(단위 : 억 위안)

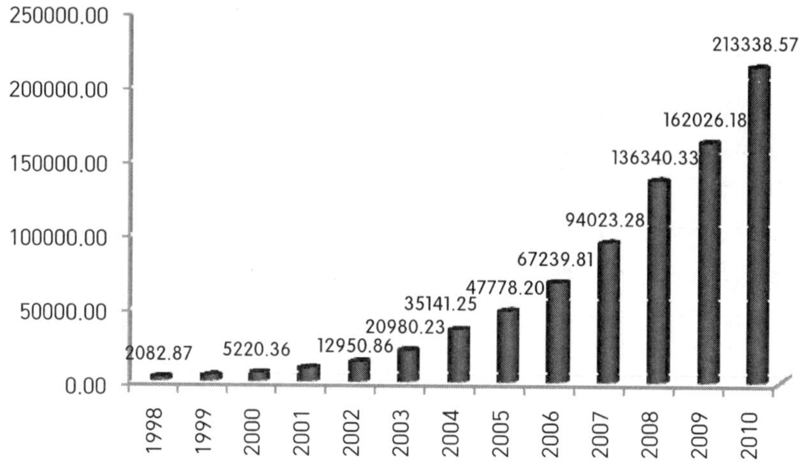

〈그림 IV-5-12〉 사영기업 종업원수 증감 추이

(단위 : 만 명)

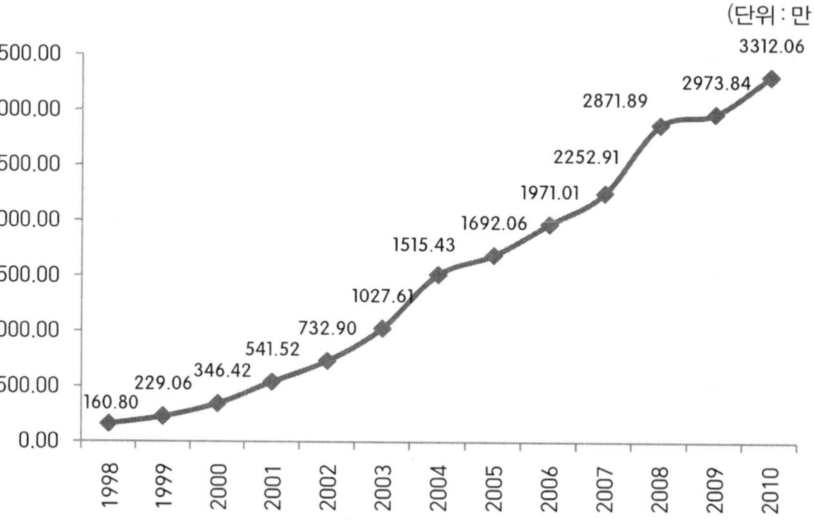

〈그림 Ⅳ-5-13〉 사영기업과 국유기업 수 증감 추이 비교

(단위 : 개)

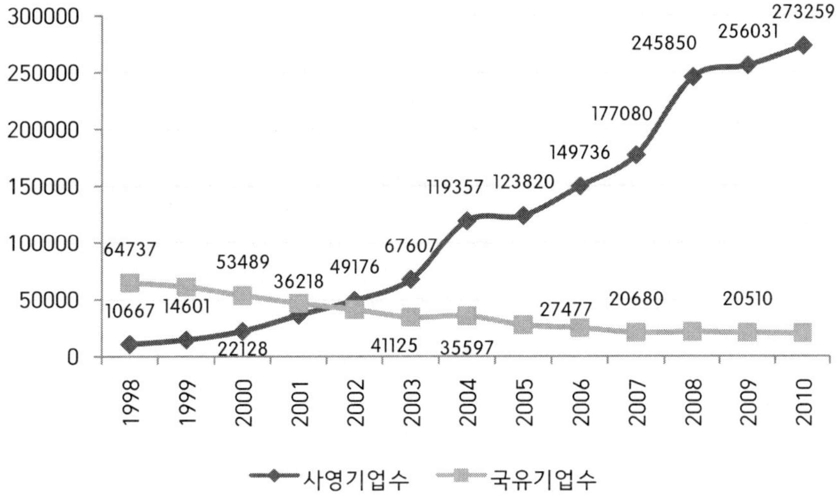

〈그림 Ⅳ-5-14〉 사영기업과 국유기업 생산총액 추이

(단위 : 억 위안)

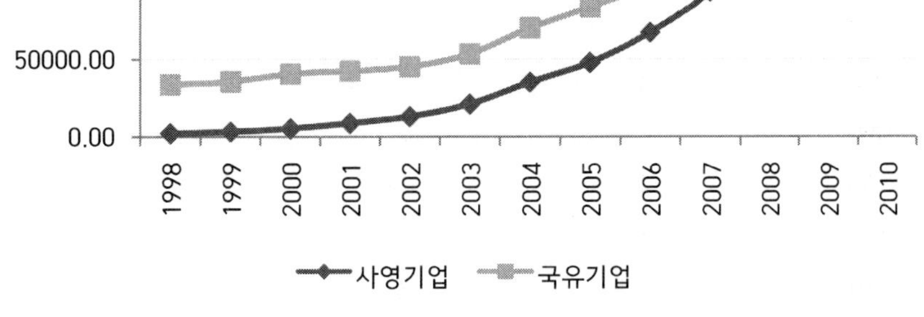

6 산업구조

〈표 IV-6-1〉 중국의 산업구조 추이(1978-2010)

(단위 : %)

연도	GDP	1차산업	2차산업	3차산업
1978	100.0	28.2	47.9	23.9
1979	100.0	31.3	47.1	21.6
1980	100.0	30.2	48.2	21.6
1981	100.0	31.9	46.1	22.0
1982	100.0	33.4	44.8	21.8
1983	100.0	33.2	44.4	22.4
1984	100.0	32.1	43.1	24.8
1985	100.0	28.4	42.9	28.7
1986	100.0	27.2	43.7	29.1
1987	100.0	26.8	43.6	29.6
1988	100.0	25.7	43.8	30.5
1989	100.0	25.1	42.8	32.1
1990	100.0	27.1	41.3	31.6
1991	100.0	24.5	41.8	33.7
1992	100.0	21.8	43.4	34.8
1993	100.0	19.7	46.6	33.7
1994	100.0	19.8	46.6	33.6
1995	100.0	19.9	47.2	32.9
1996	100.0	19.7	47.5	32.8
1997	100.0	18.3	47.5	34.2
1998	100.0	17.6	46.2	36.2
1999	100.0	16.5	45.8	37.7
2000	100.0	15.1	45.9	39.0
2001	100.0	14.4	45.1	40.5
2002	100.0	13.7	44.8	41.5

2003	100.0	12.8	46.0	41.2
2004	100.0	13.4	46.2	40.4
2005	100.0	12.1	47.4	40.5
2006	100.0	11.1	47.9	40.9
2007	100.0	10.8	47.3	41.9
2008	100.0	10.7	47.4	41.8
2009	100.0	10.3	46.3	43.4
2010	100.0	10.1	46.8	43.1

〈그림 IV-6-1〉 중국의 산업구조 변화 추이(1978-2010)

(단위 : %)

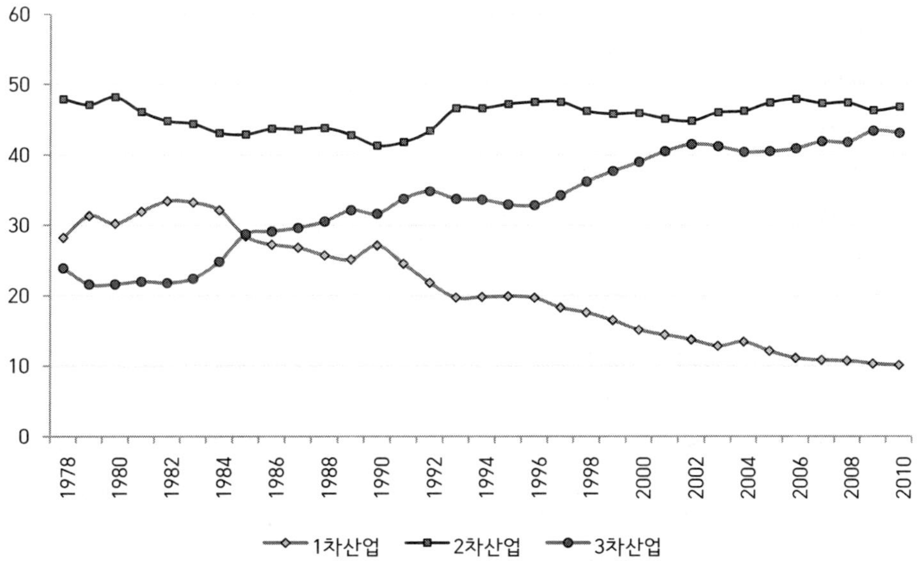

<표 IV-6-2> 산업별 국민소득 기여율 추이(1990-2010)

(단위 : %)

연도	GDP	1차산업	2차산업	3차산업
1990	100.0	41.7	41.0	17.3
1991	100.0	7.1	62.8	30.1
1992	100.0	8.4	64.5	27.1
1993	100.0	7.9	65.5	26.6
1994	100.0	6.6	67.9	25.5
1995	100.0	9.1	64.3	26.6
1996	100.0	9.6	62.9	27.5
1997	100.0	6.8	59.7	33.5
1998	100.0	7.6	60.9	31.5
1999	100.0	6.0	57.8	36.2
2000	100.0	4.4	60.8	34.8
2001	100.0	5.1	46.7	48.2
2002	100.0	4.6	49.7	45.7
2003	100.0	3.4	58.5	38.1
2004	100.0	7.8	52.2	40.0
2005	100.0	5.6	51.1	43.3
2006	100.0	4.8	50.0	45.2
2007	100.0	3.0	50.7	46.3
2008	100.0	5.7	49.3	45.0
2009	100.0	4.5	51.9	43.6
2010	100.0	3.9	57.6	38.5

*주 : 3차산업 공헌율은 각 산업증가분과 GDP 증가분의 비율임

〈그림 Ⅳ-6-2〉 산업별 국민소득 기여율 추이

(단위 : %)

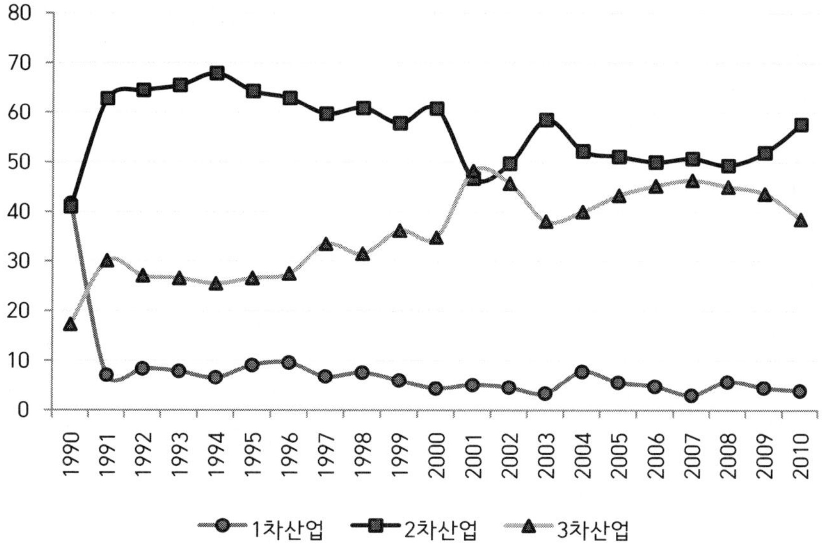

〈표 Ⅳ-6-3〉 산업별 국내생산 증가 기여도 추이

(단위 : %)

연도	GDP	1차산업	2차산업	3차산업
1990	3.8	1.6	1.6	0.6
1991	9.2	0.6	5.8	2.8
1992	14.2	1.2	9.2	3.8
1993	14.0	1.1	9.2	3.7
1994	13.1	0.9	8.9	3.3
1995	10.9	1.0	7.0	2.9
1996	10.0	1.0	6.3	2.7
1997	9.3	0.6	5.6	3.1
1998	7.8	0.6	4.8	2.4
1999	7.6	0.4	4.4	2.8
2000	8.4	0.4	5.1	2.9
2001	8.3	0.4	3.9	4.0
2002	9.1	0.4	4.5	4.2
2003	10.0	0.3	5.9	3.8
2004	10.1	0.8	5.3	4.0
2005	11.3	0.6	5.8	4.9
2006	12.7	0.6	6.3	5.7
2007	14.2	0.4	7.2	6.6
2008	9.6	0.6	4.7	4.3
2009	9.2	0.4	4.8	4.0
2010	10.4	0.4	6.0	4.0

*주 : 산업별 국내생산 증가 기여도는 GDP증가속도에 각 산업의 공헌율을 곱한 것임

〈그림 Ⅳ-6-3〉 주요 철강재의 생산 추이

(단위 : 만 톤)

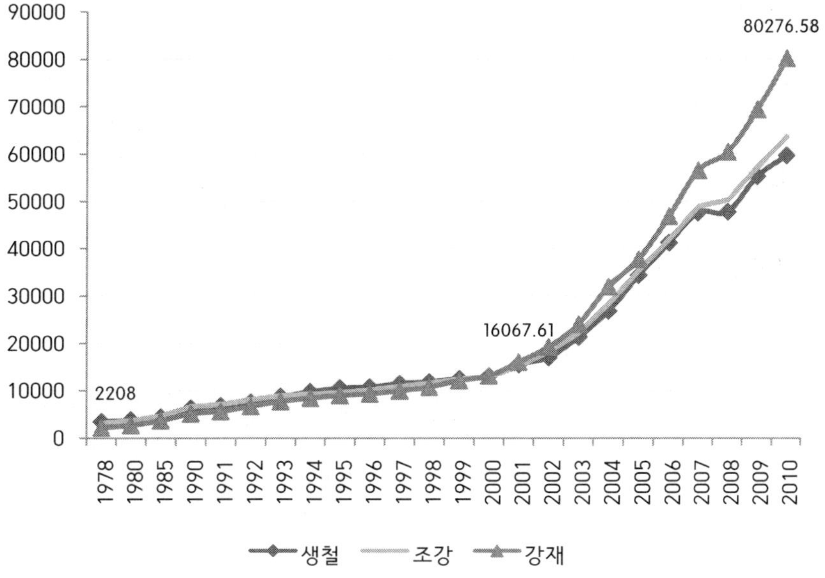

〈그림 Ⅳ-6-4〉 주요 화학제품의 생산 추이(1)

(단위 : 만 톤)

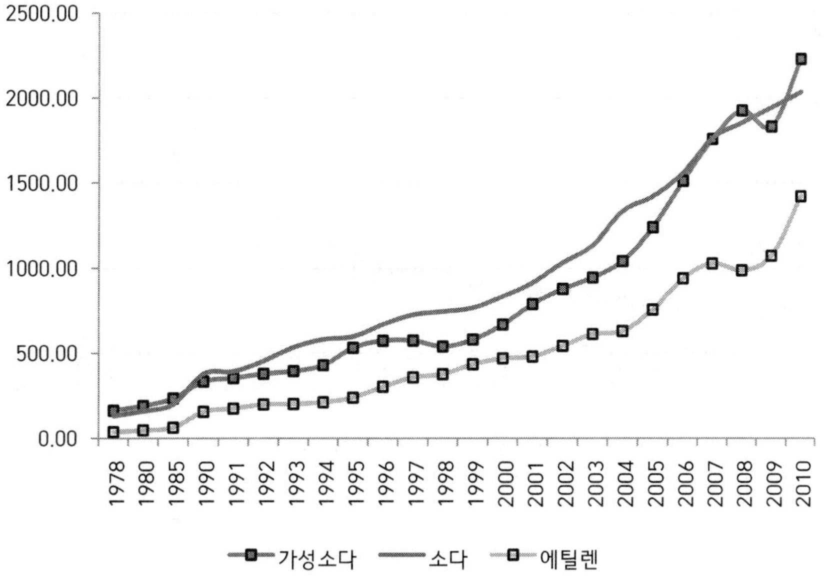

〈그림 IV-6-5〉 주요 화학제품 생산량 추이(2)

(단위 : 만 톤)

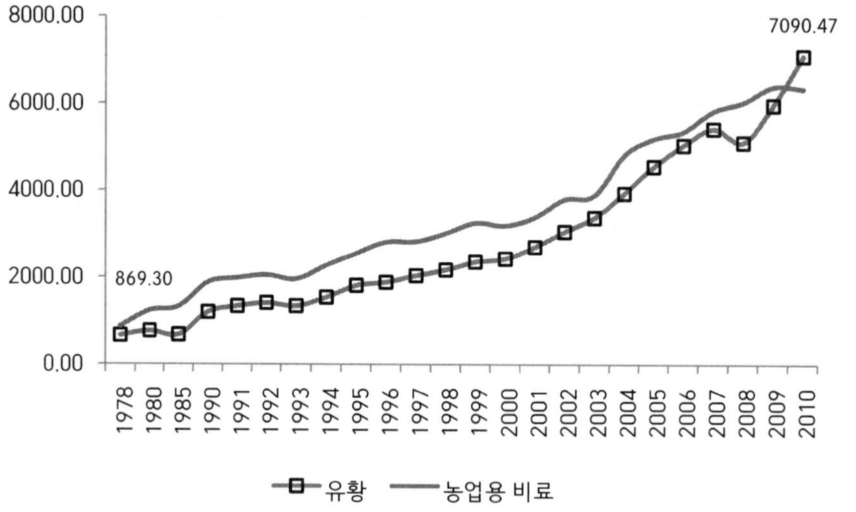

〈그림 IV-6-6〉 주요 화학제품 생산 추이(3)

(단위 : 만 톤)

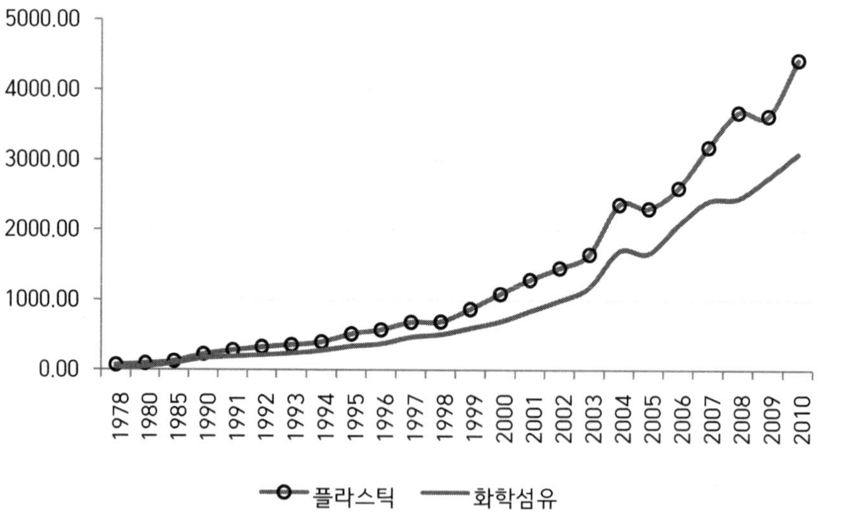

〈그림 Ⅳ-6-7〉 시멘트 생산량 추이

(단위 : 만 톤)

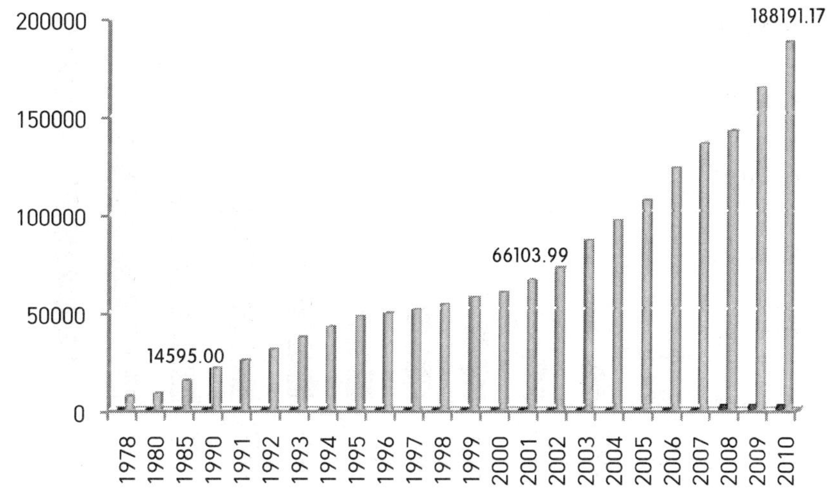

〈그림 Ⅳ-6-8〉 기계제품 생산 추이

(단위 : 만대)

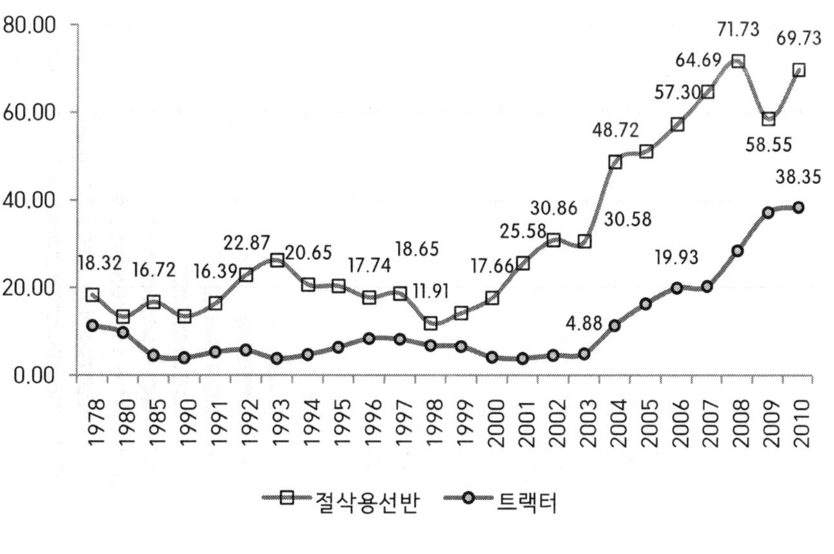

〈그림 IV-6-9〉 핸드폰 생산량 추이

(단위 : 만 대)

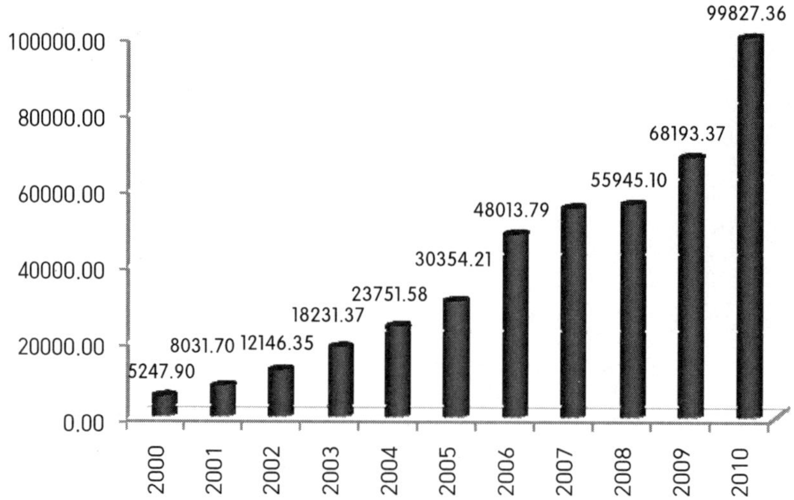

〈그림 IV-6-10〉 컴퓨터 생산량 추이

(단위 : 만 대)

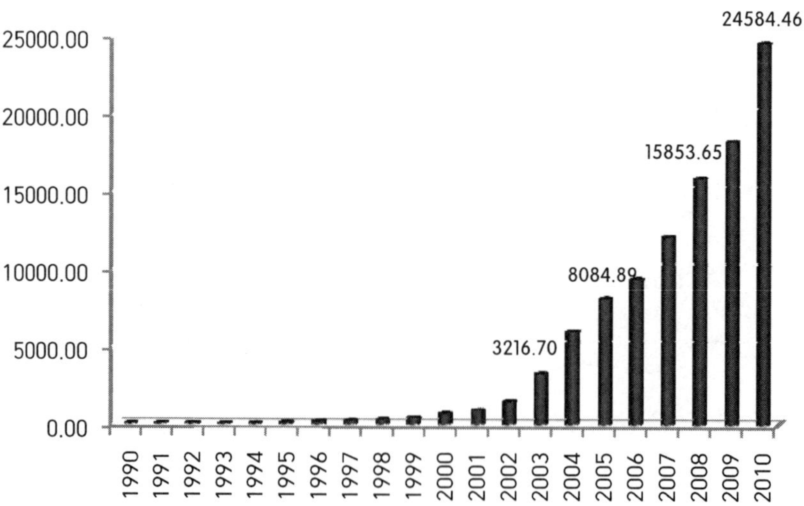

7 에너지 생산과 소비

〈표 IV-7-1〉 중국의 에너지 생산소비 구조 추이(1978-2010)

연도	소비량(표준석탄 만 톤 기준)	생산량(표준석탄 만 톤 기준)	생산비중(%)			
			석탄	석유	천연가스	수력, 핵발전, 풍력
1978	57144	62770	70.3	23.7	2.9	3.1
1980	60275	63735	69.4	23.8	3.0	3.8
1985	76682	85546	72.8	20.9	2.0	4.3
1990	98703	103922	74.2	19.0	2.0	4.8
1991	103783	104844	74.1	19.2	2.0	4.7
1992	109170	107256	74.3	18.9	2.0	4.8
1993	115993	111059	74.0	18.7	2.0	5.3
1994	122737	118729	74.6	17.6	1.9	5.9
1995	131176	129034	75.3	16.6	1.9	6.2
1996	135192	133032	75.0	16.9	2.0	6.1
1997	135909	133460	74.3	17.2	2.1	6.5
1998	136184	129834	73.3	17.7	2.2	6.8
1999	140569	131935	73.9	17.3	2.5	6.3
2000	145531	135048	73.2	17.2	2.7	6.9
2001	150406	143875	73.0	16.3	2.8	7.9
2002	159431	150656	73.5	15.8	2.9	7.8
2003	183792	171906	76.2	14.1	2.7	7.0
2004	213456	196648	77.1	12.8	2.8	7.3
2005	235997	216219	77.6	12.0	3.0	7.4
2006	258676	232167	77.8	11.3	3.4	7.5
2007	280508	247279	77.7	10.8	3.7	7.8
2008	291448	260552	76.8	10.5	4.1	8.6
2009	306647	274618	77.3	9.9	4.1	8.7
2010	324939	296916	76.5	9.8	4.3	9.4

〈그림 IV-7-1〉 에너지 생산과 소비 추이

(단위 : 만 톤)

〈그림 IV-7-2〉 에너지 생산구조 변화 추이

(단위 : %)

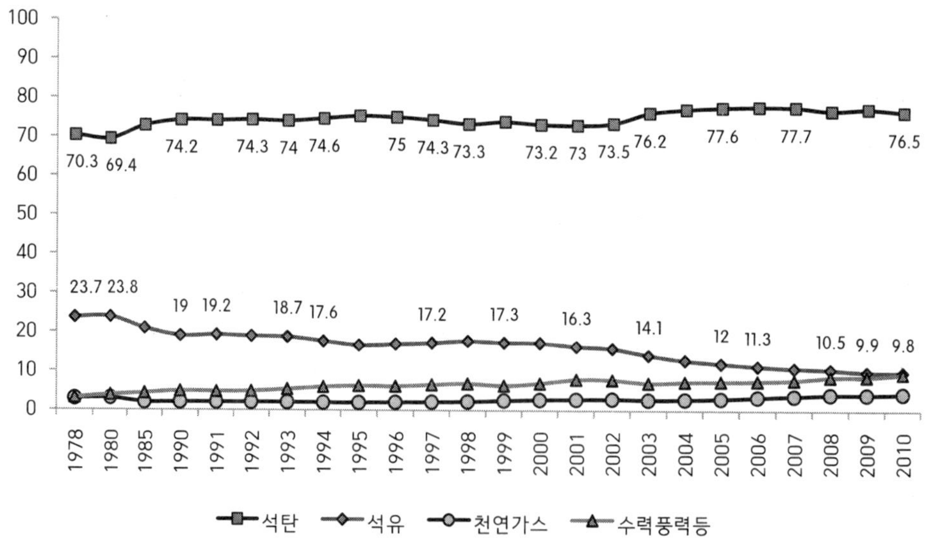

〈표 Ⅳ-7-2〉 중국의 에너지 소비 구조(1978-2010)

연도	에너지소비량 (표준석탄 만 톤 기준)	소비비중 (%)			
		석탄	석유	천연가스	수력, 원자력, 풍력
1978	57144	70.7	22.7	3.2	3.4
1980	60275	72.2	20.7	3.1	4.0
1985	76682	75.8	17.1	2.2	4.9
1990	98703	76.2	16.6	2.1	5.1
1991	103783	76.1	17.1	2.0	4.8
1992	109170	75.7	17.5	1.9	4.9
1993	115993	74.7	18.2	1.9	5.2
1994	122737	75.0	17.4	1.9	5.7
1995	131176	74.6	17.5	1.8	6.1
1996	135192	73.5	18.7	1.8	6.0
1997	135909	71.4	20.4	1.8	6.4
1998	136184	70.9	20.8	1.8	6.5
1999	140569	70.6	21.5	2.0	5.9
2000	145531	69.2	22.2	2.2	6.4
2001	150406	68.3	21.8	2.4	7.5
2002	159431	68.0	22.3	2.4	7.3
2003	183792	69.8	21.2	2.5	6.5
2004	213456	69.5	21.3	2.5	6.7
2005	235997	70.8	19.8	2.6	6.8
2006	258676	71.1	19.3	2.9	6.7
2007	280508	71.1	18.8	3.3	6.8
2008	291448	70.3	18.3	3.7	7.7
2009	306647	70.4	17.9	3.9	7.8
2010	324939	68.0	19.0	4.4	8.6

〈그림 IV-7-3〉 에너지 소비구조 변화 추이

(단위 : %)

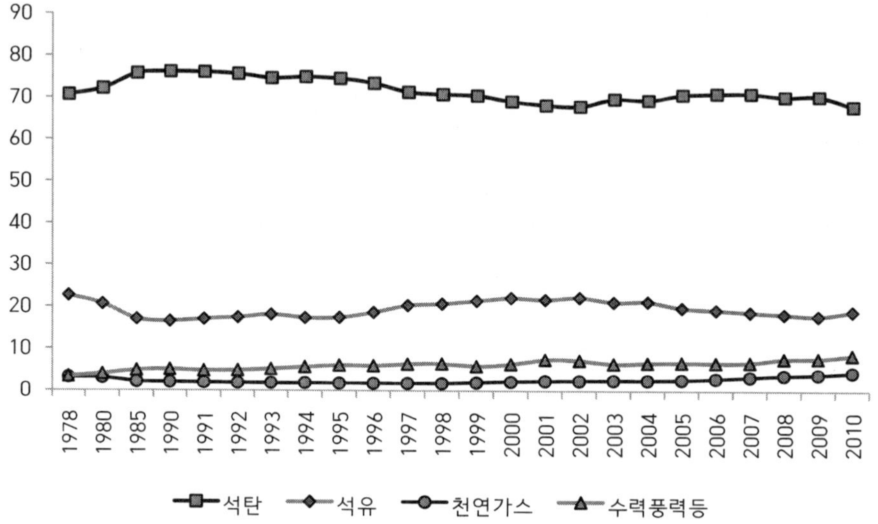

〈그림 IV-7-4〉 원유 생산량

(단위 : 만 톤)

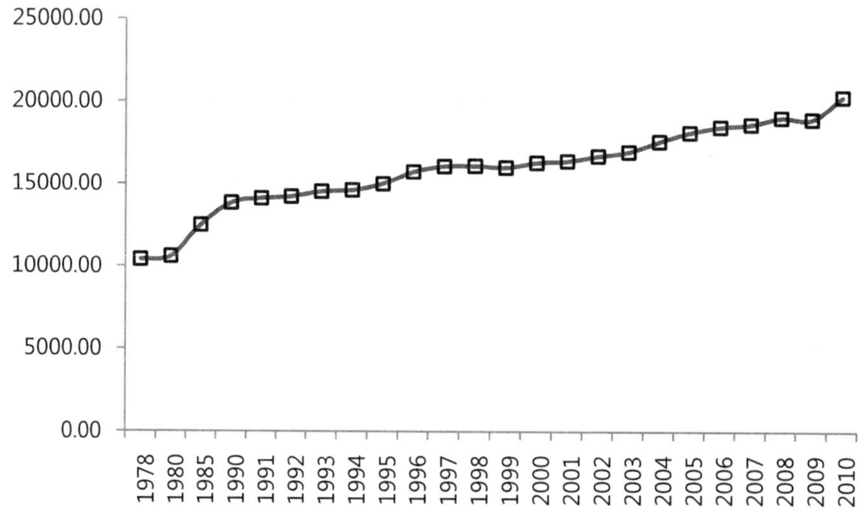

〈그림 Ⅳ-7-5〉 천연가스 생산량

(단위 : 억 입방미터)

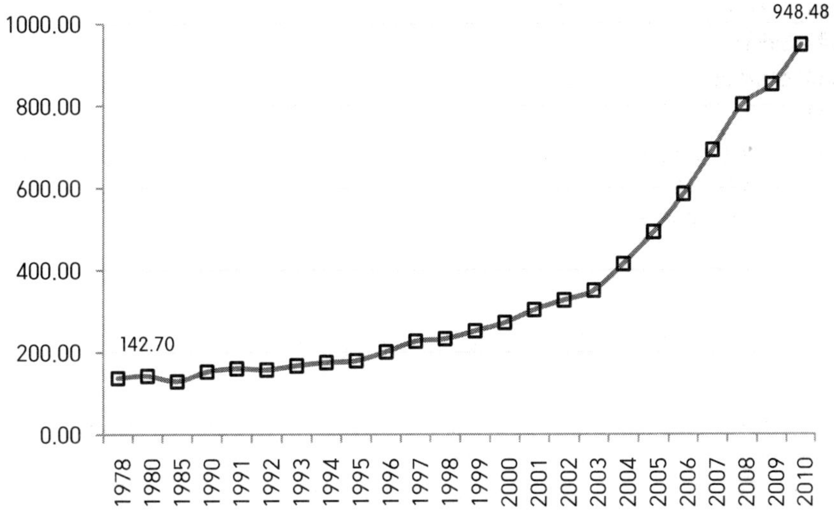

〈표 IV-7-3〉 중국의 에너지 수급차이

(단위 : 만 톤(표준석탄기준))

항목	1990	1995	2000	2005	2008
공급가능총량	96138	129535	142605	232225	287011
에너지소비총량	98703	131176	145531	235997	291448
수급차이	-2565	-1641	-2926	-3772	-4437

*주 : 1. 전력, 증기열은 모두 열량기준 환산 수치이며, 가공과정에서의 손실열량은 포함하지 아니함
2. 수입량에는 중국의 항공기, 선박 등 해외에서 주유한 석유를 포함하며, 수출량에는 외국 항공기, 선박의 중국내주유량을 포함

〈표 IV-7-4〉 중국의 석유수급 추이(1990-2009)

(단위 : 만 톤)

항목	1990	1995	2000	2005	2008	2009
공급가능량	11435.0	16072.7	22631.8	32539.1	37318.8	38462.8
생산	13830.6	15005.0	16300.0	18135.3	19044.0	18949.0
수입	755.6	3673.2	9748.5	17163.2	23015.5	25642.4
수출	3110.4	2454.5	2172.1	2888.1	2945.7	3916.6
재고차이	-40.8	-151.0	-1244.6	128.8	-1795.0	-2211.9
소비량	11485.6	16064.9	22495.9	32537.7	37302.9	38384.5
1. 1차산업	1033.6	1203.2	788.5	1451.7	1265.8	1308.1
2. 공업	7321.6	9349.3	11248.5	14245.1	15603.1	15692.9
3. 건축업	327.3	242.8	840.6	1502.2	1517.5	1942.3
4. 교통운수창고우정업	1683.2	2863.6	6399.0	10709.5	13279.4	13548.5
5. 도소매업숙박음식업	77.6	333.9	247.0	375.6	366.4	429.7
6. 기타업종	757.8	1390.3	1635.9	1969.2	2353.8	2296.3
7.생활소비	284.5	682.0	1336.5	2284.4	2916.9	3166.8
(一) 최종소비	9304.7	13676.3	19950.1	29191.6	34702.9	35689.9
#공업	5180.4	7095.5	8860.0	11027.5	13170.8	13153.7
(二) 중간소비 (가공전환용도)	1630.4	2230.0	2352.9	3190.7	2397.6	2505.9
발전	1234.4	1358.5	1178.2	1602.0	618.1	501.2
열수공급	356.3	399.9	427.0	407.6	413.8	383.3
가스제조	39.7	51.6	25.9	14.4	2.0	0.3
(三)중간소모량	295.8	420.1	721.9	1166.7	1363.7	1621.1
(四) 손실량	254.7	158.6	192.9	155.4	202.4	188.7
수급차이	-50.6	7.8	135.8	1.4	15.9	78.3

<그림 Ⅳ-7-6> 석유 생산과 소비 변화 추이

(단위 : 만 톤)

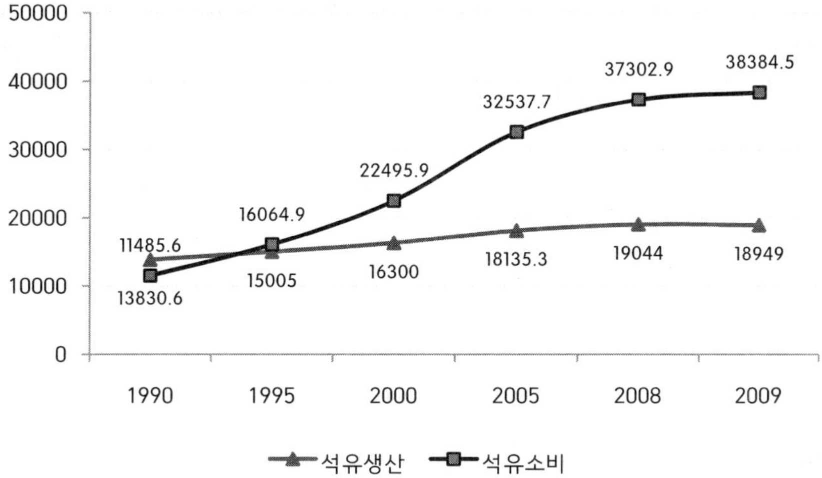

<그림 Ⅳ-7-7> 석유 소비 용도별 변화 추이

(단위 : 만 톤)

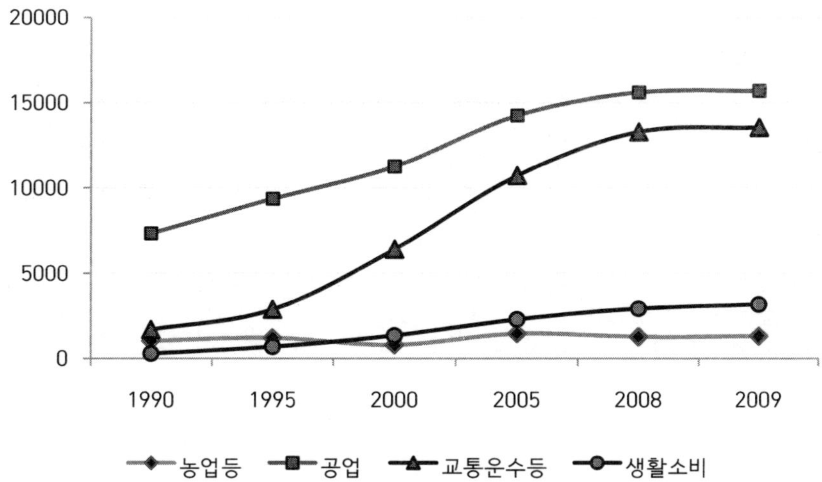

〈표 IV-7-5〉 중국의 석탄 수급 추이(1990-2009)

(단위 : 만 톤)

항목	1990	1995	2000	2005	2008	2009
공급가능량	102221.1	133461.7	136794.5	226941.0	275061.1	301283.8
생산량	107988.3	136073.1	138418.5	234951.8	280200.0	297300.0
수입	200.3	163.5	217.9	2617.1	4034.1	12584.0
수출	1729.0	2861.7	5506.5	7172.4	4543.4	2239.6
연말재고차이	-4238.5	86.8	3664.7	-3455.4	-4629.6	-6360.6
소비량	105523.0	137676.5	141091.7	231851.1	281095.9	295833.1
소비량 중 :						
1. 1차산업	2095.2	1856.7	933.4	1513.8	1522.6	1582.1
2. 공업	81090.9	117570.7	127806.7	215493.3	265574.2	279888.5
3. 건축업	437.6	439.8	536.8	603.6	603.2	635.6
4. 교통운수우정업	2160.9	1315.1	882.2	811.2	665.4	640.9
5. 도소매업, 숙박음식업	1058.3	977.4	1314.6	1674.4	1791.4	1977.9
6. 기타업종	1980.4	1986.7	1161.0	1715.9	1791.6	1986.1
7. 생활소비	16699.7	13530.1	8457.0	10039.0	9147.6	9121.9
(一) 최종소비	60205.9	66156.1	55913.1	75382.7	81089.2	83700.5
#공업	35773.8	46050.3	42628.0	59024.9	65567.5	67755.9
(二) 중간소비						
(가공전환용도)	41257.8	69487.6	85178.6	156468.4	200006.7	212132.6
발전	27204.3	44440.2	55811.2	103263.5	135351.7	143967.3
열수공급	2995.5	5887.3	8794.1	13542.0	15029.2	15359.7
코크스	10697.6	18396.4	16496.4	33167.1	41461.7	43691.7
가스제조	360.4	763.7	960.0	1277.0	1227.2	1150.7
(三) 제련손실	4059.3	2032.8	3191.2	4982.1	6757.8	7765.5
수급차이	-3302.0	-4214.8	-4297.2	-4910.0	-6034.9	5450.7

〈표 Ⅳ-7-6〉 중국의 전력 수급 현황(1990-2009)

(단위 : 억 kwh)

항목	1990	1995	2000	2005	2008	2009
공급가능량	6230.4	10023.4	13472.7	24940.8	34540.8	37032.7
생산량	6212.0	10077.3	13556.0	25002.6	34668.8	37146.5
수력발전	1267.2	1905.8	2224.1	3970.2	5851.9	6156.4
화력발전	4944.8	8043.2	11141.9	20473.4	27900.8	29827.8
핵발전		128.3	167.4	530.9	683.9	701.3
수입량	19.3	6.4	15.5	50.1	38.4	60.1
수출량(-)	0.9	60.3	98.8	111.9	166.4	173.9
소비량	6230.4	10023.4	13472.4	24940.3	34541.4	37032.2
1. 1차산업	426.8	582.4	533.0	776.3	887.1	939.9
2. 공업	4873.3	7659.8	10004.6	18521.7	25388.6	26854.5
3. 건축업	65.0	159.6	159.8	233.9	367.3	421.9
4. 교통운수창고우정업	105.9	182.3	281.2	430.3	571.8	617.0
5. 도소매, 숙박, 음식업	76.2	199.5	418.7	752.3	1017.4	1136.8
6. 기타 업종	202.4	234.2	623.2	1340.9	1913.0	2189.9
7. 생활소비	480.8	1005.6	1452.0	2884.8	4396.1	4872.2
소비량중 :						
(一) 최종소비	5795.8	9278.9	12535.7	23233.8	32403.5	34773.9
공업	4438.7	6915.3	9067.9	16815.2	23250.8	24596.3
(二) 송전중손실량	434.6	744.5	936.7	1706.5	2137.9	2258.2

〈그림 Ⅳ-7-8〉 중국의 전력생산량 추이

(단위 : 억 kwh)

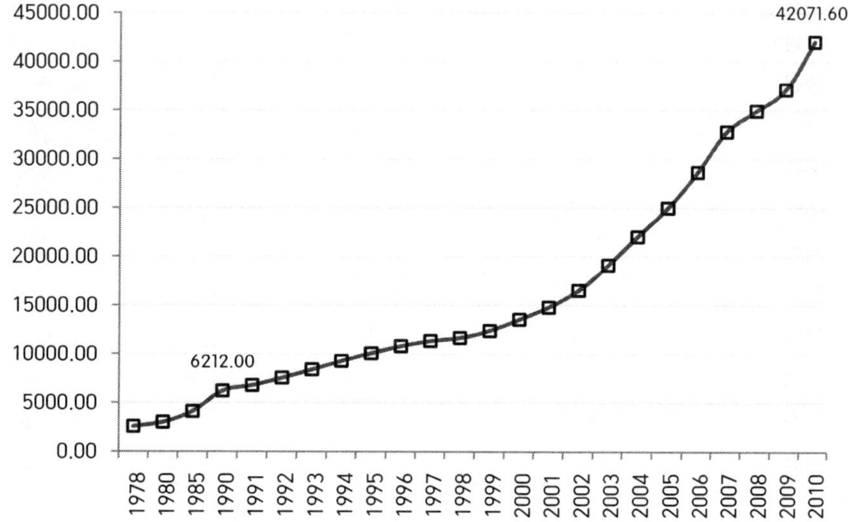

〈표 IV-7-7〉 중국의 지역별 전력 소비량(1995-2010)

(단위 : 억 kwh)

지역	1995	2000	2005	2010
북경	261.74	384.43	570.54	809.90
천진	178.99	234.05	384.84	645.74
하북	602.68	809.34	1501.92	2691.52
산서	399.16	501.99	946.33	1460.00
내몽고	186.83	254.21	667.72	1536.83
요녕	622.81	748.89	1110.56	1715.26
길림	267.60	291.37	378.23	576.98
흑룡강	409.38	442.28	555.85	747.84
상해	403.27	559.45	921.97	1295.87
강소	684.80	971.34	2193.45	3864.37
절강	439.59	738.05	1642.31	2820.93
안휘	288.97	338.93	582.16	1077.91
복건	261.28	401.51	756.59	1315.09
강서	181.21	208.15	391.98	700.51
산동	741.07	1000.71	1911.61	3298.46
하남	571.48	718.52	1352.74	2353.96
호북	414.99	503.02	788.91	1330.44
호남	374.76	406.12	674.43	1171.91
광동	787.66	1334.58	2673.56	4060.13
광서	220.77	314.44	510.15	993.24
해남	32.00	38.37	81.61	159.02
중경		307.61	347.68	626.44
사천	582.85	521.23	942.59	1549.03
귀주	203.70	287.78	486.97	835.38
운남	223.71	273.58	557.25	1004.07
서장				20.41
섬서	239.68	292.76	516.43	859.22
감숙	241.06	295.33	489.48	804.43
청해	69.02	109.10	206.56	465.18
영하	92.38	136.17	302.88	546.77
신강	119.67	182.98	310.14	661.96

〈그림 Ⅳ-7-9〉 지역별 전력소비량

(단위 : 억 kwh)

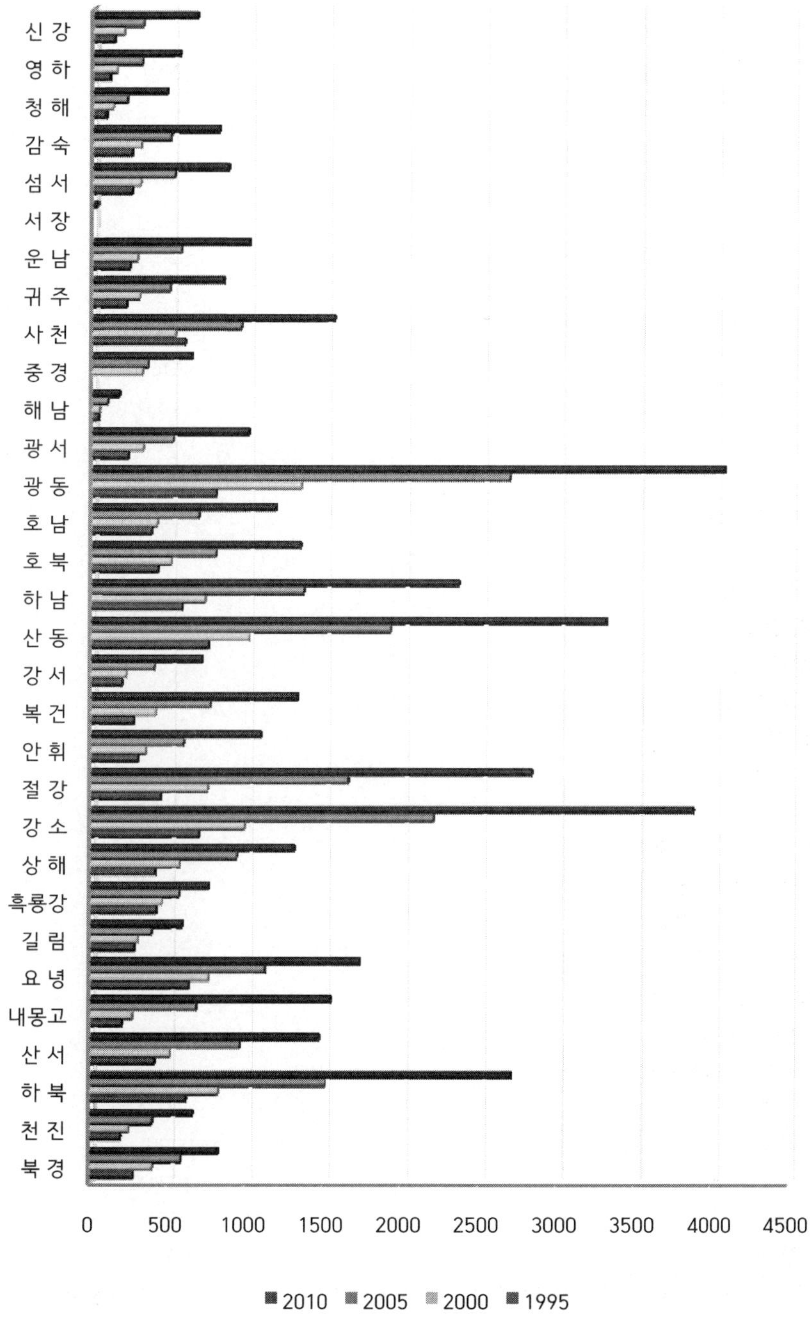

8 자원 매장량과 분포

〈표 IV-8-1〉 중국의 광산물 저장량(2009)

항목	저장량
석유(만 톤)	294919.8
천연가스(억m3)	37074.2
석탄(억 톤)	3189.6
철광석(억 톤)	213.0
망간(만 톤)	18576.6
크롬광(만 톤)	522.5
바나늄광(만 톤)	1258.9
티타늄광(만 톤)	23291.4
동광(铜, 만 톤)	2951.0
납(铅, 만 톤)	1340.1
아연(锌, 만 톤)	3838.5
보크사이트(만 톤)	83923.9
니켈광(만 톤)	281.8
텅스텐(WO3, 만 톤)	228.7
주석(锡, 만 톤)	143.5
몰리브덴(钼, 만 톤)	444.8
안티몬(锑, 만 톤)	76.5
금광(金, 톤)	1909.7
은광(银, 톤)	38448.5
희토광(氧化物, 만 톤)	1859.1
마크네슘(菱镁矿, 만 톤)	207981.8
보통형석(矿物, 만 톤)	4401.3
유황광(硫铁矿, 만 톤)	162133.4
인광석(磷矿, 억 톤)	31.7
칼리암염(钾盐；KCl, 만 톤)	35840.9
염화칼슘(NaCl, 억 톤)	1730.6
유산나트륨(芒硝；Na2SO4, 억 톤)	90.8
중정석(만 톤)	9537.2
유리규질원료(만 톤)	147172.9
석묵(만 톤)	5432.0
활석(만 톤)	12755.6
고령토(만 톤)	63593.1

*주 : 본 통계자료는 국토자원부 제공이며, 그중 석유 및 천연가스의 통계지표는 현재 기술로 채굴 가능한 저장량을 기준으로 함

〈표 Ⅳ-8-2〉 중국의 지역별 철광석 매장량(2009)

지역	석유 (만 톤)	천연가스 (억 m^3)	석탄 (억 톤)	철광석 (억 톤)	망간 (만 톤)	바나듐 (만 톤)
전국	294919.8	37074.2	3189.6	213.0	18576.6	1258.9
북경			7.0	3.0		0.2
천진	3436.8	311.1	3.0			
하북	26380.7	294.0	56.3	35.7	4.8	13.7
산서			1055.5	5.8	12.9	
내몽고	7618.3	6721.3	772.7	15.8	568.7	0.8
요녕	14937.7	187.1	43.8	70.2	1364.6	
길림	18223.6	677.0	12.8	2.4	0.4	
흑룡강	54519.9	1338.0	69.0	0.4		
상해						
강소	2568.1	22.6	14.5	1.8		5.4
절강			0.5	0.2		
안휘	180.9		83.7	7.3	9.5	8.3
복건			4.2	3.6	69.8	
강서			7.2	1.7		2.2
산동	32636.3	353.8	82.1	9.7		
하남	5051.9	84.1	114.7	1.7		
호북	1224.1	4.4	3.3	3.9	857.1	49.8
호남			18.9	1.6	5881.6	226.1
광동	8.3	0.3	1.9	1.2	215.8	
광서	181.7	3.4	7.7	1.1	3848.1	171.5
해남	2.7	2.5	0.9	0.3		
중경	161.7	1969.8	21.3		1806.9	
사천	105.1	6487.0	52.3	28.9	32.1	689.8
귀주		4.5	128.1	0.5	2479.6	
운남	12.2	2.5	77.5	4.2	582.4	0.1
서장			0.1	0.3		
섬서	22490.2	5658.7	268.7	4.1	287.5	0.9
감숙	13798.8	163.6	58.4	3.9	132.4	89.9
청해	4361.7	1377.3	20.0	0.1		
영하	190.9	2.2	55.5			
신강	46664.0	8354.1	148.0	3.6	422.4	0.2
해역	40164.5	3054.8				

〈그림 IV-8-1〉 지역별 석유 매장 분포 현황

(단위 : 만 톤)

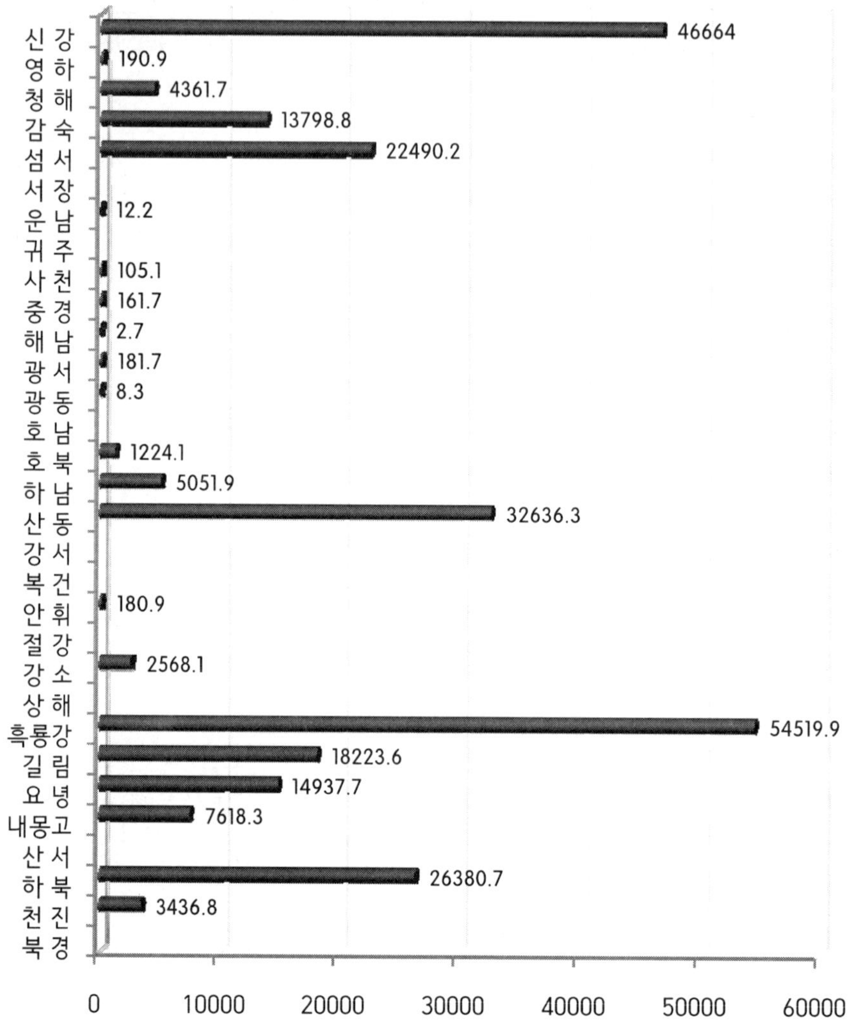

〈그림 Ⅳ-8-2〉 지역별 석탄 매장량 분포 현황

(단위 : 억 톤)

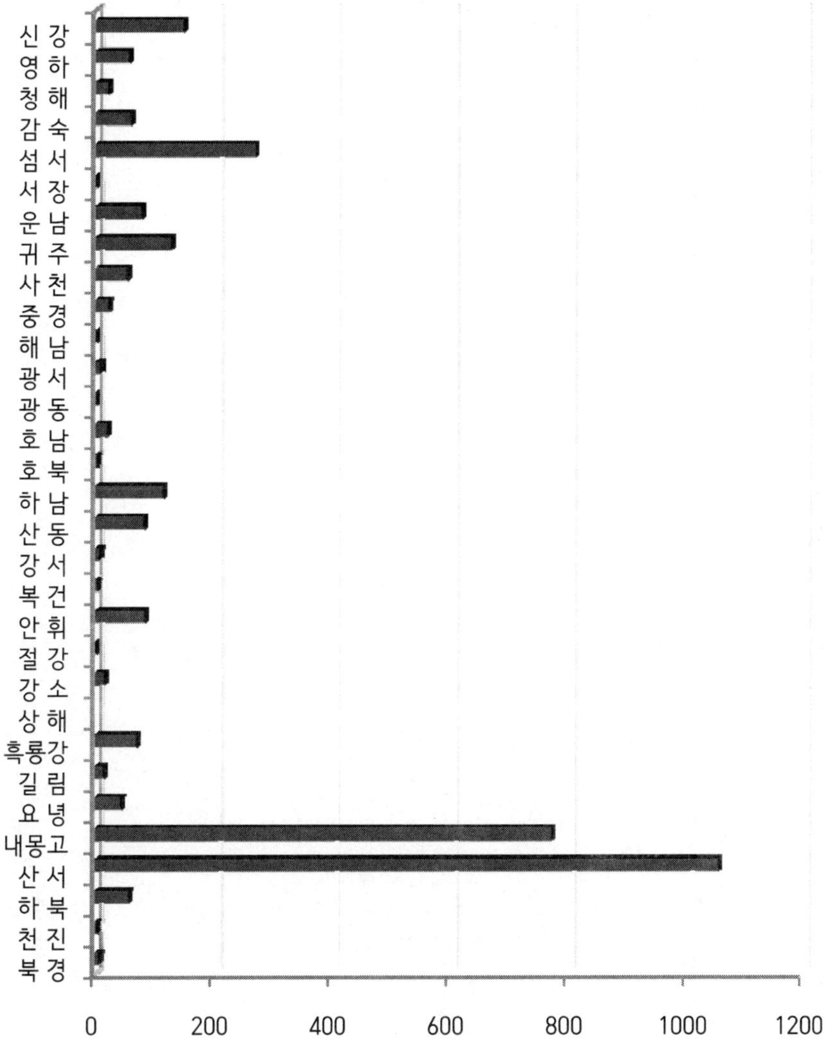

〈표 IV-8-3〉 중국의 지역별 비철금속 매장량(2009)

(단위 : 만 톤)

지역	동광(铜)	납(铅)	아연(锌)	보크사이트	마크네사이트	유황철	인광석	고령토
전국	2951.0	1340.1	3838.5	83923.9	207981.8	162133.4	31.7	63593.1
북경			2.6	2.3				
천진								
하북	15.3	16.2	145.8	393.8	876.4	1787.4	2.1	58.3
산서	272.5	1.5	1.3	11472.4		1996.8	0.9	160.2
내몽고	290.0	385.8	1005.8			17485.5	0.1	433.2
요녕	13.3	13.6	41.7		179669.4	2864.1	0.8	525.0
길림	22.2	10.6	12.8		1.1	803.1		50.9
흑룡강	119.6	5.4	21.6			48.2		
상해								
강소	6.5	15.8	27.3			456.7	0.3	771.3
절강	12.6	41.1	70.4			743.0		723.9
안휘	203.5	5.6	25.6			13771.3	0.4	234.0
복건	83.7	24.6	49.9	65.0		1022.7		5628.1
강서	711.7	33.5	44.3			14127.8	0.8	3309.5
산동	29.4	6.9	2.3	403.6	27196.4	311.7	0.7	564.1
하남	13.9	30.1	35.6	21811.8	2.1	8741.4	0.1	31.3
호북	158.3	1.1	3.3	244.2		3800.6	6.2	419.9
호남	39.1	114.6	187.2	176.1		6303.3	2.8	2105.1
광동	58.5	111.7	204.5			28199.9		27981.4
광서	13.9	18.3	153.6	22573.4		4636.5		18185.0
해남	2.5	1.2	0.6					1872.6
중경		3.9	14.8	3639.1		1907.1		
사천	83.7	78.1	220.0	14.4	186.5	40605.6	3.5	56.1
귀주	0.3	6.0	14.7	20430.6		5716.2	4.1	10.4
운남	289.4	179.5	820.0	1971.3		6111.7	8.1	391.7
서장	199.4							
섬서	16.0	13.5	64.2	725.9		577.6	0.2	81.1
감숙	178.2	103.0	436.1			1.0		
청해	45.9	86.4	145.7		49.9	96.8	0.6	
영하								
신강	71.6	32.1	86.8			17.4		

〈그림 IV-8-3〉 동 매장량 분포

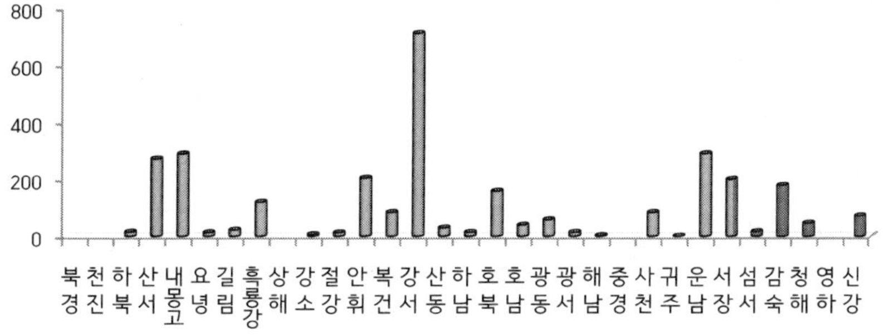

〈그림 IV-8-4〉 납 매장량 분포 현황

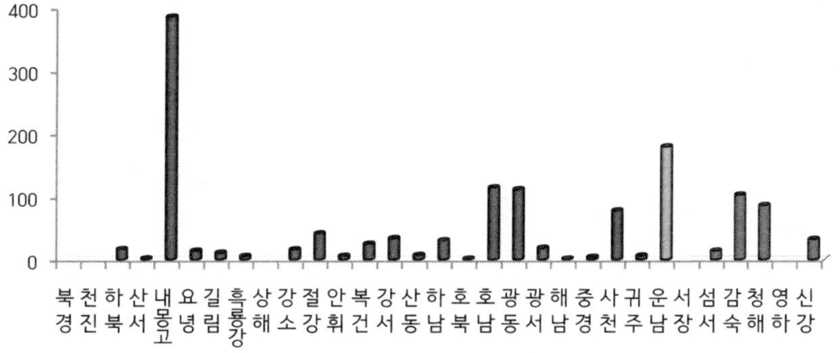

〈그림 IV-8-5〉 아연 매장량 분포 현황

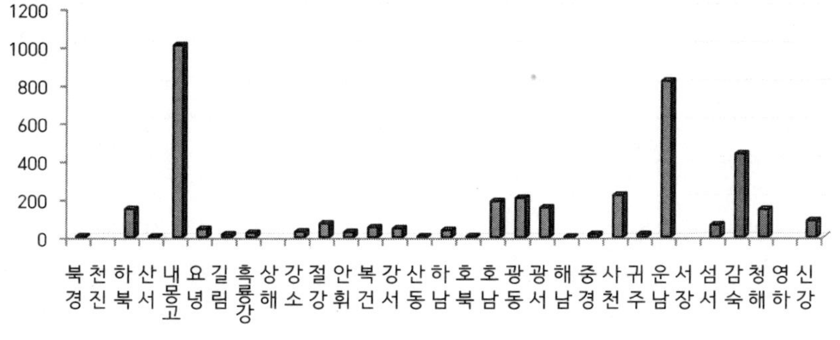

9 농수산물 생산과 소비

〈표 IV-9-1〉 중국의 주요 곡물 생산량 추이(1978-2010)

(단위 : 만 톤)

연도	식량					콩류	감자류
		곡물					
			벼	밀	옥수수		
1978	30476.5		13693.0	5384.0	5594.5		3174.0
1980	32055.5		13990.5	5520.5	6260.0		2872.5
1985	37910.8		16856.9	8580.5	6382.6		2603.6
1990	44624.3		18933.1	9822.9	9681.9		2743.3
1991	43529.3	39566.3	18381.3	9595.3	9877.3	1247.1	2715.9
1992	44265.8	40169.6	18622.2	10158.7	9538.3	1252.0	2844.2
1993	45648.8	40517.4	17751.4	10639.0	10270.4	1950.4	3181.1
1994	44510.1	39389.1	17593.3	9929.7	9927.5	2095.6	3025.4
1995	46661.8	41611.6	18522.6	10220.7	11198.6	1787.5	3262.6
1996	50453.5	45127.1	19510.3	11056.9	12747.1	1790.3	3536.0
1997	49417.1	44349.3	20073.5	12328.9	10430.9	1875.5	3192.3
1998	51229.5	45624.7	19871.3	10972.6	13295.4	2000.6	3604.2
1999	50838.6	45304.1	19848.7	11388.0	12808.6	1894.0	3640.6
2000	46217.5	40522.4	18790.8	9963.6	10600.0	2010.0	3685.2
2001	45263.7	39648.2	17758.0	9387.3	11408.8	2052.8	3563.1
2002	45705.8	39798.7	17453.9	9029.0	12130.8	2241.2	3665.9
2003	43069.5	37428.7	16065.6	8648.8	11583.0	2127.5	3513.3
2004	46946.9	41157.2	17908.8	9195.2	13028.7	2232.1	3557.7
2005	48402.2	42776.0	18058.8	9744.5	13936.5	2157.7	3468.5
2006	49804.2	45099.2	18171.8	10846.6	15160.3	2003.7	2701.3
2007	50160.3	45632.4	18603.4	10929.8	15230.0	1720.1	2807.8
2008	52870.9	47847.4	19189.6	11246.4	16591.4	2043.3	2980.2
2009	53082.1	48156.3	19510.3	11511.5	16397.4	1930.3	2995.5
2010	54647.7	49637.1	19576.1	11518.1	17724.5	1896.5	3114.1

〈그림 Ⅳ-9-1〉 중국의 식량생산 연도별 추이

(단위 : 만 톤)

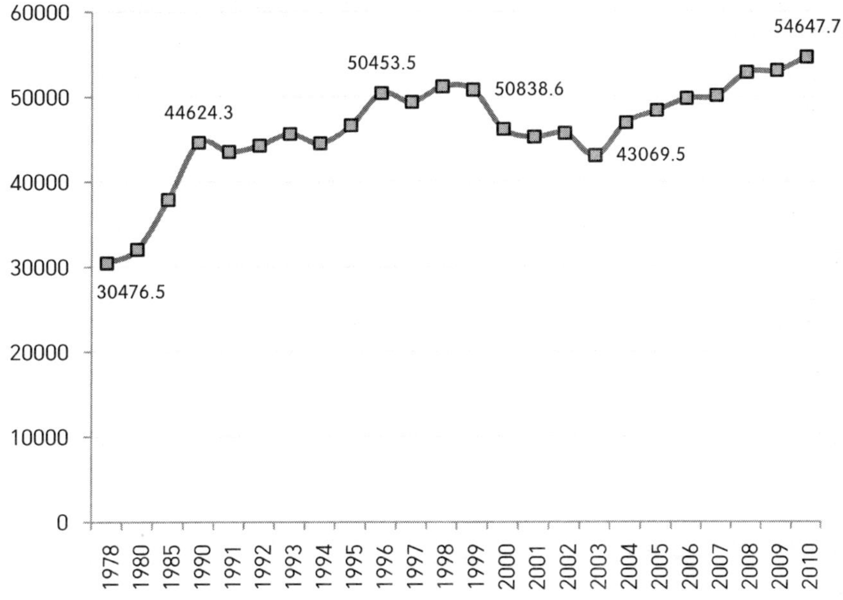

〈그림 Ⅳ-9-2〉 주요 곡물 생산량 연도별 추이

(단위 : 만 톤)

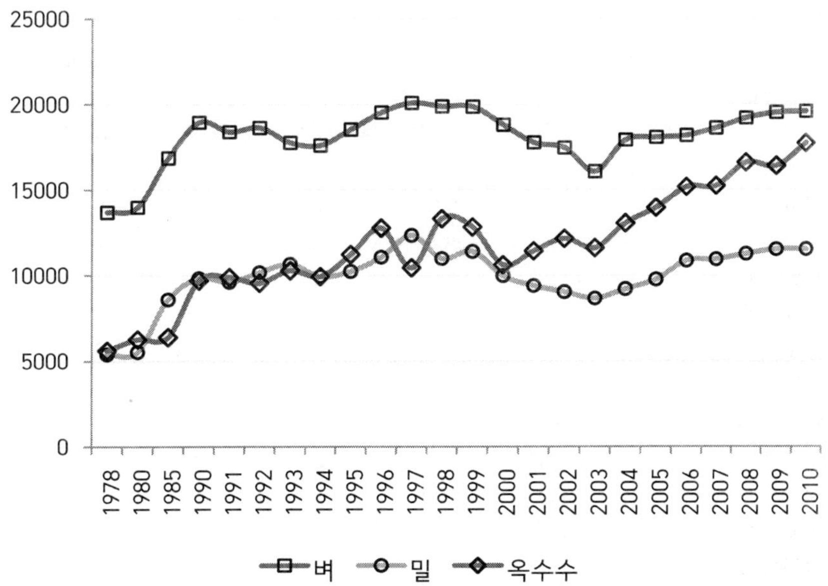

<표 IV-9-2> 중국의 농산물 생산구조 추이

(단위 : %)

항목	1995	2000	2005	2008	2009	2010
농작물파종면적	100.00	100.00	100.00	100.00	100.00	100.00
양식작물	73.43	69.39	67.07	68.34	68.70	68.38
곡물	59.59	54.55	52.66	55.19	55.72	55.92
벼	20.51	19.17	18.55	18.71	18.68	18.59
밀	19.26	17.05	14.66	15.11	15.31	15.10
옥수수	15.20	14.75	16.95	19.11	19.66	20.23
조	1.02	0.80	0.55	0.52	0.50	0.50
수수	0.81	0.57	0.37	0.31	0.35	0.34
기타곡물	2.80	2.21	1.58	1.42	1.23	1.16
콩류	7.49	8.10	8.30	7.75	7.53	7.02
대두	5.42	5.95	6.17	5.84	5.79	5.30
잡두	2.07	2.15	2.13	1.91	1.74	1.72
고구마감자류	6.35	6.74	6.11	5.39	5.44	5.45
감자	2.29	3.02	3.14	2.98	3.20	3.24
유류작물	8.74	9.85	9.21	8.21	8.61	8.64
땅콩	2.54	3.11	3.00	2.72	2.76	2.82
유채씨	4.61	4.79	4.68	4.22	4.59	4.59
참깨	0.43	0.50	0.38	0.30	0.30	0.28
검은참깨	0.41	0.32	0.26	0.22	0.21	0.20
해바라기	0.54	0.79	0.66	0.62	0.60	0.61
면화	3.62	2.59	3.26	3.68	3.12	3.02
마류	0.25	0.17	0.22	0.14	0.10	0.08
개정향풀마	0.10	0.03	0.02	0.02	0.02	0.01
모시	0.06	0.06	0.08	0.08	0.07	0.06
대마(삼)		0.01	0.01	0.01		
아마포	0.08	0.06	0.10	0.04	0.01	0.01
당류	1.21	0.97	1.01	1.27	1.19	1.19
사탕수수	0.75	0.76	0.87	1.12	1.07	1.05
사탕무우	0.46	0.21	0.14	0.16	0.12	0.14
담배잎	0.98	0.92	0.88	0.85	0.88	0.84
건조잎	0.87	0.81	0.80	0.79	0.80	0.77
약재	0.19	0.43	0.78	0.76	0.74	0.77
채소, 과류	7.08	11.06	12.82	12.88	13.08	13.31
채소	6.35	9.75	11.40	11.44	11.61	11.83
기타농작물	4.49	4.70	4.78	3.86	3.58	3.76
녹색사료	1.22	1.37	2.17	1.47	1.30	1.17

〈그림 Ⅳ-9-3〉 농산물 중 곡물생산 비중 추이

(단위 : %)

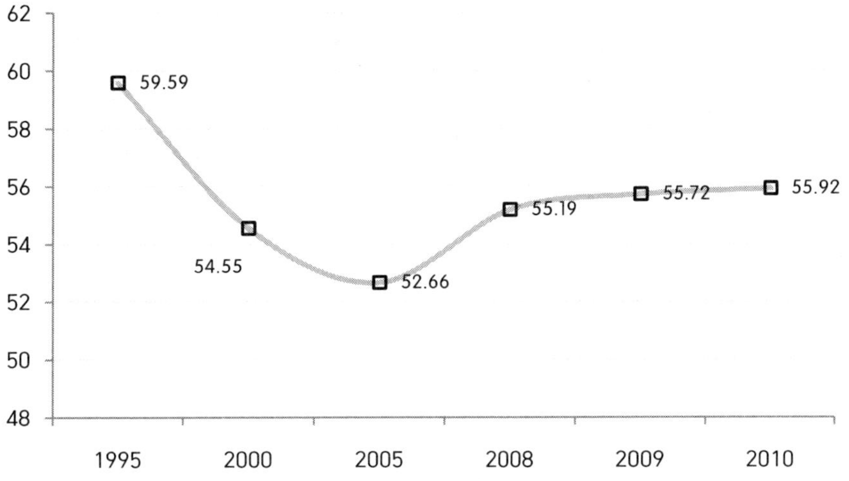

〈그림 Ⅳ-9-4〉 주요 곡물 생산 비중 변화

(단위 : %)

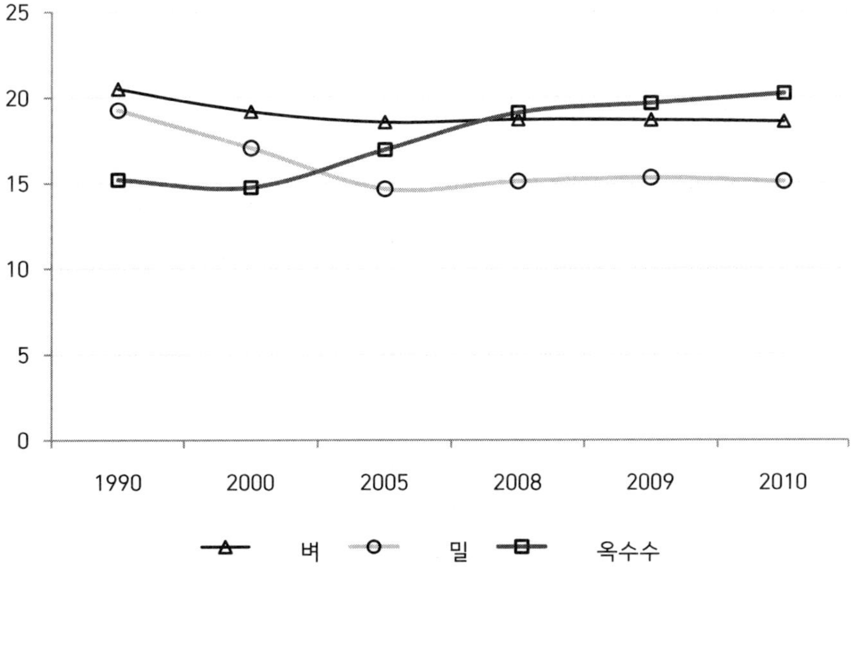

〈그림 Ⅳ-9-5〉 주요 농산물(곡물제외) 생산 비중 추이

(단위 : %)

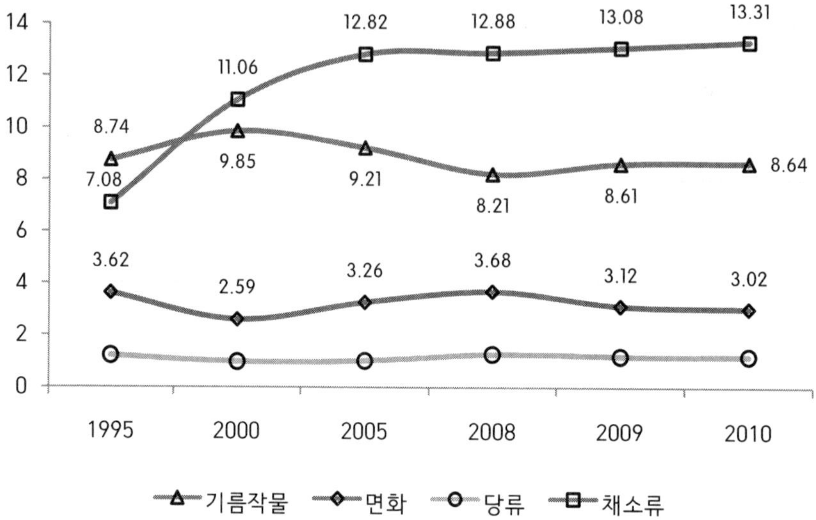

〈표 Ⅳ-9-3〉 중국의 지역별 경작지 비중(2009)

지역	경지면적(천 km2)	비중(%)
합계	121715.9	100.00
북경	231.7	0.19
천진	441.1	0.36
하북	6317.3	5.19
산서	4055.8	3.33
내몽고	7147.2	5.87
요녕	4085.3	3.36
길림	5534.6	4.55
흑룡강	11830.1	9.72
상해	244.0	0.20
강소	4763.8	3.91
절강	1920.9	1.58
안휘	5730.2	4.71
복건	1330.1	1.09
강서	2827.1	2.32
산동	7515.3	6.17
하남	7926.4	6.51
호북	4664.1	3.83
호남	3789.4	3.11
광동	2830.7	2.33
광서	4217.5	3.47
해남	727.5	0.60
중경	2235.9	1.84
사천	5947.4	4.89
귀주	4485.3	3.69
운남	6072.1	4.99
서장	361.6	0.30
섬서	4050.3	3.33
감숙	4658.8	3.83
청해	542.7	0.45
영하	1107.1	0.91
신강	4124.6	3.39

〈그림 IV-9-6〉 지역별 경작지 비중 현황

(단위 : %)

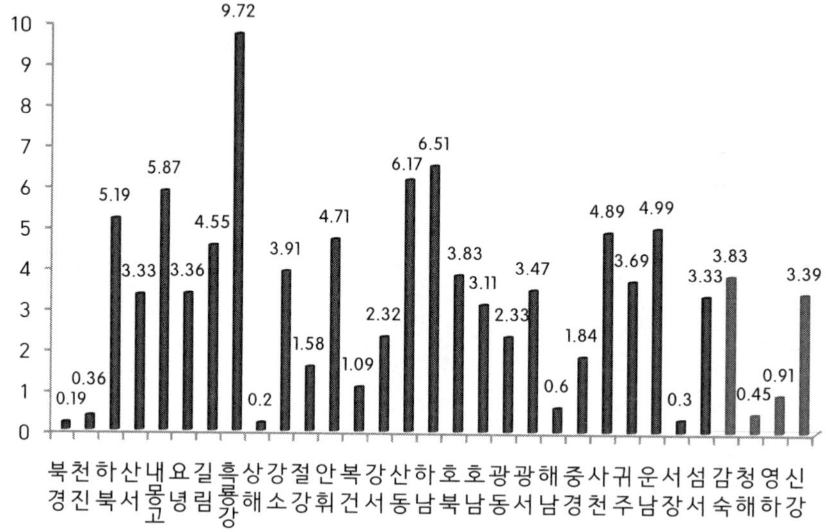

〈그림 IV-9-7〉 지역별 경작지 비중 순위 분포

(단위 : %)

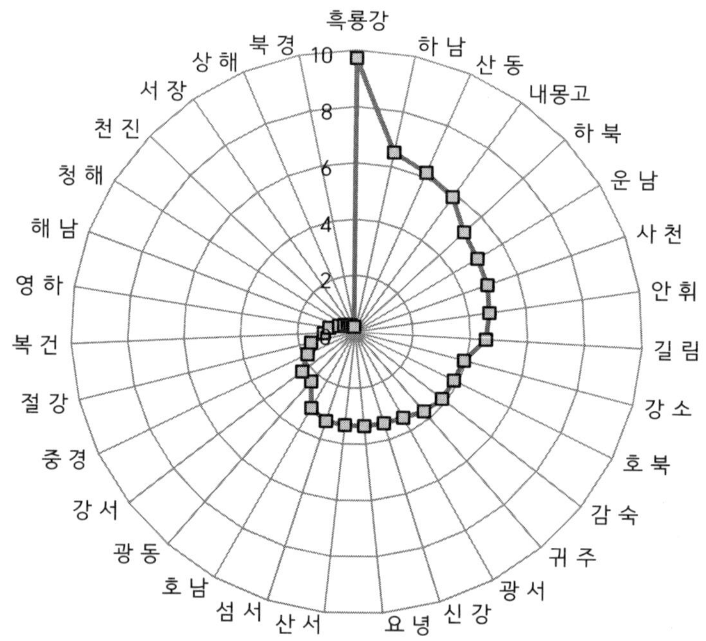

<표 Ⅳ-9-4> 중국의 가축두수 추이(1996-2010)

(단위 : 만 마리)

연도	가축 두수	소	돼지출하두수	돼지	양
1996	13360.2	11031.8	41225.2	36283.6	23728.3
1997	14541.8	12182.2	46483.7	40034.8	25575.7
1998	14803.2	12441.9	50215.1	42256.3	26903.5
1999	15024.8	12698.3	51977.2	43144.2	27925.8
2000	14638.1	12353.2	51862.3	41633.6	27948.2
2001	13980.9	11809.2	53281.1	41950.5	27625.0
2002	13672.3	11567.8	54143.9	41776.2	28240.9
2003	13467.3	11434.4	55701.8	41381.8	29307.4
2004	13191.4	11235.4	57278.5	42123.4	30426.0
2005	12894.8	10990.8	60367.4	43319.1	29792.7
2006	12287.1	10465.1	61207.3	41850.4	28369.8
2007	12309.3	10594.8	56508.3	43989.5	28564.7
2008	12250.7	10576.0	61016.6	46291.3	28084.9
2009	12357.6	10726.5	64538.6	46996.0	28452.2
2010	12238.5	10626.4	66686.4	46460.0	28087.9

<그림 Ⅳ-9-8> 사육 가축두수 연도별 추이

(단위 : 만 마리)

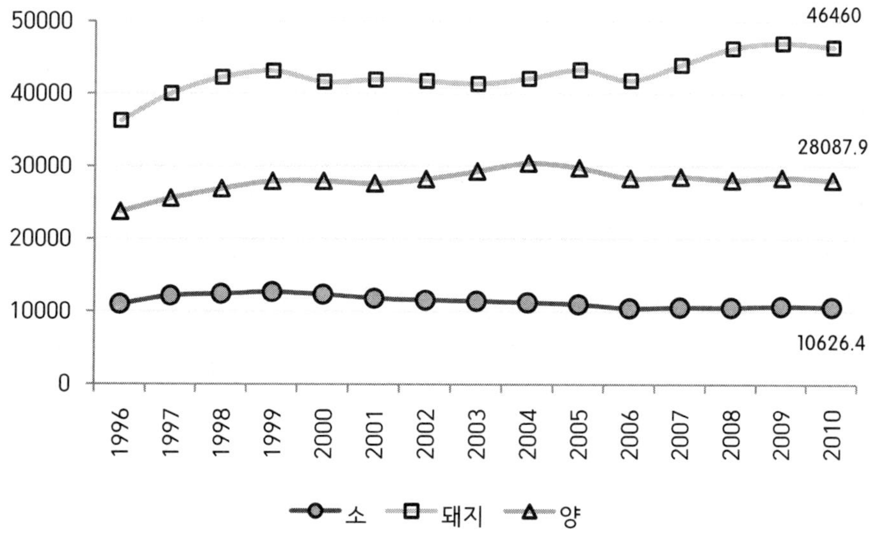

〈표 IV-9-5〉 중국의 수산자원 생산 추이(1978-2010)

(단위 : 만 톤)

연도	수산물 생산량	해수산품			담수어		
			자연산	인공양식		자연산	인공양식
1978	465.4	359.5	314.5	45.0	105.9	29.6	76.2
1980	449.7	325.7	281.3	44.4	124.0	33.9	90.2
1985	705.2	419.7	348.5	71.2	285.4	47.6	237.8
1990	1237.0	713.3	550.9	162.4	523.7	78.3	445.4
1991	1350.8	800.1	609.6	190.5	550.7	91.5	459.2
1992	1557.1	933.7	691.2	242.4	623.5	90.1	533.4
1993	1823.0	1076.0	767.3	308.7	747.0	102.9	644.1
1994	2143.2	1241.5	895.8	345.7	901.7	116.7	785.0
1995	2517.2	1439.1	1026.8	412.3	1078.1	137.3	940.8
1996	3288.1	2012.9	1249.0	763.9	1275.2	176.3	1099.0
1997	3118.6	1888.1	1196.4	691.7	1230.5	163.5	1067.0
1998	3382.7	2044.5	1292.6	752.0	1338.1	197.5	1140.6
1999	3570.1	2145.3	1293.4	851.9	1424.9	198.0	1226.9
2000	3706.2	2203.9	1275.9	928.0	1502.3	193.4	1308.9
2001	3795.9	2233.5	1244.1	989.4	1562.4	186.2	1376.2
2002	3954.9	2298.5	1238.0	1060.5	1656.4	194.7	1461.7
2003	4077.0	2332.8	1237.0	1095.9	1744.2	213.3	1530.9
2004	4246.6	2404.5	1253.2	1151.3	1842.1	209.6	1632.5
2005	4419.9	2465.9	1255.1	1210.8	1954.0	221.0	1733.0
2006	4583.6	2509.6	1245.4	1264.2	2074.0	220.4	1853.6
2007	4747.5	2550.9	1243.6	1307.3	2196.6	225.6	1971.0
2008	4895.6	2598.3	1258.0	1340.3	2297.3	224.8	2072.5
2009	5116.4	2681.6	1276.3	1405.2	2434.8	218.4	2216.5
2010	5373.0	2797.5	1315.2	1482.3	2575.5	228.9	2346.5

〈그림 Ⅳ-9-9〉 중국의 수산물 생산 추이

(단위 : 만 톤)

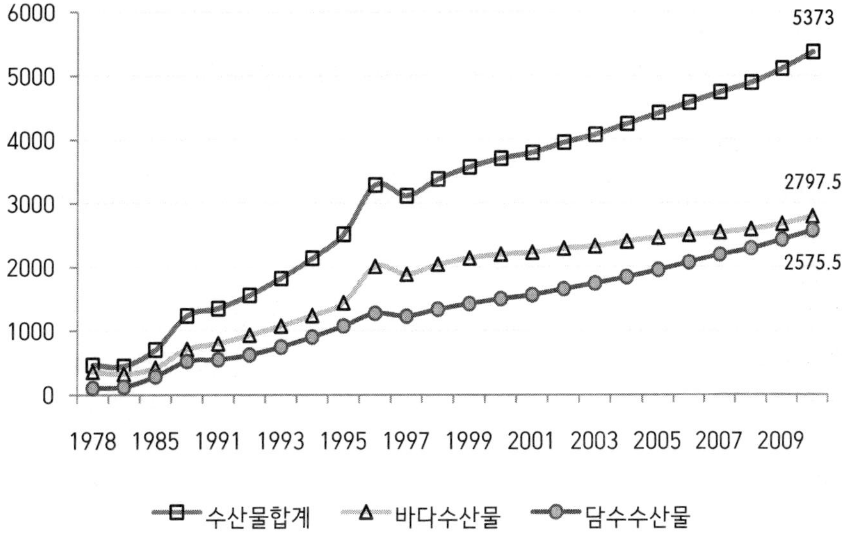

10 대외무역과 외국인 투자

〈표 IV-10-1〉 중국의 대외무역과 외국인투자 현황

지 표	2006	2007	2008	2009	2010
수출입(억 위안)	140974.0	166863.7	179921.5	150648.1	201722.1
수출	77597.2	93563.6	100394.9	82029.7	107022.8
수입	63376.9	73300.1	79526.5	68618.4	94699.3
무역수지	14220.3	20263.5	20868.4	13411.3	12323.5
수출입(억 달러)	17604.4	21765.7	25632.6	22075.4	29740.0
수출	9689.8	12204.6	14306.9	12016.1	15777.5
초급상품	529.2	615.1	779.6	631.1	816.9
공업제품	9160.2	11562.7	13527.4	11384.8	14960.7
수입	7914.6	9561.2	11325.7	10059.2	13962.4
초급상품	1871.3	2430.9	3623.9	2898.0	4338.5
공업제품	6043.3	7128.6	7701.7	7161.2	9623.9
무역수지	1774.8	2618.3	2981.3	1956.9	1815.1
외국인투자계약건수(개)	41473	37871	27514	23435	27406
외국인투자실행액(억 달러)	670.76	783.39	952.53	918.04	1088.21
그중 외국인 직접투자	630.21	747.68	923.95	900.33	1057.35
기타투자	40.55	35.72	28.58	17.71	30.86
외자기업 기본현황					
연말 등기 건수(건)	376711	406442	434937	434248	445244
투자총액(억 달러)	17076	21088	23241	25000	27059
등록자본(억 달러)	9465	11554	13006	14035	15738
#外方	7406	9211	10389	11369	12590
대외경제협력(억 달러)					
계약금액	716.48	853.45	1130.15	1336.82	1430.92
대외청부프로젝트	660.05	776.21	1045.62	1262.10	1343.67
대외노동자파견	52.33	66.99	75.64	74.73	87.25
영업수입	356.95	479.00	651.16	866.17	1010.50
대외청부프로젝트	299.93	406.43	566.12	777.06	921.70
대외노동자파견	53.73	67.67	80.57	89.11	88.80

〈표 Ⅳ-10-2〉 중국의 수출입 추이(1978-2010)

(단위 : 억 달러)

연도	수출입	수출	수입	무역수지
1978	206.4	97.5	108.9	−11.4
1980	381.4	181.2	200.2	−19.0
1985	696.0	273.5	422.5	−149.0
1990	1154.4	620.9	533.5	87.4
1991	1357.0	719.1	637.9	81.2
1992	1655.3	849.4	805.9	43.5
1993	1957.0	917.4	1039.6	−122.2
1994	2366.2	1210.1	1156.1	54.0
1995	2808.6	1487.8	1320.8	167.0
1996	2898.8	1510.5	1388.3	122.2
1997	3251.6	1827.9	1423.7	404.2
1998	3239.5	1837.1	1402.4	434.7
1999	3606.3	1949.3	1657.0	292.3
2000	4742.9	2492.0	2250.9	241.1
2001	5096.5	2661.0	2435.5	225.5
2002	6207.7	3256.0	2951.7	304.3
2003	8509.9	4382.3	4127.6	254.7
2004	11545.5	5933.2	5612.3	320.9
2005	14219.1	7619.5	6599.5	1020.0
2006	17604.0	9689.4	7914.6	1774.8
2007	21737.3	12177.8	9559.5	2618.3
2008	25632.6	14306.9	11325.6	2981.3
2009	22075.4	12016.1	10059.2	1956.9
2010	29728.0	15779.0	13948.0	1831.0

<그림 IV-10-1> 중국의 연도별 수출입 추이

(단위 : 억 달러)

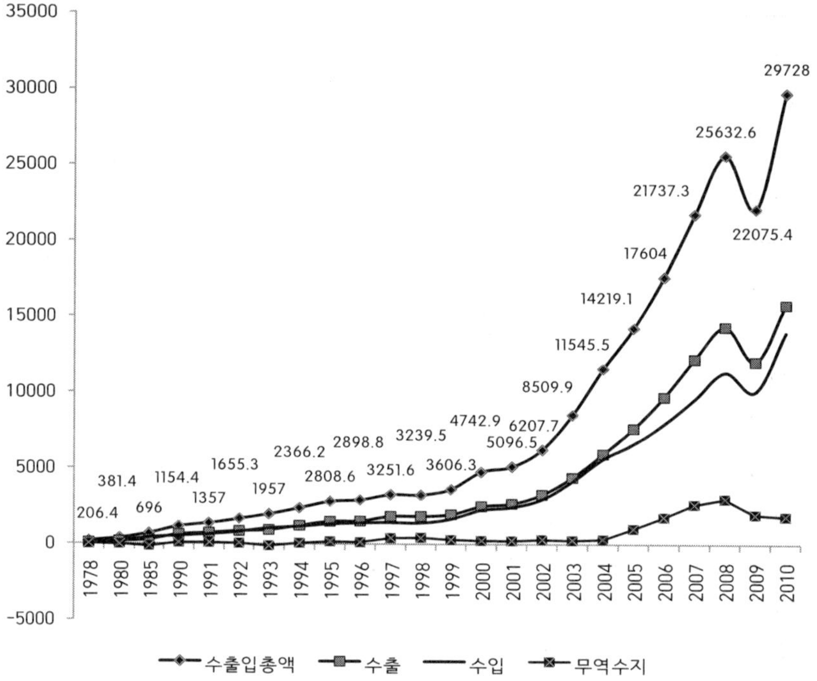

<그림 IV-10-2> 중국의 연도별 무역수지 추이

(단위 : 억 달러)

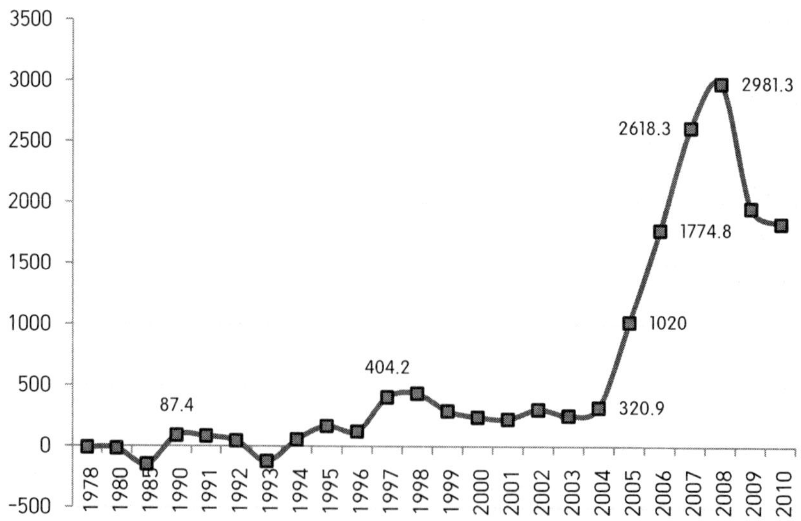

〈표 Ⅳ-10-3〉 중국의 지역별 수출입 현황(2000-2010)

(단위 : 만 달러)

지역	2000			2010		
	수출입	수출	수입	수출입	수출	수입
전국	47429628	24920255	22509373	297399832	157775432	139624401
북경	4962189	1196813	3765376	30172155	5543621	24628534
천진	1715400	862578	852822	8210005	3748483	4461522
하북	523862	371000	152862	4206037	2255644	1950393
산서	176438	123687	52751	1257623	470282	787341
내몽고	262205	97017	165188	872974	333443	539532
요녕	1903148	1085632	817516	8071215	4309871	3761344
길림	257042	125683	131359	1684518	447585	1236933
흑룡강	298637	145118	153519	2551542	1628079	923463
상해	5470802	2535233	2935569	36895065	18071398	18823667
강소	4563636	2576683	1986953	46579896	27053869	19526027
절강	2783262	1944275	838987	25353466	18046478	7306987
안휘	334684	217198	117486	2427337	1241289	1186048
복건	2122046	1290607	831439	10878329	7149313	3729016
강서	162405	119741	42664	2161918	1341606	820311
산동	2498976	1552884	946092	18915629	10422560	8493069
하남	228290	149578	78712	1783151	1052937	730214
호북	322286	193555	128731	2593211	1444180	1149032
호남	251222	165271	85951	1465639	795599	670040
광동	17009888	9191770	7818118	78489612	45319116	33170496
광서	203379	148891	54488	1773891	960307	813583
해남	128786	80289	48497	864858	232033	632825
중경	178590	99566	79024	1242707	748894	493814
사천	254520	139437	115083	3269386	1884063	1385324
귀주	65998	42056	23942	314680	192018	122662
운남	181276	117509	63767	1343012	760577	582435
서장	13031	11334	1697	83607	77103	6504
섬서	214008	131005	83003	1210168	620822	589347
감숙	56953	41495	15458	740295	163779	576517
청해	15973	11200	4773	78896	46620	32276
영하	44292	32737	11555	195999	117000	78999
신강	226404	120413	105991	1713011	1296865	416146

<〈그림 IV-10-3〉 지역별 수출입 분포 현황

(단위 : 만 달러)

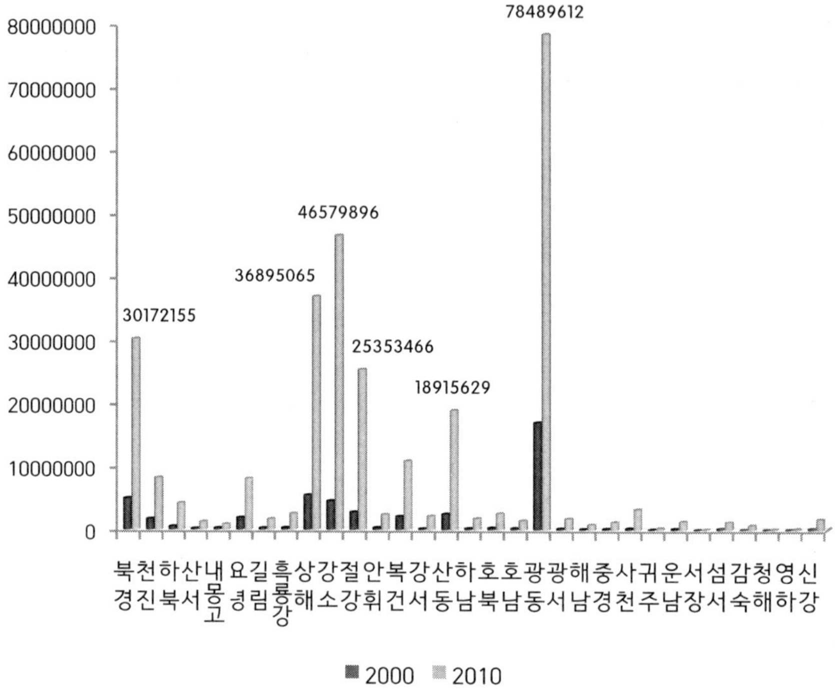

〈표 Ⅳ-10-4〉 한국과 중국의 수출입 증가 추이(1)

(단위 : 백만 달러)

연도	수입	수출	무역총액
1998	6,232	15,021	21,253
1999	7,817	17,232	25,049
2000	11,287	23,208	34,495
2001	12,544	23,396	35,940
2002	15,508	28,581	44,089
2003	20,105	43,161	63,266
2004	27,809	62,166	89,975
2005	35,117	76,874	111,991
2006	44,558	89,818	134,376
2007	56,129	104,045	160,174
2008	73,905	112,154	186,059
2009	53,630	102,125	155,755
2010	68,811	138,023	206,834
2011	82.825	161673	244,498

〈그림 Ⅳ-10-4〉 한국과 중국의 수출입 증가 추이(2)

(단위 : 백만 달러)

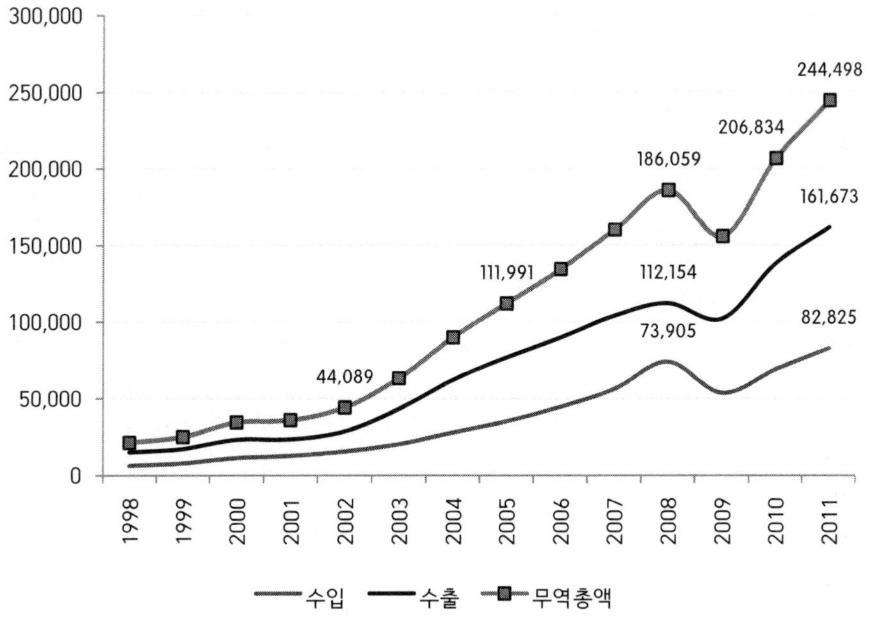

〈표 IV-10-5〉 중국의 지역별 외자기업 수출입 현황

(단위 : 만 달러)

지역	2000			2010		
	수출입	수출	수입	수출입	수출	수입
전국	23,671,390	11,944,121	11,727,269	160,061,524	86,222,882	73,838,642
북경	776,847	287,108	489,739	6,982,928	2,215,220	4,767,708
천진	1,369,289	637,925	731,364	5,880,898	2,643,785	3,237,114
하북	158,147	101,240	56,907	1,750,914	921,579	829,336
산서	41,876	15,209	26,667	220,570	87,993	132,577
내몽고	18,157	13,799	4,358	161,063	95,974	65,089
요녕	1,229,698	624,464	605,234	3,899,198	2,063,953	1,835,245
길림	112,274	39,197	73,077	760,502	127,753	632,749
흑룡강	47,353	26,679	20,674	111,252	69,866	41,386
상해	3,341,054	1,426,102	1,914,952	24,991,842	12,593,270	1,239,8571
강소	3,018,082	1,445,340	1,572,742	3,472,0361	19,231,357	15,489,004
절강	938,993	53,4851	404,142	9,239,699	5,813,714	3,425,985
안휘	94,779	39,993	54,786	811,938	325,294	486,645
복건	1,405,740	759,713	646,027	5,833,659	3,495,247	2,338,411
강서	31,814	16,298	15,516	1,193,074	499,473	693,601
산동	1,392,569	792,766	599,803	9,632,505	5,656,323	3,976,182
하남	57,695	30,889	26,806	451,982	255,577	196,405
호북	104,686	42,956	61730	1,105,434	56,9511	535,923
호남	47,717	18,250	29467	310,208	129,164	181,044
광동	9,203,696	495,1011	4,252,685	48,449,160	28,184,708	20,264,452
광서	55,339	34,112	21,227	492,309	203,314	288994
해남	45,993	30,464	15,529	623,702	127,682	496,020
중경	32,389	9,666	22,723	475,706	165,096	310,610
사천	61,524	24,517	37,007	1,278,437	444,301	834,136
귀주	5,690	4,012	1,678	17,449	10,528	6,920
운남	19,658	8,113	11,545	64,499	33,003	31,497
서장	634	389	245	549	3	546
섬서	35,433	1,1611	23,822	506,126	215,667	290,458
감숙	5,657	3,832	1,825	14,426	9,750	4,676
청해	925	202	723	13,467	984	12,483
영하	6,125	4,294	1831	32,158	14,930	17,228
신강	11,557	9,119	2,438	35,510	17,864	17,645

〈그림 IV-10-5〉 중국의 지역별 외자기업 수출입 규모

(단위 : 만 달러)

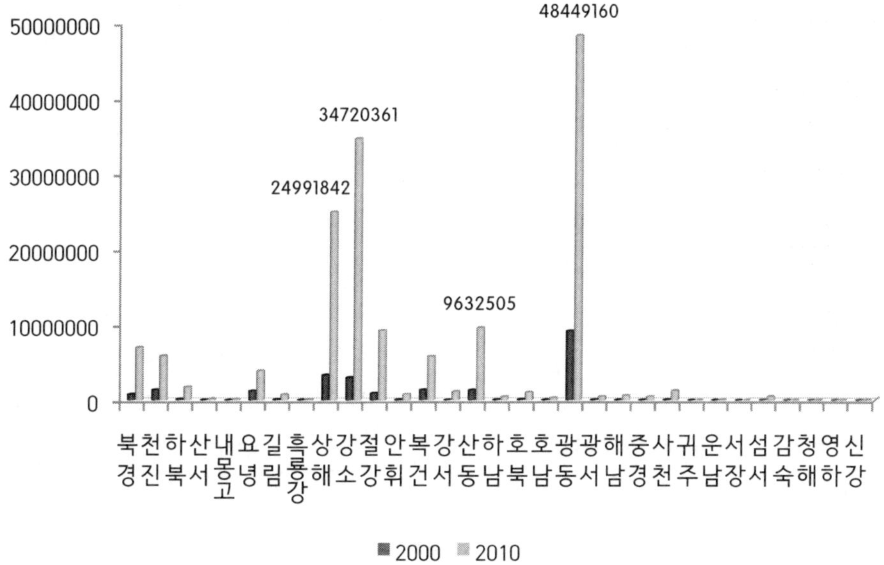

〈그림 IV-10-6〉 중국의 대외무역에서 외자기업 무역의 비중 변화

(단위 : %)

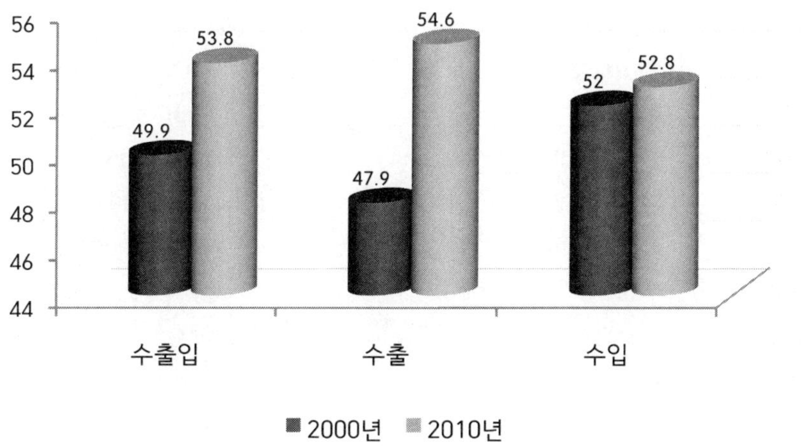

〈표 IV-10-6〉 중국의 외국인 투자 추이(계약액 기준, 1979-2010)

(단위 : 개, 억 달러)

연도	합 계		대외차관		외국인직접투자		외국인 기타투자
	건수	금액	건수	금액	건수	금액	
1979-1984	3841	281.26	117	169.78	3724	97.50	13.98
1985	3145	102.69	72	35.34	3073	63.33	4.02
1986	1551	122.33	53	84.07	1498	33.30	4.96
1987	2289	121.36	56	78.17	2233	37.09	6.10
1988	6063	160.04	118	98.13	5945	52.97	8.94
1989	5909	114.79	130	51.85	5779	56.00	6.94
1990	7371	120.86	98	50.99	7273	65.96	3.91
1991	13086	195.83	108	71.61	12978	119.77	4.45
1992	48858	694.39	94	107.03	48764	581.24	6.12
1993	83595	1232.73	158	113.06	83437	1114.36	5.31
1994	47646	937.56	97	106.68	47549	826.80	4.08
1995	37184	1032.05	173	112.88	37011	912.82	6.35
1996	24673	816.10	117	79.62	24556	732.76	3.71
1997	21138	610.58	137	58.72	21001	510.03	41.82
1998	19850	632.01	51	83.85	19799	521.02	27.14
1999	17022	520.09	104	83.60	16918	412.23	24.26
2000	22347	711.30			22347	623.80	87.50
2001	26140	719.76			26140	691.95	27.81
2002	34171	847.51			34171	827.68	19.82
2003	41081	1169.01			41081	1150.69	18.32
2004	43664	1565.88			43664	1534.79	31.09
2005	44001	1925.93			44001	1890.65	35.28
2006	41473	1982.16			41473	1937.27	44.89
2007	37871				37871		
2008	27514				27514		
2009	23435				23435		
2010	27406				27406		
1979-2010	712324				710641		

<그림 Ⅳ-10-7> 외국인 직접투자 프로젝트 추이

(단위 : 건)

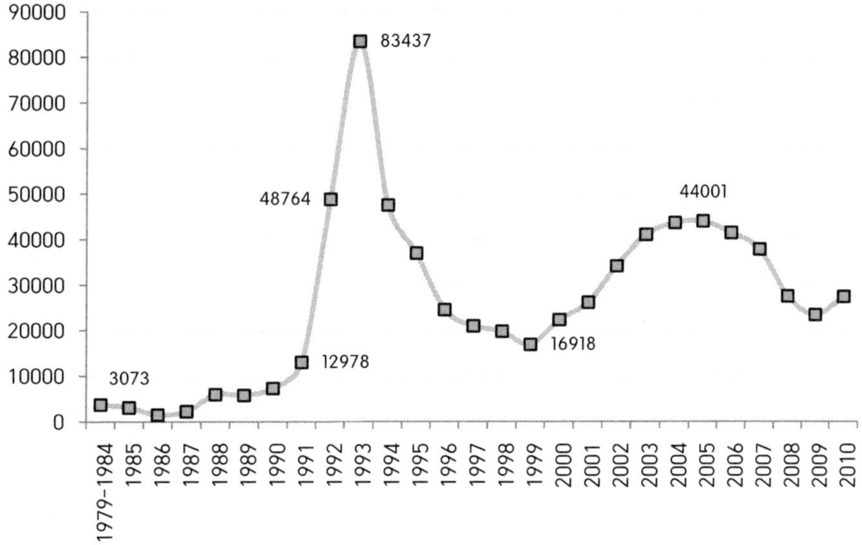

〈표 IV-10-7〉 중국의 외국인 투자액 추이(실행액 기준)

(단위 : 억 달러)

연도	합계	대외차관	외국인직접투자	외자기타투자
1979–1984	181.87	130.41	41.04	10.42
1985	47.60	25.06	19.56	2.98
1986	76.28	50.14	22.44	3.70
1987	84.52	58.05	23.14	3.33
1988	102.26	64.87	31.94	5.45
1989	100.60	62.86	33.92	3.81
1990	102.89	65.34	34.87	2.68
1991	115.54	68.88	43.66	3.00
1992	192.03	79.11	110.08	2.84
1993	389.60	111.89	275.15	2.56
1994	432.13	92.67	337.67	1.79
1995	481.33	103.27	375.21	2.85
1996	548.05	126.69	417.26	4.10
1997	644.08	120.21	452.57	71.30
1998	585.57	110.00	454.63	20.94
1999	526.59	102.12	403.19	21.28
2000	593.56	100.00	407.15	86.41
2001	496.72		468.78	27.94
2002	550.11		527.43	22.68
2003	561.40		535.05	26.35
2004	640.72		606.30	34.42
2005	638.05		603.25	34.80
2006	670.76		630.21	40.55
2007	783.39		747.68	35.72
2008	952.53		923.95	28.58
2009	918.04		900.33	17.71
2010	1088.21		1057.35	30.86
1979–2010	12504.43		10483.81	549.05

〈그림 Ⅳ-10-8〉 외국인투자 금액 추이(실행액 기준)

(단위 : 억 달러)

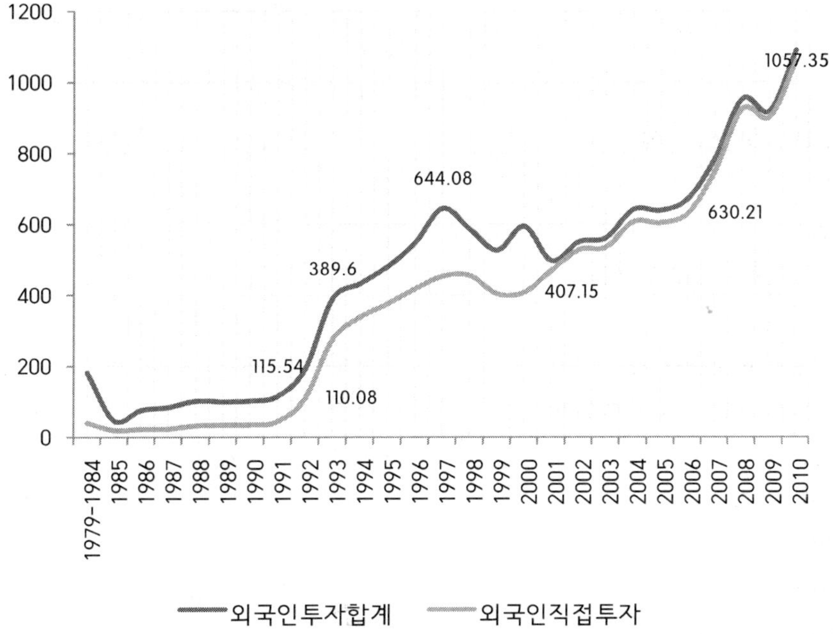

〈표 IV-10-8〉 업종별 외국인 직접투자 현황

(단위 : 만 달러)

업종	대외투자액		누계액
	2009	2010	
합계	5652899	6881131	31721059
농업, 임업, 목축업, 어업	34279	53398	261208
채굴업	1334309	571486	4466064
제조업	224097	466417	1780166
전력, 연료, 용수 생산 및 공급	46807	100643	341068
건축업	36022	162826	617328
교통운수、창고 및 우정산업	206752	565545	2318780
정보, 컴퓨터 서비스 및 소프트웨어	27813	50612	840624
도소매업	613575	672878	4200645
숙박 및 음식업	7487	21820	44986
금융업	873374	862739	5525321
부동산업	93814	161308	726642
임대 및 상업서비스	2047378	3028070	9724605
과학연구, 기술서비스, 지질탐사	77573	101886	396712
수리, 환경 및 공공설비관리업	434	7198	113343
주민서비스 및 기타 서비스업	26773	32105	322974
교육	245	200	2394
위생, 사회보장 및 사회복지	191	3352	3616
문화, 체육 및 오락업	1976	18648	34583

<표 IV-10-9> 국별 대중국 외국인 직접투자액 누계

(단위 : 만 달러)

국가	대외직접투자액		누계액
	2009	2010	
합계	5,652,899	6,881,131	31,721,059
아태지역	4,040,759	4,489,046	22,814,597
홍콩	3,560,057	3,850,521	19,905,557
인도네시아	22,609	20,131	115,044
일본	8,410	33,799	110,563
마카오	45,634	9,604	222,929
싱가포르	141,425	111,850	606,910
한국	26,512	-72,168	63,725
태국	4,977	69,987	108,000
베트남	11,239	30,513	98,660
아프리카	143,887	211,199	1,304,212
	22,876	18,600	93,726
수단	1,930	3,096	61,336
기니	2,698	974	13,641
마다카라스	4,256	3,358	22,987
나이지리아	17,186	18,489	121,085
남아프리카공화국	4,159	41,117	415,298
유럽	335,272	676,019	1,571,031
영국	19,217	33,033	135,835
독일	17,921	41,235	150,229
프랑스	4,519	2,641	24,362
러시아	34,822	56,772	278,756
라틴아메리카	732,790	1,053,827	4,387,564
파나마	100		160
카이만군도	536,630	349,613	1,725,627
멕시코	82	2,673	15,287
버진아일랜드	161,205	611,976	2,324,276
북미	152,193	262,144	782,926
캐나다	61,313	114,229	260,260
미국	90,874	130,829	487,399
대양주	247,998	188,896	860,729
호주	243,643	170,170	786,775
뉴질랜드	902	6,375	15,911

〈표 IV-10-10〉 투자방식별 외국인 직접투자액 현황

(단위 : 억 달러)

지 표	2009		2010	
	투자건수	실행액	투자 건수	실행액
합계	23435	918.04	27406	1088.21
외국인직접투자	23435	900.33	27406	1057.35
합자경영기업	4283	172.73	4970	224.98
합작경영기업	390	20.34	300	16.16
외자기업	18741	686.82	22085	809.75
외상기업주식제기업	21	20.44	51	6.46
합작개발				
기타				
외상기타투자		17.71		30.86
대외발행주식		1.62		16.64
국제리스		2.30		3.00
보상무역		0.13		0.45
위탁가공		13.66		10.78

11 지역경제구조

〈표 IV-11-1〉 중국의 지역별 주요 경제구조 현황(1) (2010)

(단위 : %)

지 표	동부지역	중부지역	서부지역	동북지역
토지면적	9.5	10.7	71.5	8.2
인구	38.0	26.8	27.0	8.2
도시취업자	48.5	20.5	21.2	9.7
GDP	53.1	19.7	18.6	8.6
1산업	36.1	27.7	26.4	9.8
2차산업	52.1	20.5	18.5	8.9
공업	52.9	20.3	17.8	9.0
3차산업	58.3	16.9	17.0	7.8
고정자산투자	42.7	23.2	22.8	11.3
부동산개발	50.8	18.1	20.2	10.8
소비재소매액	53.4	20.0	17.4	9.2
수출입	87.6	3.9	4.3	4.1
수출	87.4	4.0	4.6	4.0
수입	87.9	3.8	4.0	4.2
재정수입	56.6	15.7	19.4	8.3
재정지출	40.9	20.4	29.0	9.8

〈그림 IV-11-1〉 주요 지표의 지역별 분포 현황

(단위 : %)

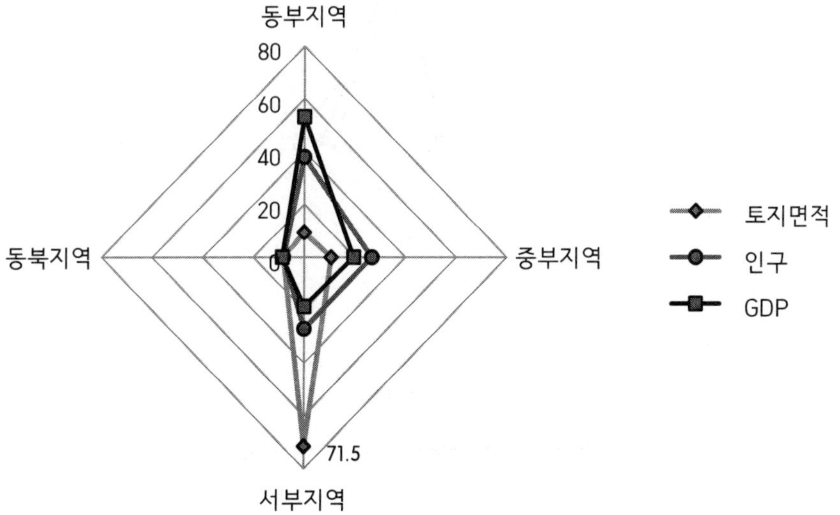

〈그림 Ⅳ-11-2〉 지역별 인구분포 현황(2010)

(단위 : %)

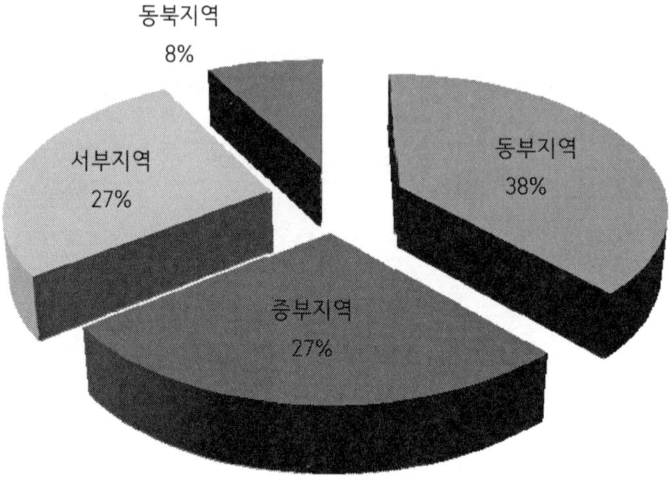

〈그림 Ⅳ-11-3〉 산업별 지역분포 현황(2010)

(단위 : %)

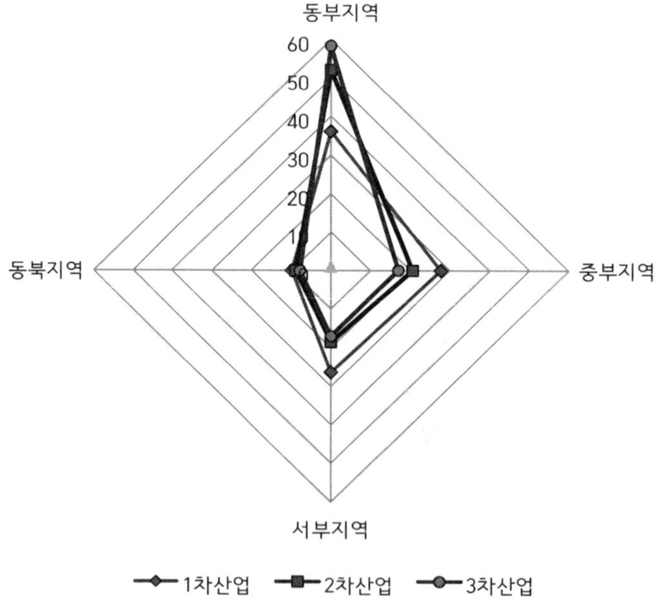

〈그림 Ⅳ-11-4〉 재정 수입과 지출의 지역별 분포 현황(2010)

(단위 : %)

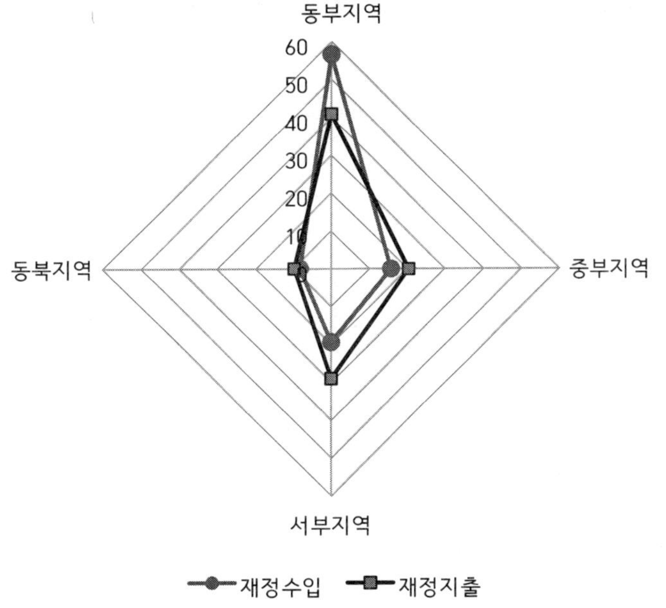

〈표 IV-11-2〉 중국의 지역별 주요 경제구조 현황(2) (2010)

(단위 : %)

지표	동부지역	중부지역	서부지역	동북지역
농업				
양식	25.4	30.6	26.4	17.6
면화	27.7	27.9	44.3	0.1
기름류	24.8	43.4	25.7	6.1
주요공업생산량				
원유(만 톤)	40.5	2.9	28.8	27.9
시멘트(만 톤)	40.4	25.1	28.4	6.1
조강(만 톤)	54.3	21.5	13.1	11.0
발전량(억 kwh)	41.5	23.1	29.1	6.4
교통운수업				
철도길이(km)	22.3	22.8	39.4	15.5
국도길이(km)	24.8	27.5	39.1	8.6
고속도로	35.8	27.1	28.7	8.5
여객 회전량(억 명/km)	39.1	29.4	23.7	7.9
화물 회전량(억 톤/km)	55.3	19.9	15.5	9.3
우전통신업				
우정업무총량(억 위안)	52.1	18.4	21.5	7.9
대학교				
학교(개)	39.6	26.0	23.9	10.5
입학생수(만 명)	39.7	28.2	23.2	8.9
재학생수(만 명)	40.5	27.4	22.5	9.6
졸업생수(만 명)	41.2	28.0	21.5	9.3
위생				
위생기구수(개)	32.5	28.6	30.8	8.1
병원	27.7	25.7	38.2	8.5
위생기술인수(만 명)	40.5	24.9	25.0	9.6
의사	40.0	24.9	25.2	9.9
의료기구 병상수(만 장)	37.0	25.7	27.3	10.0
병원	36.8	25.7	27.7	9.9

〈그림 Ⅳ-11-5〉 주요 공업제품 지역별 분포 현황

(단위 : %)

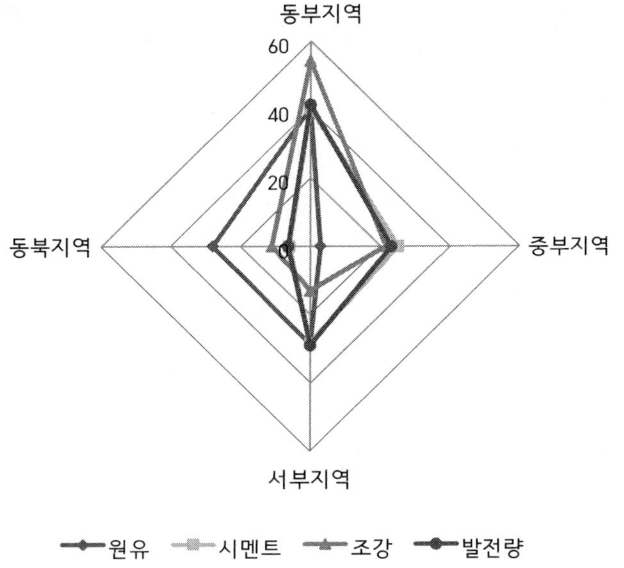

〈표 IV-11-3〉 주민 소비수준 추이

(단위 : 위안, %)

연도	전체 주민 (단위 : 위안)	농촌주민	도시주민	도농소비수준대비 (농촌주민=1)
1978	184	138	405	2.9
1979	208	159	425	2.7
1980	238	178	489	2.7
1981	264	201	521	2.6
1982	288	223	536	2.4
1983	316	250	558	2.2
1984	361	287	618	2.2
1985	446	349	765	2.2
1986	497	378	872	2.3
1987	565	421	998	2.4
1988	714	509	1311	2.6
1989	788	549	1466	2.7
1990	833	560	1596	2.9
1991	932	602	1840	3.1
1992	1116	688	2262	3.3
1993	1393	805	2924	3.6
1994	1833	1038	3852	3.7
1995	2355	1313	4931	3.8
1996	2789	1626	5532	3.4
1997	3002	1722	5823	3.4
1998	3159	1730	6109	3.5
1999	3346	1766	6405	3.6
2000	3632	1860	6850	3.7
2001	3887	1969	7161	3.6
2002	4144	2062	7486	3.6
2003	4475	2103	8060	3.8
2004	5032	2319	8912	3.8
2005	5573	2579	9644	3.7
2006	6263	2868	10682	3.7
2007	7255	3293	12211	3.7
2008	8349	3795	13845	3.6
2009	9098	4021	15025	3.7
2010	9968	4455	15907	3.6

*주 : 1. 도시와 농촌의 소비수준 비교에서 도농간의 가격차이 요인은 제거하지 아니함
2. 주민소비수준은 상주인구의 평균 주민소비지출임

<〈그림 Ⅳ-11-6〉 도시와 농촌주민의 소비 증가 추이

(단위 : 위안)

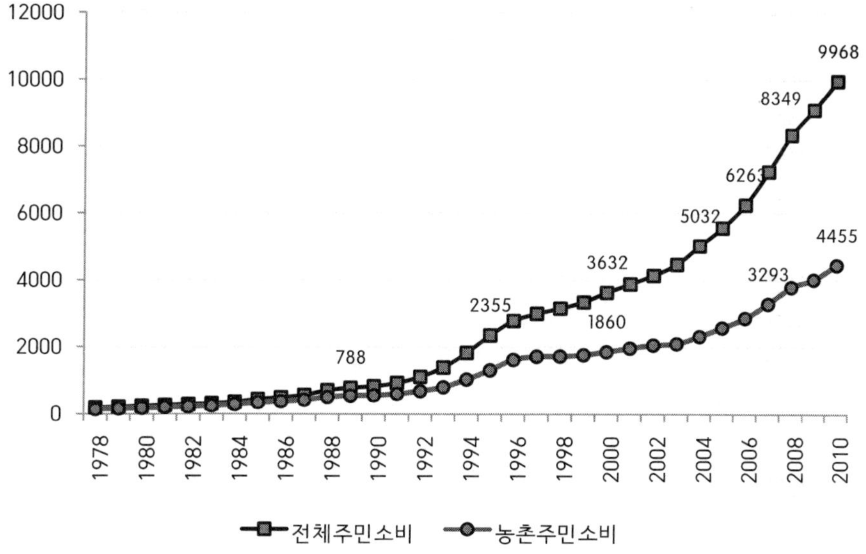

〈그림 Ⅳ-11-7〉 도시와 농촌의 소비 격차 추이

(단위 : %)

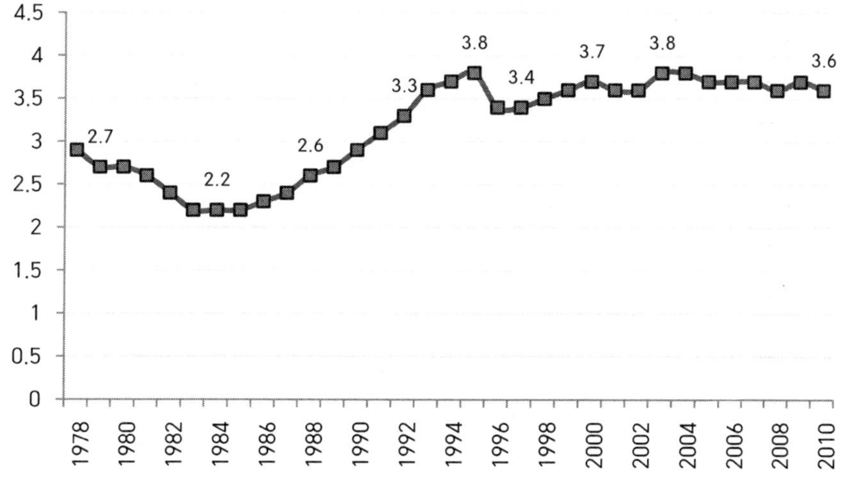

〈표 IV-11-4〉 지역별 소비구조 현황(2010)

지역	전체주민 (단위 : 위안)	농촌주민	도시주민	도농소비수준대비 (농촌주민 =1)
북경	25015	12886	27071	2.1
천진	17784	7814	20466	2.6
하북	8057	3867	13619	3.5
산서	8159	4500	12279	2.7
내몽고	11080	4486	16728	3.7
요녕	12934	5739	17489	3.0
길림	9141	4663	13032	2.8
흑룡강	8906	4536	12402	2.7
상해	32271	13609	34588	2.5
강소	14035	8196	18243	2.2
절강	18097	9878	23624	2.4
안휘	8237	4447	13259	3.0
복건	12871	6879	17920	2.6
강서	7972	4397	12593	2.9
산동	11611	5733	17726	3.1
하남	7837	4061	13958	3.4
호북	8977	4758	13576	2.9
호남	8922	4513	14707	3.3
광동	17218	5880	23511	4.0
광서	7732	3561	13969	3.9
해남	7553	3846	11365	3.0
중경	9723	3652	15260	4.2
사천	8182	4748	13457	2.8
귀주	5879	2926	12221	4.2
운남	6724	3603	12624	3.5
서장	4513	2635	10523	4.0
섬서	8273	3683	13977	3.8
감숙	6035	2975	11881	4.0
청해	7234	3684	11878	3.2
영하	8992	3894	14739	3.8
신강	7276	3590	12486	3.5

〈그림 IV-11-8〉 지역별 소비구조 현황(2010)(1)

(단위 : 위안)

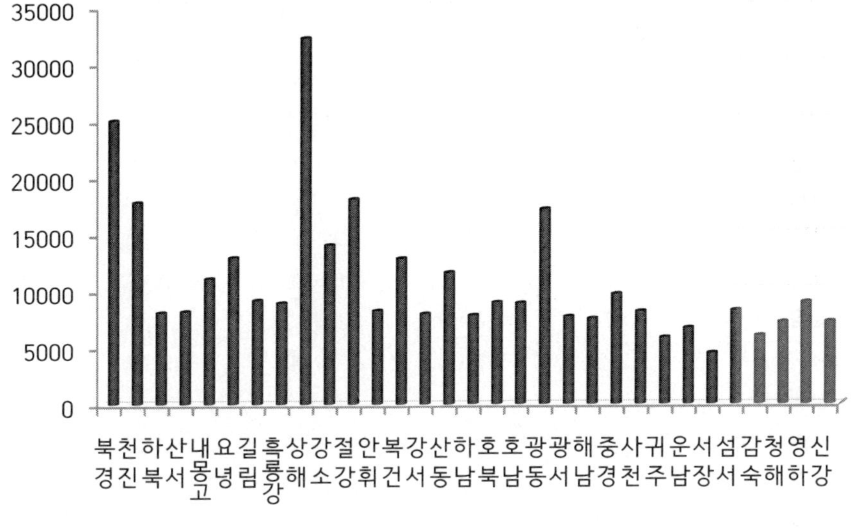

〈그림 IV-11-9〉 지역별 소비구조 현황(2010)(2)

(단위 : 위안)

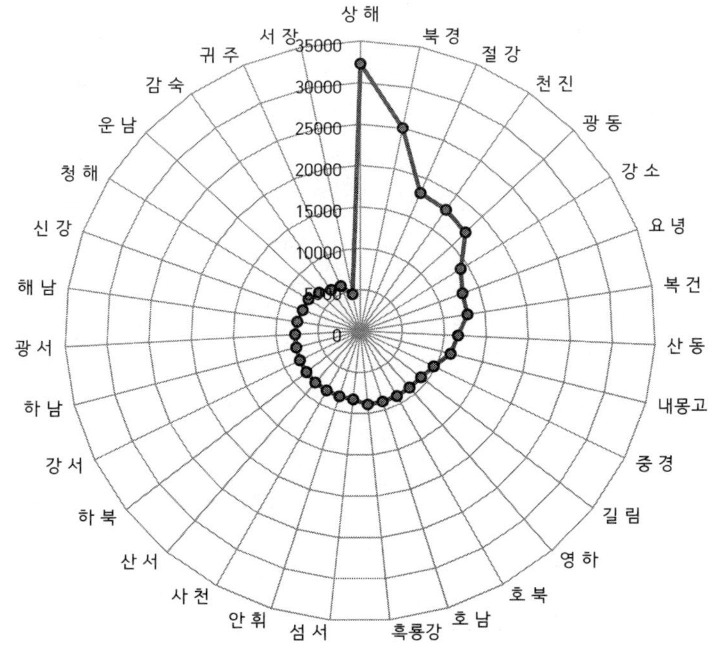

<표 IV-11-5> 중국 지역별 산업생산액 추이

	지역별 생산총액 (억 위안)				
	2005	2006	2007	2008	2009
북경	6969.52	8117.78	9846.81	11115.00	12153.03
천진	3905.64	4462.74	5252.76	6719.01	7521.85
하북	10012.11	11467.60	13607.32	16011.97	17235.48
산서	4230.53	4878.61	6024.45	7315.40	7358.31
내몽고	3905.03	4944.25	6423.18	8496.20	9740.25
요녕	8047.26	9304.52	11164.30	13668.58	15212.49
길림	3620.27	4275.12	5284.69	6426.10	7278.75
흑룡강	5513.70	6211.80	7104.00	8314.37	8587.00
상해	9247.66	10572.24	12494.01	14069.86	15046.45
강소	18598.69	21742.05	26018.48	30981.98	34457.30
절강	13417.68	15718.47	18753.73	21462.69	22990.35
안휘	5350.17	6112.50	7360.92	8851.66	10062.82
복건	6554.69	7583.85	9248.53	10823.01	12236.53
강서	4056.76	4820.53	5800.25	6971.05	7655.18
산동	18366.87	21900.19	25776.91	30933.28	33896.65
하남	10587.42	12362.79	15012.46	18018.53	19480.46
호북	6590.19	7617.47	9333.40	11328.89	12961.10
호남	6596.10	7688.67	9439.60	11555.00	13059.69
광동	22557.37	26587.76	31777.01	36796.71	39482.56
광서	3984.10	4746.16	5823.41	7021.00	7759.16
해남	897.99	1044.91	1254.17	1503.06	1654.21
중경	3467.72	3907.23	4676.13	5793.66	6530.01
사천	7385.10	8690.24	10562.39	12601.23	14151.28
귀주	2005.42	2338.98	2884.11	3561.56	3912.68
운남	3461.73	3988.14	4772.52	5692.12	6169.75
서장	248.80	290.76	341.43	394.85	441.36
섬서	3933.72	4743.61	5757.29	7314.58	8169.80
감숙	1933.98	2276.70	2702.40	3166.82	3387.56
청해	543.32	648.50	797.35	1018.62	1081.27
영하	612.61	725.90	919.11	1203.92	1353.31
신강	2604.19	3045.26	3523.16	4183.21	4277.05

〈표 Ⅳ-11-6〉 중국의 지역별 1인당 생산액(2010)

(단위 : 억 원)

	지역별 생산액	1인당생산액
북경	14113.58	75943
천진	9224.46	72994
하북	20394.26	28668
산서	9200.86	26283
내몽고	11672.00	47347
요녕	18457.27	42355
길림	8667.58	31599
흑룡강	10368.60	27076
상해	17165.98	76074
강소	41425.48	52840
절강	27722.31	51711
안휘	12359.33	20888
복건	14737.12	40025
강서	9451.26	21253
산동	39169.92	41106
하남	23092.36	24446
호북	15967.61	27906
호남	16037.96	24719
광동	46013.06	44736
광서	9569.85	20219
해남	2064.50	23831
중경	7925.58	27596
사천	17185.48	21182
귀주	4602.16	13119
운남	7224.18	15752
서장	507.46	17319
섬서	10123.48	27133
감숙	4120.75	16113
청해	1350.43	24115
영하	1689.65	26860
신강	5437.47	25034

〈그림 IV-11-10〉 중국의 지역별 생산액 분포(2010)

(단위 : 억 원)

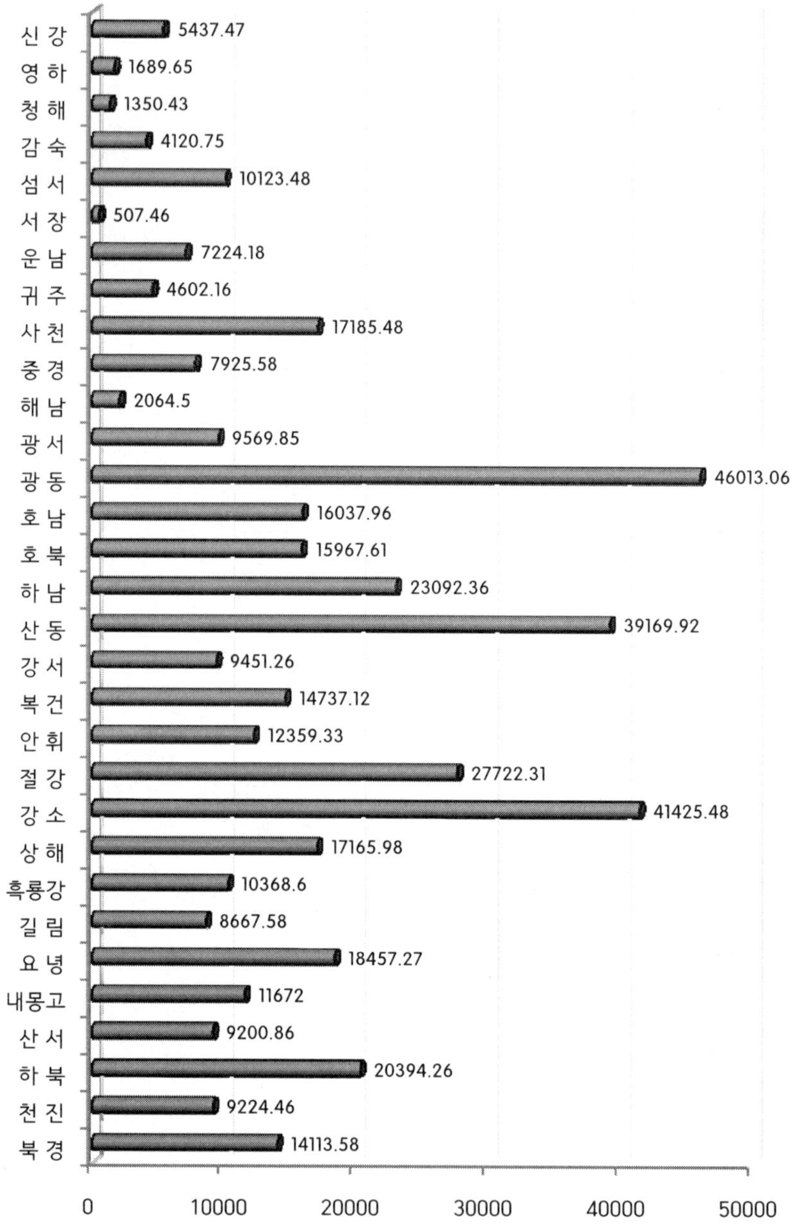

〈그림 Ⅳ-11-11〉 지역별 1인당 연간생산액(2010)

(단위 : 억 원)

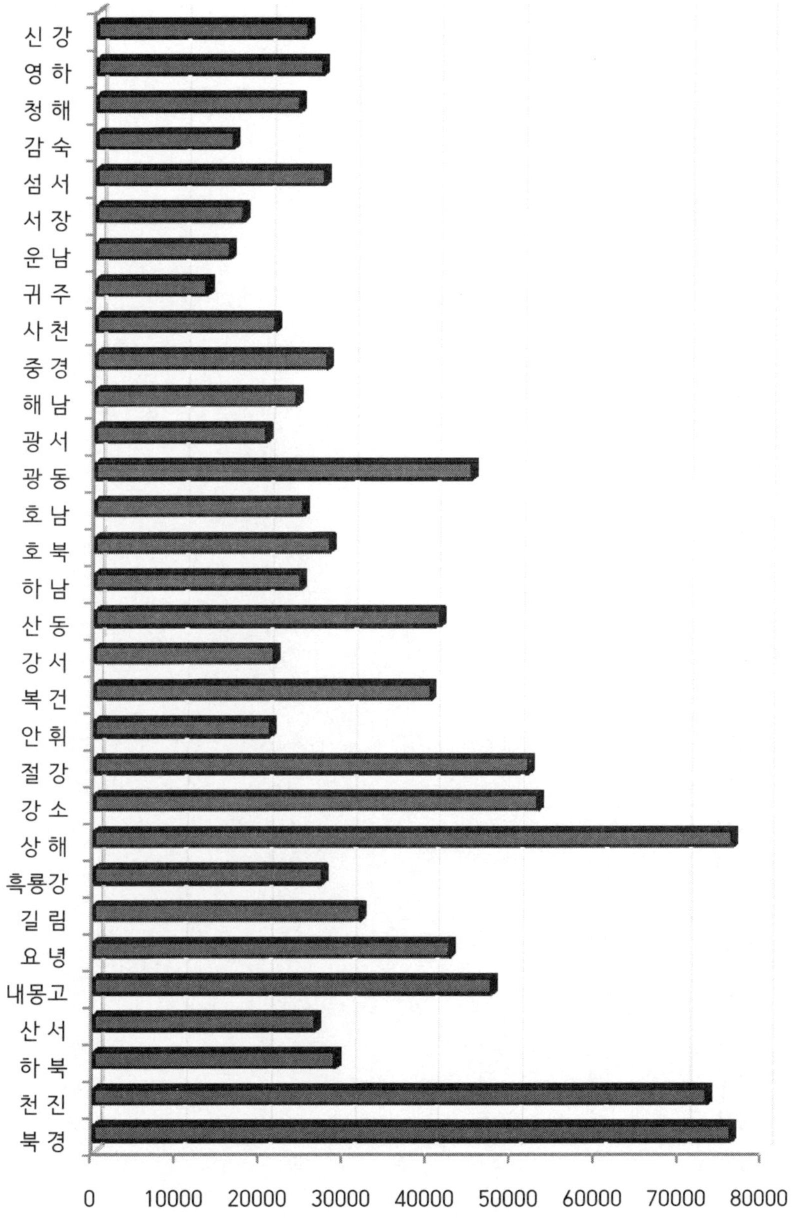

〈표 IV-11-7〉 지역별 산업별 생산구조(2010)

(단위 : %)

지역별	1차산업	2차산업	3차산업
북경	0.9	24.0	75.1
천진	1.6	52.5	46.0
하북	12.6	52.5	34.9
산서	6.0	56.9	37.1
내몽고	9.4	54.6	36.1
요녕	8.8	54.1	37.1
길림	12.1	52.0	35.9
흑룡강	12.6	50.2	37.2
상해	0.7	42.1	57.3
강소	6.1	52.5	41.4
절강	4.9	51.6	43.5
안휘	14.0	52.1	33.9
복건	9.3	51.0	39.7
강서	12.8	54.2	33.0
산동	9.2	54.2	36.6
하남	14.1	57.3	28.6
호북	13.4	48.6	37.9
호남	14.5	45.8	39.7
광동	5.0	50.0	45.0
광서	17.5	47.1	35.4
해남	26.1	27.7	46.2
중경	8.6	55.0	36.4
사천	14.4	50.5	35.1
귀주	13.6	39.1	47.3
운남	15.3	44.6	40.0
서장	13.5	32.3	54.2
섬서	9.8	53.8	36.4
감숙	14.5	48.2	37.3
청해	10.0	55.1	34.9
영하	9.4	49.0	41.6
신강	19.8	47.7	32.5

<그림 IV-11-12> 지역별 산업별 생산구조 분포(2010)

(단위 : %)

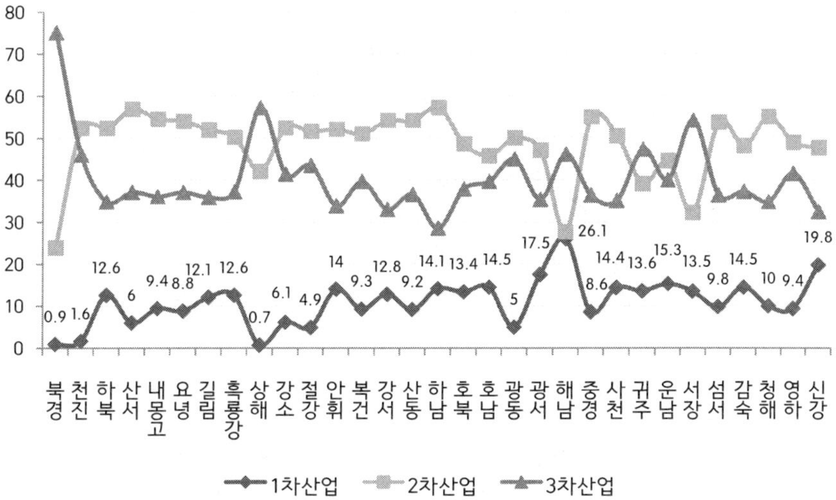

<그림 IV-11-13> 지역별 1차산업 분포 현황

(단위 : %)

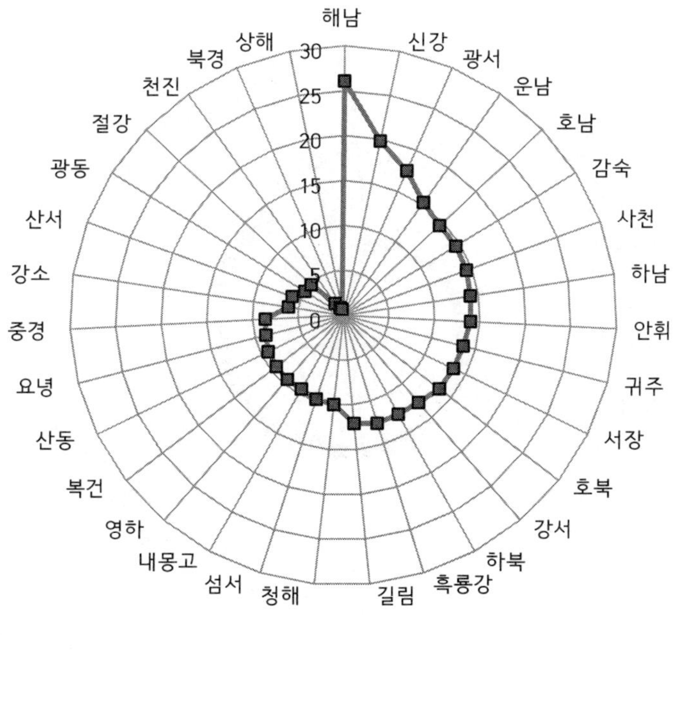

<그림 IV-11-14> 지역별 2차산업 분포 현황

(단위 : %)

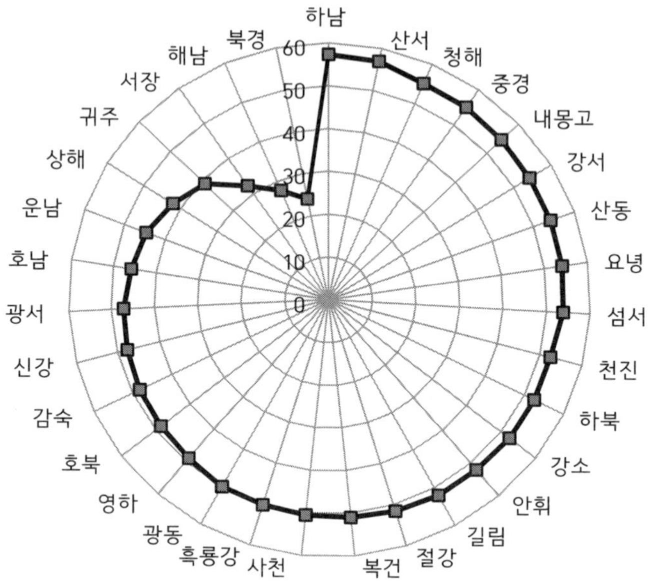

<그림 IV-11-15> 지역별 3차산업 분포 현황

(단위 : %)

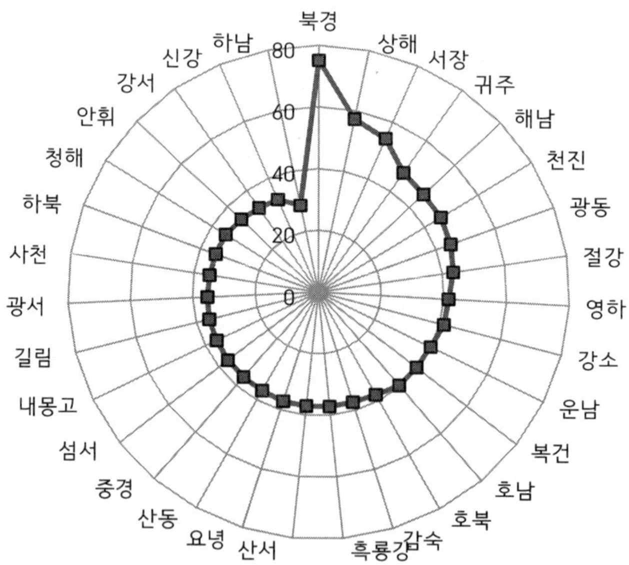

12 소비와 생활경제

〈표 Ⅳ-12-1〉 주민 100가구당 내구소비재 보유 현황(1990-2010)

(단위 : 대)

소비재	1990	1995	2000	2005	2008	2010
오토바이	1.94	6.29	18.80	25.00	21.39	22.51
세탁기	78.41	88.97	90.50	95.51	94.65	96.92
냉장고	42.33	66.22	80.10	90.72	93.63	96.61
컬러TV	59.04	89.79	116.60	134.80	132.89	137.43
음향컴포넌트		10.52	22.20	28.79	27.43	28.08
카메라	19.22	30.56	38.40	46.94	39.11	43.70
에어컨	0.34	8.09	30.80	80.67	100.28	112.07
목욕온수기		30.05	49.10	72.65	80.65	84.82
컴퓨터			9.70	41.52	59.26	71.16
켐코더			1.30	4.32	7.12	8.20
가스렌지			17.60	47.61	54.57	59.00
건강기기			3.50	4.68	3.95	4.24
이동전화			19.50	137.00	172.02	188.86
고정전화				94.40	82.01	80.94
자가용			0.50	3.37	8.83	13.07

〈그림 Ⅳ-12-1〉 주민 100가구당 내구소비재 보유 변화(2010)

(단위 : 대)

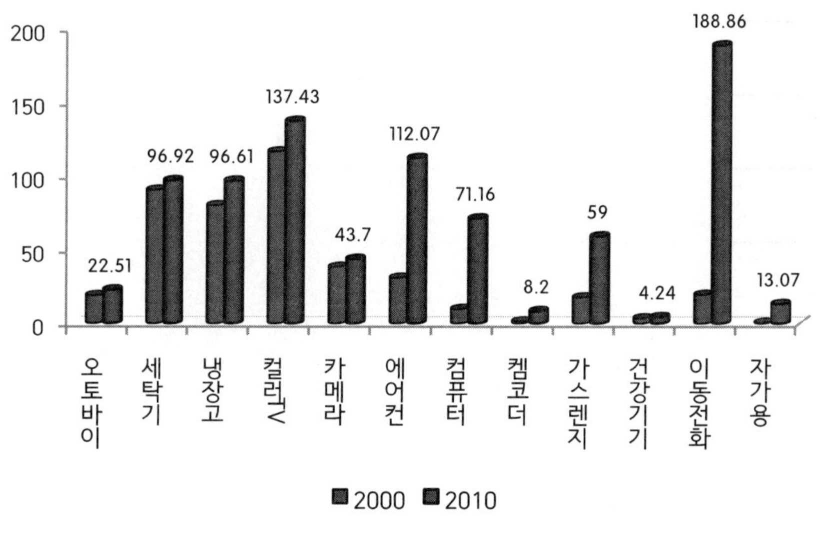

〈그림 IV-12-2〉 주민 100가구당 내구소비재 보유 현황(2010)

(단위 : 대)

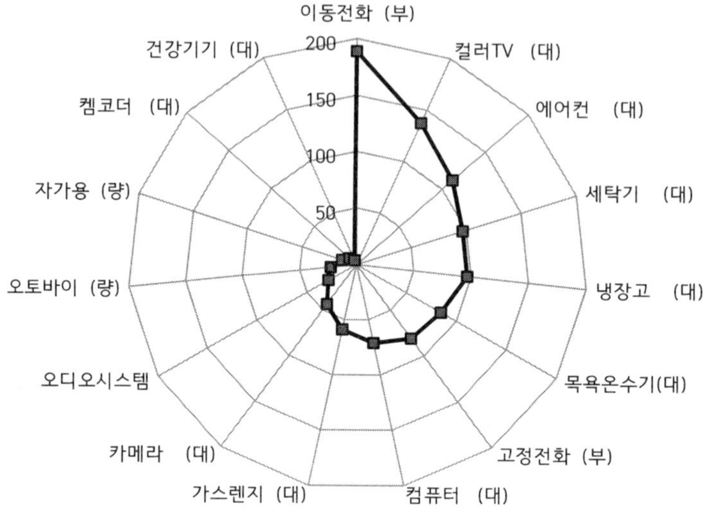

〈표 IV-12-2〉 중국의 지역별 주민 100가구당 내구소비재 보유 현황(2010)

(단위 : 대)

지표	동부지역	중부지역	서부지역	동북지역
오토바이	28.97	21.52	18.22	8.24
자가용 승용차	20.18	6.75	9.29	6.81
세탁기	97.91	96.94	96.29	94.30
냉장고	100.31	94.73	93.55	92.35
컬러 TV	151.17	130.54	127.74	118.39
컴퓨터	87.83	57.68	59.98	57.98
음향컴포넌트	33.22	22.43	28.44	20.19
사진기	57.18	30.79	34.97	36.77
에어컨	160.13	106.20	71.71	18.60
핸드폰	202.85	168.88	188.64	179.40

〈표 Ⅳ-12-3〉 소득계층별 주민 100가구당 내구소비재 보유 분포 현황(2010)

(단위 : 대)

항목	전체 평균	최저수입 (10%)	저수입 (10%)	중하위 (20%)	중중 (20%)	중상 (20%)	고수입 (10%)	최고수입 (10%)
오토바이	22.51	19.77	16.69	24.44	26.19	24.55	22.28	18.44
모터자전거	28.37	20.23	15.85	28.57	29.59	29.83	29.88	28.19
자가용 승용차	13.07	1.96	1.19	2.85	4.88	9.41	16.66	24.89
세탁기	96.92	86.41	84.33	93.34	96.04	97.88	99.38	100.92
냉장고	96.61	77.86	73.25	89.10	95.00	97.72	102.08	103.83
컬러TV	137.43	112.09	108.97	122.32	127.68	134.68	144.98	155.84
컴퓨터	71.16	30.46	23.65	46.97	59.73	71.11	84.41	94.92
컴포넌트	28.08	12.30	11.59	19.05	23.17	28.20	32.05	37.24
비디오카메라	8.20	1.32	0.70	2.15	3.75	6.92	11.00	14.41
사진기	43.70	11.45	8.33	20.93	30.39	41.13	55.81	69.48
피아노	2.62	0.22	0.12	0.53	1.23	2.06	3.53	4.82
전자렌지	59.00	25.59	19.78	39.50	49.70	60.64	71.76	79.93
에어컨	112.07	38.78	28.66	63.79	85.07	106.07	135.70	165.28
목욕온수기	84.82	54.82	48.59	70.67	79.32	86.71	93.62	99.25
식기소독기	19.03	8.09	5.69	11.25	13.65	17.41	22.33	28.64
식기세척기	0.89	0.25	0.21	0.58	0.60	0.63	0.96	1.46
보건용품	4.24	0.44	0.20	1.35	1.99	3.34	5.50	7.52
전화	80.94	65.96	63.25	73.24	77.38	81.23	86.10	89.21
핸드폰	188.86	138.99	126.60	167.00	183.64	190.62	202.54	212.06

〈표 IV-12-4〉 엥겔지수 추이(1978-2010)

연도	도시주민가처분소득		농촌주민평균순수입		도시주민 엥겔계수(%)	농촌주민 엥겔계수(%)
	절대액 (위안)	지수 (1978=100)	절대액 (위안)	지수 (1978=100)		
1978	343.4	100.0	133.6	100.0	57.5	67.7
1980	477.6	127.0	191.3	139.0	56.9	61.8
1985	739.1	160.4	397.6	268.9	53.3	57.8
1990	1510.2	198.1	686.3	311.2	54.2	58.8
1991	1700.6	212.4	708.6	317.4	53.8	57.6
1992	2026.6	232.9	784.0	336.2	53.0	57.6
1993	2577.4	255.1	921.6	346.9	50.3	58.1
1994	3496.2	276.8	1221.0	364.3	50.0	58.9
1995	4283.0	290.3	1577.7	383.6	50.1	58.6
1996	4838.9	301.6	1926.1	418.1	48.8	56.3
1997	5160.3	311.9	2090.1	437.3	46.6	55.1
1998	5425.1	329.9	2162.0	456.1	44.7	53.4
1999	5854.0	360.6	2210.3	473.5	42.1	52.6
2000	6280.0	383.7	2253.4	483.4	39.4	49.1
2001	6859.6	416.3	2366.4	503.7	38.2	47.7
2002	7702.8	472.1	2475.6	527.9	37.7	46.2
2003	8472.2	514.6	2622.2	550.6	37.1	45.6
2004	9421.6	554.2	2936.4	588.0	37.7	47.2
2005	10493.0	607.4	3254.9	624.5	36.7	45.5
2006	11759.5	670.7	3587.0	670.7	35.8	43.0
2007	13785.8	752.5	4140.4	734.4	36.3	43.1
2008	15780.8	815.7	4760.6	793.2	37.9	43.7
2009	17174.7	895.4	5153.2	860.6	36.5	41.0
2010	19109.4	965.2	5919.0	954.4	35.7	41.1

〈그림 Ⅳ-12-3〉 도시와 농촌의 엥겔계수 변화 추이

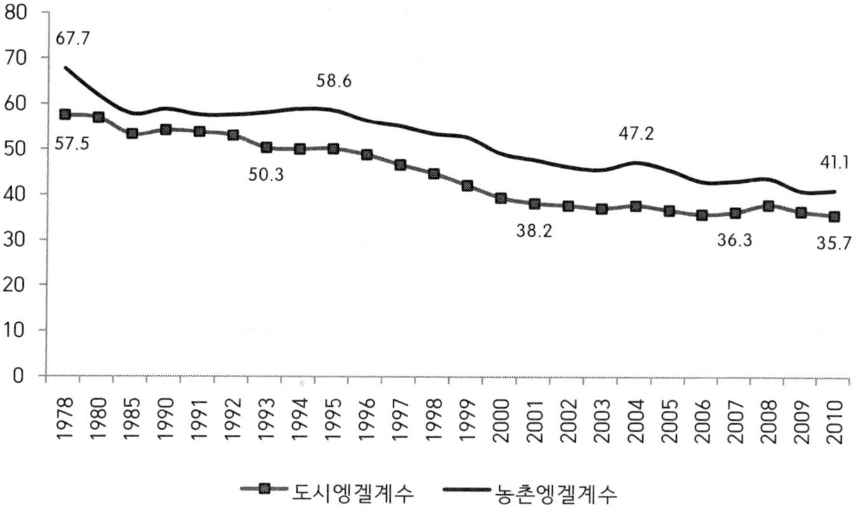

〈그림 Ⅳ-12-4〉 에어컨 생산량 추이

(단위 : 만 대)

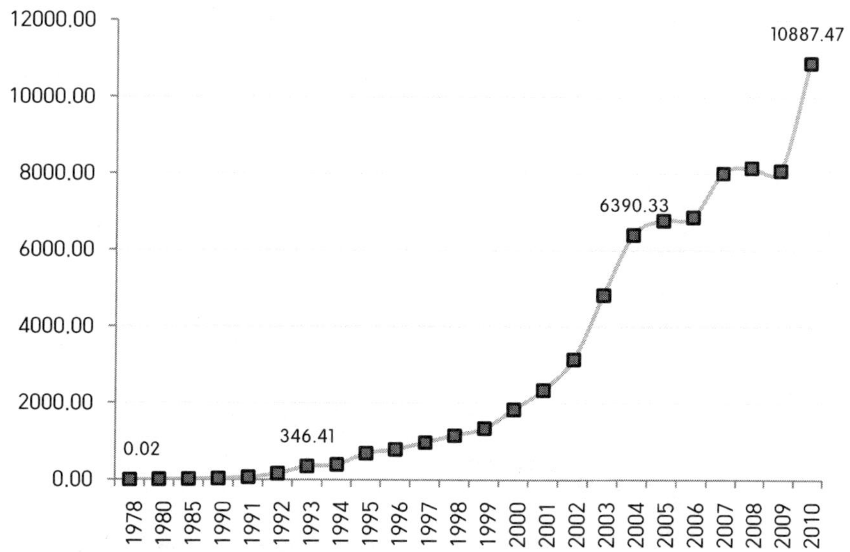

〈그림 Ⅳ-12-5〉 가정용 세탁기 생산량 추이

(단위 : 만 대)

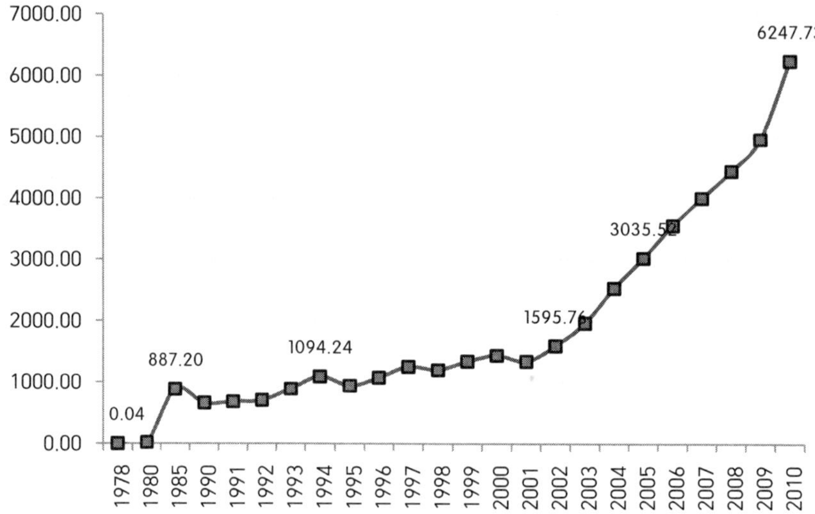

〈그림 Ⅳ-12-6〉 냉장고 생산량 추이

(단위 : 만 대)

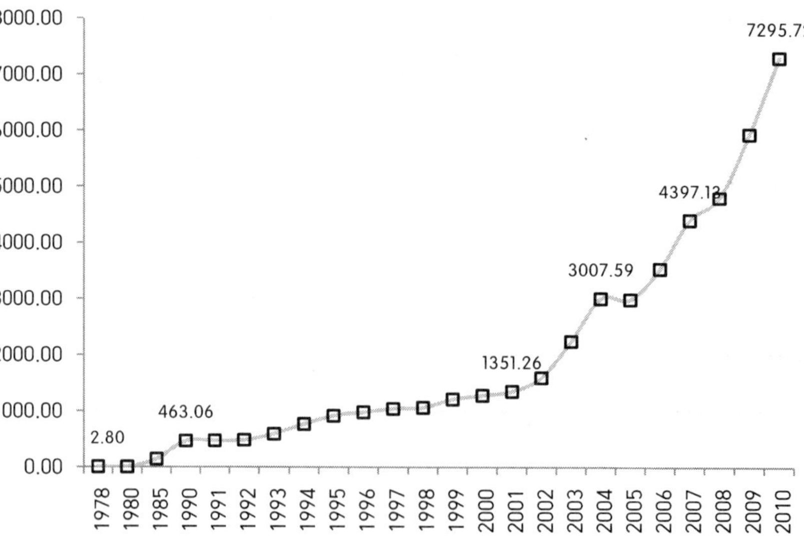

<그림 Ⅳ-12-7> 컬러 TV 생산량 추이

(단위 : 만 대)

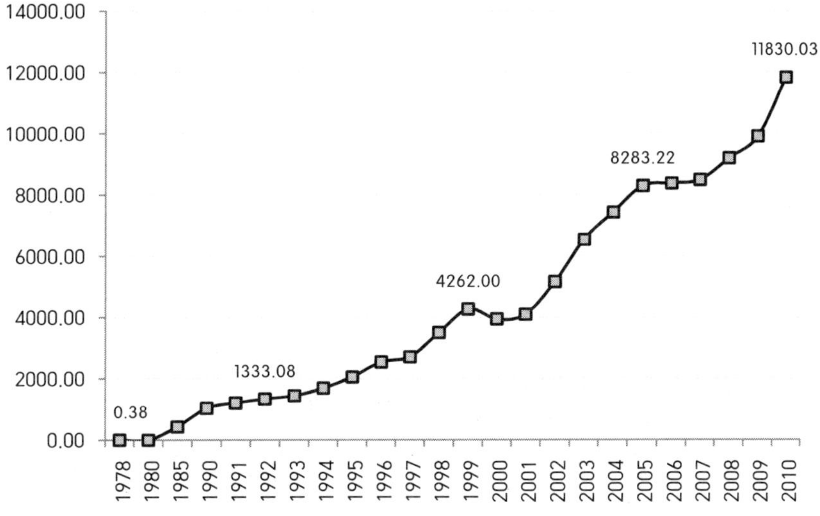

<그림 Ⅳ-12-8> 자동차 생산량 추이

(단위 : 만 대)

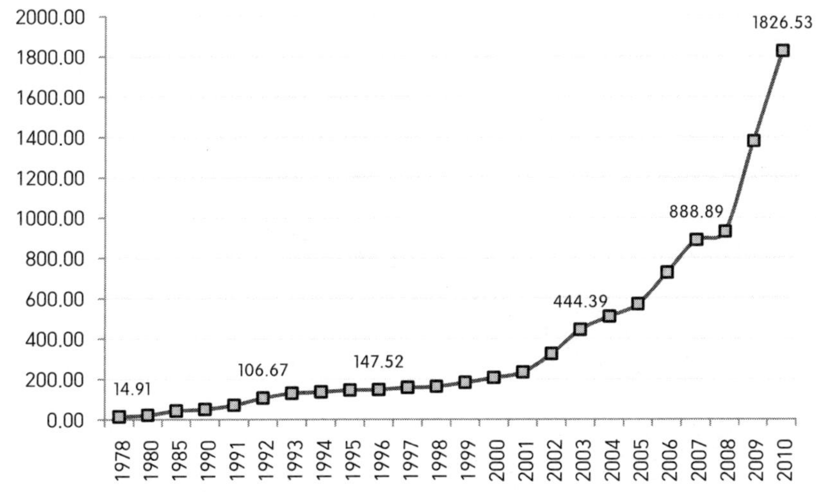

〈그림 IV-12-9〉 승용차 생산량 추이

(단위 : 만 대)

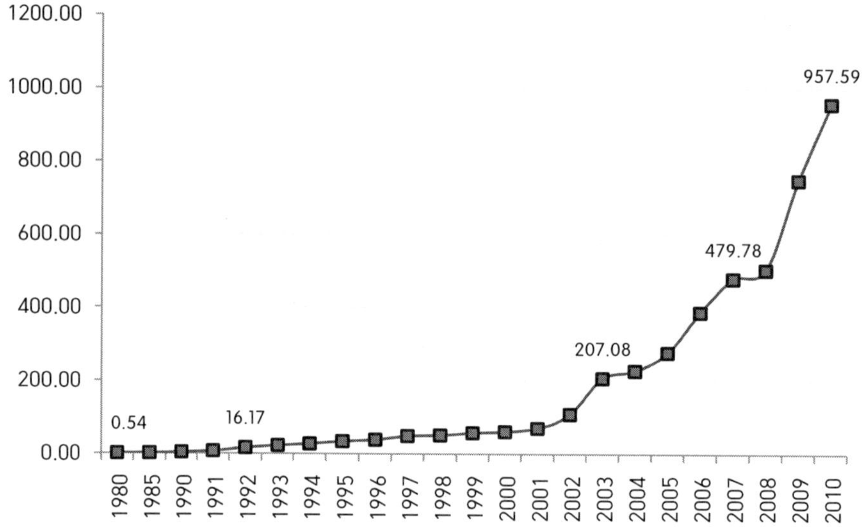

〈그림 IV-12-10〉 담배 생산량 추이

(단위 : 만 킬로리터)

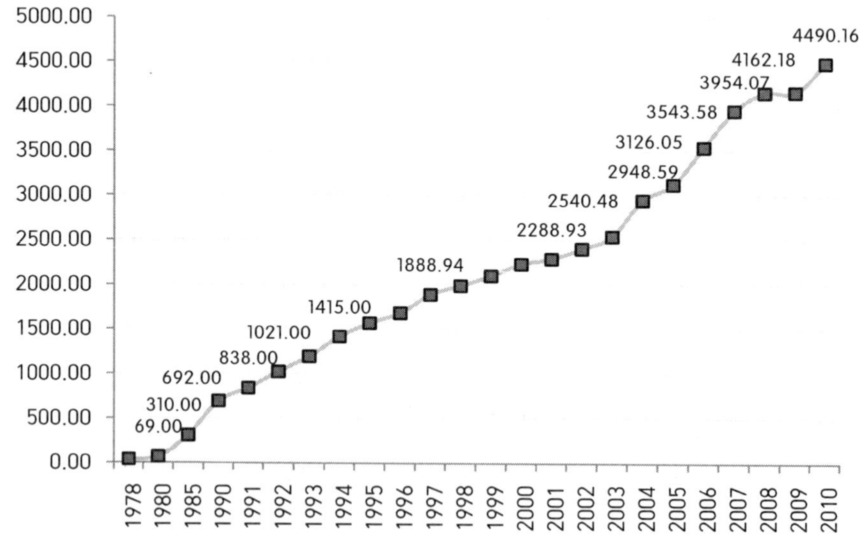

〈표 Ⅳ-12-5〉 중국의 소비율과 투자율 변화 추이(1978-2010)

(단위 : 억 원, %)

연도	지출국민소득 (억 위안)	최종소비 지출	자본형성 총액	화물과 서비스 순수출	최종소비율 (소비율)(%)	자본형성율 (투자율)(%)
1978	3605.6	2239.1	1377.9	-11.4	62.1	38.2
1979	4092.6	2633.7	1478.9	-20.0	64.4	36.1
1980	4592.9	3007.9	1599.7	-14.7	65.5	34.8
1981	5008.8	3361.5	1630.2	17.1	67.1	32.5
1982	5590.0	3714.8	1784.2	91.0	66.5	31.9
1983	6216.2	4126.4	2039.0	50.8	66.4	32.8
1984	7362.7	4846.3	2515.1	1.3	65.8	34.2
1985	9076.7	5986.3	3457.5	-367.1	66.0	38.1
1986	10508.5	6821.8	3941.9	-255.2	64.9	37.5
1987	12277.4	7804.6	4462.0	10.8	63.6	36.3
1988	15388.6	9839.5	5700.2	-151.1	63.9	37.0
1989	17311.3	11164.2	6332.7	-185.6	64.5	36.6
1990	19347.8	12090.5	6747.0	510.3	62.5	34.9
1991	22577.4	14091.9	7868.0	617.5	62.4	34.8
1992	27565.2	17203.3	10086.3	275.6	62.4	36.6
1993	36938.1	21899.9	15717.7	-679.5	59.3	42.6
1994	50217.4	29242.2	20341.1	634.1	58.2	40.5
1995	63216.9	36748.2	25470.1	998.6	58.1	40.3
1996	74163.6	43919.5	28784.9	1459.2	59.2	38.8
1997	81658.5	48140.6	29968.0	3549.9	59.0	36.7
1998	86531.6	51588.2	31314.2	3629.2	59.6	36.2
1999	91125.0	55636.9	32951.5	2536.6	61.1	36.2
2000	98749.0	61516.0	34842.8	2390.2	62.3	35.3
2001	109028.0	66933.9	39769.4	2324.7	61.4	36.5
2002	120475.6	71816.5	45565.0	3094.1	59.6	37.8
2003	136634.8	77685.5	55963.0	2986.3	56.9	40.9
2004	160800.1	87552.6	69168.4	4079.1	54.4	43.0
2005	187131.2	99051.3	77856.8	10223.1	52.9	41.6
2006	222240.0	112631.9	92954.1	16654.0	50.7	41.8
2007	265833.9	131510.1	110943.2	23380.6	49.5	41.7
2008	314901.3	152346.6	138325.3	24229.4	48.4	43.9
2009	346316.6	166820.1	164463.2	15033.3	48.2	47.5
2010	394307.6	186905.3	191690.8	15711.5	47.4	48.6

〈그림 IV-12-11〉 소비율과 투자율 변화 추세 비교

(단위 : %)

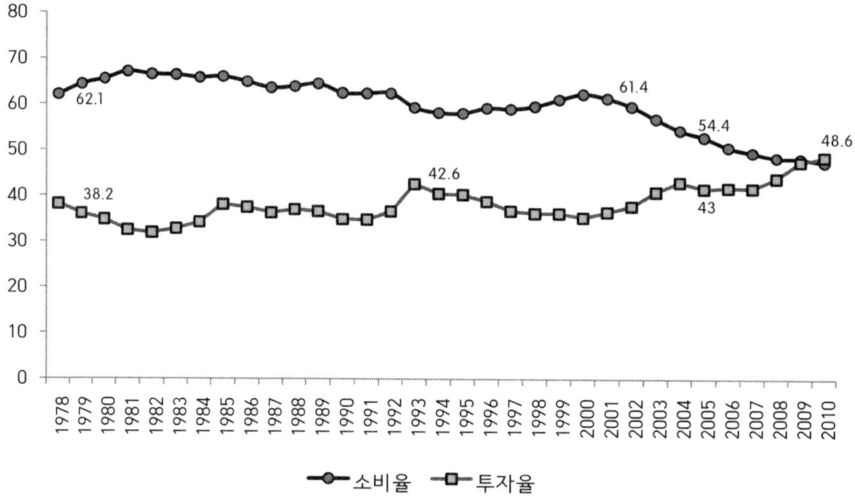

〈표 Ⅳ-12-6〉 소비지출 및 자본형성의 내용별 비중 추이

(단위 : %)

연도	최종소비지출=100		주민소비지출=100		(자본형성총액=100)	
	주민 소비지출	정부 소비지출	농촌	도시	고정자본 형성총액	재고증가
1978	78.6	21.4	62.1	37.9	77.9	22.1
1979	76.4	23.6	62.3	37.7	78.0	22.0
1980	77.5	22.5	60.5	39.5	82.7	17.3
1981	78.2	21.8	61.0	39.0	82.2	17.8
1982	78.1	21.9	61.6	38.4	84.3	15.7
1983	78.3	21.7	62.2	37.8	84.5	15.5
1984	77.2	22.8	61.8	38.2	85.4	14.6
1985	78.3	21.7	59.9	40.1	77.3	22.7
1986	77.7	22.3	57.7	42.3	79.6	20.4
1987	78.5	21.5	56.0	44.0	85.1	14.9
1988	80.0	20.0	53.0	47.0	82.5	17.5
1989	78.9	21.1	51.6	48.4	69.8	30.2
1990	78.2	21.8	49.6	50.4	71.6	28.4
1991	76.1	23.9	47.4	52.6	77.2	22.8
1992	75.6	24.4	44.9	55.1	84.4	15.6
1993	74.9	25.1	41.8	58.2	84.7	15.3
1994	74.7	25.3	40.6	59.4	85.1	14.9
1995	77.2	22.8	39.7	60.3	82.0	18.0
1996	77.3	22.7	41.0	59.0	83.5	16.5
1997	76.7	23.3	39.5	60.5	86.6	13.4
1998	76.0	24.0	36.9	63.1	91.2	8.8
1999	75.3	24.7	34.8	65.2	92.6	7.4
2000	74.5	25.5	33.0	67.0	97.1	2.9
2001	73.9	26.1	31.9	68.1	94.9	5.1
2002	73.9	26.1	30.7	69.3	95.8	4.2
2003	74.2	25.8	28.3	71.7	95.6	4.4
2004	74.5	25.5	27.1	72.9	94.1	5.9
2005	73.3	26.7	26.7	73.3	95.3	4.7
2006	72.9	27.1	25.9	74.1	94.6	5.4
2007	72.7	27.3	25.2	74.8	93.7	6.3
2008	72.6	27.4	24.9	75.1	92.6	7.4
2009	72.6	27.4	23.8	76.2	95.3	4.7
2010	71.3	28.7	23.2	76.8	95.1	4.9

〈그림 Ⅳ-12-12〉 주민과 정부 간의 소비지출 비중 추이

(단위 : %)

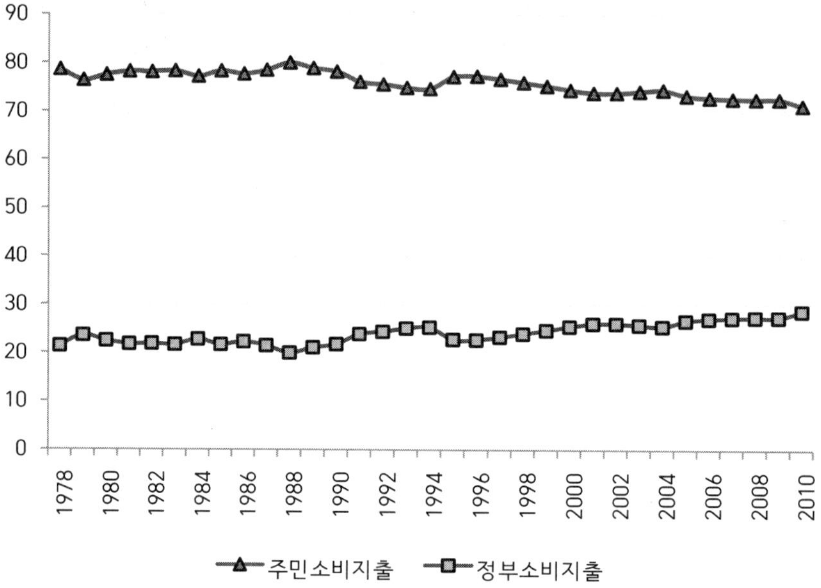

〈그림 Ⅳ-12-13〉 농촌과 도시의 소비비중 변화 추이

(단위 : %)

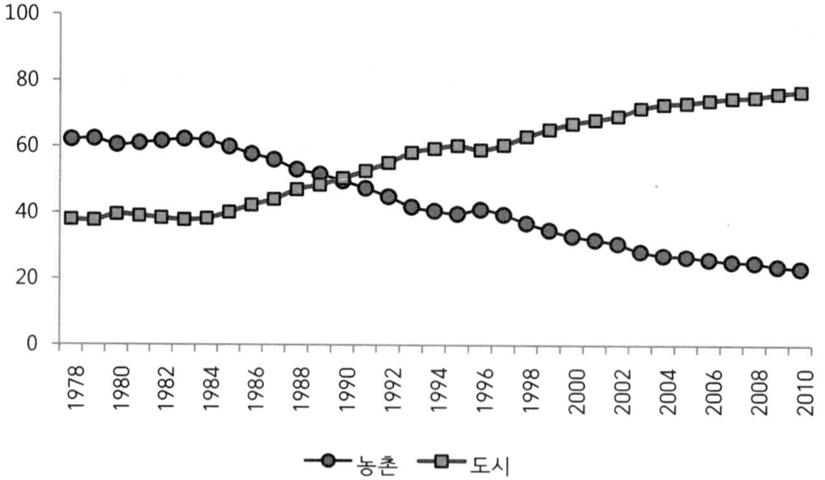

<표 Ⅳ-12-7> 소비 및 자본형성의 GDP 성장에 대한 공헌률 변화 추이

(단위 : %)

연도	최종소비지출		자본형성총액		화물과 서비스 순수출	
	공헌율(%)	증가율 기여정도(%)	공헌율(%)	증가율 기여정도(%)	공헌율(%)	증가율 기여정도(%)
1978	39.4	4.6	66.0	7.7	−5.4	−0.6
1980	71.8	5.6	26.4	2.1	1.8	0.1
1985	85.5	11.5	80.9	10.9	−66.4	−8.9
1990	47.8	1.8	1.8	0.1	50.4	1.9
1995	44.7	4.9	55.0	6.0	0.3	
2000	65.1	5.5	22.4	1.9	12.5	1.0
2001	50.2	4.2	49.9	4.1	−0.1	
2002	43.9	4.0	48.5	4.4	7.6	0.7
2003	35.8	3.6	63.2	6.3	1.0	0.1
2004	39.5	4.0	54.5	5.5	6.0	0.6
2005	37.9	4.3	39.0	4.4	23.1	2.6
2006	40.0	5.1	43.9	5.6	16.1	2.0
2007	39.2	5.6	42.7	6.1	18.1	2.5
2008	43.5	4.2	47.5	4.6	9.0	0.8
2009	47.6	4.4	91.3	8.4	−38.9	−3.6
2010	36.8	3.8	54.0	5.6	9.2	0.9

13 인구구조

〈표 IV-13-1〉 중국의 인구와 성별구조 추이(1949-2010)

(단위 : 만 명, %)

연도	총인구	남성		여성	
		인구	비중 (%)	인구	비중(%)
1949	54167	28145	51.96	26022	48.04
1950	55196	28669	51.94	26527	48.06
1951	56300	29231	51.92	27069	48.08
1955	61465	31809	51.75	29656	48.25
1960	66207	34283	51.78	31924	48.22
1965	72538	37128	51.18	35410	48.82
1970	82992	42686	51.43	40306	48.57
1971	85229	43819	51.41	41410	48.59
1972	87177	44813	51.40	42364	48.60
1973	89211	45876	51.42	43335	48.58
1974	90859	46727	51.43	44132	48.57
1975	92420	47564	51.47	44856	48.53
1976	93717	48257	51.49	45460	48.51
1977	94974	48908	51.50	46066	48.50
1978	96259	49567	51.49	46692	48.51
1979	97542	50192	51.46	47350	48.54
1980	98705	50785	51.45	47920	48.55
1981	100072	51519	51.48	48553	48.52
1982	101654	52352	51.50	49302	48.50
1983	103008	53152	51.60	49856	48.40
1984	104357	53848	51.60	50509	48.40
1985	105851	54725	51.70	51126	48.30
1986	107507	55581	51.70	51926	48.30
1987	109300	56290	51.50	53010	48.50

1988	111026	57201	51.52	53825	48.48
1989	112704	58099	51.55	54605	48.45
1990	114333	58904	51.52	55429	48.48
1991	115823	59466	51.34	56357	48.66
1992	117171	59811	51.05	57360	48.95
1993	118517	60472	51.02	58045	48.98
1994	119850	61246	51.10	58604	48.90
1995	121121	61808	51.03	59313	48.97
1996	122389	62200	50.82	60189	49.18
1997	123626	63131	51.07	60495	48.93
1998	124761	63940	51.25	60821	48.75
1999	125786	64692	51.43	61094	48.57
2000	126743	65437	51.63	61306	48.37
2001	127627	65672	51.46	61955	48.54
2002	128453	66115	51.47	62338	48.53
2003	129227	66556	51.50	62671	48.50
2004	129988	66976	51.52	63012	48.48
2005	130756	67375	51.53	63381	48.47
2006	131448	67728	51.52	63720	48.48
2007	132129	68048	51.50	64081	48.50
2008	132802	68357	51.47	64445	48.53
2009	133450	68647	51.44	64803	48.56
2010	134091	68748	51.27	65343	48.73

〈그림 Ⅳ-13-1〉 중국의 총인구 추이

(단위 : 만 명)

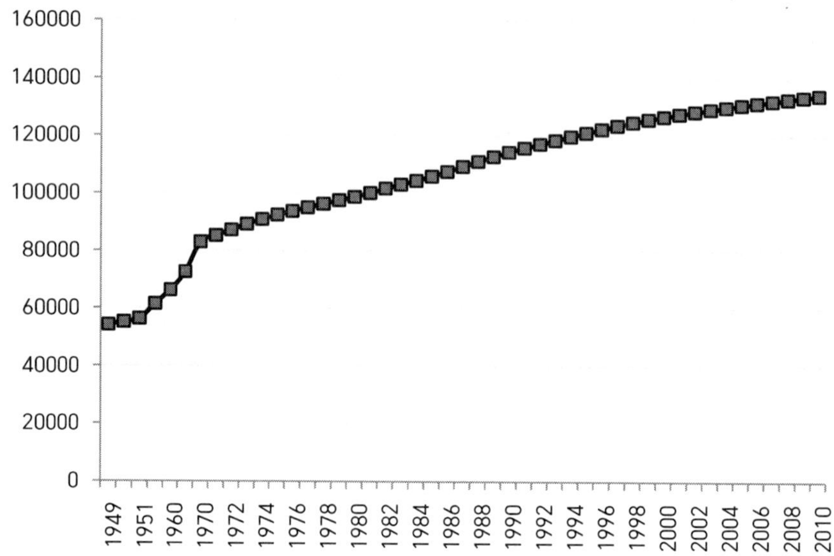

〈그림 Ⅳ-13-2〉 중국의 남성과 여성 인구 추이

(단위 : 만 명)

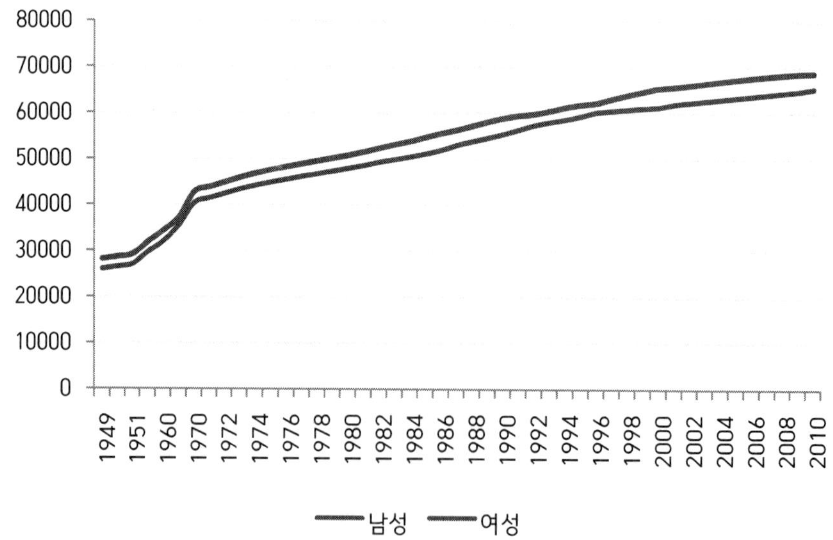

<그림 Ⅳ-13-3> 중국의 연령대별 남녀 인구 비중(2008)

(단위 : %)

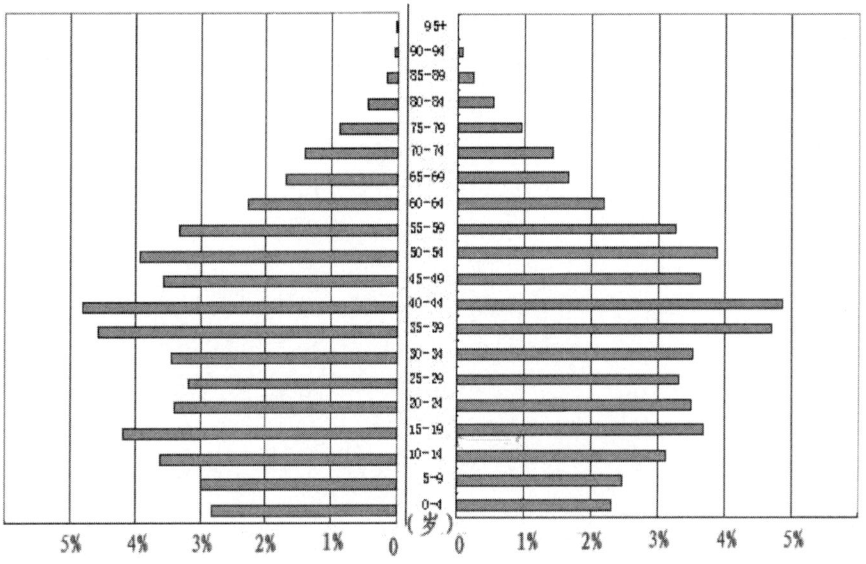

<그림 Ⅳ-13-4> 한국의 연령대별 남녀 인구 구조(2010)

(단위 : %)

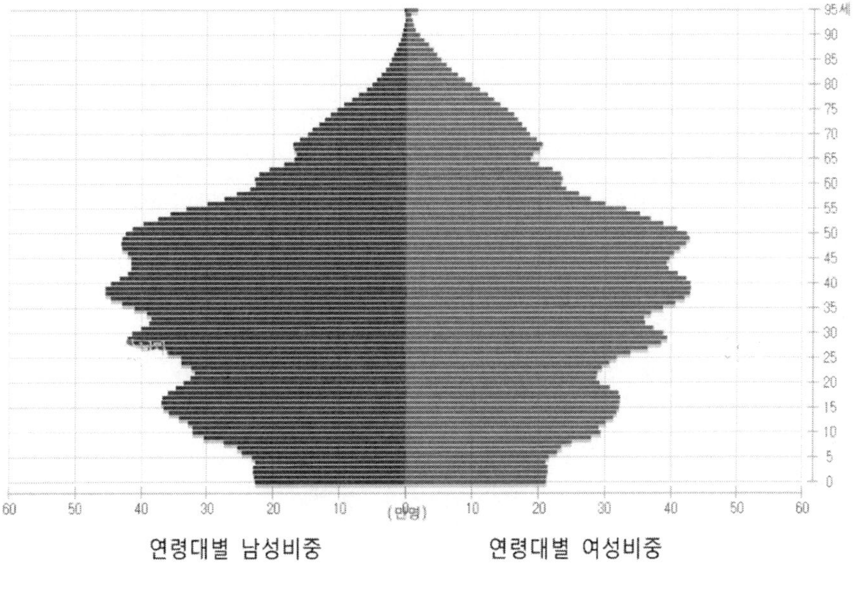

〈표 IV-13-2〉 중국의 도시와 농촌 인구구조 추이(1949-2010)

(단위 : 만 명, %)

연도	총인구	도시		농촌	
		인구	비중(%)	인구	비중(%)
1949	54167	5765	10.64	48402	89.36
1950	55196	6169	11.18	49027	88.82
1951	56300	6632	11.78	49668	88.22
1955	61465	8285	13.48	53180	86.52
1960	66207	13073	19.75	53134	80.25
1965	72538	13045	17.98	59493	82.02
1970	82992	14424	17.38	68568	82.62
1971	85229	14711	17.26	70518	82.74
1972	87177	14935	17.13	72242	82.87
1973	89211	15345	17.20	73866	82.80
1974	90859	15595	17.16	75264	82.84
1975	92420	16030	17.34	76390	82.66
1976	93717	16341	17.44	77376	82.56
1977	94974	16669	17.55	78305	82.45
1978	96259	17245	17.92	79014	82.08
1979	97542	18495	18.96	79047	81.04
1980	98705	19140	19.39	79565	80.61
1981	100072	20171	20.16	79901	79.84
1982	101654	21480	21.13	80174	78.87
1983	103008	22274	21.62	80734	78.38
1984	104357	24017	23.01	80340	76.99
1985	105851	25094	23.71	80757	76.29
1986	107507	26366	24.52	81141	75.48
1987	109300	27674	25.32	81626	74.68
1988	111026	28661	25.81	82365	74.19
1989	112704	29540	26.21	83164	73.79
1990	114333	30195	26.41	84138	73.59
1991	115823	31203	26.94	84620	73.06
1992	117171	32175	27.46	84996	72.54
1993	118517	33173	27.99	85344	72.01
1994	119850	34169	28.51	85681	71.49

1995	121121	35174	29.04	85947	70.96
1996	122389	37304	30.48	85085	69.52
1997	123626	39449	31.91	84177	68.09
1998	124761	41608	33.35	83153	66.65
1999	125786	43748	34.78	82038	65.22
2000	126743	45906	36.22	80837	63.78
2001	127627	48064	37.66	79563	62.34
2002	128453	50212	39.09	78241	60.91
2003	129227	52376	40.53	76851	59.47
2004	129988	54283	41.76	75705	58.24
2005	130756	56212	42.99	74544	57.01
2006	131448	57706	43.90	73742	56.10
2007	132129	59379	44.94	72750	55.06
2008	132802	60667	45.68	72135	54.32
2009	133450	64512	48.34	68938	51.66
2010	134091	66978	49.95	67113	50.05

〈그림 IV-13-5〉 도시와 농촌 인구의 변화 추이

(단위 : %)

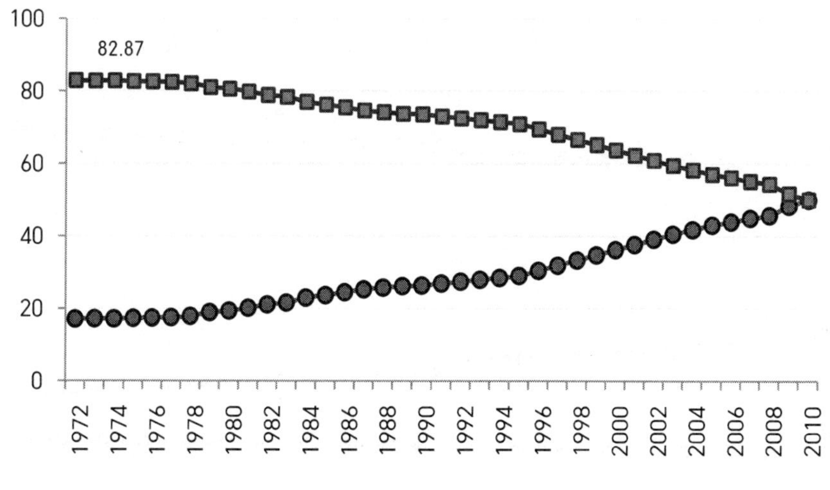

〈표 IV-13-3〉 중국의 연령별 인구구조 추이(1982-2010)

연도	총 인구(만명)	연령별 분류					
		0-14세		15-64세		65세이상	
		인구 수	비중(%)	인구 수	비중(%)	인구 수	비중(%)
1982	101654	34146	33.6	62517	61.5	4991	4.9
1987	109300	31347	28.7	71985	65.9	5968	5.4
1990	114333	31659	27.7	76306	66.7	6368	5.6
1995	121121	32218	26.6	81393	67.2	7510	6.2
1996	122389	32311	26.4	82245	67.2	7833	6.4
1997	123626	32093	26.0	83448	67.5	8085	6.5
1998	124761	32064	25.7	84338	67.6	8359	6.7
1999	125786	31950	25.4	85157	67.7	8679	6.9
2000	126743	29012	22.9	88910	70.1	8821	7.0
2001	127627	28716	22.5	89849	70.4	9062	7.1
2002	128453	28774	22.4	90302	70.3	9377	7.3
2003	129227	28559	22.1	90976	70.4	9692	7.5
2004	129988	27947	21.5	92184	70.9	9857	7.6
2005	130756	26504	20.3	94197	72.0	10055	7.7
2006	131448	25961	19.8	95068	72.3	10419	7.9
2007	132129	25660	19.4	95833	72.5	10636	8.1
2008	132802	25166	19.0	96680	72.7	10956	8.3
2009	133450	24659	18.5	97484	73.0	11307	8.5
2010	134091	22259	16.6	99938	74.5	11894	8.9

〈그림 IV-13-6〉 중국의 인구 연령 구조 변화 추이

(단위 : %)

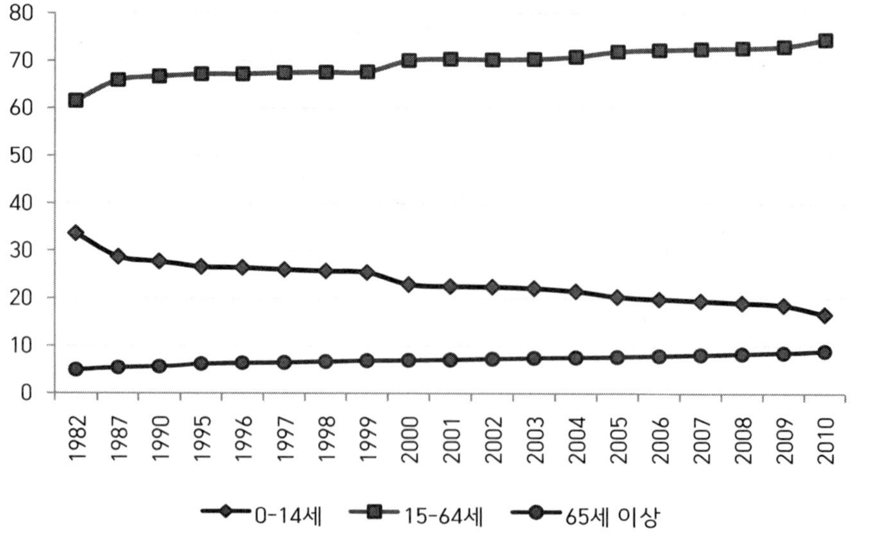

<표 IV-13-4> 중국의 지역별 인구 비중(2010)

(단위 : 명)

지역	인구 수	비중(%)	
		2000	2010
전국	1339724852	100	100
북경	19612368	1.09	1.46
천진	12938224	0.79	0.97
하북	71854202	5.33	5.36
산서	35712111	2.60	2.67
내몽고	24706321	1.88	1.84
요녕	43746323	3.35	3.27
길림	27462297	2.16	2.05
흑룡강	38312224	2.91	2.86
상해	23019148	1.32	1.72
강소	78659903	5.88	5.87
절강	54426891	3.69	4.06
안휘	59500510	4.73	4.44
복건	36894216	2.74	2.75
강서	44567475	3.27	3.33
산동	95793065	7.17	7.15
하남	94023567	7.31	7.02
호북	57237740	4.76	4.27
호남	65683722	5.09	4.90
광동	104303132	6.83	7.79
광서	46026629	3.55	3.44
해남	8671518	0.62	0.65
중경	28846170	2.44	2.15
사천	80418200	6.58	6.00
귀주	34746468	2.78	2.59
운남	45966239	3.39	3.43
서장	3002166	0.21	0.22
섬서	37327378	2.85	2.79
감숙	25575254	2.02	1.91
청해	5626722	0.41	0.42
영하	6301350	0.44	0.47
신강	21813334	1.52	1.63
현역군인	2300000		
거주지미정자	4649985		

〈그림 IV-13-7〉 중국의 지역별 인구 분포 현황(2010)

(단위 : 명)

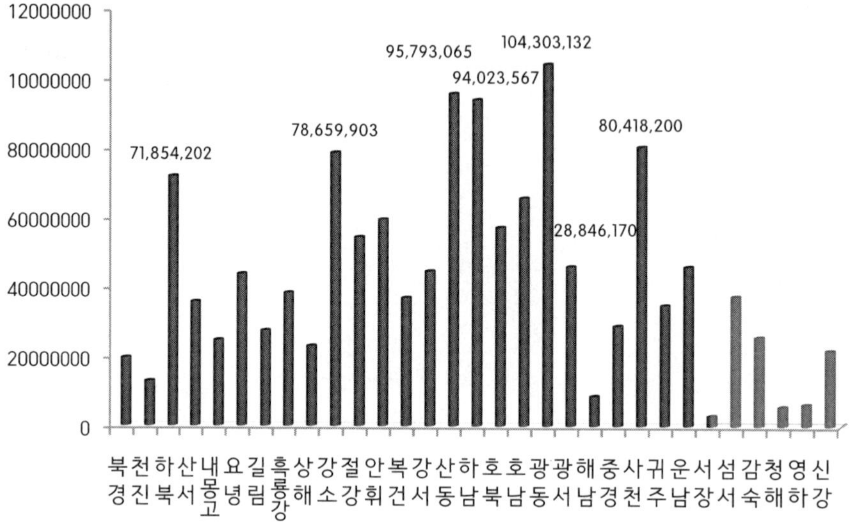

〈그림 IV-13-8〉 지역별 인구 증감 분포 현황

(단위 : %)

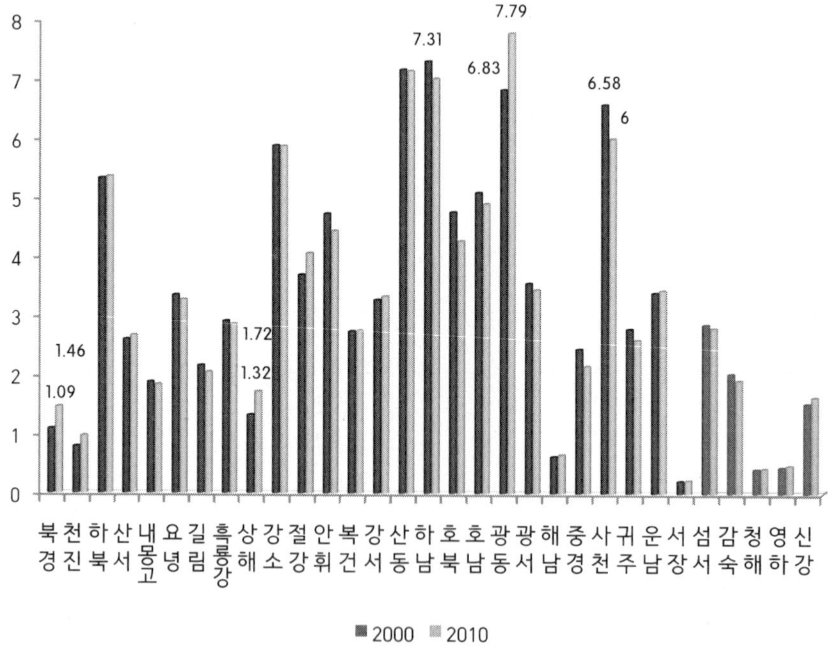

〈그림 Ⅳ-13-9〉 중국 인구 증감 지역별 순위 비교

(단위 : %)

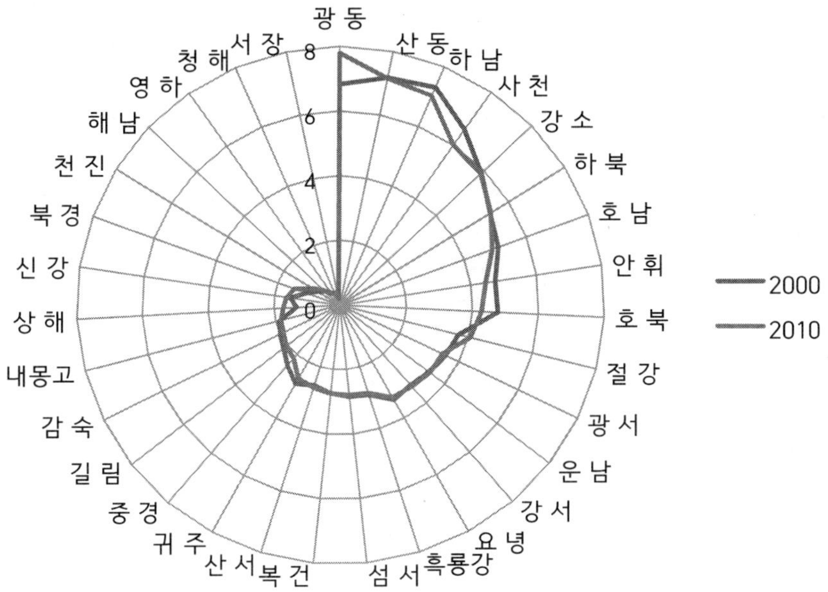

〈표 IV−13−5〉 소수민족 인구

(단위 : 명)

민족		인구
壮族	장족	16178811
满族	만족	10682262
回族	회족	9816805
苗族	묘족	8940116
维吾尔族	위그르족	8399393
土家族	토가족	8028133
彝族	이족	7762272
蒙古族	몽고족	5813947
藏族	장족	5416021
布依族	포의족	2971460
侗族	동족	2960293
瑶族	요족	2637421
朝鲜族	조선족	1923842
白族	백족	1858063
哈尼族	합니족	1439673
哈萨克族	카자흐족	1250458
黎族	여족	1247814
傣族	태족	1158989
畲族	사족	709592
傈僳族	율속족	634912
仡佬族	흘로족	579357
东乡族	동향족	513805
拉祜族	납호족	453705
水族	수족	406902
佤族	와족	396610
纳西族	나시족	308839
羌族	강족	306072
土族	토족	241198
仫佬族	무로족	207352
锡伯族	석백족	188824
柯尔克孜族	키르기즈족	160823
达斡尔族	다우르족	132394
景颇族	경파족	132143
毛南族	모남족	107166
撒拉族	살라족	104503

布朗族	포랑족	91882
塔吉克族	타지크족	41028
阿昌族	아창족	33936
普米族	보미족	33600
鄂温克族	오원커족	30505
怒族	노족	28759
京族	경족	22517
基诺族	기낙족	20899
德昂族	덕앙족	17935
保安族	보안족	16505
俄罗斯族	러시아족	15609
裕固族	유고족	13719
乌孜别克族	우즈베크족	12370
门巴族	문파족	8923
鄂伦春族	오르존족	8196
独龙族	독용족	7426
塔塔尔族	타타르족	4890
赫哲族	혁철족	4640
高山族	고산족	4461
珞巴族	낙파족	2965

<그림 Ⅳ-13-10> 소수민족 인구

(단위: 명)

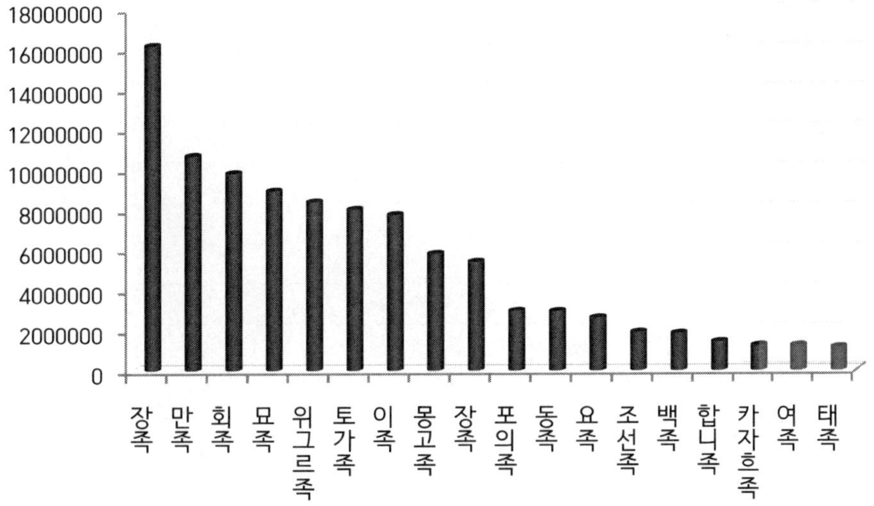

〈표 IV-13-6〉 전국 소수민족 자치구 인구(2010)

(단위 : 만 명, %)

	전체인구(A)	소수민족 수(B)	비중(B/A)
전국	18494.30	8851.74	47.86
하북	204.38	121.19	59.29
내몽고	2472.18	505.56	20.45
요녕	334.15	179.09	53.59
길림	335.16	114.47	34.15
흑룡강	25.52	5.28	20.70
절강	17.19	1.88	10.94
호북	458.86	258.28	56.29
호남	515.77	397.84	77.14
광동	49.98	18.52	37.06
광서	5159.00	1957.00	37.93
해남	177.51	88.75	49.99
중경	270.81	187.96	69.41
사천	734.12	437.52	59.60
귀주	1718.57	1034.97	60.22
운남	2238.82	1253.70	56.00
티벳	300.21	275.69	91.83
감숙	345.10	198.19	57.43
청해	322.93	275.92	85.44
영하	632.71	233.21	36.86
신강	2181.33	1306.72	59.90

<그림 IV-13-11> 전국 소수민족 자치구 소수민족 인구

(단위 : 만 명)

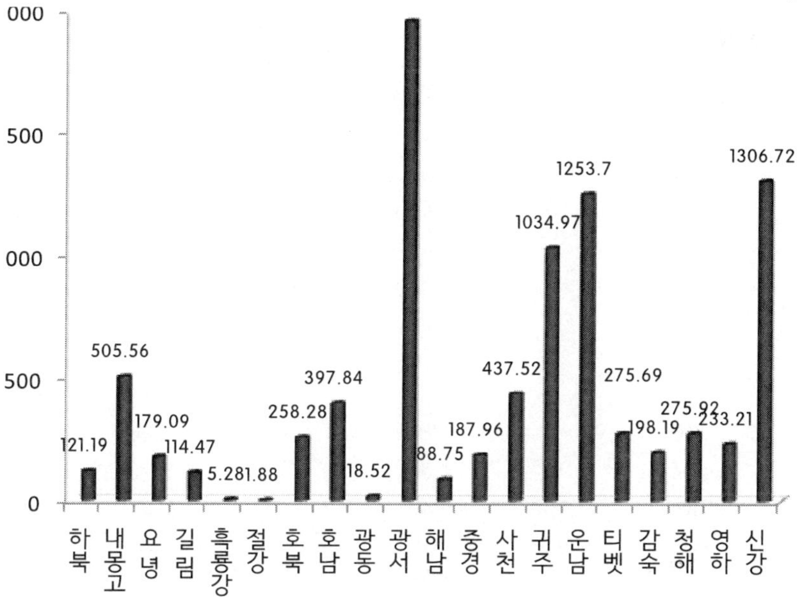

<그림 IV-13-12> 소수민족 자치구 소수민족 인구 비중

(단위 : %)

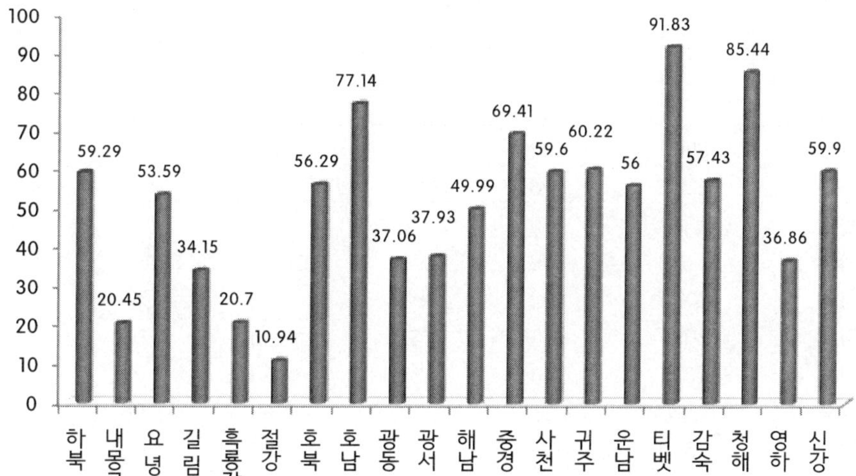

〈표 IV-13-7〉 중국의 문맹인구 추이(2009)

(단위 : 명, %)

지역	문맹인수	남	여	15세 인구에서 차지하는 비중	남	여
전국	68795	18202	50593	7.10	3.76	10.45
북경	374	71	303	2.75	1.03	4.53
천진	289	57	232	3.07	1.20	4.96
하북	2538	672	1867	4.88	2.57	7.22
산서	1027	286	740	4.08	2.24	5.99
내몽고	1382	398	984	7.49	4.24	10.88
요녕	1094	298	796	3.20	1.75	4.65
길림	733	237	496	3.43	2.17	4.73
흑룡강	1328	376	952	4.45	2.49	6.44
상해	592	104	487	3.81	1.36	6.19
강소	4275	919	3356	7.24	3.22	11.03
절강	3156	715	2440	8.06	3.64	12.49
안휘	5889	1649	4240	13.35	7.45	19.29
복건	2255	513	1743	8.47	3.91	12.90
서	1515	318	1197	4.96	2.11	7.74
산동	5302	1301	4001	7.50	3.70	11.26
하남	4475	1315	3159	6.59	3.95	9.14
호북	3399	944	2455	7.81	4.30	11.39
호남	2372	593	1779	5.04	2.50	7.61
광동	2548	490	2058	3.63	1.41	5.81
광서	1708	401	1307	5.06	2.30	8.01
해남	472	105	367	7.80	3.30	12.78
중경	1471	434	1036	7.13	4.27	9.90
사천	5503	1463	4040	9.17	4.92	13.36
귀주	3357	826	2530	13.21	6.39	20.30
운남	4363	1335	3028	13.74	8.15	19.68
서장	812	316	496	39.60	31.58	47.26
섬서	2030	632	1398	7.20	4.49	9.89
감숙	3026	955	2071	15.94	10.03	21.88
청해	575	151	423	14.73	7.79	21.63
영하	428	128	300	9.89	5.86	14.01
신강	509	199	311	3.40	2.63	4.20

✣본 통계는 2009년 전국 인구변동 조사현황에 근거한 것임. 표본비는 0.873‰.

*주 : 문맹인수는 15세 이상 인구 중 글씨를 쓰거나 읽지 못하는 인구를 의미

14 고용과 임금

〈표 IV-14-1〉 중국의 산업별 취업구조 추이(1952-2010)

(단위 : 만 명, %)

연도	경제활동인구 (만명)	구성 (합계=100)		
		1차산업	2차산업	3차산업
1952	21106	83.5	7.4	9.1
1957	23971	81.2	9.0	9.8
1962		82.1	8.0	9.9
1965		81.6	8.4	10.0
1970		80.8	10.2	9.0
1975		77.2	13.5	9.3
1978	40682	70.5	17.3	12.2
1979	41592	69.8	17.6	12.6
1980	42903	68.7	18.2	13.1
1981	44165	68.1	18.3	13.6
1982	45674	68.1	18.4	13.5
1983	46707	67.1	18.7	14.2
1984	48433	64.0	19.9	16.1
1985	50112	62.4	20.8	16.8
1986	51546	60.9	21.9	17.2
1987	53060	60.0	22.2	17.8
1988	54630	59.3	22.4	18.3
1989	55707	60.1	21.6	18.3
1990	65323	60.1	21.4	18.5
1991	66091	59.7	21.4	18.9
1992	66782	58.5	21.7	19.8
1993	67468	56.4	22.4	21.2
1994	68135	54.3	22.7	23.0
1995	68855	52.2	23.0	24.8
1996	69765	50.5	23.5	26.0

1997	70800	49.9	23.7	26.4
1998	72087	49.8	23.5	26.7
1999	72791	50.1	23.0	26.9
2000	73992	50.0	22.5	27.5
2001	73884	50.0	22.3	27.7
2002	74492	50.0	21.4	28.6
2003	74911	49.1	21.6	29.3
2004	75290	46.9	22.5	30.6
2005	76120	44.8	23.8	31.4
2006	76315	42.6	25.2	32.2
2007	76531	40.8	26.8	32.4
2008	77046	39.6	27.2	33.2
2009	77510	38.1	27.8	34.1
2010	78388	36.7	28.7	34.6

〈그림 IV-14-1〉 중국의 산업별 취업구조 추이

(단위 : %)

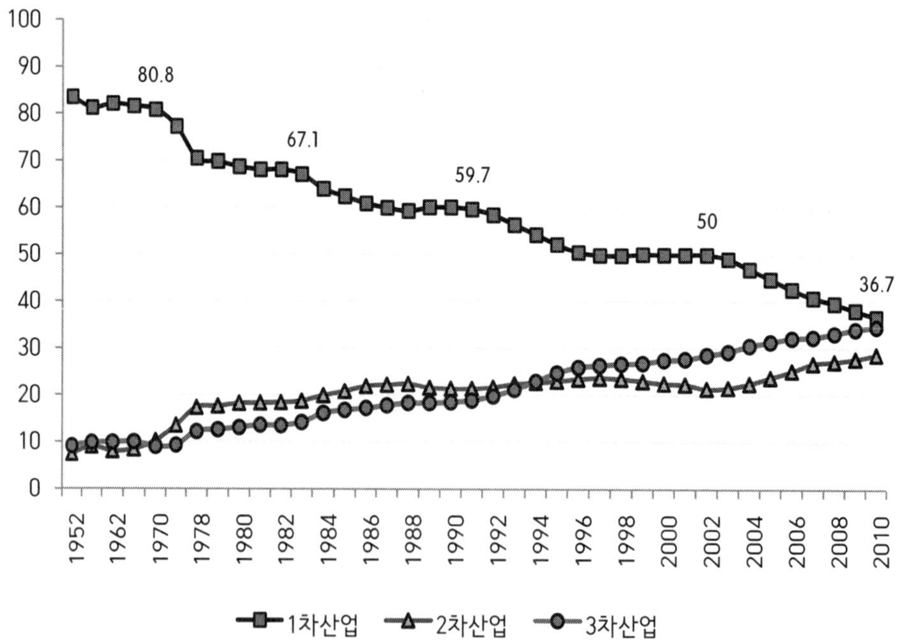

<표 Ⅳ-14-2> 중국의 지역별 산업별 취업구조(2010)

(단위 : 만 명, %)

지역	취업인구 (만명)	1차산업	2차산업	3차산업	구성 (합계=100) 1차산업	2차산업	3차산업
전국	76105.0	27930.5	21842.1	26332.3	36.7	28.7	34.6
북경	1317.7	65.1	275.8	976.8	4.9	20.9	74.1
천진	520.8	75.9	213.5	231.4	14.6	41.0	44.4
하북	3790.2	1469.6	1261.1	1059.5	38.8	33.3	28.0
산서	1665.1	638.2	440.2	586.7	38.3	26.4	35.2
내몽고	1184.7	571.0	206.2	407.5	48.2	17.4	34.4
요녕	2238.1	700.2	586.4	951.5	31.3	26.2	42.5
길림	1248.7	524.9	266.3	457.5	42.0	21.3	36.6
흑룡강	1743.4	774.8	337.4	631.2	44.4	19.4	36.2
상해	924.7	36.3	347.4	540.9	3.9	37.6	58.5
강소	4731.7	883.3	2141.9	1706.5	18.7	45.3	36.1
절강	3989.2	633.9	1914.0	1441.3	15.9	48.0	36.1
안휘	3846.8	1538.5	1132.4	1175.8	40.0	29.4	30.6
복건	2181.3	636.5	815.9	728.9	29.2	37.4	33.4
강서	2306.1	867.2	684.2	754.8	37.6	29.7	32.7
산동	5654.7	2004.4	1839.9	1810.4	35.4	32.5	32.0
하남	6041.6	2711.7	1753.4	1576.5	44.9	29.0	26.1
호북	3116.5	920.6	907.9	1288.0	29.5	29.1	41.3
호남	4007.7	1871.9	860.9	1275.0	46.7	21.5	31.8
광동	5776.9	1483.3	2018.0	2275.6	25.7	34.9	39.4
광서	2945.3	1571.2	619.5	754.7	53.3	21.0	25.6
해남	445.7	222.1	53.6	170.1	49.8	12.0	38.2
중경	1912.1	632.7	555.7	723.7	33.1	29.1	37.8
사천	4997.6	2142.1	1153.6	1701.9	42.9	23.1	34.1
귀주	2402.2	1192.1	285.0	925.1	49.6	11.9	38.5
운남	2814.1	1671.5	382.6	759.9	59.4	13.6	27.0
서장	175.0	93.0	19.4	62.7	53.1	11.1	35.8
섬서	1952.0	856.0	487.8	608.2	43.9	25.0	31.2
감숙	1431.9	731.5	216.3	484.1	51.1	15.1	33.8
청해	294.1	123.4	66.4	104.3	41.9	22.6	35.5
영하	326.0	128.3	86.2	111.5	39.4	26.4	34.2
신강	852.6	436.1	119.8	296.6	51.2	14.1	34.8

〈그림 Ⅳ-14-2〉 중국의 지역별, 산업별 취업구조 분포도

(단위 : %)

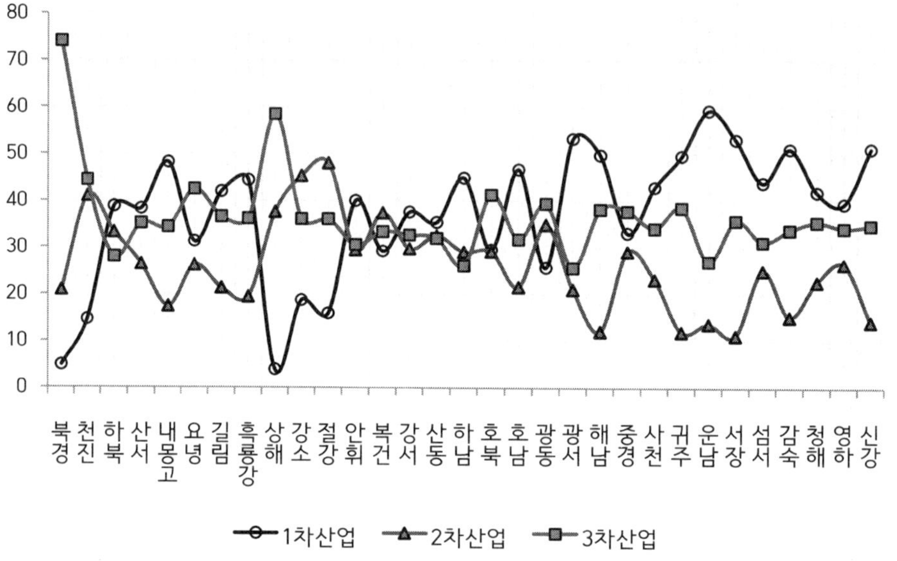

〈표 Ⅳ-14-3〉 중국의 취업인구 구조 현황(2005-2010)

항목	2005	2006	2007	2008	2009	2010
경제활동인구(만 명)	77877	78244	78645	79243	79812	78388
취업인구(만 명)	75825	76400	76990	77480	77995	76105
1차산업	33970	32561	31444	30654	29708	27931
2차산업	18084	19225	20629	21109	21684	21842
3차산업	23771	24614	24917	25717	26603	26332
취업인구구조(합계=100)						
1차산업	44.8	42.6	40.8	39.6	38.1	36.7
2차산업	23.8	25.2	26.8	27.2	27.8	28.7
3차산업	31.4	32.2	32.4	33.2	34.1	34.6
도농간취업구조(만 명)						
도시취업인구	27331	28310	29350	30210	31120	34687
#국유기업	6488	6430	6424	6447	6420	6516
도시집단기업	810	764	718	662	618	597
주식제합작기업	188	178	170	164	160	156
연합경영기업	45	45	43	43	37	36
유한책임공사	1750	1920	2075	2194	2433	2613
주식제유한공사	699	741	788	840	956	1024
사영기업	3458	3954	4581	5124	5544	6071
중국동포투자기업	557	611	680	679	721	770
외자기업	688	796	903	943	978	1053
개인기업	2778	3012	3310	3609	4245	4467
농촌취업인구	48494	48090	47640	47270	46875	41418
#향진기업	14272	14680	15090	15451	15588	15893
사영기업	2366	2632	2672	2780	3063	3347
개인기업	2123	2147	2187	2167	2341	2540
도시등기실업자수(만 명)	839	847	830	886	921	908
도시등기실업율(%)	4.2	4.1	4.0	4.2	4.3	4.1

<〈그림 IV-14-3〉 연도별 취업인구 구조 변화 추이

(단위 : %)

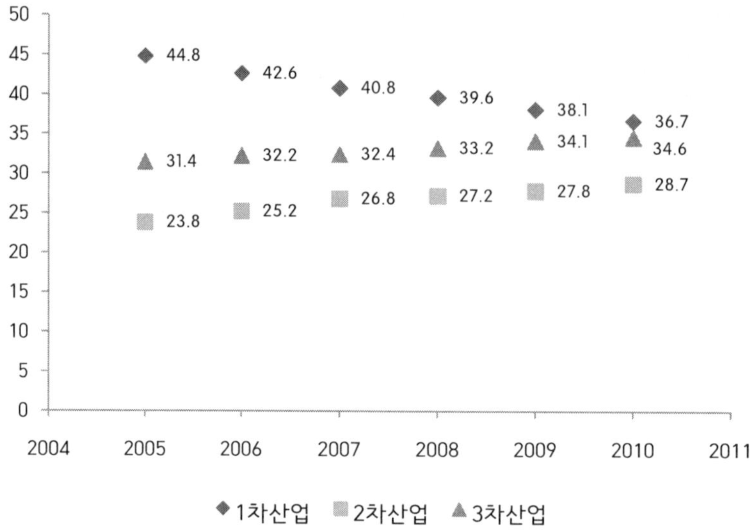

〈그림 IV-14-4〉 취업인구 증가 추이

(단위 : 만 명)

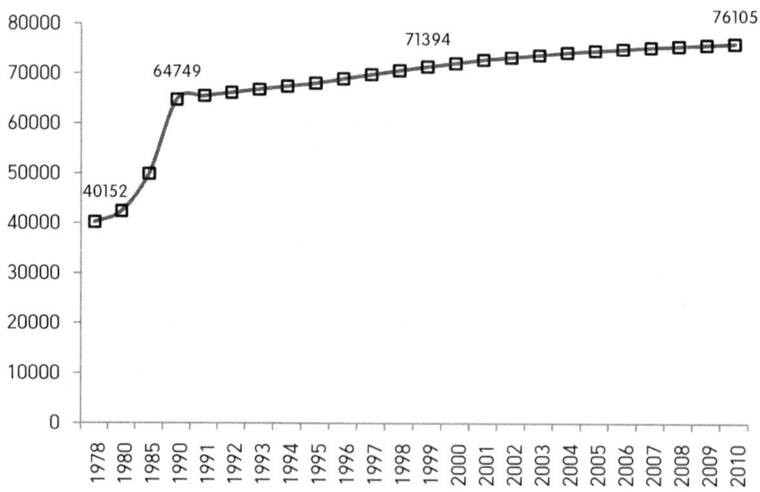

〈그림 Ⅳ-14-5〉 도시와 농촌의 취업인구 추이

(단위 : 만 명)

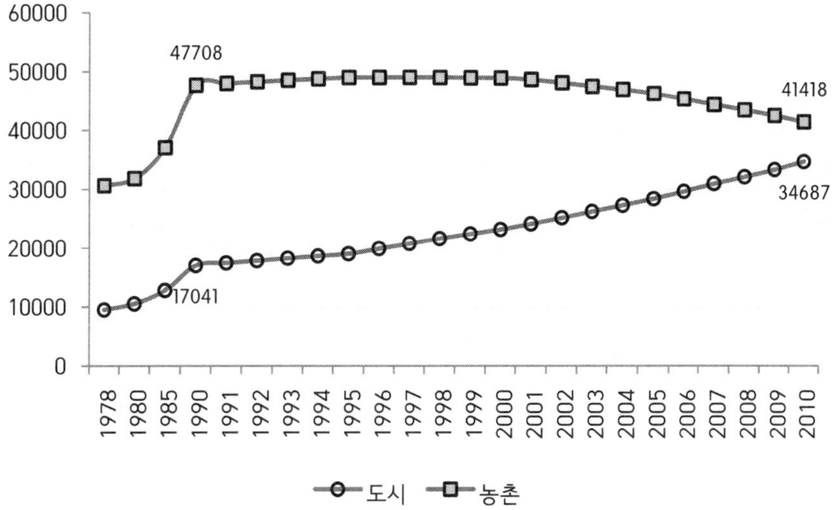

〈그림 Ⅳ-14-6〉 도시지역 국유기업 취업인구 추이

(단위 : 만 명)

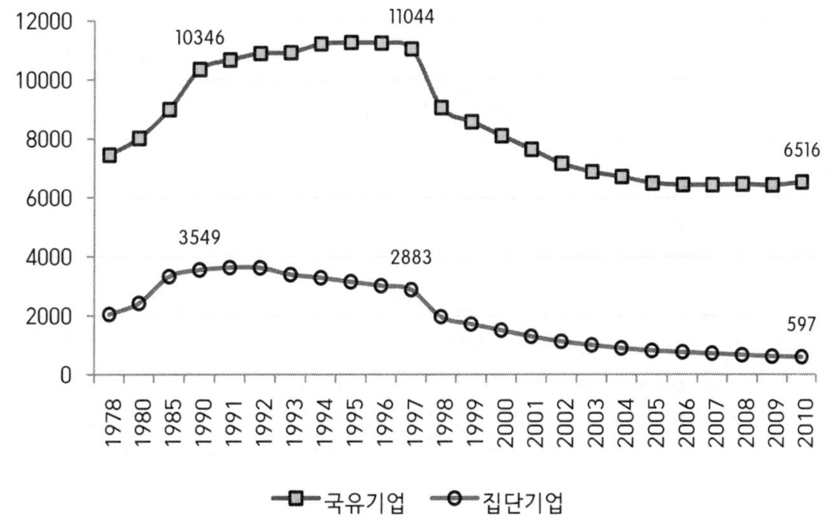

〈그림 Ⅳ-14-7〉 도시지역 사영 및 개인기업 취업인구 추이

(단위 : 만 명)

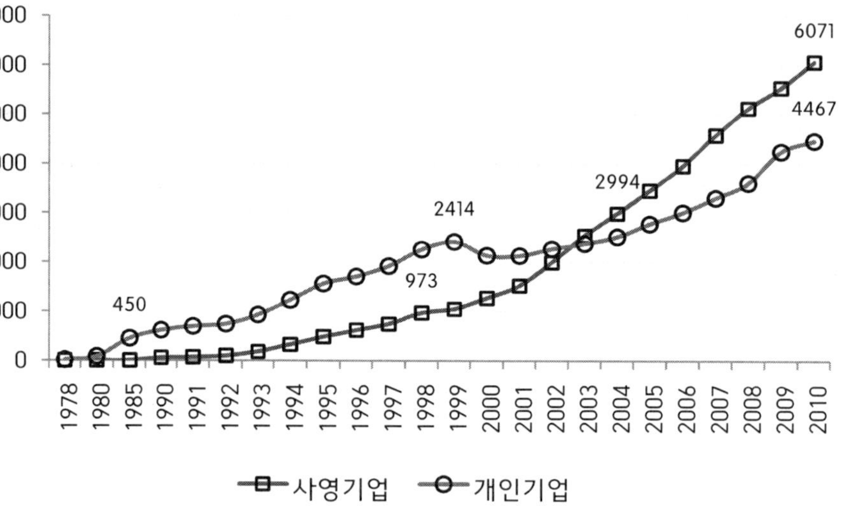

〈그림 Ⅳ-14-8〉 농촌지역 기업형태별 취업인구 추이

(단위 : 만 명)

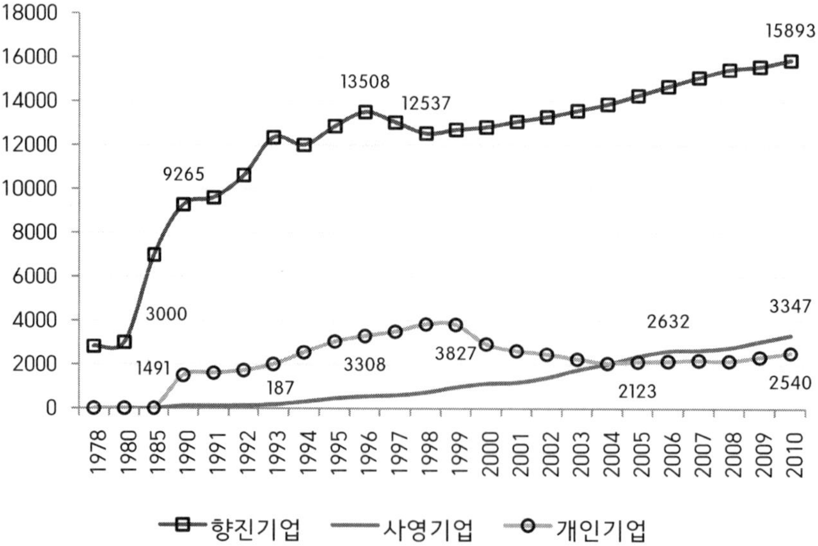

<표 Ⅳ-14-4> 기업 형태별 임금 증가 추이

(단위 : 억 위안)

연도	합 계	국유기업	도시집단기업	기타기업
1995	8255.8	6172.6	1210.6	672.7
1996	9249.4	6893.3	1269.4	801.7
1997	9602.4	7323.9	1283.9	994.5
1998	9540.2	6934.6	1054.9	1550.7
1999	10155.9	7289.9	995.8	1870.1
2000	10954.7	7744.9	950.7	2259.1
2001	12205.4	8515.2	898.5	2791.7
2002	13638.1	9138.0	863.9	3636.2
2003	15329.6	9911.9	867.1	4550.6
2004	17615.0	11038.2	876.2	5700.6
2005	20627.1	12291.7	906.4	7429.0
2006	24262.3	13920.6	983.8	9357.9
2007	29471.5	16689.1	1108.1	11674.3
2008	35289.5	19487.9	1203.2	14598.4
2009	40288.2	21862.7	1273.3	17152.1
2010	47269.9	24886.4	1433.7	20949.7

<그림 Ⅳ-14-9> 기업 형태별 임금총액 추이

(단위 : 억 위안)

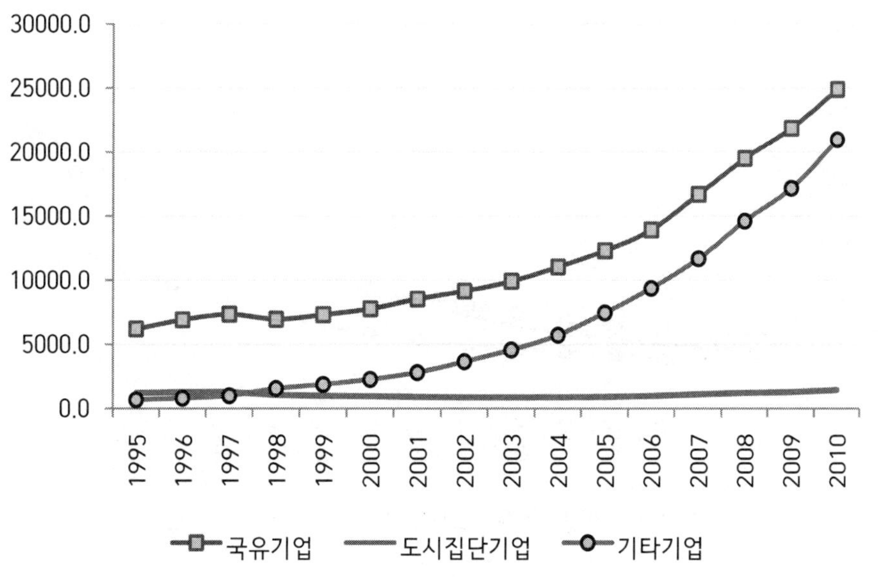

〈표 Ⅳ-14-5〉 기업 형태별 평균임금 증감 추이

(단위 : 위안)

연도	합계	국유기업	도시집단기업	기타기업
1995	5348	5553	3934	7728
1996	5980	6207	4312	8521
1997	6444	6679	4516	9092
1998	7446	7579	5314	9241
1999	8319	8443	5758	10142
2000	9333	9441	6241	11238
2001	10834	11045	6851	12437
2002	12373	12701	7636	13486
2003	13969	14358	8627	14843
2004	15920	16445	9723	16519
2005	18200	18978	11176	18362
2006	20856	21706	12866	21004
2007	24721	26100	15444	24271
2008	28898	30287	18103	28552
2009	32244	34130	20607	31350
2010	36539	38359	24010	35801

〈그림 Ⅳ-14-10〉 기업 형태별 평균임금 변화 추이

(단위 : 위안)

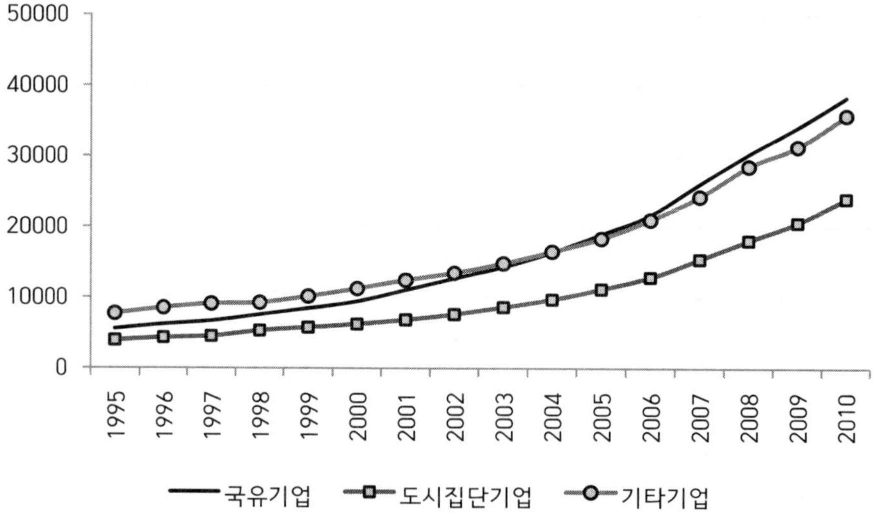

〈그림 Ⅳ-14-11〉 외국인 투자기업의 연평균임금 증가 추이

(단위 : 위안)

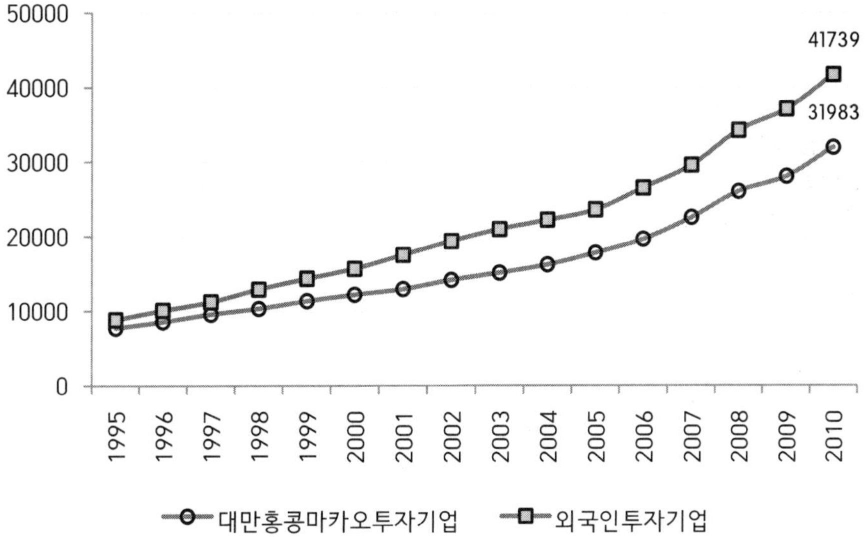

〈그림 Ⅳ-14-12〉 유한책임기업의 연평균임금 증가 추이

(단위 : 위안)

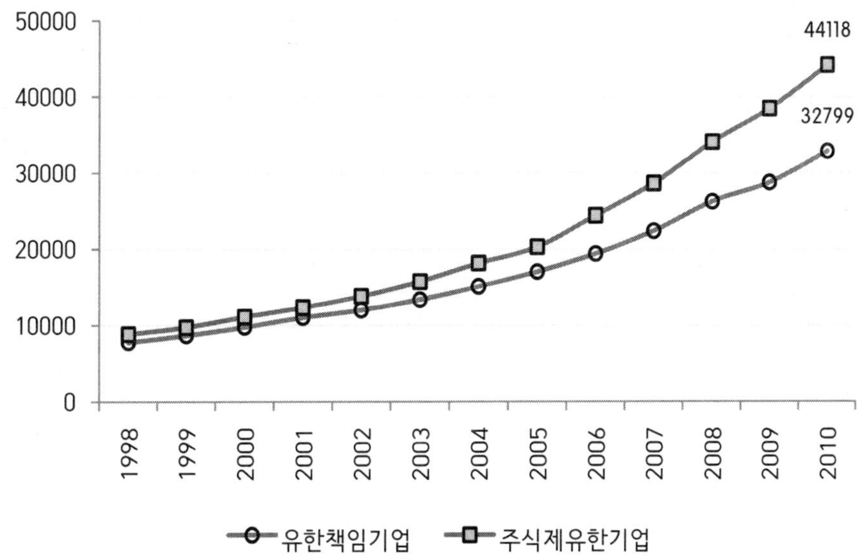

15 교육과 인적 자본

〈표 Ⅳ-15-1〉 중국의 학교와 교직원 규모 현황(2010)

(단위 : 개, 명)

항목	학교수	교직원수	전임교사
대학원생 교육기관	(797)		
일반대학	(481)		
연구기관소속대학	(316)		
대학	2358	2156601	1343127
일반대학	1112	1548043	935493
#独立学院	323	175288	126720
전문대학	1246	603201	404098
그중기술전문대학	1113	534718	359074
기타	(56)	5357	3536
성인교육기관	365	77108	45887
사립기타교육기관	836	38140	17794
중고등학교	85063	7096276	5922960
고등학교 해당기관	28584	7086834	2393232
고등학교	14712	5863935	1521736
일반고교	14058	5859271	1518194
성인고교	654	4664	3542
실업고교	13872	1222899	871496
보통실업고	3938	435046	295029
성인실업고	1720	85346	56979
직장실업고	5206	403233	306973
기능공양성고	3008	266268	190542
기타	(2012)	33006	21973
중학교	56479		3529728
보통중학교	54823		3523382
실업계중학교	67	2187	1975
성인중학교	1589	7255	4371
초등학교	290597	6175629	5645777
보통초등학교	257410	6109847	5617091
성인초등학교	33187	65782	28686
문맹해소반	(22227)	50355	19474
비행청소년교육기관	77	2576	1737
특수교육	1706	49249	39650
유치원	150420	1849301	1144225

<표 Ⅳ-15-2> 중국의 학교 수 발전 추이(1978-2010)

(단위 : 개)

연도	대학교	중고등 학교	고등 학교	중학교	실업고	초등 학교	특수교육 학교	유치원
1978	598	162345	49215	113130		949323	292	163952
1980	675	118377	31300	87077	3314	917316	292	170419
1985	1016	93221	17318	75903	8070	832309	375	172262
1986	1054	92967	17111	75856	8187	820846	423	173376
1987	1063	92857	16930	75927	8381	807406	504	176775
1988	1075	91492	16524	74968	8954	793261	577	171845
1989	1075	89575	16050	73525	9173	777244	662	172634
1990	1075	87631	15678	71953	9164	766072	746	172322
1991	1075	85851	15243	70608	9572	729158	886	164465
1992	1053	84021	14850	69171	9860	712973	1077	172506
1993	1065	82795	14380	68415	9985	696681	1123	165197
1994	1080	82358	14242	68116	10217	682588	1241	174657
1995	1054	81020	13991	67029	10147	668685	1379	180438
1996	1032	79967	13875	66092	10049	645983	1428	187324
1997	1020	78642	13880	64762	10047	628840	1440	182485
1998	1022	77888	13948	63940	10074	609626	1535	181368
1999	1071	77213	14127	63086	9636	582291	1520	181136
2000	1041	77268	14564	62704	8849	553622	1539	175836
2001	1225	80432	14907	65525	7802	491273	1531	111706
2002	1396	80067	15406	64661	7402	456903	1540	111752
2003	1552	79490	15779	63711	6843	425846	1551	116390
2004	1731	79058	15998	63060	6478	394183	1560	117899
2005	1792	77977	16092	61885	6423	366213	1593	124402
2006	1867	76703	16153	60550	6100	341639	1605	130495
2007	1908	74790	15681	59109	6191	320061	1618	129086
2008	2263	72907	15206	57701	6128	300854	1640	133722
2009	2305	70774	14607	56167	5805	280184	1672	138209
2010	2358	68881	14058	54823	5273	257410	1706	150420

〈그림 IV-15-1〉 대학교 수 증감 추이

(단위 : 개)

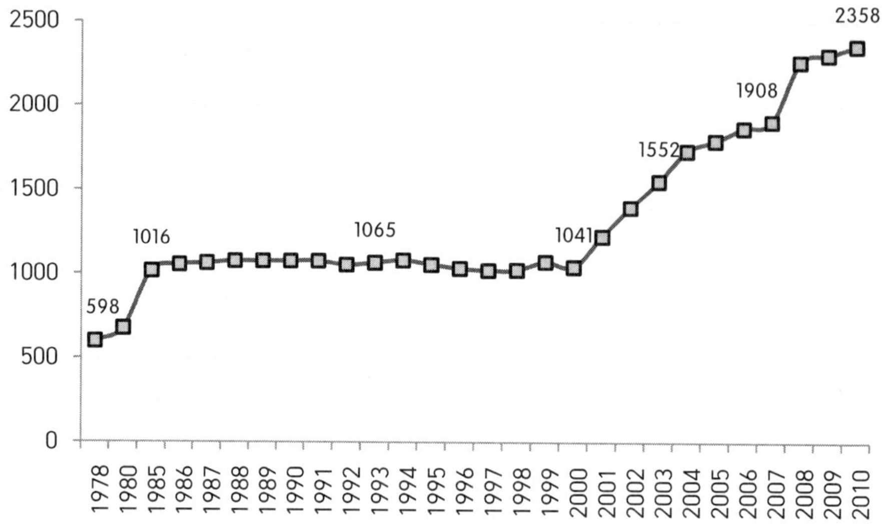

〈그림 IV-15-2〉 중고등학교 수 증감 추이

(단위 : 개)

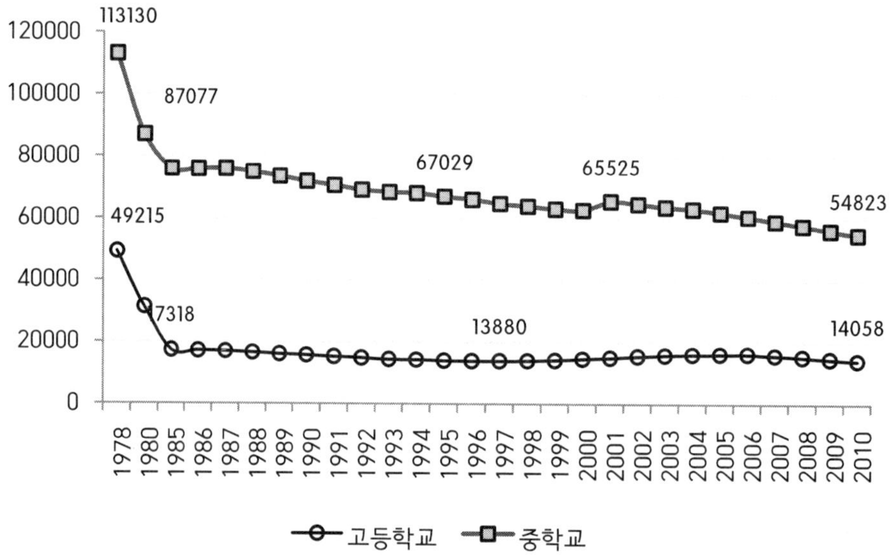

〈그림 Ⅳ-15-3〉 초등학교 수 증감 추이

(단위 : 개)

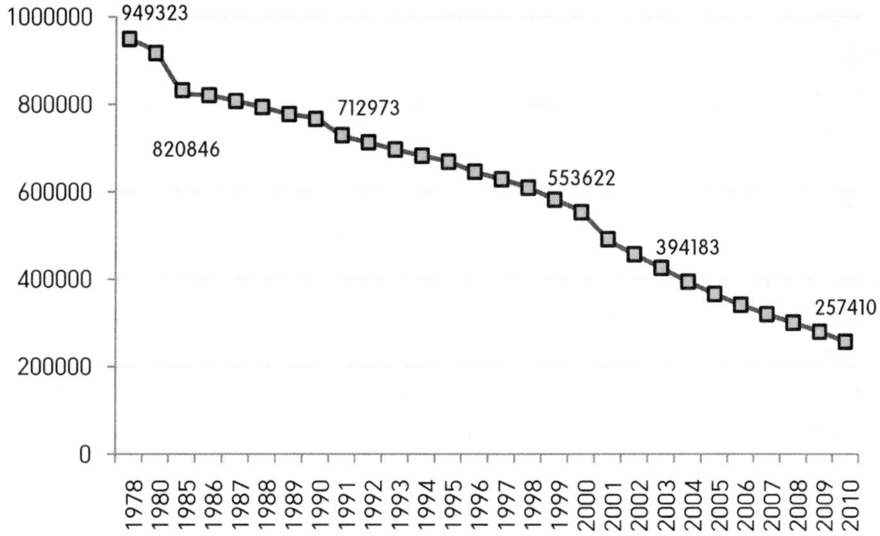

〈그림 Ⅳ-15-4〉 실업고 수 증감 추이

(단위 : 개)

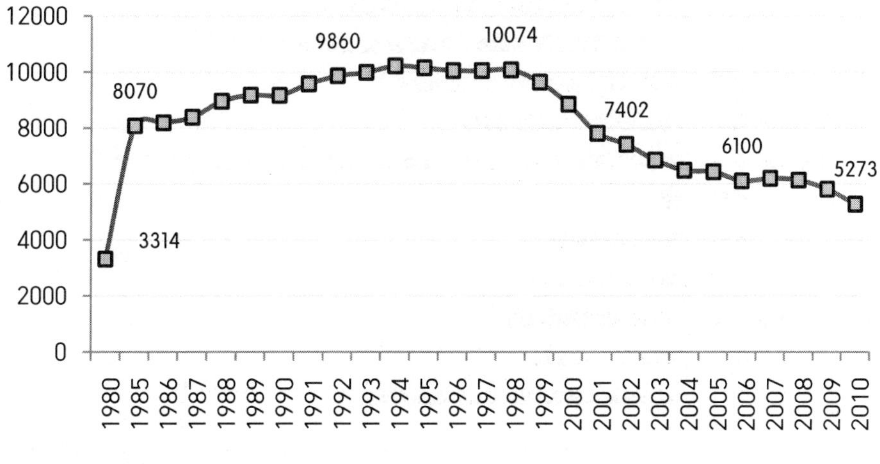

〈표 IV-15-3〉 사립학교 현황(2010)

(단위 : 개, 명)

	학교수	졸업생수	입학생수	재학생수	교직원수	전임교사	기타
사립대학	676	1096923	1467431	4766845	348857	236468	206078
종합대학		506959	825884	2809884			
전문대학		589964	641547	1956961			
独立学院	323	516168	754657	2603177	175288	126720	18736
本科		443503	688383	2389774			
专科		72665	66274	213403			
기타사립대학	836				38140	17794	921841
고등학교 교육	5622	1709986	1941400	5370649	629281	447069	
일반고등학교	2499	742839	809462	2300706	463647	343620	
사립실업고	3123	967147	1131938	3069943	165634	103449	359683
중학교 교육	4259	1298601	1532080	4421129			
일반중학교	4259	1298201	1532080	4421129			
사립 실업중		400					
초등학교	5351	864287	947235	5376255	313927	229480	
유치원	102289	3889350	7116312	13994694	1168429	680404	
사립학원	(18341)				218359	111304	9297762

〈그림-15-5〉 사립학교 입학 및 졸업생 수

(단위 : 명)

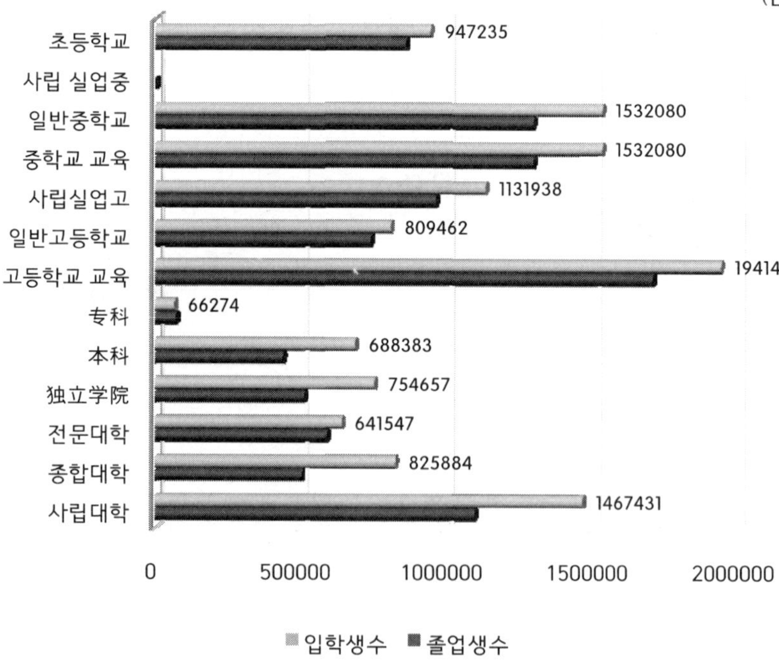

<표 Ⅳ-15-4> 중국의 교육수준별 학생수 현황(2010)

(단위 : 명)

항목	입학생	재학생	졸업생	여학생 비중
전문대 이상				
대학원	538177	1538416	383600	47.86
박사	63762	258950	48987	35.48
석사	474415	1279466	334613	50.36
대학교	6617551	22317929	5754245	50.86
종합대학	3512563	12656132	2590535	49.68
전문대학	3104988	9661797	3163710	52.41
성인교육기관	2084259	5360388	1972873	53.12
종합대학	853319	2250457	803915	54.90
전문대학	1230940	3109931	1168958	51.84
기타대학학력교육				
직장인박사과정	124871	420294		36.62
석사학위				
원격교육기관	1663655	4531443	1105529	48.18
종합대학	555789	1640403	422543	50.76
전문대학	1107866	2891040	682986	46.72
초등중고등학교	34232365	100196629	32818276	
고등학교	17066550	46773297	14687477	
일반고등학교	8362359	24388321	8034528	
일반고등학교	8362359	24273351	7944335	48.62
성인고등학교		114970	90193	47.68
직업고등학교	8704191	22384976	6652949	
일반실업고	3166119	8777141	2646434	52.67
성인전문고	1161091	2123974	488061	44.42
직업학교	2786747	7263332	2302029	46.86
기술학교	1590234	4220529	1216425	28.96
중학교	17165815	53423332	18130799	
일반중학교	17154930	52759127	17485714	47.21
실업중학교	10885	34173	17794	47.62
성인중학교		630032	627291	47.47
초등학교	16917007	101353616	19279332	
일반초등학교	16917007	99407043	17396364	46.23
성인초등학교		1946573	1882968	53.09
#문맹해소반		1080807	902594	52.31
비행청소년교육기관	4047	10735	3894	17.61
특수교육	64869	425613	58941	34.60
취학전교육	17003851	29766695	10575502	45.44

〈표 IV-15-5〉 중국의 교육수준별 학생모집 연도별 현황(1978-2010)

(단위 : 만 명)

연도	전문대 이상	중고등 학생			실업고생	초등학생	특수교육 졸업생
			고등학생	중학생			
1978	40.2	2698.9	692.9	2006.0		3315.4	0.6
1980	28.1	1934.3	383.4	1550.9	30.7	2942.3	0.6
1985	61.9	1606.9	257.5	1349.4	116.1	2298.2	0.9
1986	57.2	1643.9	257.3	1386.6	112.8	2258.2	1.1
1987	61.7	1649.5	255.2	1394.3	113.2	2094.6	1.2
1988	67.0	1584.8	244.3	1340.5	119.5	2123.3	1.2
1989	59.7	1551.5	242.1	1309.4	118.3	2151.5	1.4
1990	60.9	1619.6	249.8	1369.9	123.2	2064.0	1.6
1991	62.0	1655.2	243.8	1411.3	137.8	2072.7	2.0
1992	75.4	1699.7	234.7	1465.0	152.1	2183.2	3.0
1993	92.4	1707.3	228.3	1479.0	161.5	2353.5	3.4
1994	90.0	1859.8	243.4	1616.4	175.3	2537.0	4.0
1995	92.6	2025.9	273.6	1752.3	190.1	2531.8	5.6
1996	96.6	2042.9	282.2	1760.7	188.9	2524.7	4.8
1997	100.0	2128.2	322.6	1805.6	211.2	2462.0	4.6
1998	108.4	2321.0	359.6	1961.4	217.6	2201.4	4.9
1999	159.7	2546.0	396.3	2149.7	194.1	2029.5	5.0
2000	220.6	2736.0	472.7	2263.3	182.7	1946.5	5.3
2001	268.3	2815.9	558.0	2257.9	185.0	1944.2	5.6
2002	320.5	2929.0	676.7	2252.3	216.9	1952.8	5.3
2003	382.2	2947.4	752.1	2195.3	222.1	1829.4	4.9
2004	447.3	2899.7	821.5	2078.2	229.1	1747.0	5.1
2005	504.5	2854.3	877.7	1976.5	259.3	1671.7	4.9
2006	546.1	2794.8	871.2	1923.6	294.0	1729.4	5.0
2007	565.9	2703.9	840.2	1863.7	306.9	1736.1	6.3
2008	607.7	2693.2	837.0	1856.2	294.1	1695.7	6.2
2009	639.5	2616.7	830.3	1786.4	315.2	1637.8	6.4
2010	661.8	2551.7	836.2	1715.5	279.8	1691.7	6.5

〈그림 Ⅳ-15-6〉 대학 입학 정원 연도별 증가 추이

(단위 : 만 명)

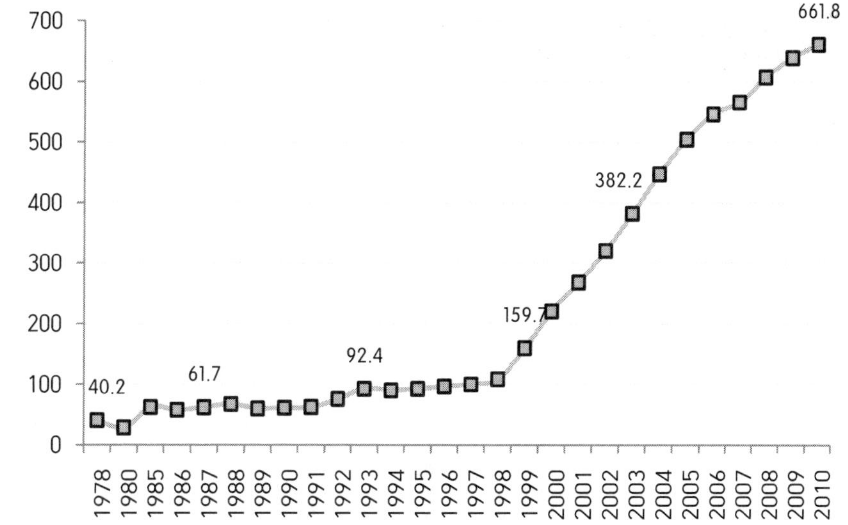

〈그림 Ⅳ-15-7〉 고등학교, 중학교, 초등학교 신입생 모집 연도별 추이

(단위 : 만 명)

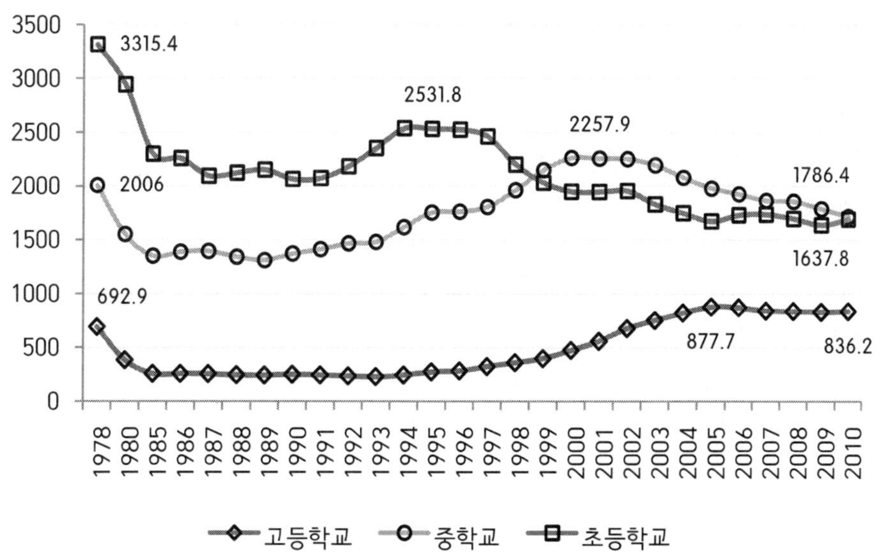

〈표 IV-15-6〉 중국의 연도별 교육 수준별 재학생 현황

(단위 : 만 명)

연도	전문대 생이상	중고등 학생			실업 고생	초등 학생	특수교육 졸업생	유치원
			고등 학생	중학생				
1978	85.6	6548.3	1553.1	4995.2		14624.0	3.1	787.7
1980	114.4	5508.1	969.8	4538.3	45.4	14627.0	3.3	1150.8
1985	170.3	4706.0	741.1	3964.8	229.5	13370.2	4.2	1479.7
1986	188.0	4889.9	773.4	4116.6	256.0	13182.5	4.7	1629.0
1987	195.9	4948.1	773.7	4174.4	267.6	12835.9	5.3	1807.8
1988	206.6	4761.5	746.0	4015.5	279.4	12535.8	5.8	1854.5
1989	208.2	4554.0	716.1	3837.9	282.3	12373.1	6.4	1847.7
1990	206.3	4586.0	717.3	3868.7	295.0	12241.4	7.2	1972.2
1991	204.4	4683.5	722.9	3960.6	315.6	12164.2	8.5	2209.3
1992	218.4	4770.8	704.9	4065.9	342.8	12201.3	13.0	2428.2
1993	253.6	4739.1	656.9	4082.2	362.6	12421.2	16.9	2552.5
1994	279.9	4981.7	664.9	4316.7	405.6	12822.6	21.1	2630.3
1995	290.6	5371.0	713.2	4657.8	448.3	13195.2	29.6	2711.2
1996	302.1	5739.7	769.3	4970.4	473.3	13615.0	32.1	2666.3
1997	317.4	6017.9	850.1	5167.8	511.9	13995.4	34.1	2519.0
1998	340.9	6301.0	938.0	5363.0	541.6	13953.8	35.8	2403.0
1999	413.4	6771.3	1049.7	5721.6	533.9	13548.0	37.2	2326.3
2000	556.1	7368.9	1201.3	6167.6	503.2	13013.3	37.8	2244.2
2001	719.1	7836.0	1405.0	6431.1	466.4	12543.5	38.6	2021.8
2002	903.4	8287.9	1683.8	6604.1	511.5	12156.7	37.5	2036.0
2003	1108.6	8583.2	1964.8	6618.4	528.2	11689.7	36.5	2003.9
2004	1333.5	8695.4	2220.4	6475.0	569.4	11246.2	37.2	2089.4
2005	1561.8	8580.9	2409.1	6171.8	625.6	10864.1	36.4	2179.0
2006	1738.8	8451.9	2514.5	5937.4	676.2	10711.5	36.3	2263.9
2007	1884.9	8243.3	2522.4	5720.9	740.5	10564.0	41.9	2348.8
2008	2021.0	8050.5	2476.3	5574.2	761.1	10331.5	41.7	2475.0
2009	2144.7	7867.9	2434.3	5433.6	785.7	10071.5	42.8	2657.8
2010	2231.8	7703.2	2427.3	5275.9	729.8	9940.7	42.6	2976.7

〈그림 IV-15-8〉 대학 재학생 수 연도별 추이

(단위 : 만 명)

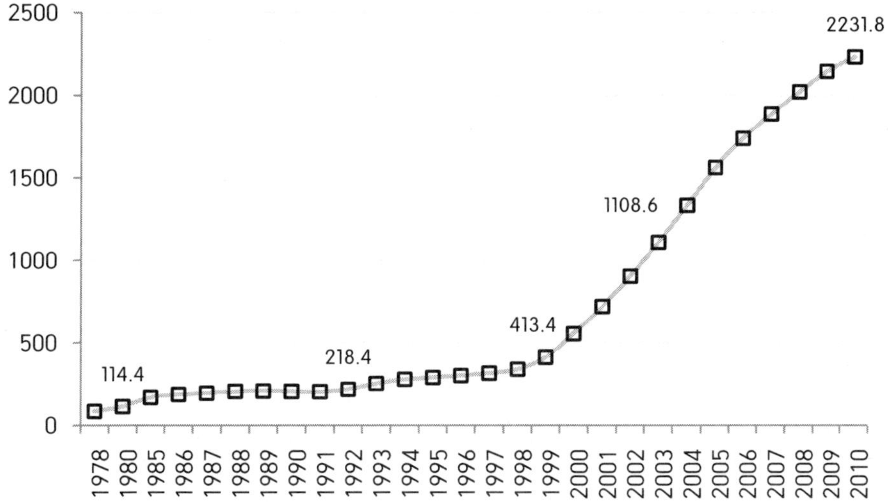

〈그림 IV-15-9〉 학년별 재학생 수 연도별 추이

(단위 : 만 명)

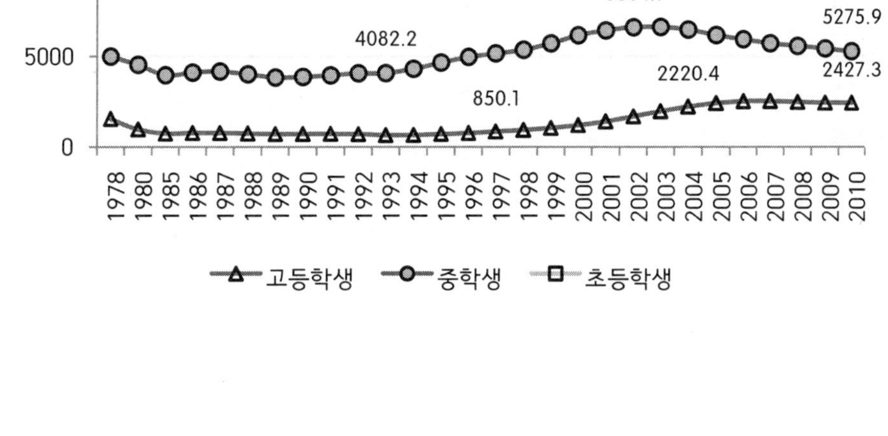

〈표 IV-15-7〉 중국의 연도별 교육수준별 졸업생 현황(1978-2010)

(단위 : 만 명)

연도	전문대 이상	중고등학생			실업고생	초등학생	특수교육 졸업생
			고등학생	중학생			
1978	16.5	2375.3	682.7	1692.6		2287.9	0.3
1980	14.7	1581.0	616.2	964.7	7.9	2053.3	0.4
1985	31.6	1194.9	196.6	998.3	41.3	1999.9	0.4
1986	39.3	1281.0	224.0	1057.0	57.9	2016.1	0.5
1987	53.2	1364.1	246.8	1117.3	75.0	2043.0	0.4
1988	55.3	1407.8	250.6	1157.2	81.0	1930.3	0.5
1989	57.6	1377.5	243.2	1134.3	86.3	1857.1	0.5
1990	61.4	1342.1	233.0	1109.1	89.3	1863.1	0.5
1991	61.4	1308.5	222.9	1085.5	94.5	1896.7	0.6
1992	60.4	1328.4	226.1	1102.3	96.7	1872.4	0.9
1993	57.1	1365.9	231.7	1134.2	102.5	1841.5	1.2
1994	63.7	1361.9	209.3	1152.6	107.6	1899.6	1.4
1995	80.5	1429.0	201.6	1227.4	124.0	1961.5	1.9
1996	83.9	1484.0	204.9	1279.0	139.6	1934.1	2.4
1997	82.9	1664.0	221.7	1442.4	150.1	1960.1	2.8
1998	83.0	1832.0	251.8	1580.2	162.8	2117.4	3.5
1999	84.8	1852.7	262.9	1589.8	167.8	2313.7	3.8
2000	95.0	1908.6	301.5	1607.1	176.3	2419.2	4.3
2001	103.6	2047.4	340.5	1707.0	166.5	2396.9	4.6
2002	133.7	2263.6	383.8	1879.9	145.4	2351.9	4.4
2003	187.7	2453.7	458.1	1995.6	135.5	2267.9	4.5
2004	239.1	2617.4	546.9	2070.4	142.5	2135.2	4.7
2005	306.8	2768.1	661.6	2106.5	170.0	2019.5	4.3
2006	377.5	2789.5	727.1	2062.4	179.5	1928.5	4.5
2007	447.8	2745.2	788.3	1956.8	197.7	1870.2	5.0
2008	511.9	2699.0	836.1	1862.9	216.7	1865.0	5.2
2009	531.1	2618.4	823.7	1794.7	232.1	1805.2	5.7
2010	575.4	2543.0	794.4	1748.6	232.0	1739.6	5.9

〈그림 Ⅳ-15-10〉 대학교 졸업생 수 증가 추이

(단위 : 만 명)

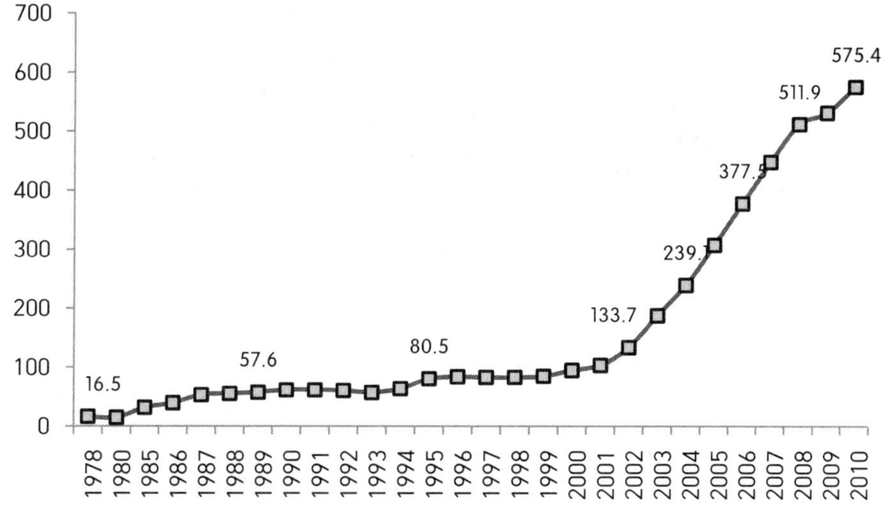

〈그림 Ⅳ-15-11〉 중고등학교 졸업생 수 증감 추이

(단위 : 만 명)

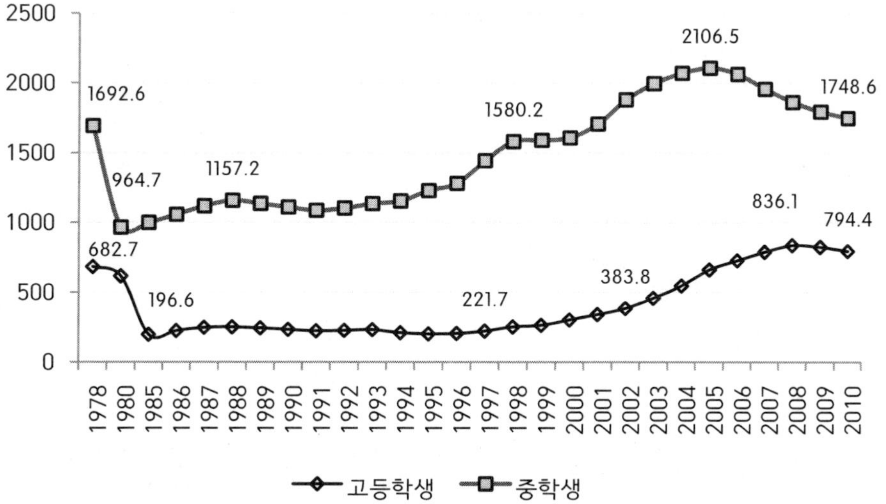

〈그림 IV-15-12〉 초등학교 졸업생수 증감 추이

(단위 : 만 명)

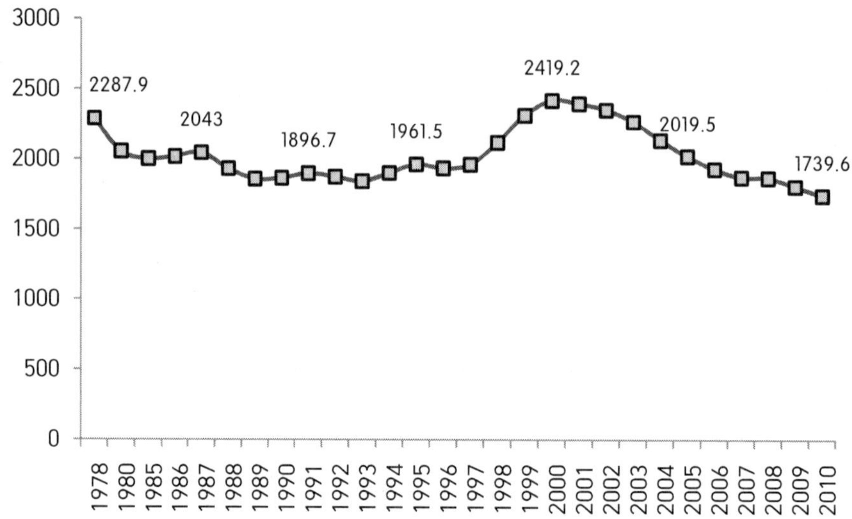

〈그림 IV-15-13〉 실업계 고교 졸업생 수 증감 추이

(단위 : 만 명)

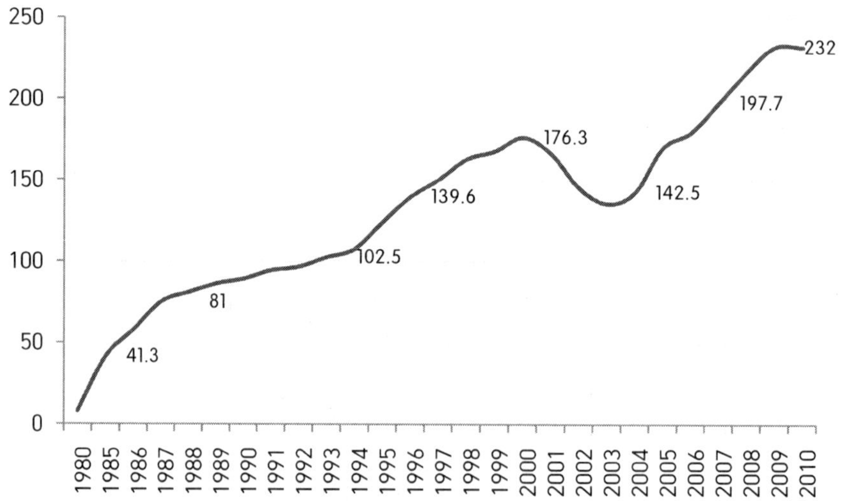

〈표 Ⅳ-15-8〉 중국의 석박사 입학 및 졸업생 현황(2010)

(단위 : 명)

전공	입학생	박사	석사	졸업생	박사	석사
합계	538177	63762	474415	383600	48987	334613
철학	4874	838	4036	4620	703	3917
경제학	20618	2781	17837	19110	2371	16739
법학	29330	3529	25801	26165	2414	23751
교육학	15282	1153	14129	13565	857	12708
문학	40635	2807	37828	33623	2129	31494
역사학	5487	945	4542	4857	827	4030
이학	58388	12216	46172	43654	9638	34016
공학	153704	23977	129727	128678	17428	111250
농학	14874	2831	12043	14079	1973	12106
의학	40067	6524	33543	35582	5762	29820
군사학	233	26	207	213	23	190
관리학	35386	4629	30757	32703	3738	28965
专业学位	119299	1506	117793	26751	1124	25627

〈그림 Ⅳ-15-14〉 중국의 대학원 입학과 졸업생 분야별 비교

(단위 : 명)

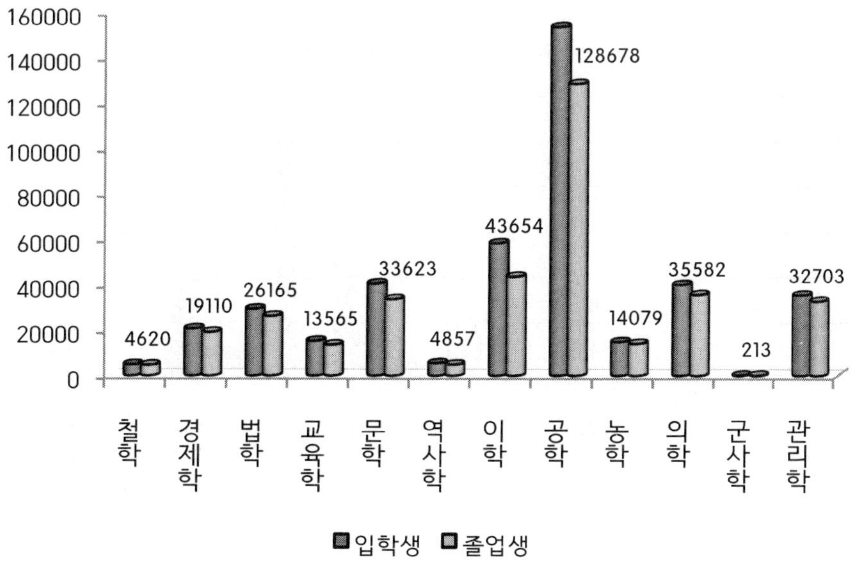

〈그림 Ⅳ-15-15〉 학문 분야별 석사 입학과 졸업생 현황

(단위 : 명)

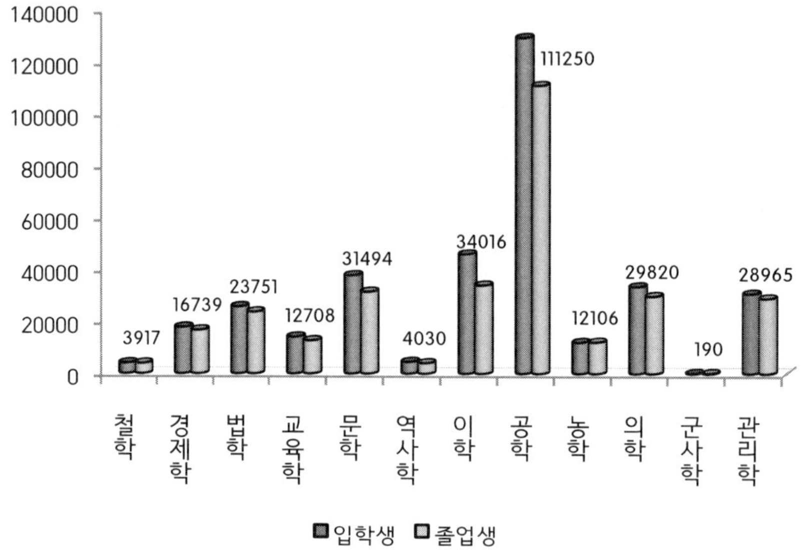

〈그림 Ⅳ-15-16〉 학문 분야별 대학원 박사 입학생 및 졸업생 비교

(단위 : 명)

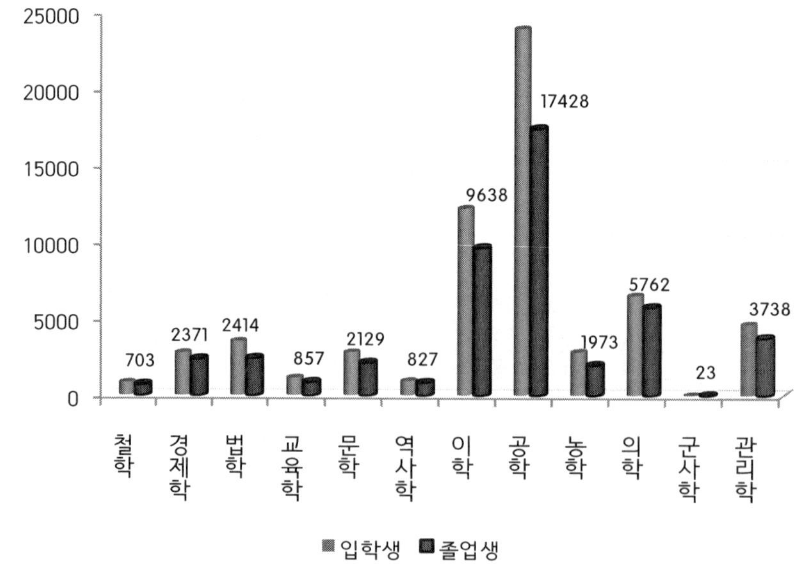

〈그림 Ⅳ-15-17〉 전공별 대학원 졸업생 현황(2010)

(단위 : 명)

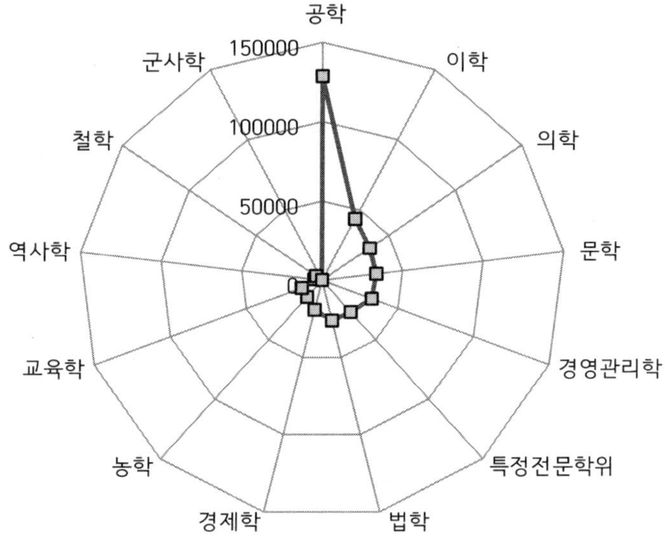

〈그림 Ⅳ-15-18〉 전공별 대학원 석사 졸업생 현황(2010)

(단위 : 명)

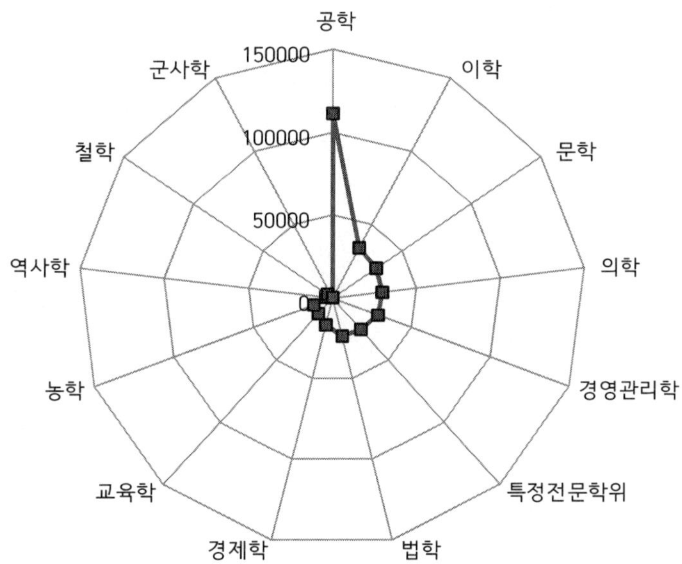

〈그림 IV-15-19〉 전공별 대학원 박사 졸업생 현황(2010)

(단위 : 명)

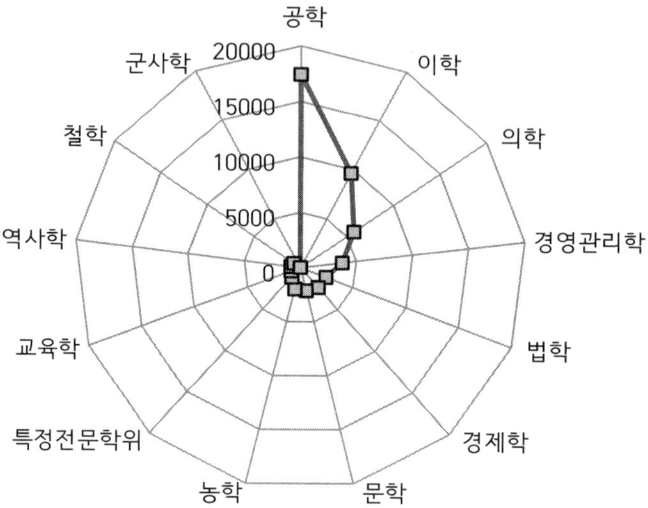

〈표 IV-15-9〉 중국 연구기관 소속 대학의 석박사 입학 및 졸업생 현황(2010)

(단위 : 만 명)

전 공	입학생			졸업생		
		박사	석사		박사	석사
합 계	18970	6370	12600	13773	5773	8000
철학	188	72	116	173	65	108
경제학	566	244	322	481	178	303
법학	554	138	416	540	125	415
교육학	87	43	44	68	35	33
문학	278	94	184	237	72	165
역사학	84	25	59	76	23	53
이학	6914	3122	3792	5004	3014	1990
공학	6502	2078	4424	5341	1727	3614
농학	742	238	504	659	202	457
의학	691	157	534	668	217	451
군사학	1		1	2		2
관리학	602	156	446	478	110	368
특정전문학위	1761	3	1758	46	5	41

〈표 Ⅳ-15-10〉 중국의 연구생과 유학생 현황(1978-2010)

(단위 : 만 명)

연도	대학원생 수			유학생 수	귀국생 수
	입학생	재학생	졸업생		
1978	10708	10934	9	860	248
1980	3616	21604	476	2124	162
1985	46871	87331	17004	4888	1424
1986	41310	110371	16950	4676	1388
1987	39017	120191	27603	4703	1605
1988	35645	112776	40838	3786	3000
1989	28569	101339	37232	3329	1753
1990	29649	93018	35440	2950	1593
1991	29679	88128	32537	2900	2069
1992	33439	94164	25692	6540	3611
1993	42145	106771	28214	10742	5128
1994	50864	127935	28047	19071	4230
1995	51053	145443	31877	20381	5750
1996	59398	163322	39652	20905	6570
1997	63749	176353	46539	22410	7130
1998	72508	198885	47077	17622	7379
1999	92225	233513	54670	23749	7748
2000	128484	301239	58767	38989	9121
2001	165197	393256	67809	83973	12243
2002	202611	500980	80841	125179	17945
2003	268925	651260	111091	117307	20152
2004	326286	819896	150777	114682	24726
2005	364831	978610	189728	118515	34987
2006	397925	1104653	255902	134000	42000
2007	418612	1195047	311839	144000	44000
2008	446422	1283046	344825	179800	69300
2009	510953	1404942	371273	229300	108300
2010	538177	1538416	383600	284700	134800

〈그림 IV-15-20〉 대학원생 입학 및 졸업생 증감 추이

(단위 : 명)

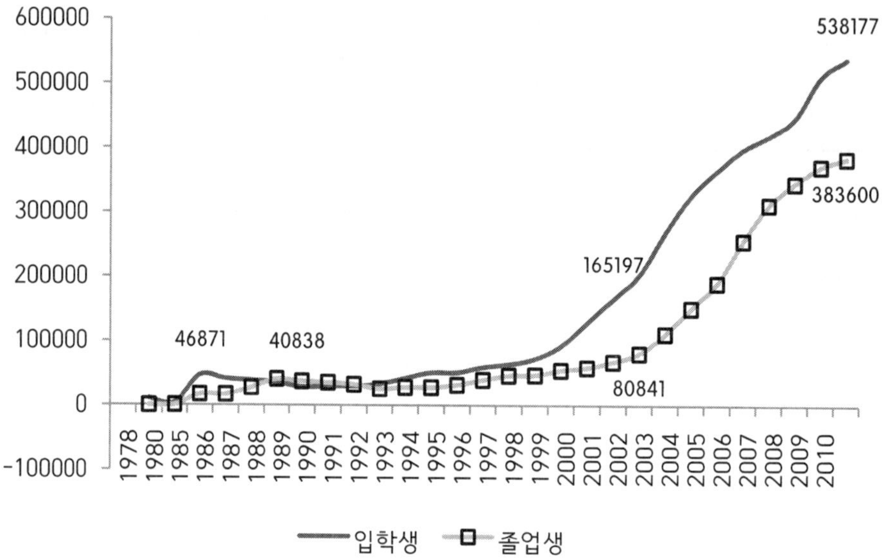

〈그림 IV-15-21〉 중국의 출국 유학생 및 귀국학생 수 연도별 추이

(단위 : 명)

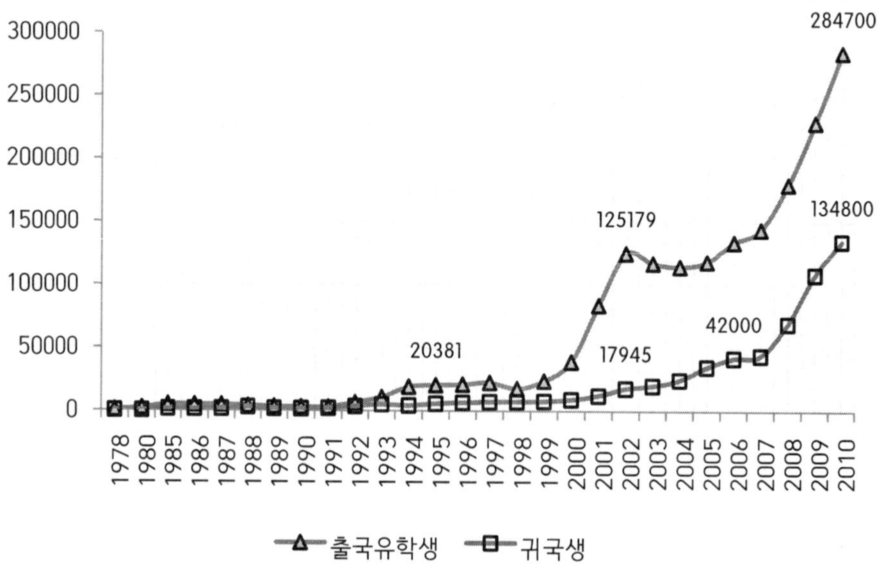

16 관광산업

〈표 Ⅳ-16-1〉 중국의 관광산업 발전 현황(2005-2010)

지표	2005	2006	2007	2008	2009	2010
여행사 수	16245	17957	18943	20110		
국제여행사	1556	1654	1797	1970		
국내여행사	14689	16303	17146	18140		
기준이상 호텔 수	11828	12751	13583	14099		
입국자 수(만 명)	12029.23	12494.21	13187.33	13002.74	12647.59	13376.22
외국인	2025.51	2221.03	2610.97	2432.53	2193.75	2612.69
홍콩, 마카오인	9592.79	9831.84	10113.57	10131.65	10005.44	10249.48
대만인	410.92	441.35	462.79	438.56	448.40	514.06
1박이상체류입국자	4680.90	4991.34	5471.98	5304.92	5087.52	5566.45
출국자수(만 명)	3102.63	3452.36	4095.40	4584.44	4765.62	5738.65
개인사유출국자 수	2514.00	2879.91	3492.40	4013.12	4220.97	5150.79
국내여행자 수(억 명)	12.12	13.94	16.10	17.12	19.02	21.03
관광수입						
외환수입(억 달러)	292.96	339.49	419.19	408.43	396.75	458.14
국내관광수입(억 위안)	5285.86	6229.74	7770.62	8749.30	10183.69	12579.77

〈표 IV-16-2〉 외국인 입국인 중 성별, 연령별 현황

지표	2009		2010	
	만 명	비중(%)	만 명	비중(%)
합계	2193.75	100.0	2612.69	100.0
성별기준				
남성	1430.15	65.2	1678.88	64.3
여성	763.60	34.8	933.81	35.7
연령별분류				
14세이하	92.05	4.2	109.44	4.2
15-24	171.90	7.8	203.09	7.8
25-44	1004.28	45.8	1171.31	44.8
45-64	796.56	36.3	965.20	36.9
65세 이상	128.95	5.9	163.65	6.3
입국목적별				
회의/비즈니스	523.72	23.9	619.67	23.7
관광	1013.27	46.2	1238.20	47.4
친척방문	8.01	0.4	9.10	0.3
서비스지원	227.37	10.4	246.27	9.4
기타	421.38	19.2	499.44	19.1

〈그림 IV-16-1〉 외국인 입국 현황(남녀 성별기준)

(단위 : %)

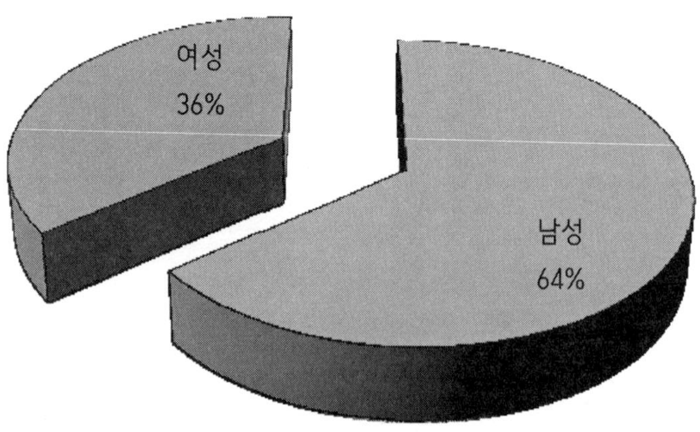

〈그림 Ⅳ-16-2〉 연령별 외국인 입국 현황

(단위 : %)

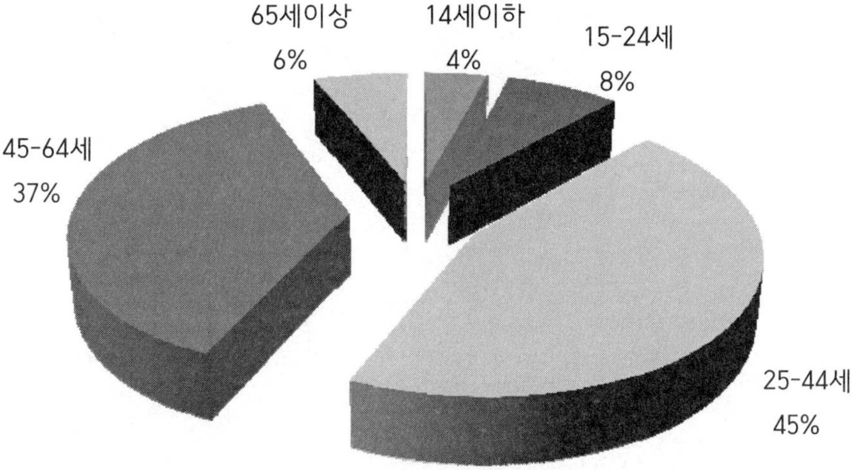

〈그림 Ⅳ-16-3〉 입국목적별 외국인 입국인 비중 현황(2010)

(단위 : %)

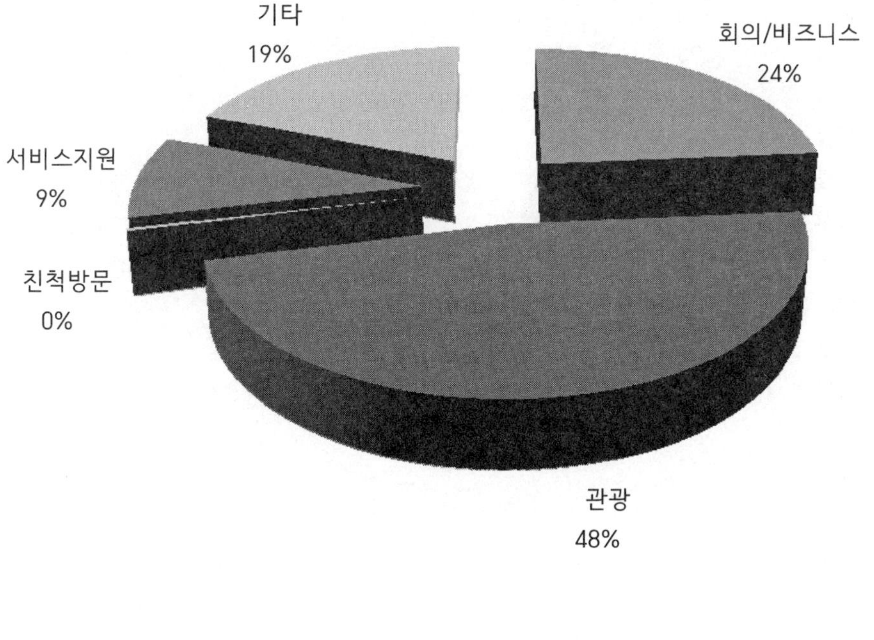

〈표 IV-16-3〉 지역별 관광 수입 현황

(단위 : 백만 달러)

지역	1995	2000	2005	2007	2008	2009	2010
북경	2182	2768	3619	4580	4459	4357	5045
천진	133	232	509	779	1001	1183	1420
하북	42	142	209	309	274	308	351
산서	21	50	116	222	301	378	465
내몽고	91	126	352	545	577	558	602
요녕	189	383	738	1228	1526	1856	2259
길림	41	58	120	179	211	243	305
흑룡강	61	189	340	643	870	639	763
상해	939	1613	3556	4673	4972	4744	6341
강소	260	724	2260	3469	3880	4016	4783
절강	236	514	1716	2708	3024	3224	3930
안휘	31	86	186	344	454	566	709
복건	484	894	1305	2169	2394	2599	2978
강서	25	62	104	196	252	290	346
산동	154	315	780	1352	1391	1765	2155
하남	60	124	216	318	374	433	499
호북	73	146	276	413	443	510	751
호남	65	221	390	642	617	673	906
광동	2393	4112	6457	8706	9175	10028	12383
광서	121	307	359	577	602	643	806
해남	81	109	128	302	314	277	322
중경		138	264	382	450	537	703
사천	125	122	316	512	154	289	354
귀주	29	61	101	129	117	110	130
운남	165	339	528	860	1008	1172	1324
서장	11	52	44	135	31	79	104
섬서	139	280	446	612	660	771	1016
감숙	21	55	59	70	16	13	15
청해	2	7	11	16	10	15	20
영하	1	3	2	3	3	4	6
신강	74	95	100	162	136	137	185

〈그림 IV-16-4〉 지역별 관광수입 순위 분포(2010)

(단위 : 백만 달러)

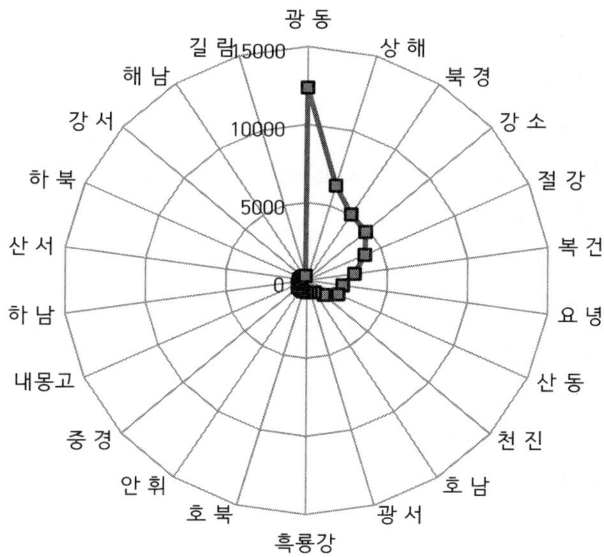

〈그림 IV-16-5〉 지역별 관광수입 현황(2010)

(단위 : 백만 달러)

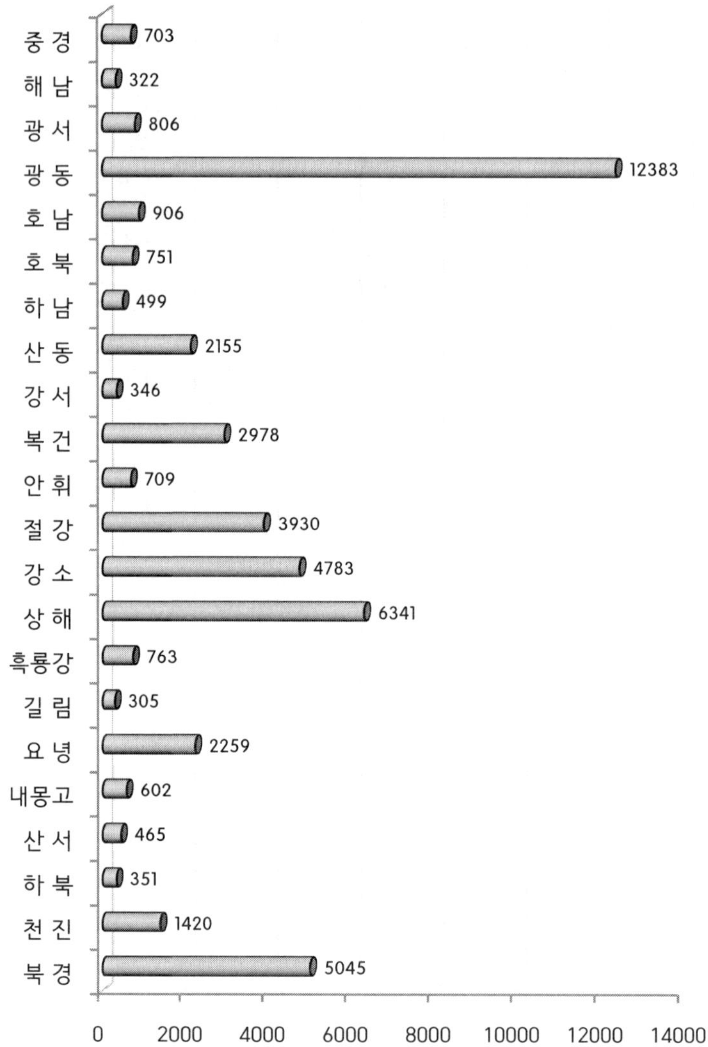

17 도시경제

〈표 Ⅳ-17-1〉 중국의 주요 도시 경제 현황(2010)

지 표	전국합계(a)	도시합계(b)	비중(b/a)
토지면적(km2)	960.0	62.9	6.5
인구(만 명)	134091.0	38866.0	29.0
지역생산액(억 위안)	401202.0	245978.4	61.3
1차산업	40533.6	7005.3	17.3
2차산업	187581.4	121317.0	64.7
3차산업	173087.0	117656.1	68.0
고정자산투자액(억 위안)	278121.9	142430.1	51.2
부동산개발	48259.4	35893.1	74.4
지방재정수입(억 위안)	83101.5	23827.8	28.7
지방재정지출(억 위안)	89874.2	31574.8	35.1
수출입(억 달러)	29740.0	29443.2	99.0
수출	15777.5	15602.2	98.9
수입	13962.4	13841.0	99.1
공업기업수(개)	452872	207763	45.9
내자기업	378827	159381	42.1
홍콩, 마카오, 대만기업	34069	21996	64.6
외상투자기업	39976	26386	66.0
공업생산액(억 위안)	698590.5	394973.9	56.5
내자기업	508673.0	254822.3	50.1
홍콩, 마카오, 대만기업	65358.0	45076.2	69.0
외상투자기업	124560.0	95075.5	76.3
주요영업수입(억 위안)	697744.0	397785.6	57.0
부가가치세(억 위안)	22472.7	12507.4	55.7
이윤총액(억 위안)	53049.7	28627.7	54.0
우편업수입(억 위안)	1985.3	860.6	43.3
정보통신업수입(억 위안)	29993.2	12370.8	41.2
사회소매총액(억 위안)	156998.4	96834.1	61.7
대학교수(개)	2358	2077	88.1
대학재학생수(만 명)	2231.8	2130.2	95.4
병원 및 보건소(개)	59683	19950	33.4
영업허가증 의사(만 명)	241.3	122.3	50.7
병원병상수(만 장)	440.2	228.1	51.8

〈표 IV-17-2〉 중국의 성별 도시 분포 현황(2009)

(단위 : 개)

지역	합계	도시인구 규모별					
		400만 이상	200-400만	100-200만	50-100만	20-50만	20만이하
합계	287	14	28	82	110	51	2
북경	1	1					
천진	1	1					
하북	11		2	2	6	1	
산서	11		1	1	7	2	
내몽고	9			3	2	4	
요녕	14	1	1	2	9	1	
길림	8		1	1	4	2	
흑룡강	12	1		2	8		1
상해	1	1					
강소	13	1	5	5	2		
절강	11	1	1	3	5	1	
안휘	17		2	6	7	2	
복건	9		1	3	1	4	
강서	11		1	2	6	2	
산동	17		4	9	4		
하남	17		1	8	6	2	
호북	12	1	1	3	6	1	
호남	13		1	5	4	3	
광동	21	3	1	7	6	4	
광서	14		1	5	5	3	
해남	2			1	1		
중경	1	1					
사천	18	1		10	5	2	
귀주	4		1		3		
운남	8		1		3	3	1
서장	1					1	
섬서	10	1		1	7	1	
감숙	12		1	2	2	7	
청해	1			1			
영하	5				1	4	
신강	2		1			1	

<표 Ⅳ-17-3> 중국의 도시별 대기오염 발생 현황(2010)

(단위 : mg/m3)

도시	미세먼지	이산화유황	이산화질소	공기질량 2급일수	공기질량 2급일수 일년 중 비율
북경	0.121	0.032	0.057	286	78.4
천진	0.096	0.054	0.045	308	84.4
석가장	0.098	0.054	0.041	319	87.4
태원	0.089	0.068	0.020	304	83.3
호화호터	0.068	0.046	0.034	349	95.6
심양	0.101	0.058	0.035	329	90.1
장춘	0.089	0.030	0.044	341	93.4
하얼빈	0.101	0.045	0.048	313	85.8
상해	0.079	0.029	0.050	336	92.1
남경	0.114	0.036	0.046	302	82.7
항주	0.098	0.034	0.056	314	86.0
합비	0.115	0.020	0.030	310	84.9
복주	0.073	0.009	0.032	351	96.2
남창	0.087	0.055	0.042	343	94.0
제남	0.117	0.045	0.027	308	84.4
정주	0.111	0.053	0.046	318	87.1
무한	0.108	0.041	0.057	284	77.8
장사	0.083	0.040	0.046	338	92.6
광주	0.069	0.033	0.053	357	97.8
남녕	0.069	0.028	0.030	349	95.6
해구	0.040	0.007	0.015	365	100.0
중경	0.102	0.048	0.039	311	85.2
성도	0.104	0.031	0.051	316	86.6
귀양	0.075	0.057	0.027	343	94.0
곤명	0.072	0.040	0.046	365	100.0
라사	0.048	0.007	0.021	361	98.9
서안	0.126	0.043	0.045	304	83.3
난주	0.155	0.057	0.048	223	61.1
서녕	0.124	0.039	0.026	312	85.5
은천	0.093	0.039	0.026	332	91.0
우루무치	0.133	0.089	0.067	266	72.9

<그림 IV-17-1> 도시의 대기오염 현황

(단위 : mg/m³)

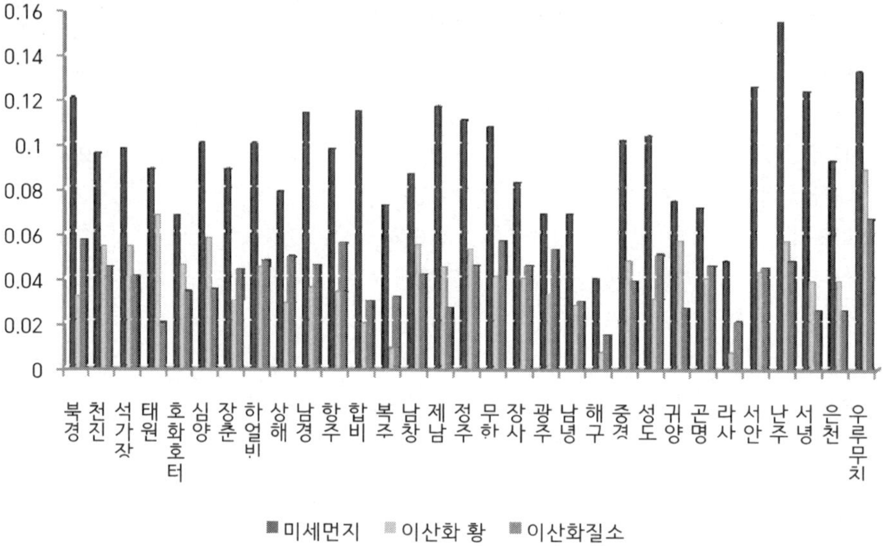

<그림 IV-17-2> 주요 도시 공기질량 2급 일수 일년 중 비율

(단위 : %)

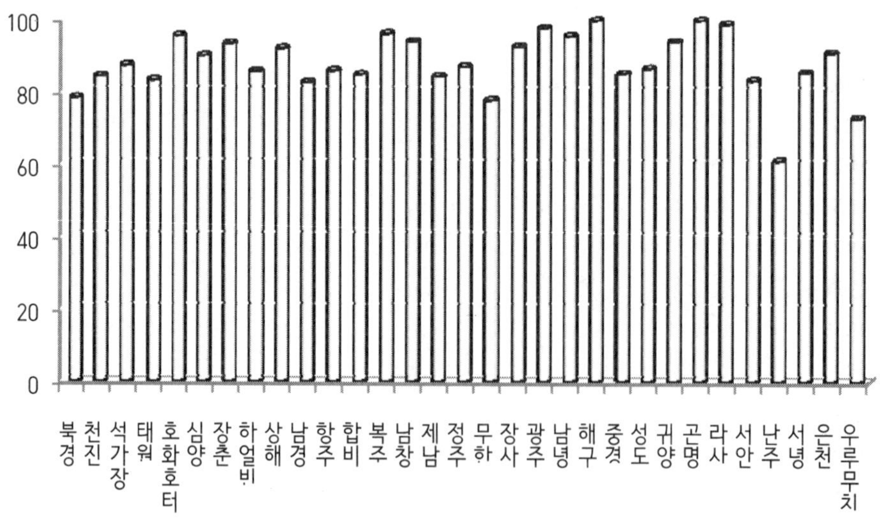

<표 Ⅳ-17-4> 중국 주요 도시 연평균 온도

(단위 : 섭씨)

도시	1月	3月	5月	7月	9月	11月	12月	연평균
북경	-3.0	7.0	22.9	27.0	21.1	2.2	-2.3	13.3
천진	-3.5	6.7	22.6	27.1	20.9	1.6	-2.8	12.9
석가장	-0.7	9.6	22.6	28.2	21.3	2.3	-0.5	14.4
태원	-5.1	6.7	19.2	25.0	17.4	-0.9	-4.5	11.1
호화호터	-10.3	1.3	17.2	23.8	16.3	-4.0	-10.1	8.0
심양	-11.0	0.4	19.1	23.1	17.0	-3.4	-11.1	7.7
장춘	-13.0	-2.0	18.2	22.3	16.2	-5.5	-14.3	6.1
하얼빈	-16.0	-3.9	18.4	22.6	15.6	-7.0	-16.7	5.0
상해	3.8	10.6	21.9	28.8	25.0	12.1	6.4	17.4
남경	2.2	9.8	21.9	28.0	23.4	8.6	4.5	16.4
항주	4.4	11.1	22.9	29.6	25.5	10.8	6.7	17.8
합비	2.6	10.5	21.9	28.6	24.0	7.8	4.6	16.7
복주	10.7	14.2	23.1	29.4	28.1	17.3	12.7	20.7
남창	5.1	12.1	23.5	29.7	26.9	11.2	7.3	18.8
제남	-0.2	9.0	21.9	26.5	21.1	4.8	0.8	14.8
정주	1.0	10.1	22.0	27.9	21.0	5.4	2.9	15.5
무한	4.5	12.1	22.2	30.3	24.9	8.8	5.8	17.9
장사	5.1	12.7	22.5	29.8	25.8	10.6	7.1	18.5
광주	12.4	18.2	25.9	29.6	29.5	17.9	15.3	23.0
남녕	11.3	17.9	25.0	28.3	27.9	17.2	15.4	22.2
해구	16.1	22.7	26.2	28.3	27.9	21.5	19.8	24.3
중경	7.7	14.8	21.9	28.9	26.9	12.9	9.9	19.0
성도	5.7	12.5	21.1	24.9	22.7	10.7	7.9	16.8
귀양	3.8	11.3	18.6	22.7	21.5	9.3	5.5	14.9
곤명	8.3	15.8	19.8	21.3	20.1	11.8	10.5	16.6
라사	1.0	5.8	14.2	19.6	15.0	5.7	0.5	10.3
서안	0.6	11.1	20.5	28.2	20.5	4.7	1.8	15.1
난주	-7.7	3.9	15.0	21.7	14.5	-2.3	-7.0	8.0
서녕	-7.8	2.0	12.1	17.8	13.1	-2.2	-6.4	6.2
은천	-6.2	5.8	18.5	24.8	17.4	-1.4	-5.6	10.5
우루무치	-9.9	2.5	16.1	23.7	16.8	-2.3	-10.0	8.0

<〈그림 IV-17-3〉 주요 도시 여름과 겨울 평균기온

(단위 : 섭씨)

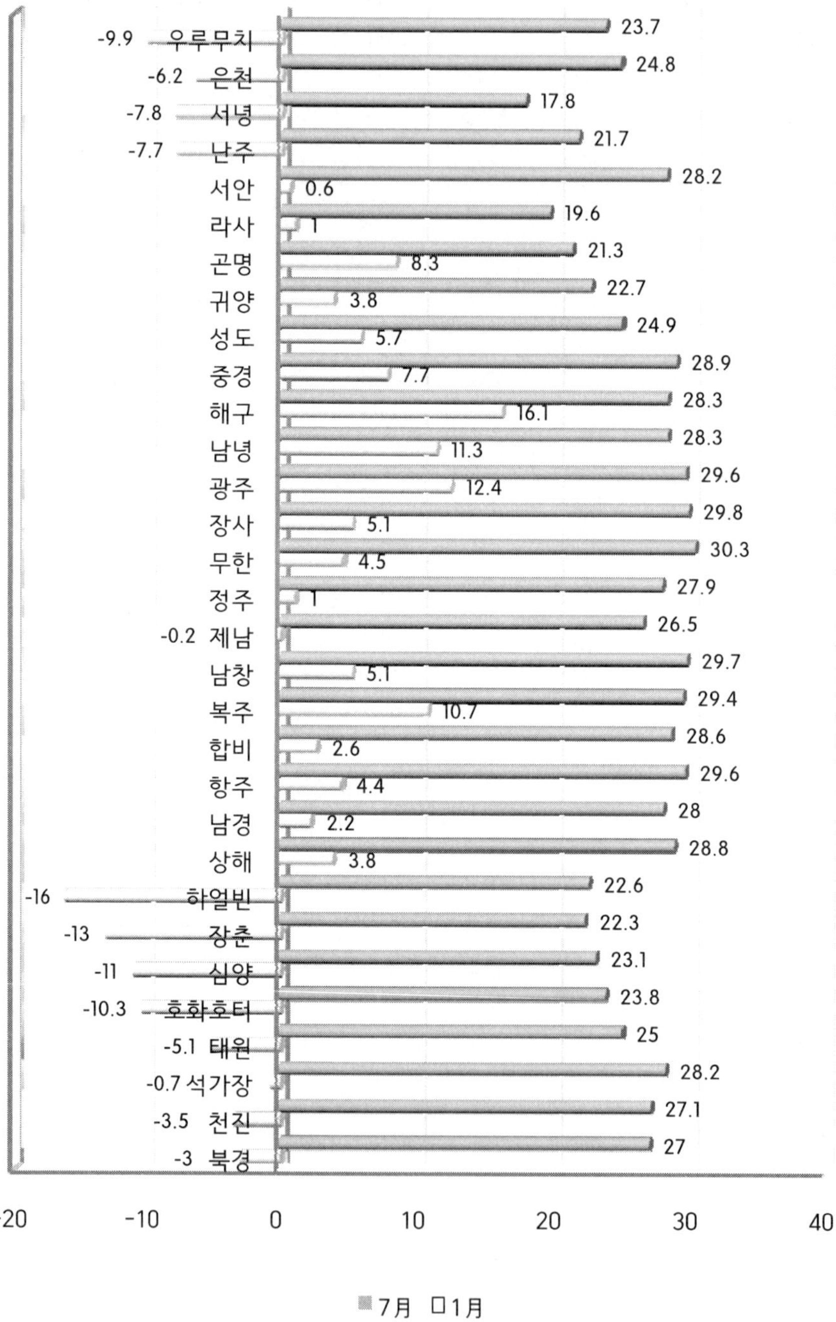

Ⅴ. 중국의 성별 경제 비교

1 자연조건

〈그림 V-1-1〉 지역별 경작지 면적점유 비중 순위 분포

(단위 : %)

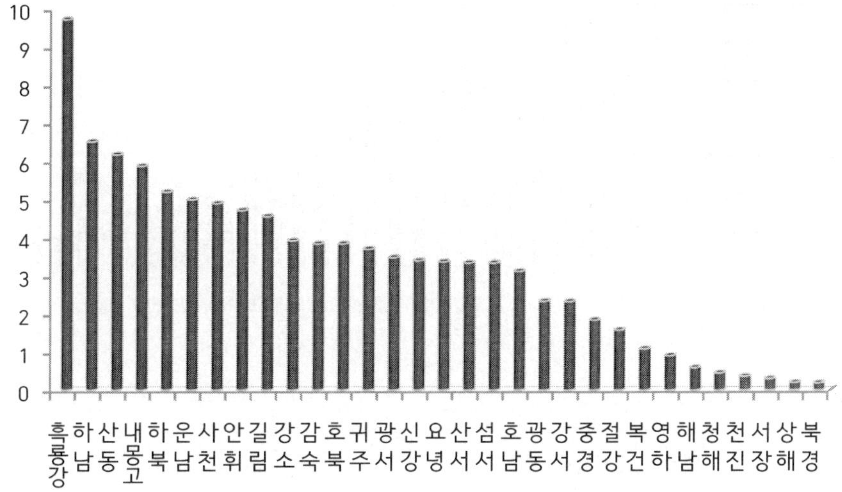

〈그림 V-1-2〉 지역별 산림 면적 순위 분포

(단위 : 핵타르)

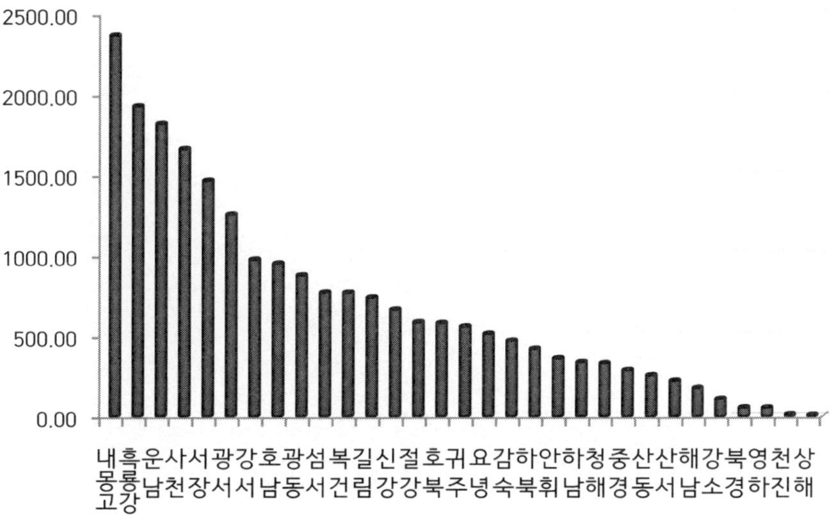

〈그림 V-1-3〉 지역별 산림비율 순위분포

(단위 : %)

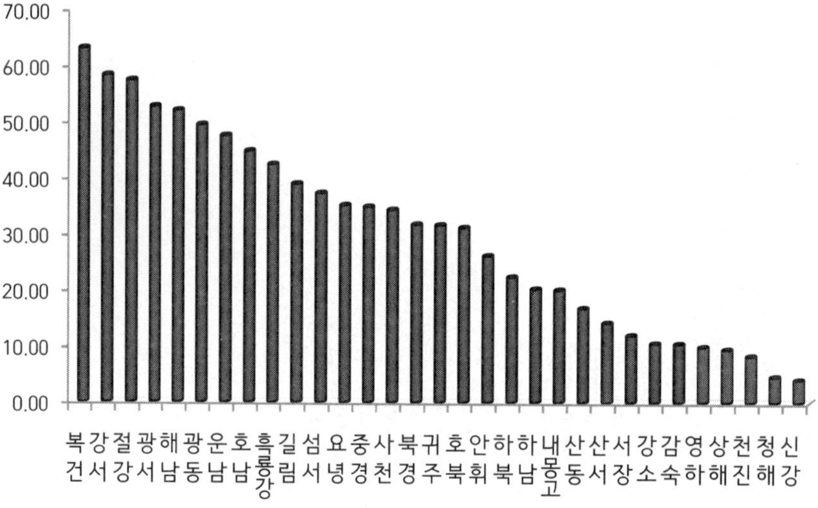

2 인구

〈그림 V-2-1〉 지역별 인구 순위 분포(2010)

(단위 : 명)

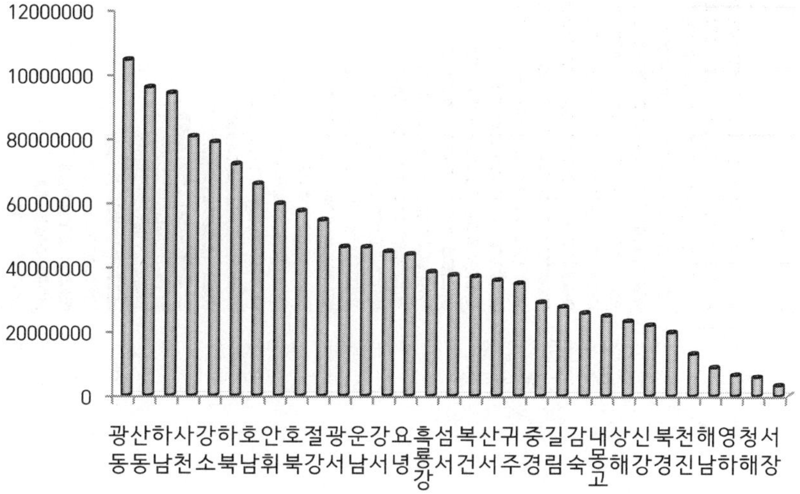

〈그림 V-2-2〉 지역별 인구비중 순위 분포(2010)

(단위 : %)

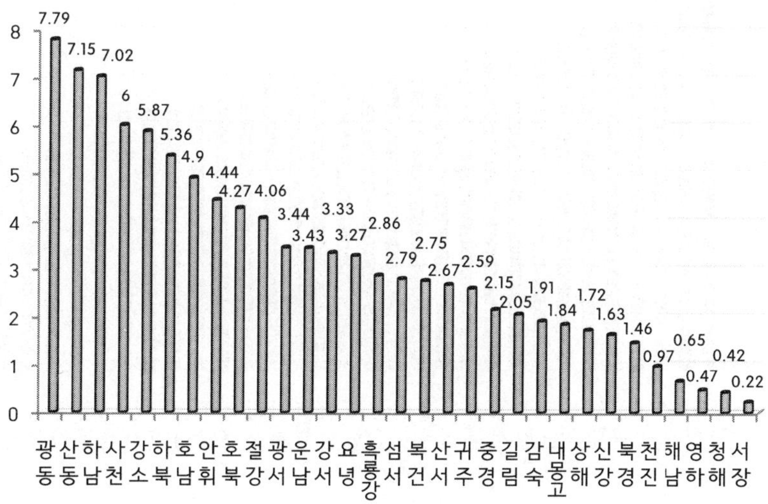

〈그림 V-2-3〉 지역별 14세 이하 인구 비중 순위 분포(2010)

(단위 : %)

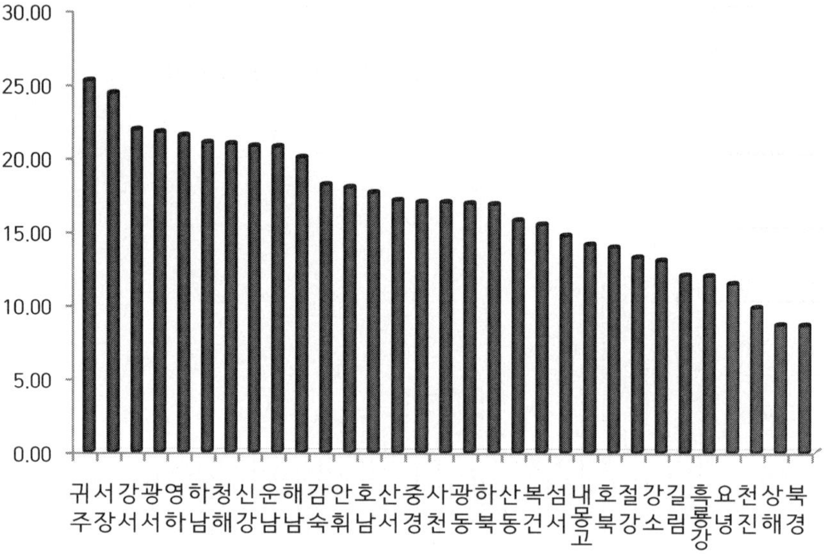

〈그림 V-2-4〉 지역별 65세 이상 인구 비중 순위 분포(2010)

(단위 : %)

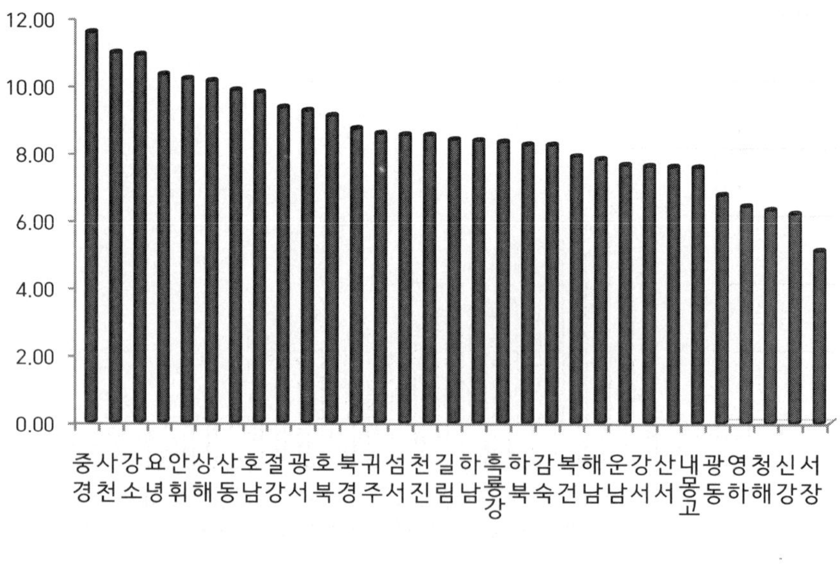

3 고용과 임금

<그림 V-3-1> 지역별 취업인구 분포(2010)

(단위 : 만 명)

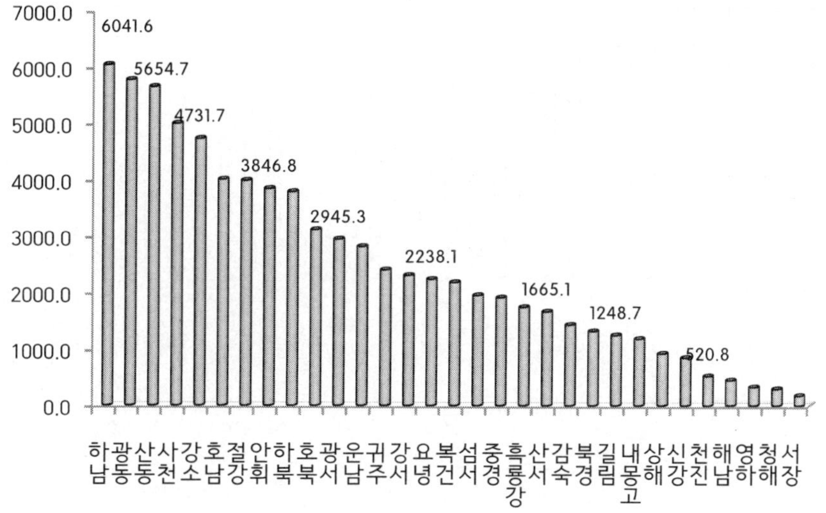

<그림 V-3-2> 지역별 도시지역 취업인구 분포(2010)

(단위 : 만 명)

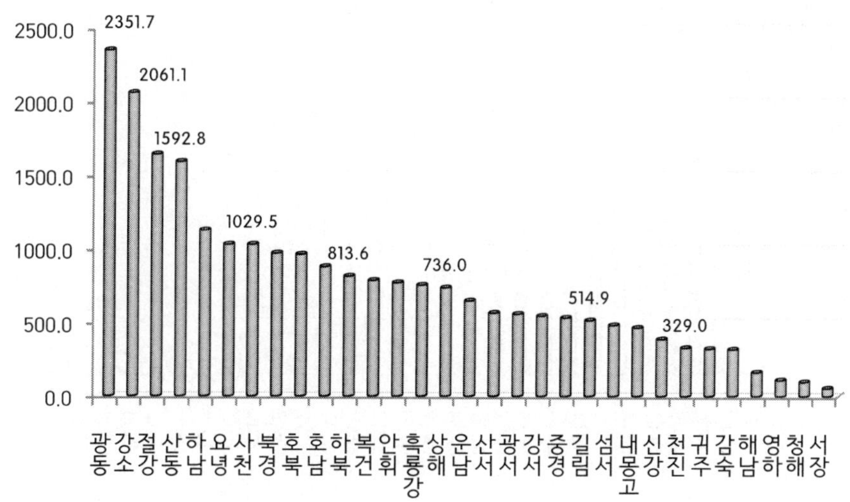

〈그림 V-3-3〉 지역별 도시지역 국유기업 취업인구 분포(2010)

(단위 : 만 명)

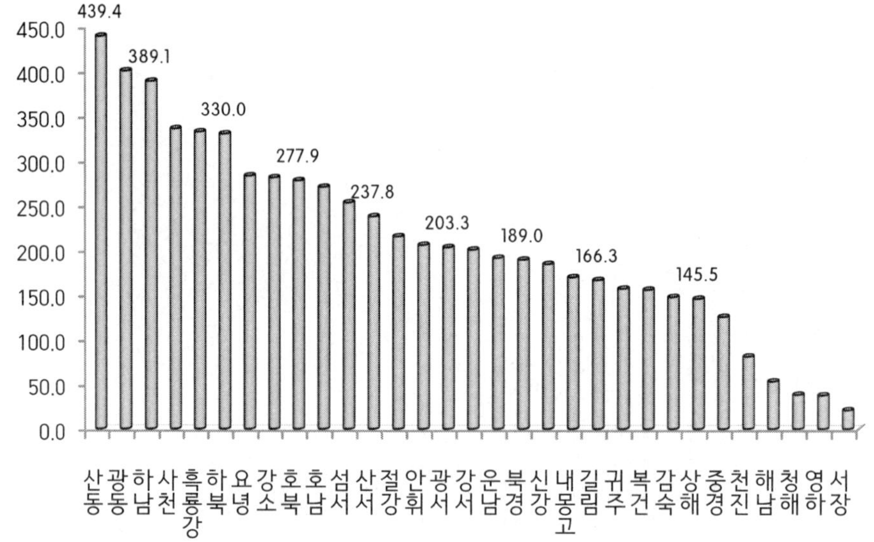

〈그림 V-3-4〉 지역별 도시지역 사영기업 취업인구 분포(2010)

(단위 : 만 명)

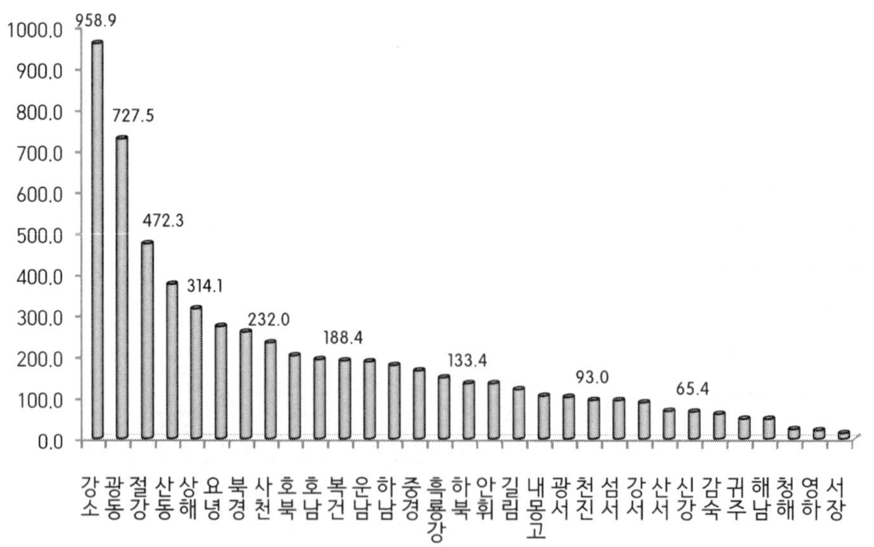

<그림 V-3-5> 지역별 농촌지역 취업인구 분포(2010)

(단위: 만 명)

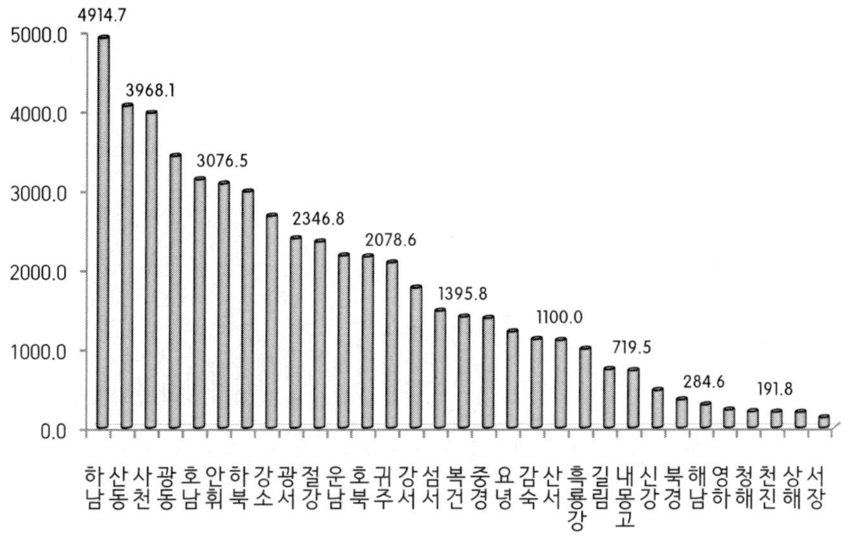

<그림 V-3-6> 지역별 농촌지역 향진기업 취업인구 분포(2010)

(단위: 만 명)

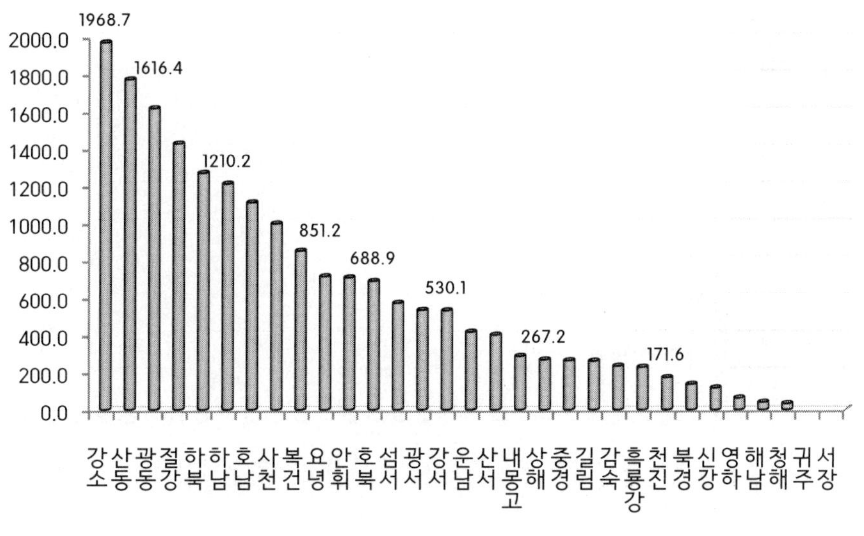

〈그림 V-3-7〉 지역별 사영기업과 개인기업 종업원 수 분포(2010)

(단위 : 만 명)

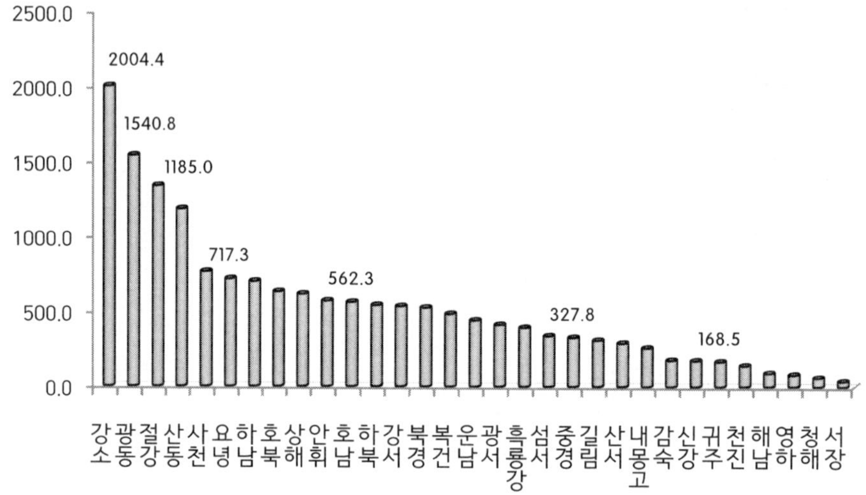

〈그림 V-3-8〉 지역별 제조업 사영기업과 개인기업 종자사 수 분포(2010)

(단위 : 만 명)

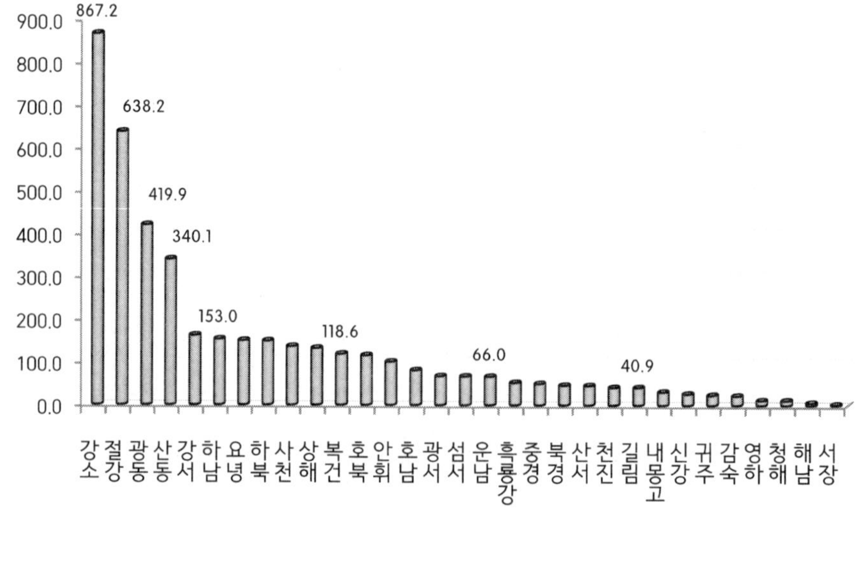

〈그림 V-3-9〉 지역별 도소매업 사영기업과 개인기업 종자사 수 분포(2010)

(단위 : 만 명)

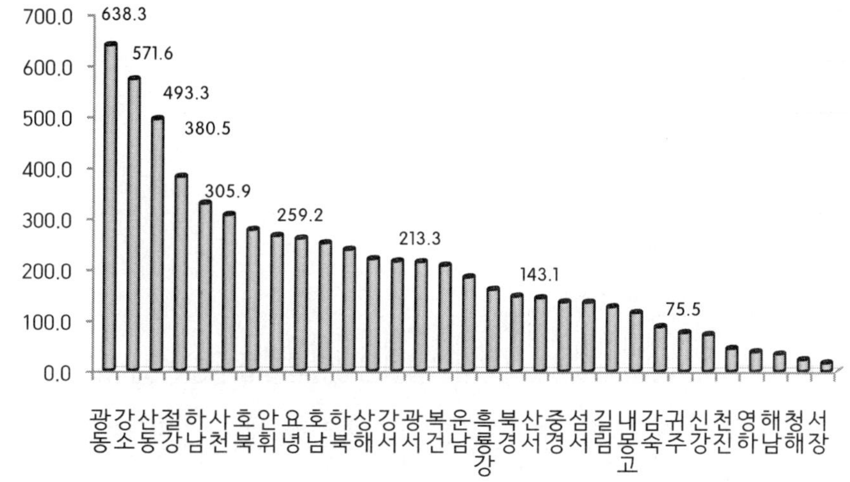

〈그림 V-3-10〉 지역별 사영기업 수 분포(2010)

(단위 : 만 개)

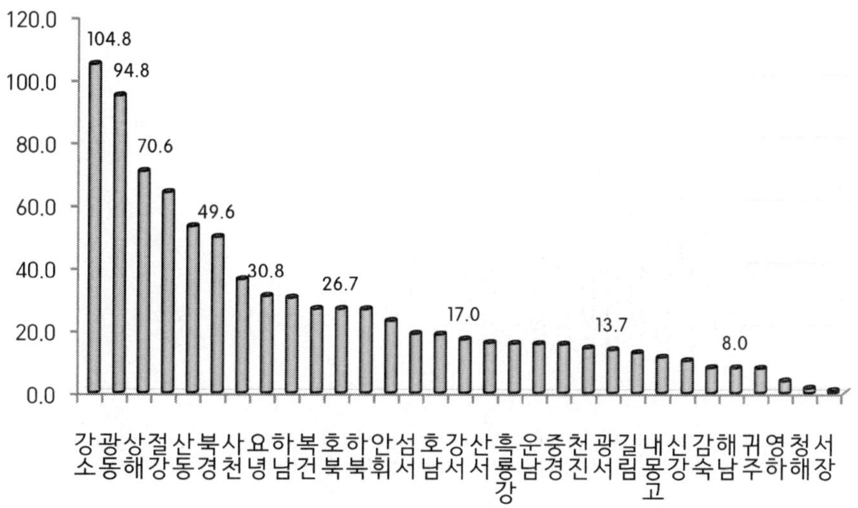

〈그림 V-3-11〉 지역별 사영기업 종사자 수 분포(2010)

(단위 : 만 명)

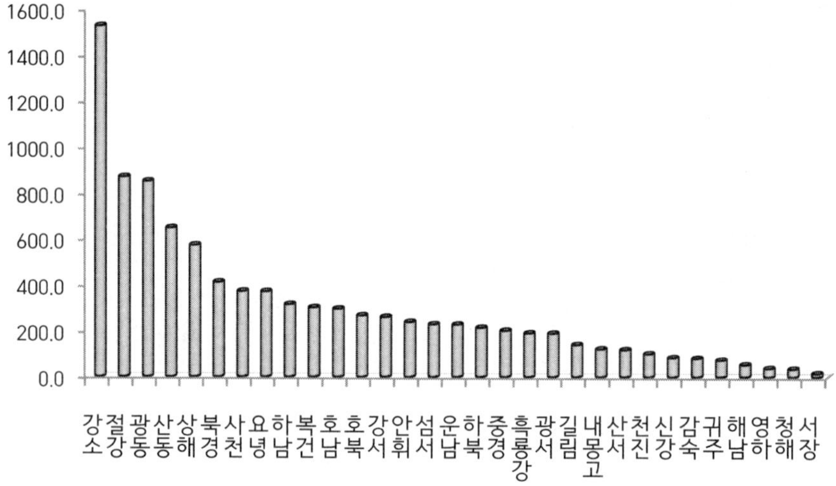

〈그림 V-3-12〉 지역별 개체호 수 분포(2010)

(단위 : 만 호)

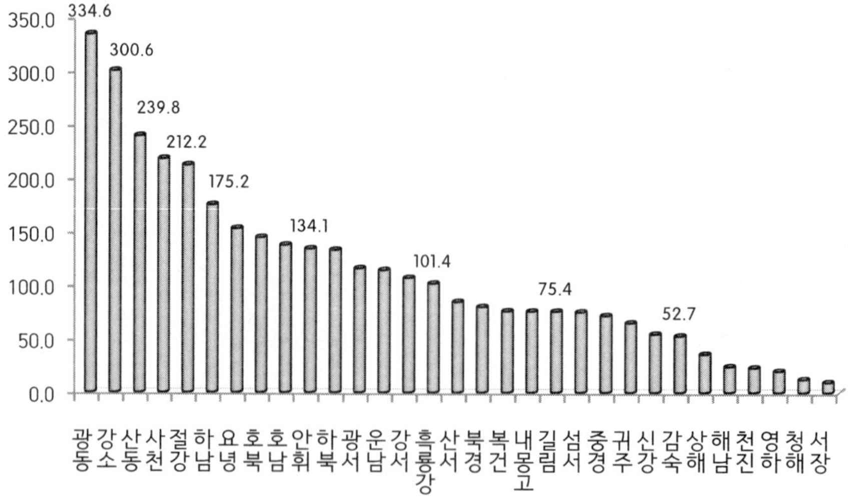

〈그림 V-3-13〉 지역별 개체호 종사자 수 분포(2010)

(단위 : 만 명)

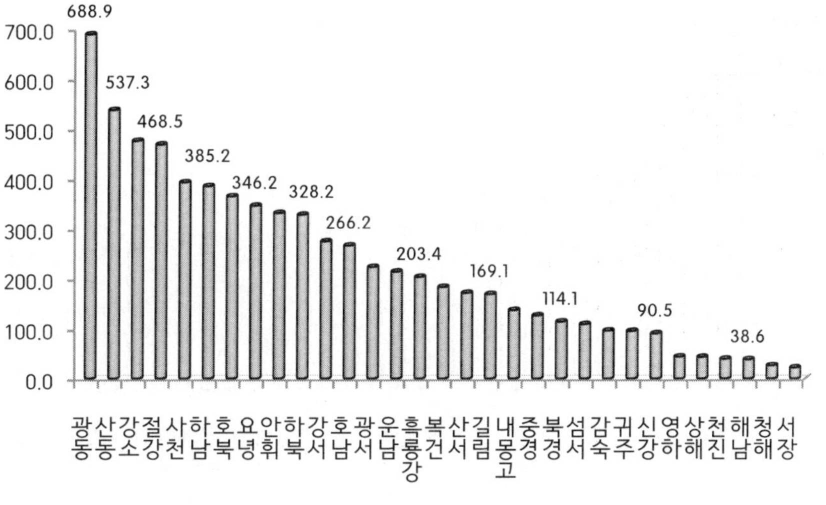

〈그림 V-3-14〉 지역별 국유기업 임금총액 분포(2010)

(단위 : 억 위안)

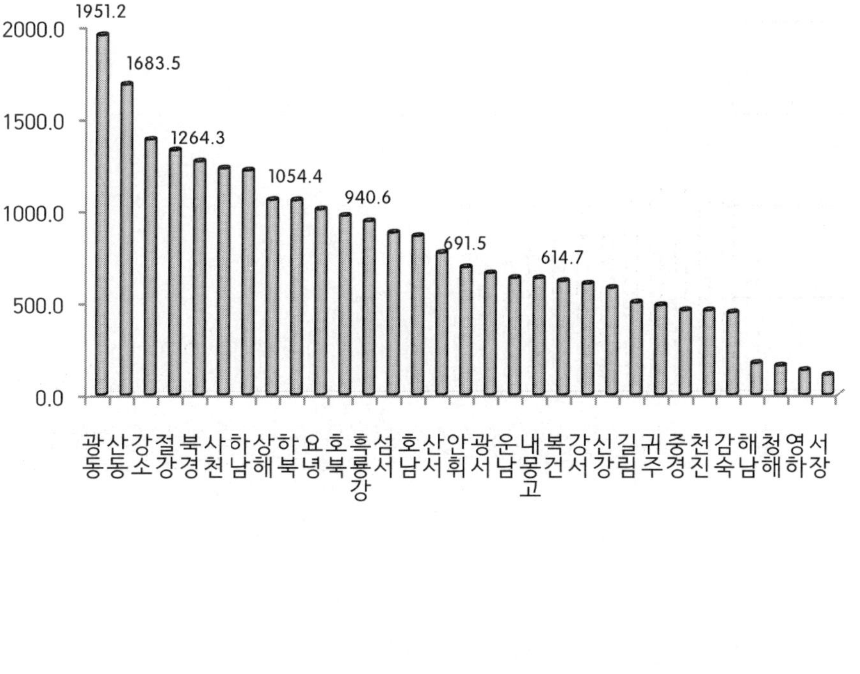

〈그림 V-3-15〉 지역별 국유기업 평균임금 분포(2010)

(단위 : 위안)

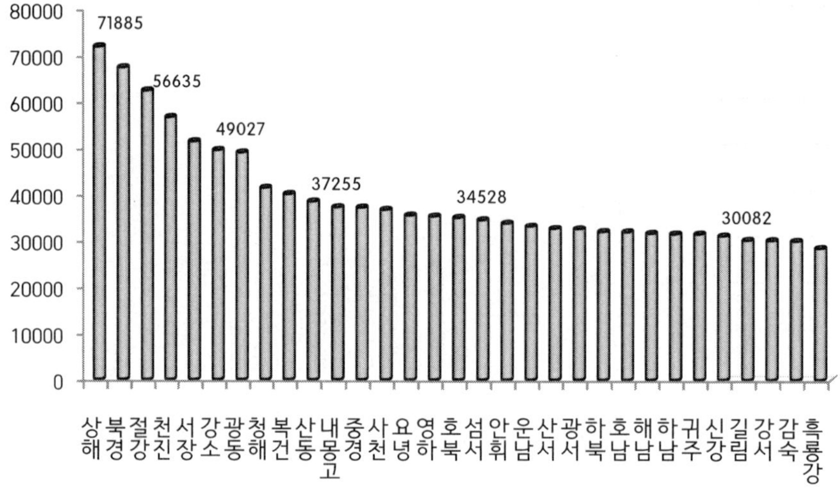

〈그림 V-3-16〉 지역별 도시 집단기업 임금총액 분포(2010)

(단위 : 억 위안)

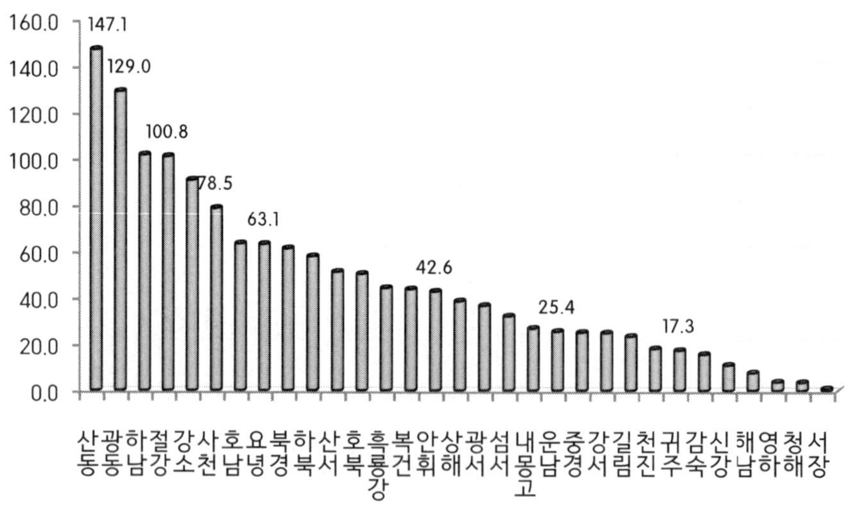

〈그림 V-3-17〉 지역별 도시 집단기업 평균임금 분포(2010)

(단위 : 위안)

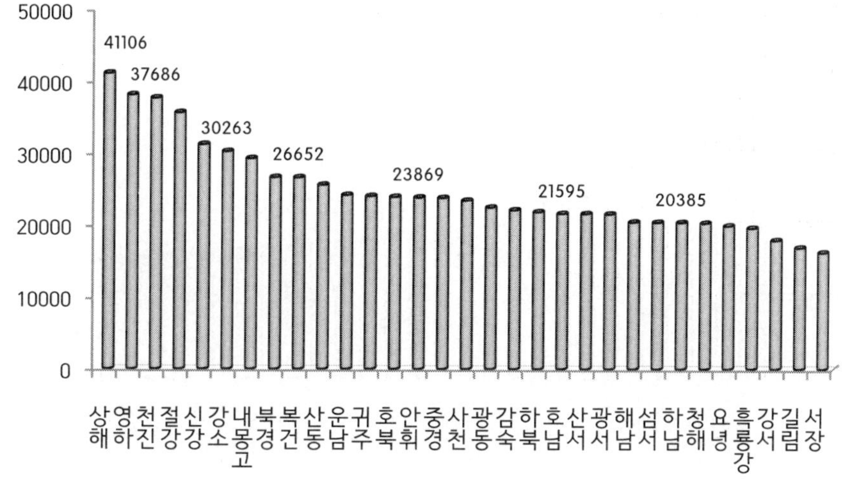

〈그림 V-3-18〉 지역별 외국인투자기업 연평균임금 분포(2010)

(단위 : 위안)

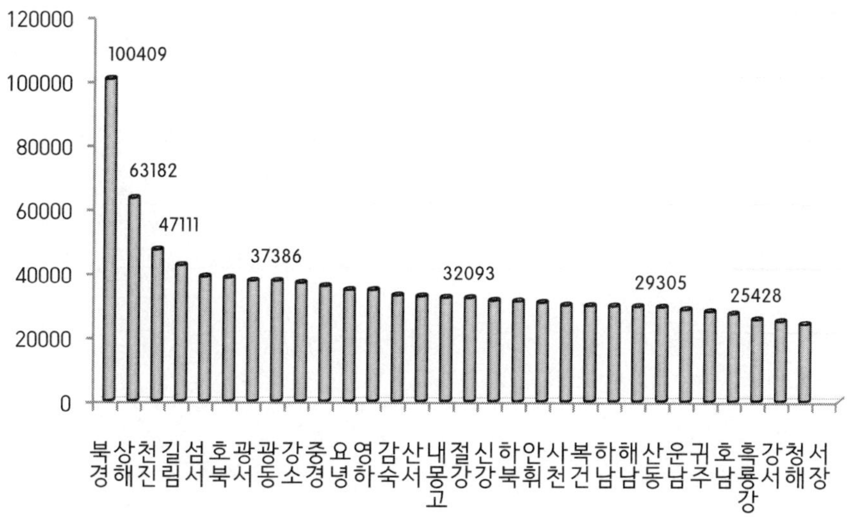

〈그림 V-3-19〉 지역별 주식제 유한책임공사의 연평균 임금 분포(2010)

(단위 : 위안)

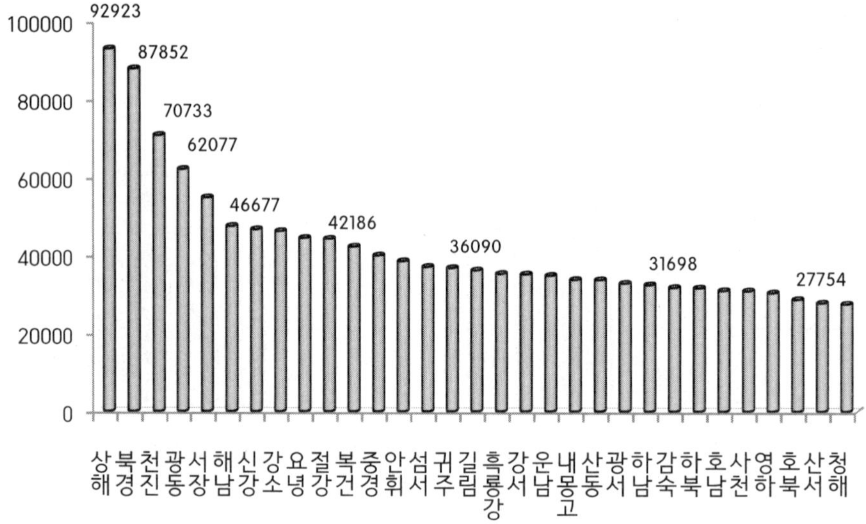

4 소득과 소비

〈그림 V-4-1〉 지역별 소득 분포(2010)

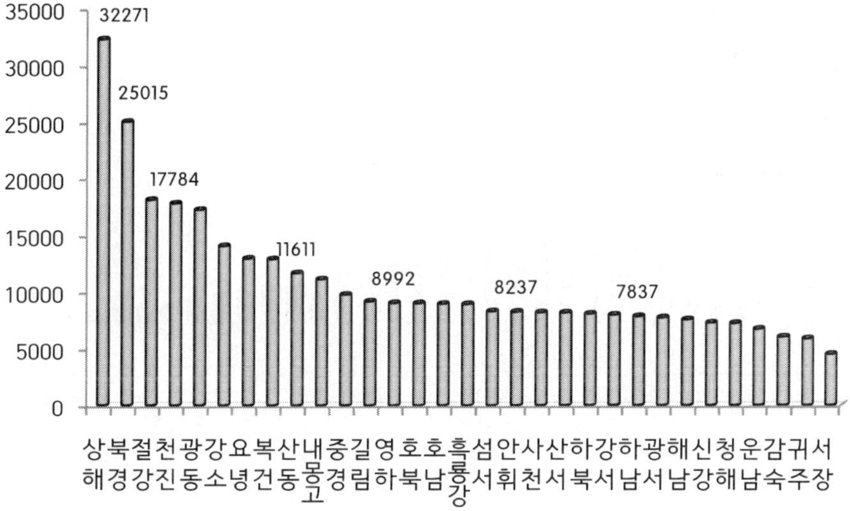

〈그림 V-4-2〉 지역별 소비 분포(2010)

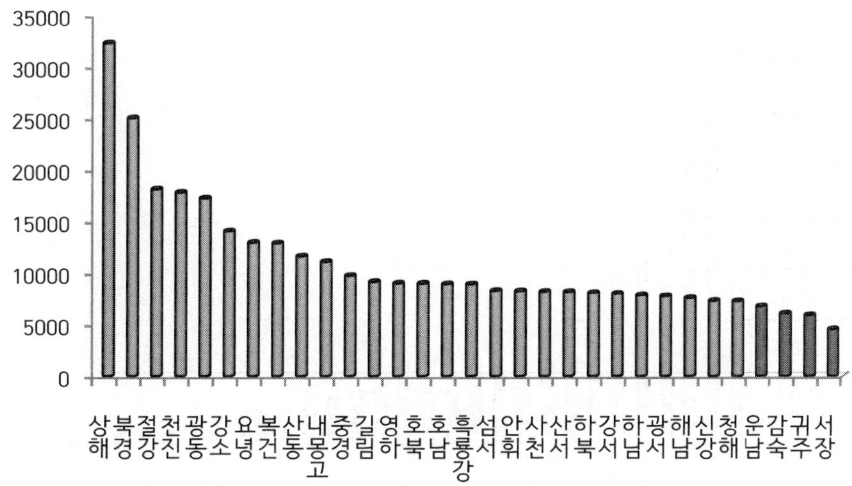

〈그림 V-4-3〉 지역별 연쇄점 소매기업 수(2010)

(단위 : 개)

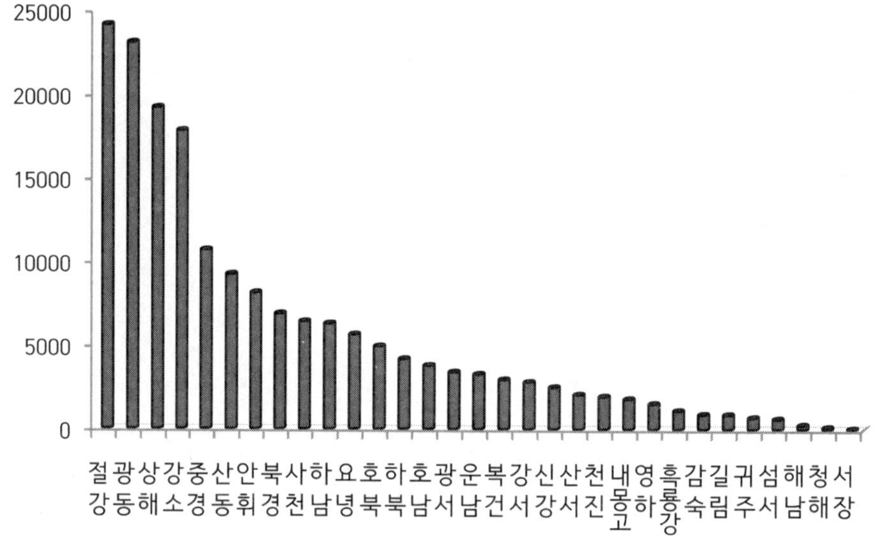

〈그림 V-4-4〉 지역별 연쇄점 판매액(2010)

(단위 : 억 위안)

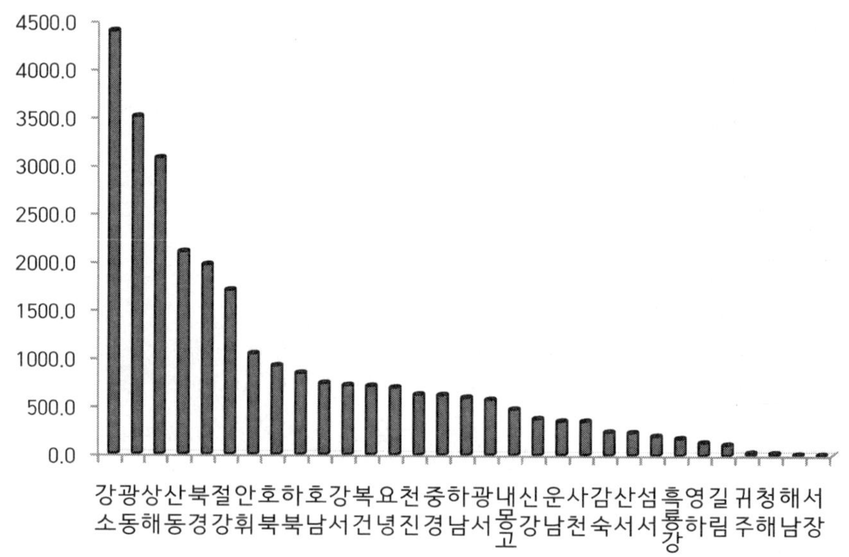

<그림 V-4-5> 지역별 소비제품 소매총액(2010)

(단위 : 억 위안)

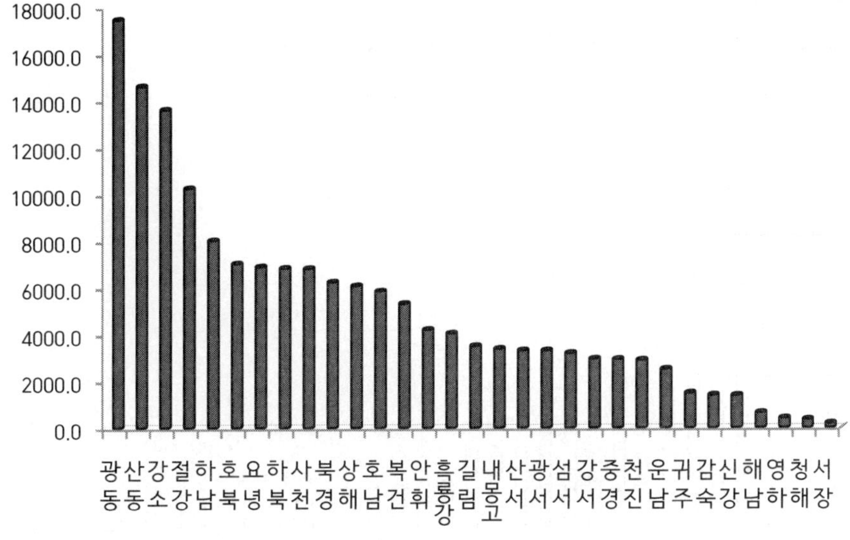

5 공업기업

〈그림 V-5-1〉 지역별 공업기업 분포(2010)

(단위 : 개)

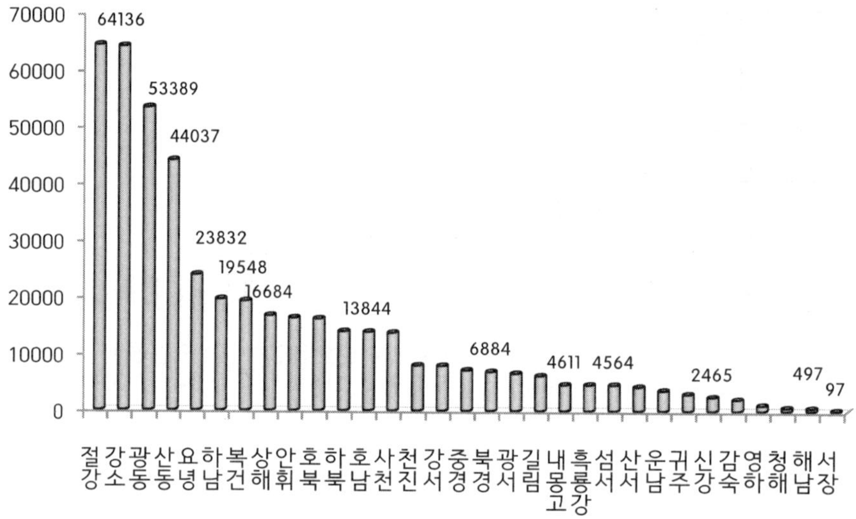

〈그림 V-5-2〉 지역별 공업기업 생산액 분포(2010)

(단위 : 억 위안)

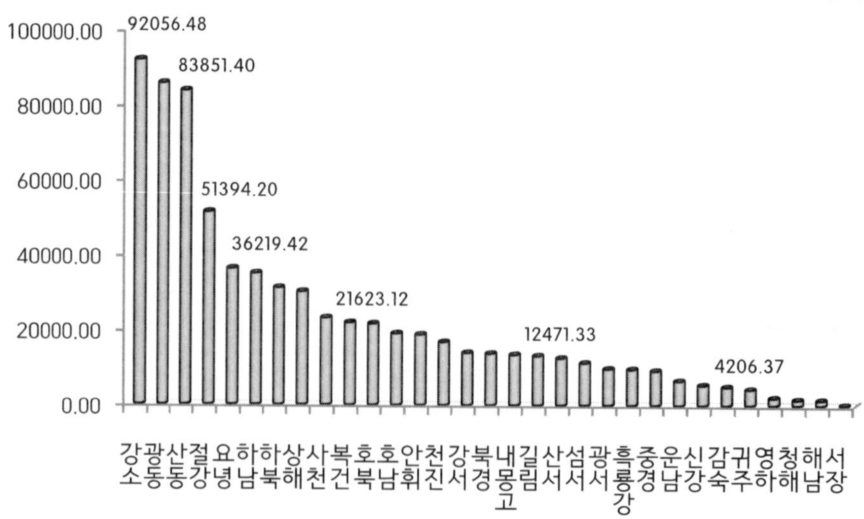

<그림 V-5-3> 지역별 공업기업 종업원수 분포(2010)

(단위 : 만 명)

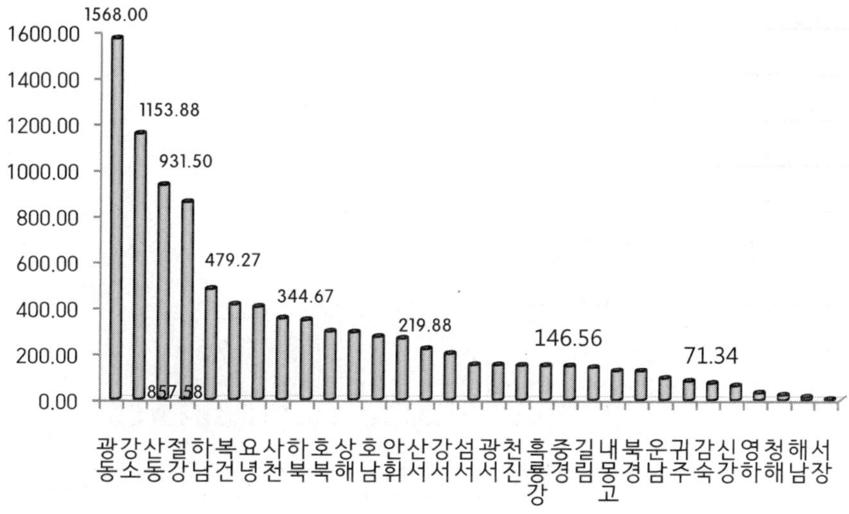

<그림 V-5-4> 지역별 국유기업 수 분포(2010)

(단위 : 개)

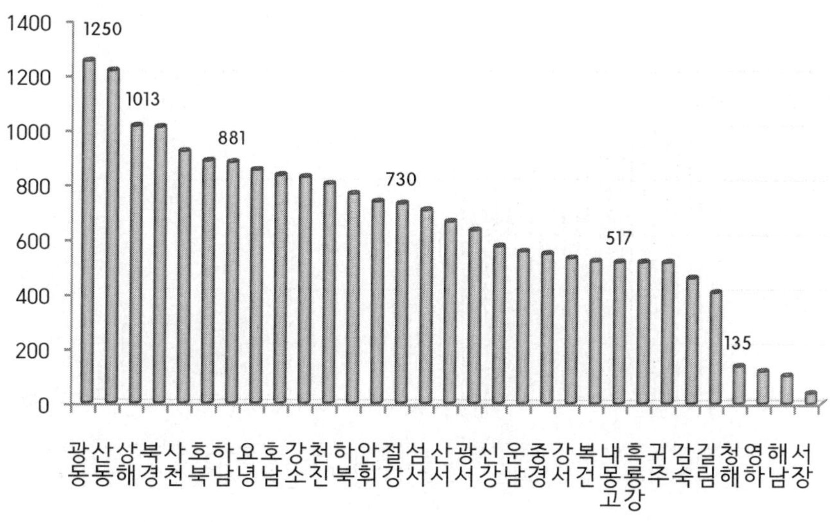

〈그림 V-5-5〉 지역별 국유기업 생산총액 분포(2010)

(단위 : 억 위안)

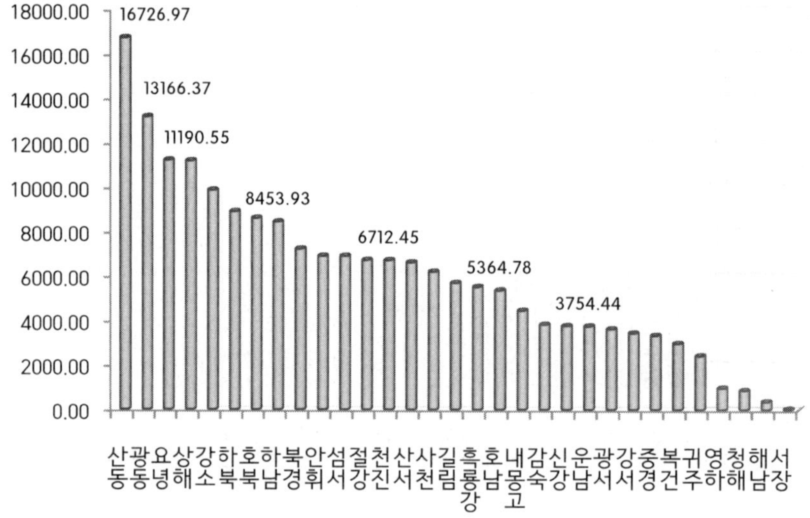

〈그림 V-5-6〉 지역별 국유기업 자산총액 분포(2010)

(단위 : 억 위안)

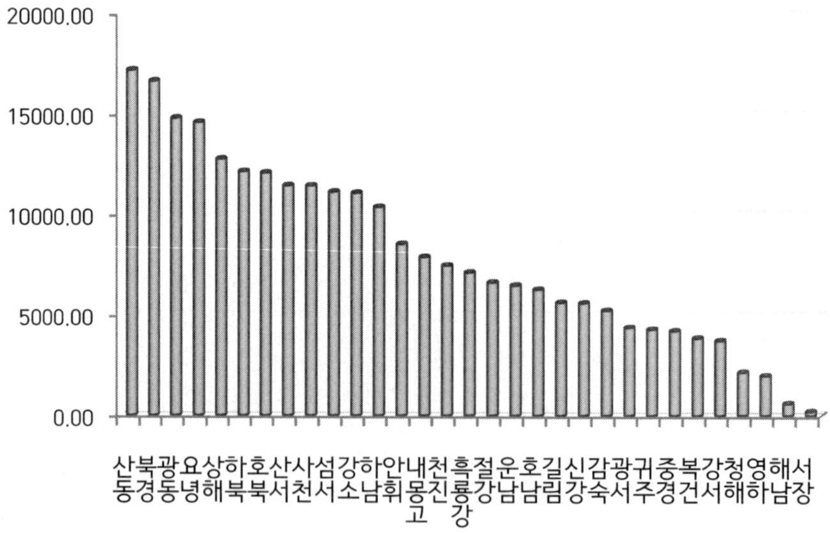

〈그림 V-5-7〉 지역별 국유기업 종업원수 분포(2010)

(단위 : 만 명)

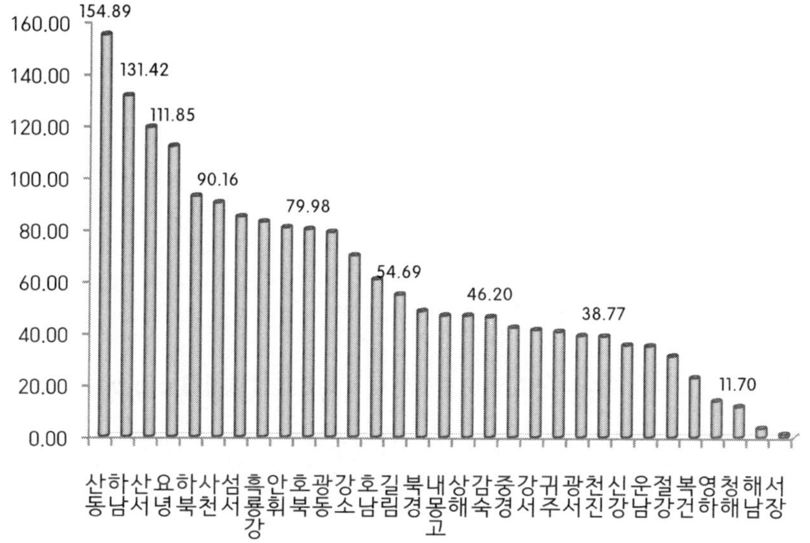

〈그림 V-5-8〉 지역별 사영기업 수 분포(2010)

(단위 : 개)

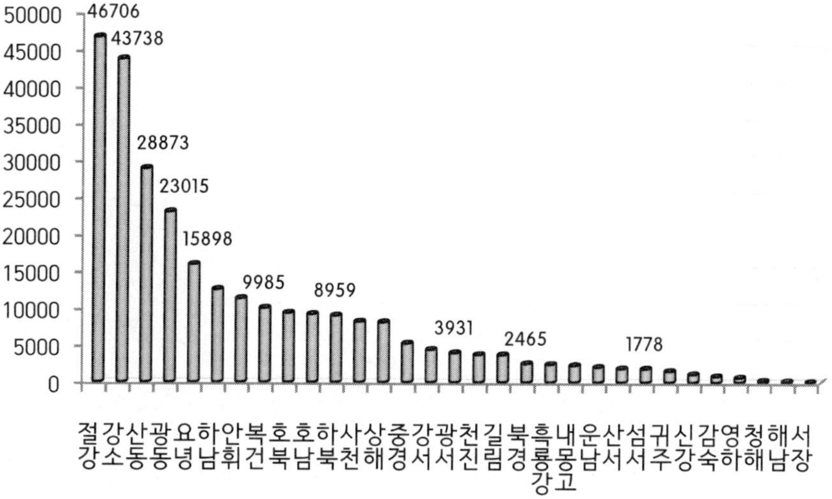

〈그림 V-5-9〉 지역별 사영기업 생산총액 분포(2010)

(단위 : 억 위안)

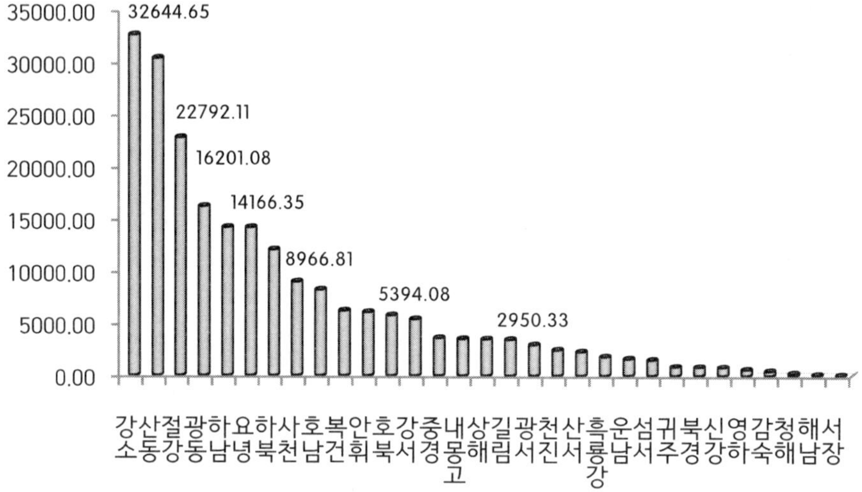

〈그림 V-5-10〉 지역별 사영기업 종업원 수(2010)

(단위 : 만 명)

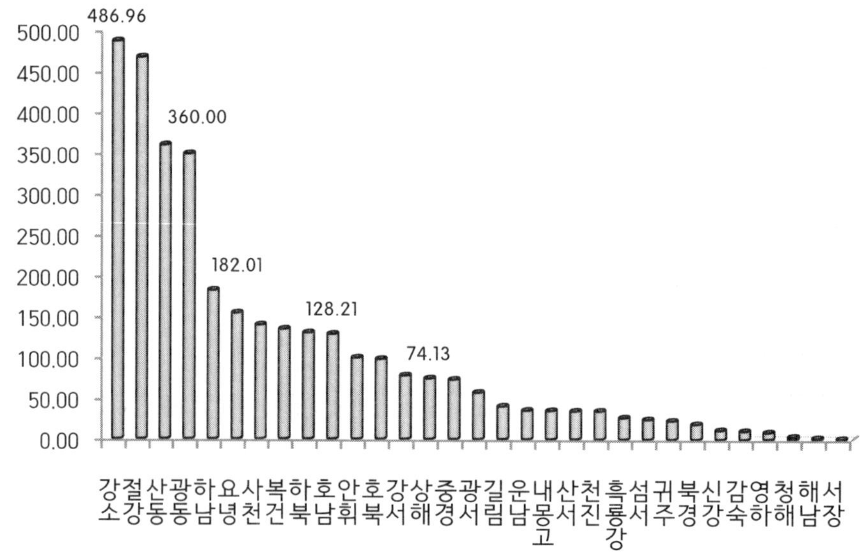

6 산업생산과 투자

〈그림 V-6-1〉 지역별 1차산업 비중 분포(2010)

(단위 : %)

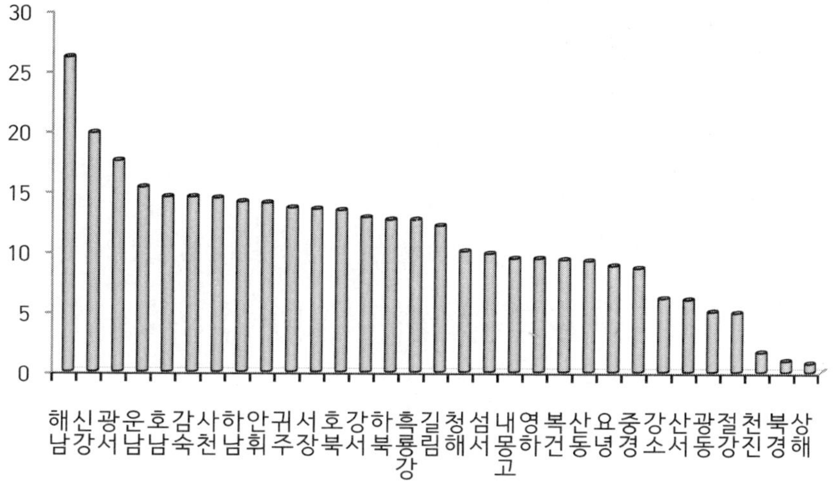

〈그림 V-6-2〉 지역별 2차산업 비중 분포(2010)

(단위 : %)

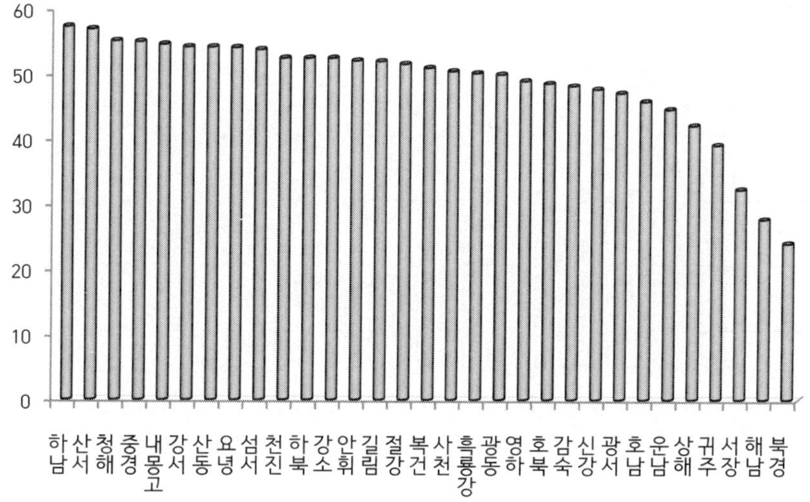

〈그림 V-6-3〉 지역별 3차산업 비중 분포(2010)

(단위 : %)

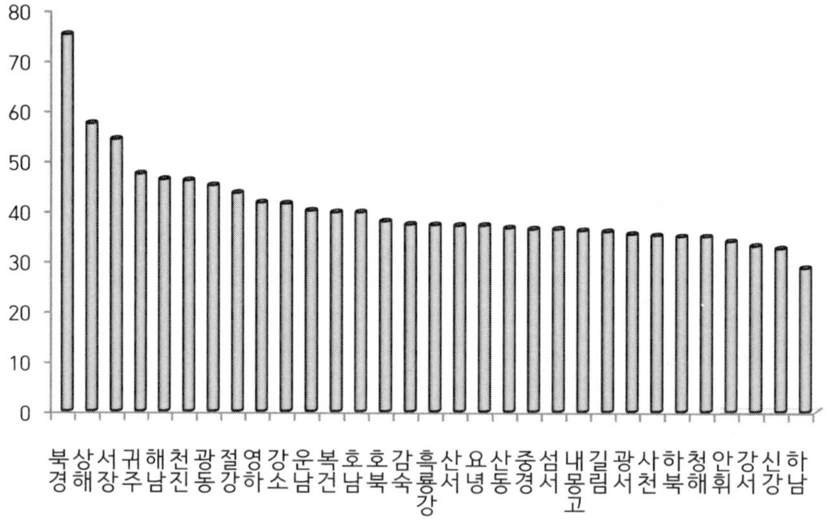

〈그림 V-6-4〉 지역별 맥주 생산 분포(2010)

(단위 : 만 킬로리터)

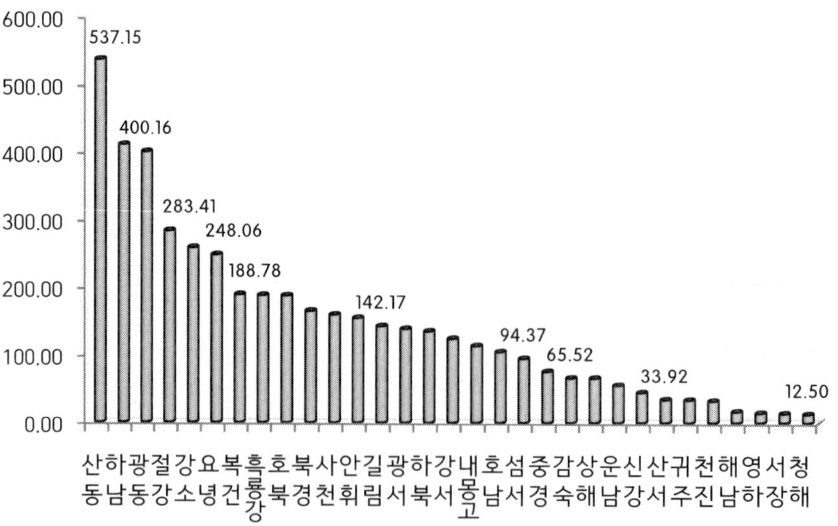

〈그림 V-6-5〉 지역별 자동차 생산량 분포(2010)

(단위 : 만 량)

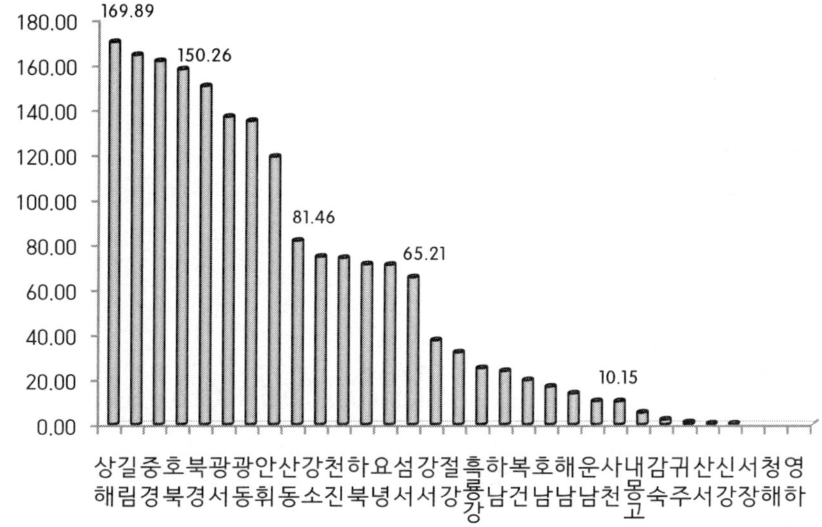

〈그림 V-6-6〉 지역별 조강생산량 분포(2010)

(단위 : 만 톤)

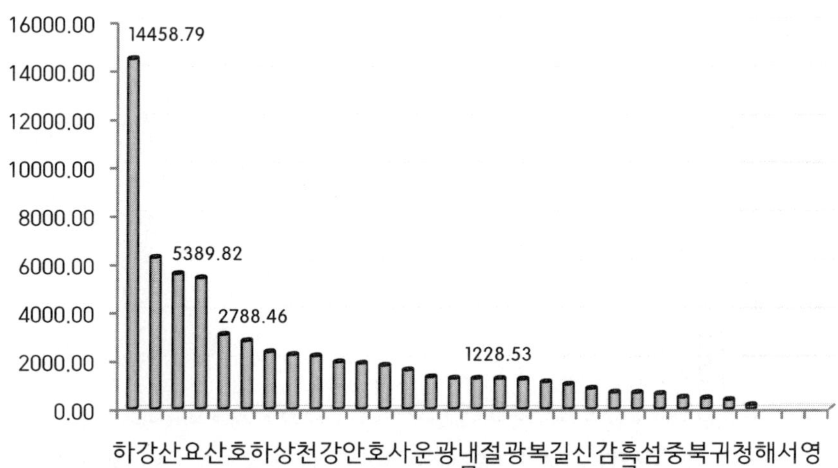

〈그림 V-6-7〉 지역별 철강 생산량 분포(2010)

(단위 : 만 톤)

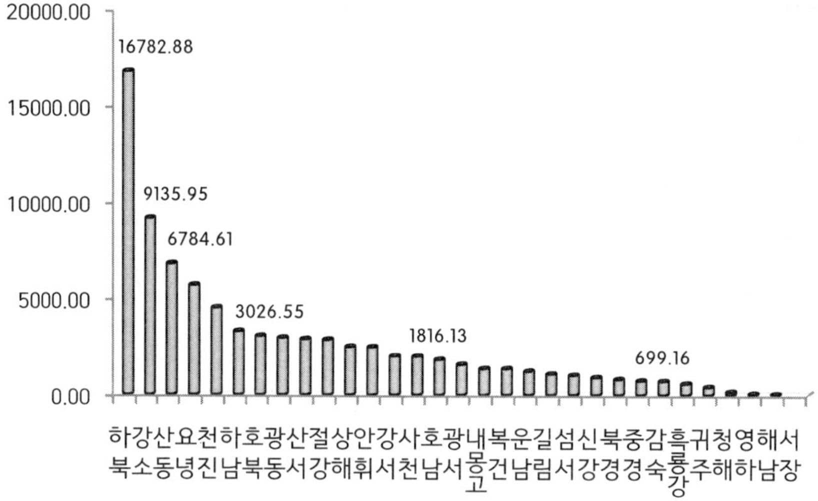

〈그림 V-6-8〉 지역별 기계절삭선반 생산 분포(2010)

(단위 : 만 대)

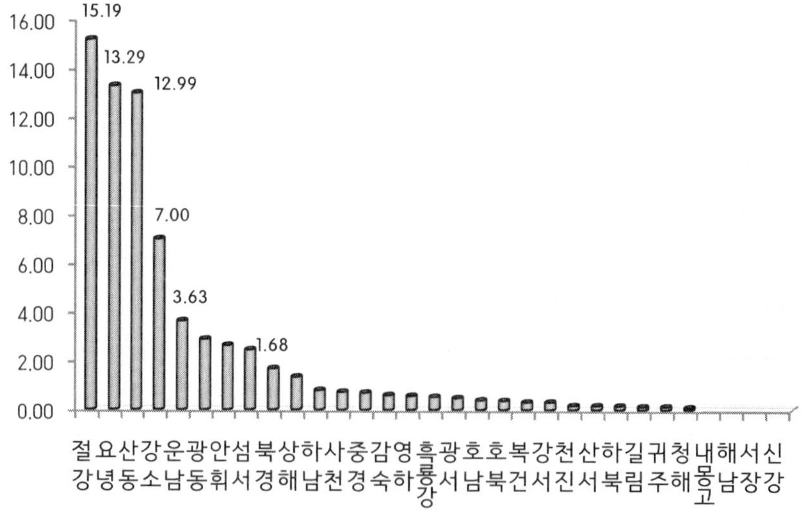

〈그림 V-6-9〉 지역별 핸드폰 생산 분포(2010)

(단위 : 만 대)

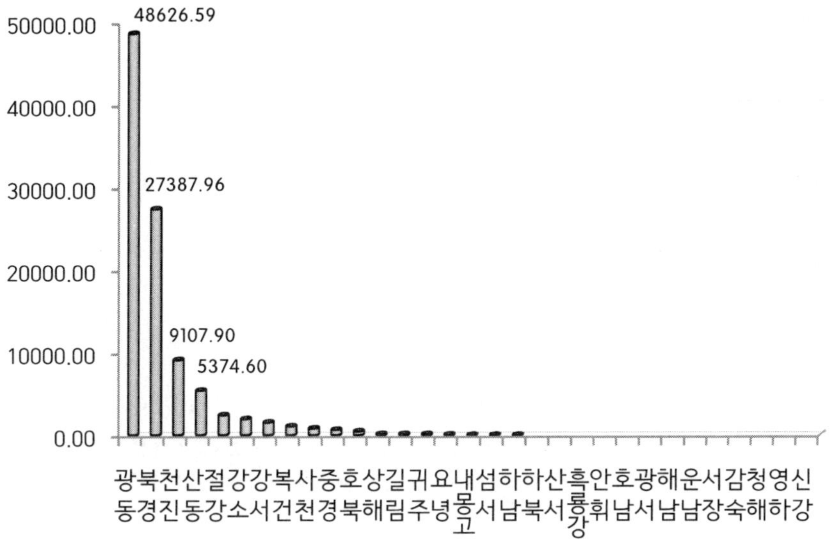

〈그림 V-6-10〉 지역별 냉장고 생산 분포(2010)

(단위 : 만 대)

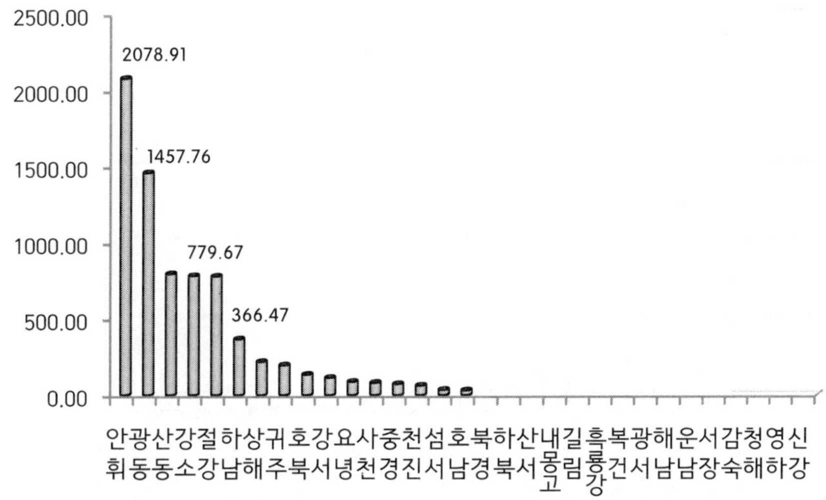

〈그림 V-6-11〉 지역별 컬러TV 생산 분포(2010)

(단위 : 만 대)

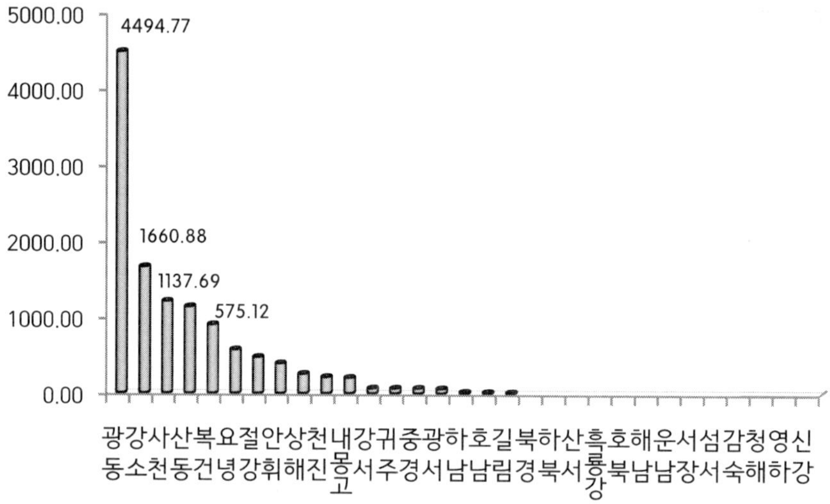

〈그림 V-6-12〉 지역별 면사 생산 분포(2010)

(단위 : 만 톤)

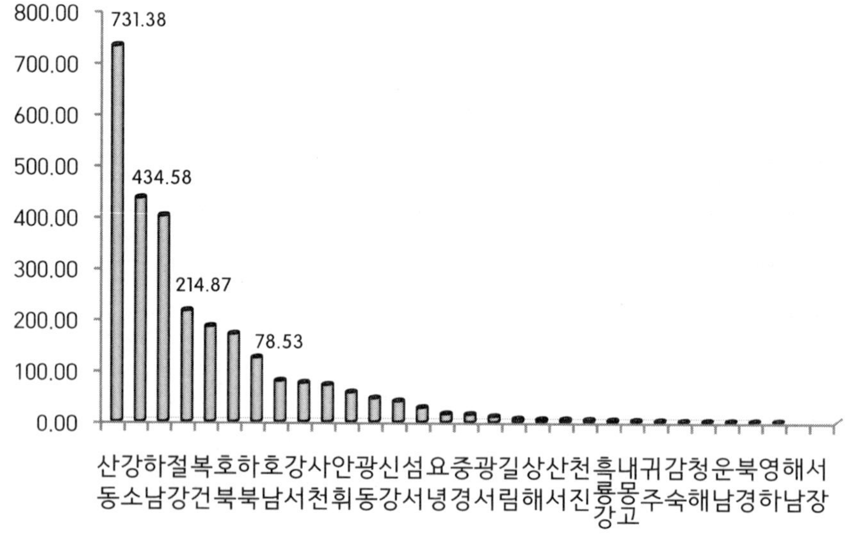

<그림 V-6-13> 지역별 면포 생산 분포(2010)

(단위 : 억 미터)

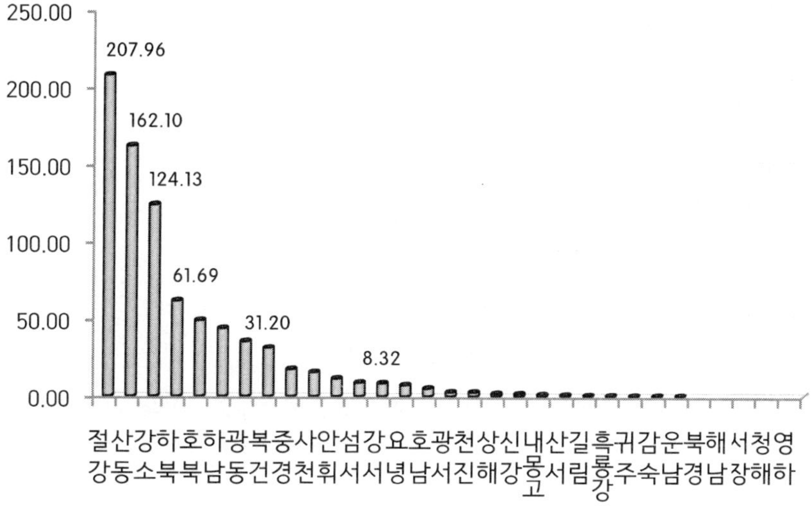

<그림 V-6-14> 지역별 화학섬유 생산 분포(2010)

(단위 : 만 톤)

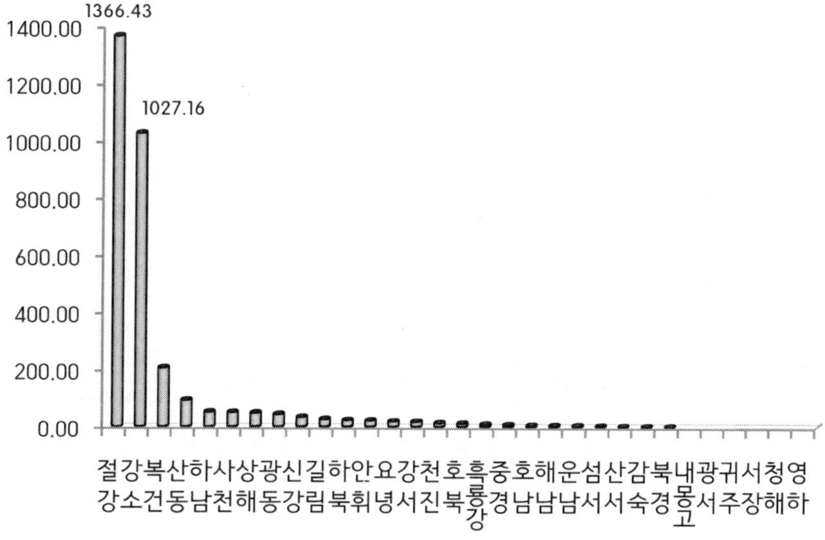

<그림 V-6-15> 지역별 에틸렌 생산 분포(2010)

(단위 : 만 톤)

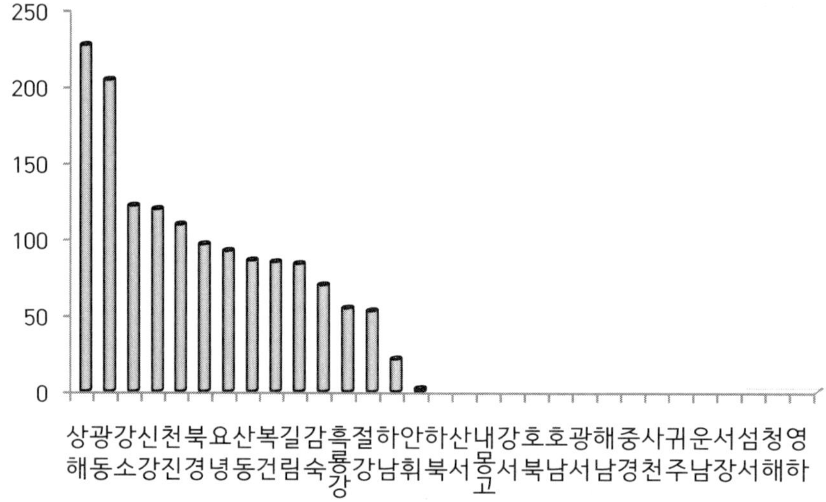

<그림 V-6-16> 지역별 황산 생산 분포(2010)

(단위 : 만 톤)

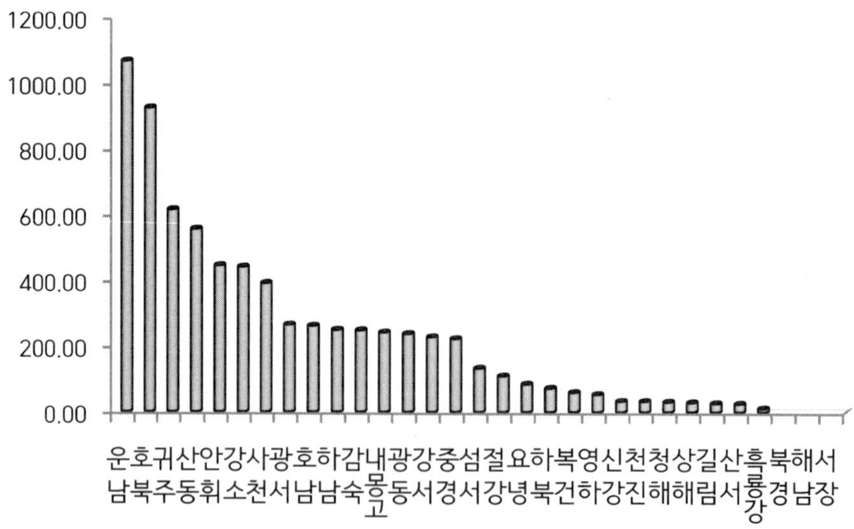

〈그림 V-6-17〉 지역별 석유 생산 분포(2010)

(단위 : 만 톤)

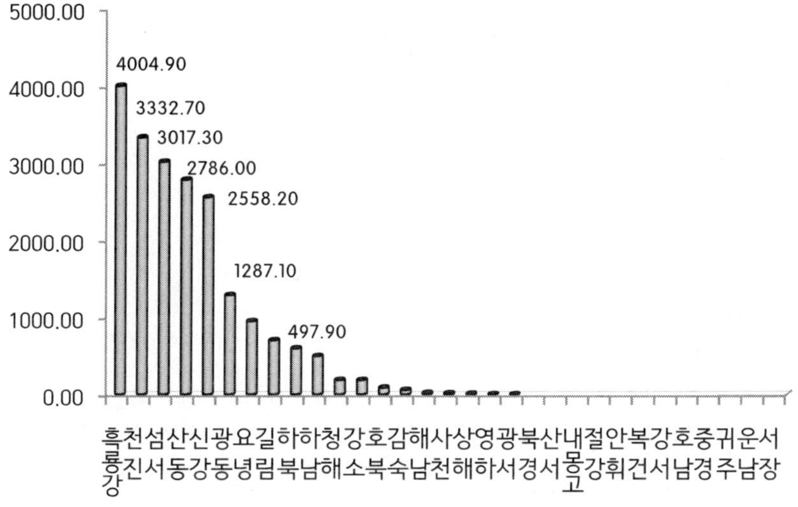

〈그림 V-6-18〉 지역별 천연가스 생산 분포(2010)

(단위 : 억 입방미터)

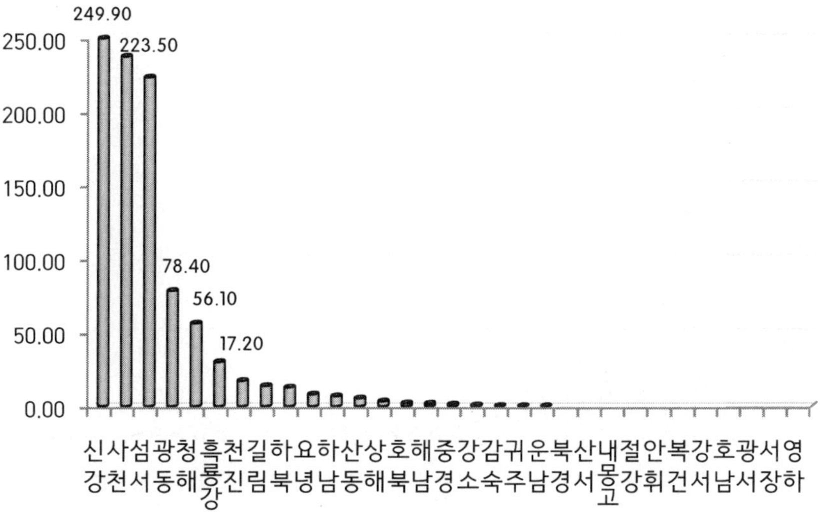

7 무역과 외국인투자

〈그림 V-7-1〉 지역별 수출입 규모(2000)

(단위 : 만 달러)

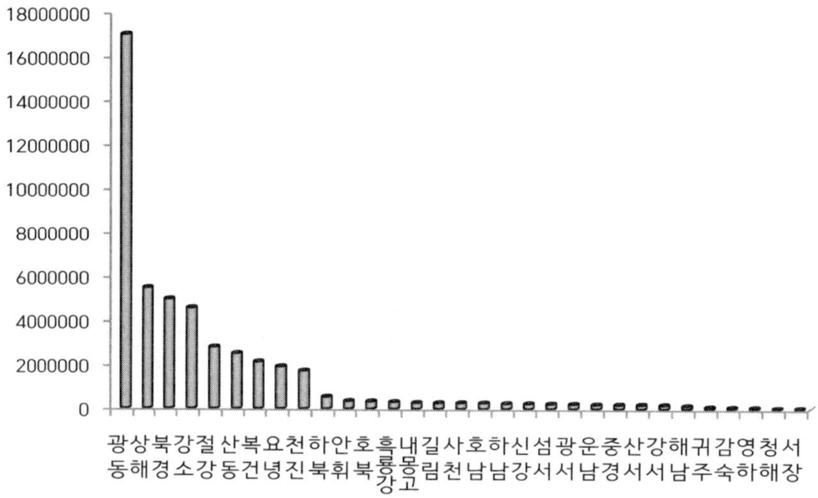

〈그림 V-7-2〉 지역별 수출입 규모(2010)

(단위 : 만 달러)

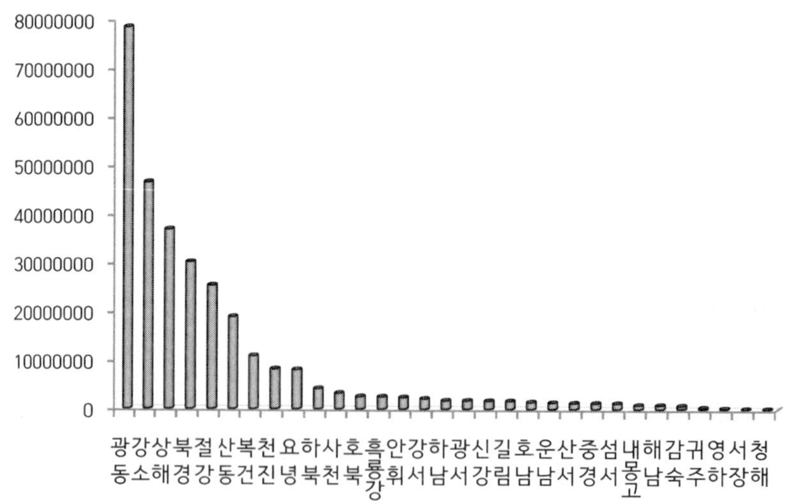

〈그림 V-7-3〉 지역별 외자기업 수출입 규모(2010)

(단위 : 만 달러)

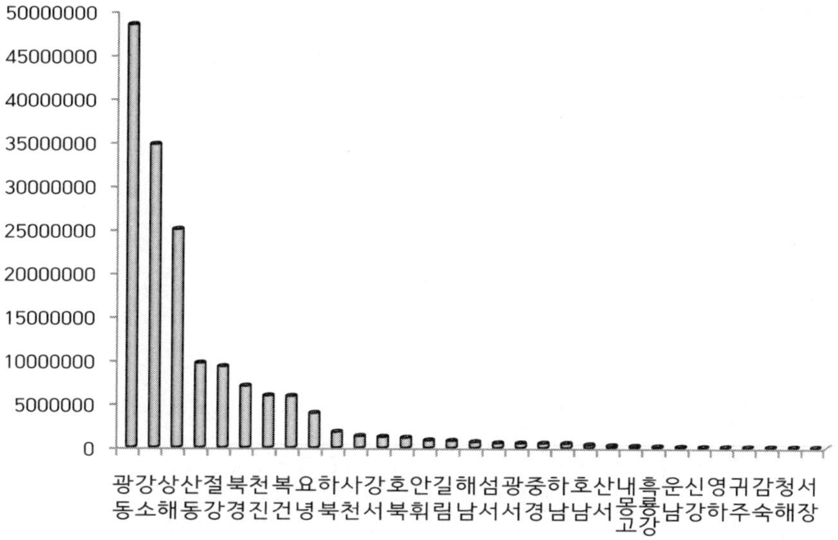

8 정부재정

〈그림 V-8-1〉 지역별 재정수입(2010)

(단위 : 억 위안)

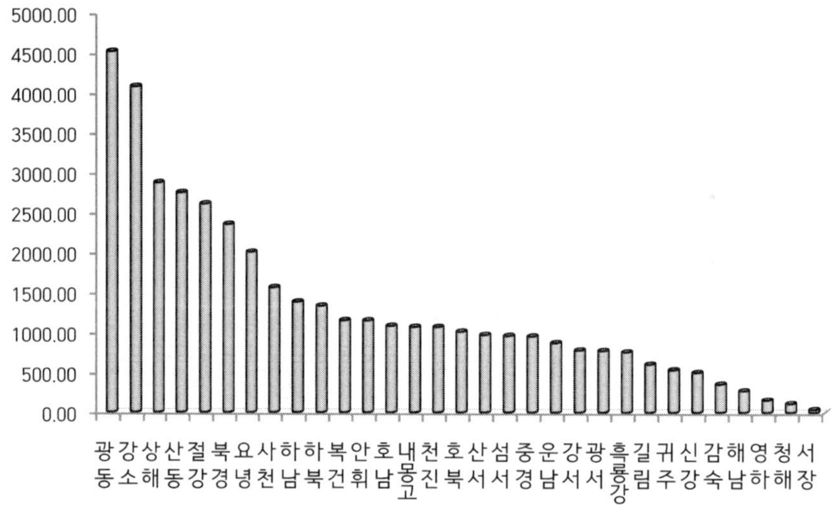

〈그림 V-8-2〉 지역별 세금수입 분포(2010)

(단위 : 억 위안)

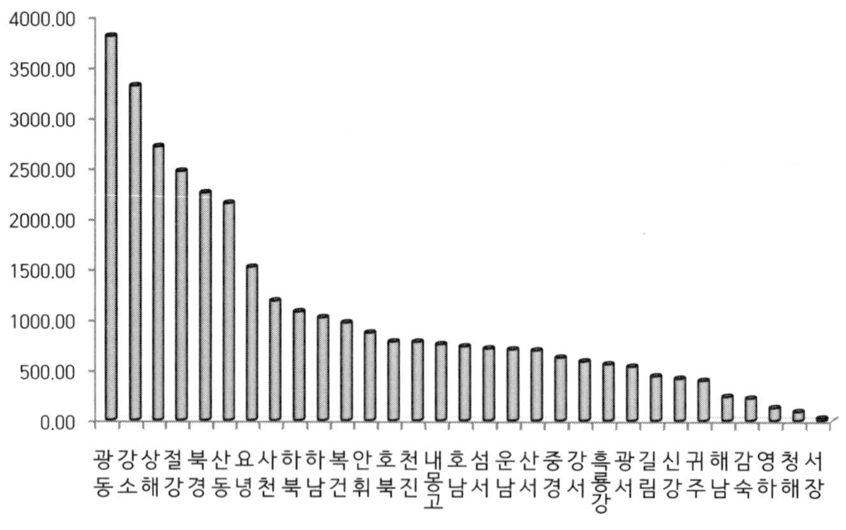

〈그림 V-8-3〉 지역별 부가가치세 수입 분포(2010)

(단위 : 억 위안)

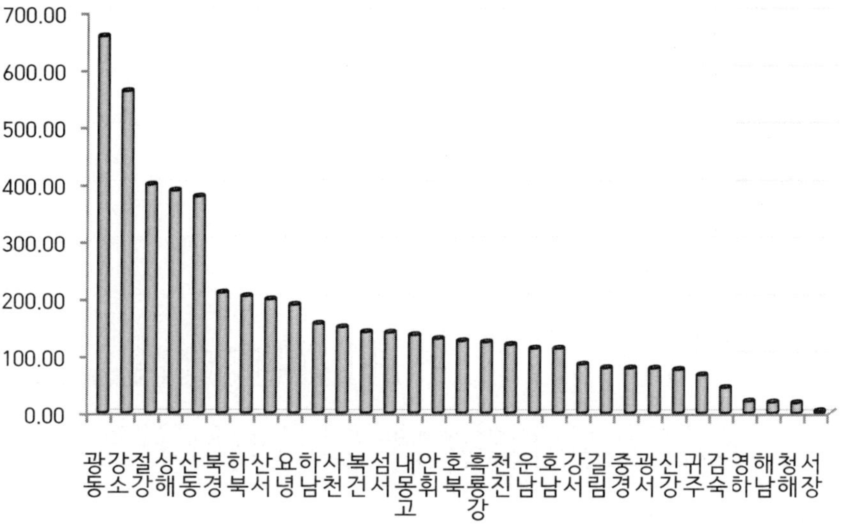

〈그림 V-8-4〉 지역별 기업소득세 수입 분포(2010)

(단위 : 억 위안)

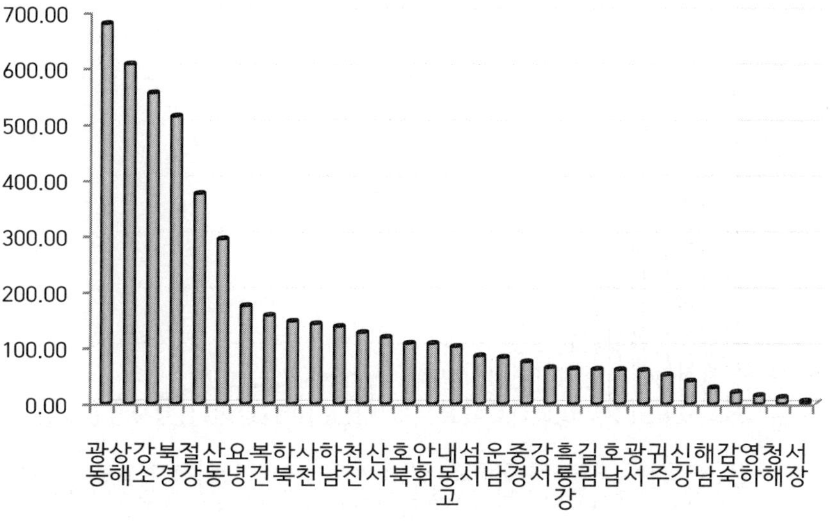

〈그림 V-8-5〉 지역별 개인소득세 수입 분포(2010)

(단위 : 억 위안)

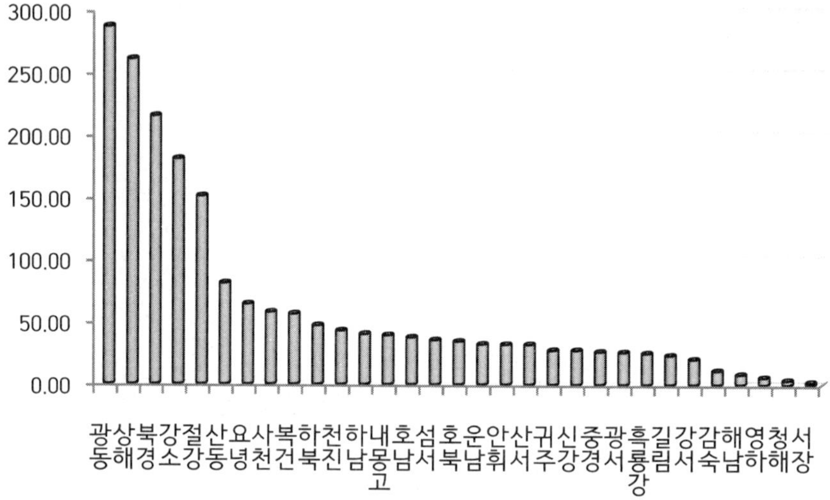

〈그림 V-8-6〉 지역별 부동산세 수입 분포(2010)

(단위 : 억 위안)

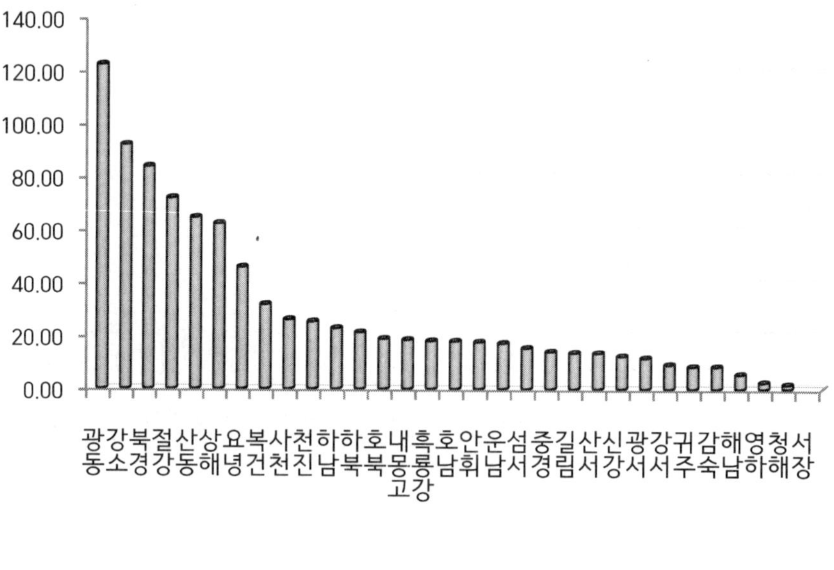

<그림 V-8-7> 지역별 재정지출(2010)

(단위 : 억 위안)

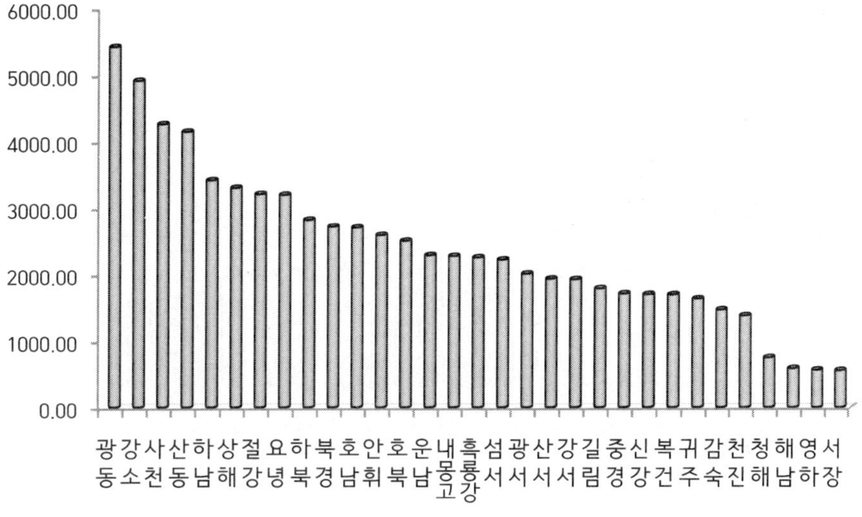

<그림 V-8-8> 지역별 일반공공서비스 지출 분포(2010)

(단위 : 억 위안)

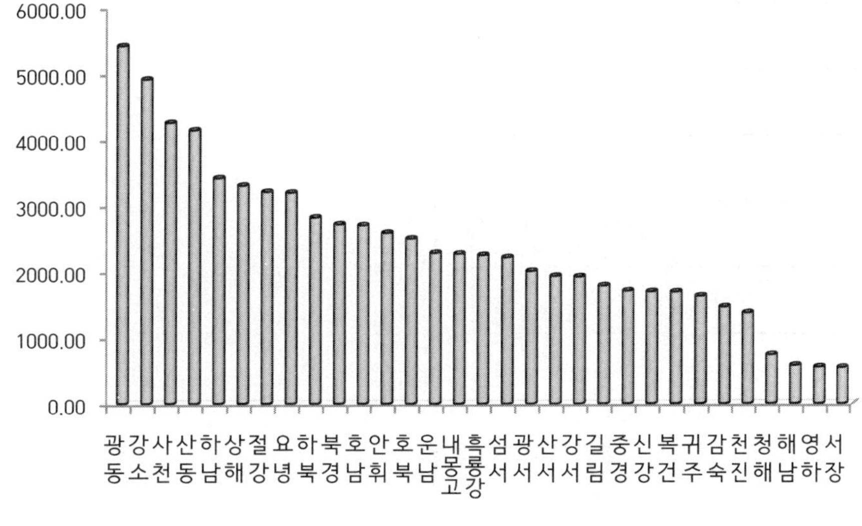

〈그림 V-8-9〉 지역별 교육재정 지출 분포(2010)

(단위 : 억 위안)

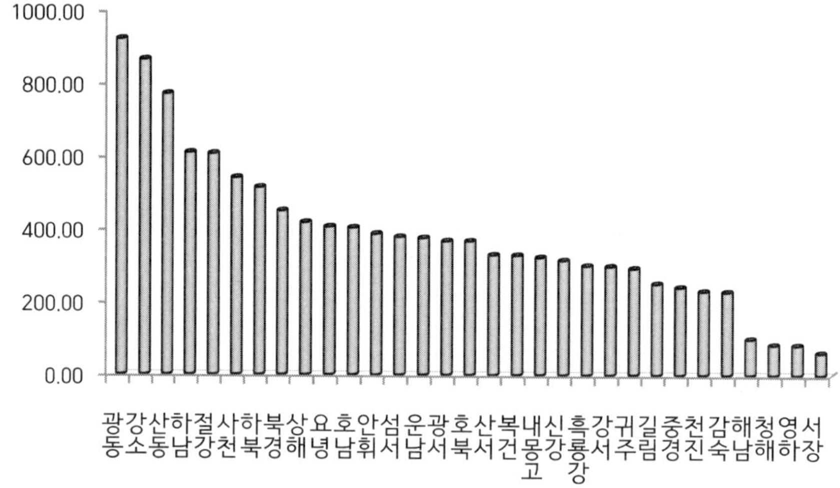

〈그림 V-8-10〉 지역별 사회보장과 고용 지출 분포(2010)

(단위 : 억 위안)

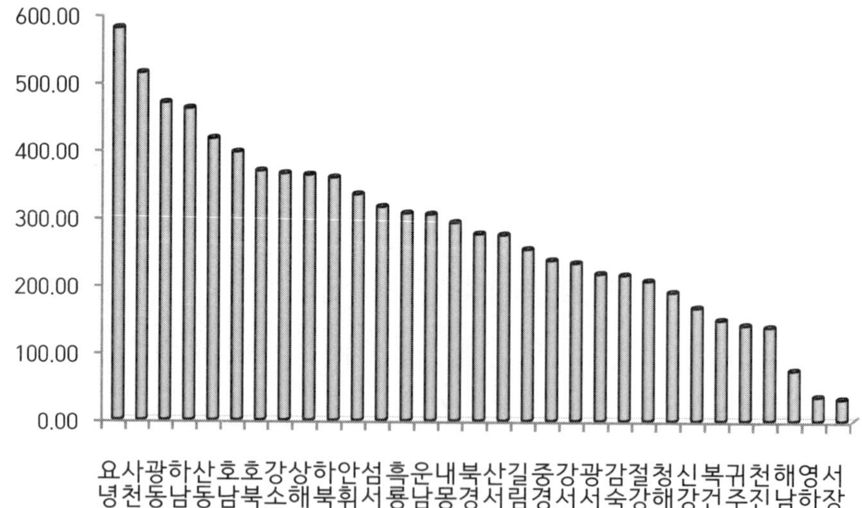

9 도시주민 생활

〈그림 V-9-1〉 지역별 도시주민 1인당 총수입(2010)

(단위 : 위안)

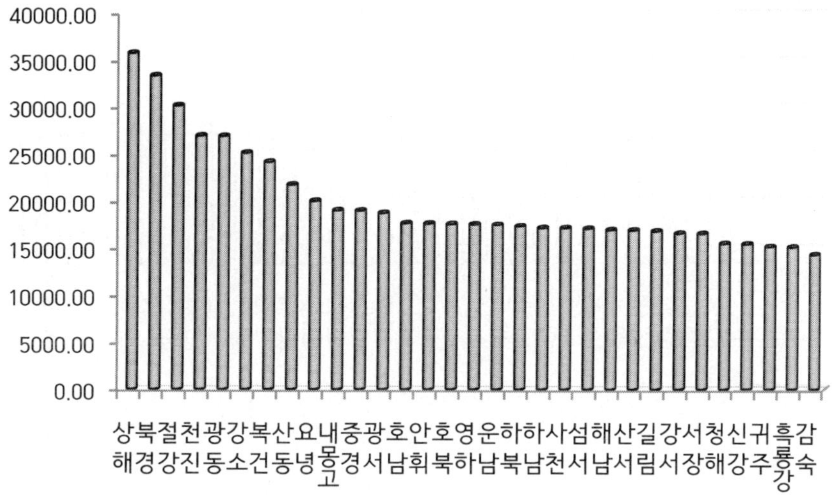

〈그림 V-9-2〉 지역별 도시주민 1인당 가처분소득(2010)

(단위 : 위안)

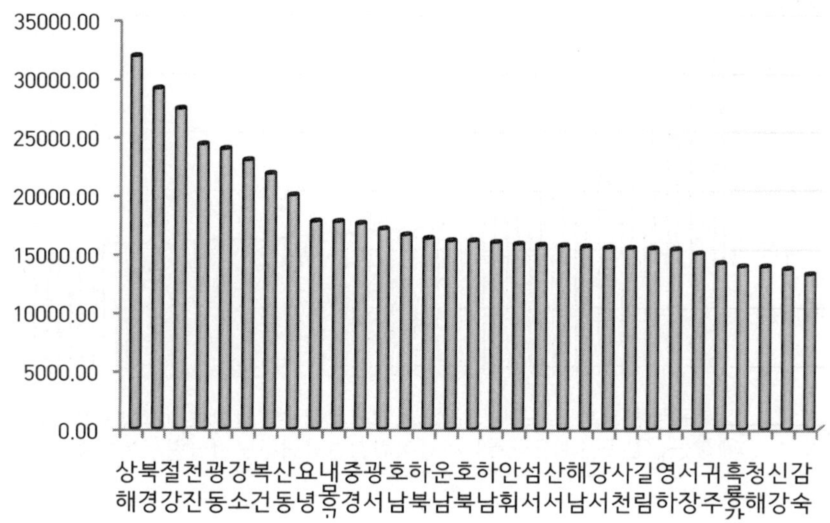

〈그림 V-9-3〉 지역별 도시주민 1인당 임금수입(2010)

(단위 : 위안)

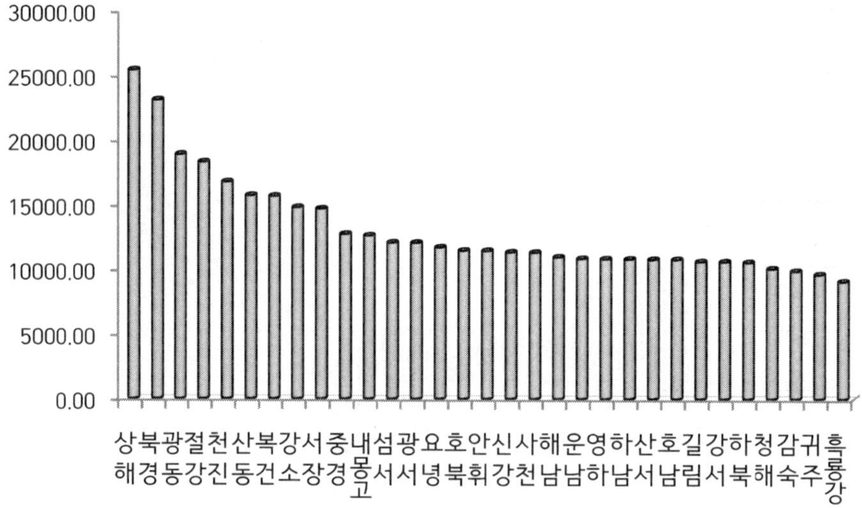

〈그림 V-9-4〉 지역별 도시주민 1인당 교육비 지출(2010)

(단위 : 위안)

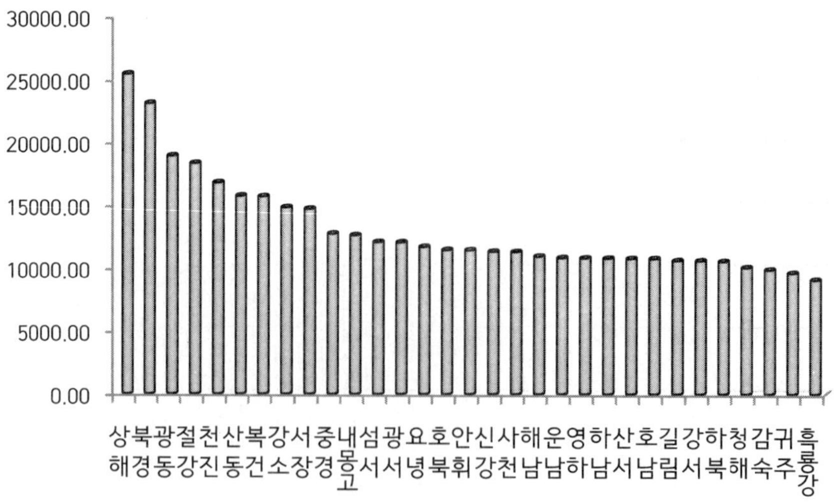

<그림 V-9-5> 지역별 도시주민 1인당 주거비용(2010)

(단위 : 위안)

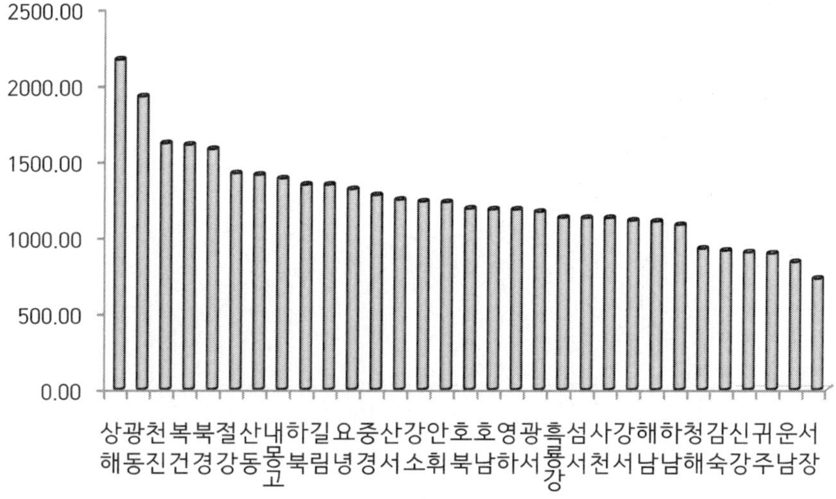

<그림 V-9-6> 지역별 도시주민 1인당 식품지출(2010)

(단위 : 위안)

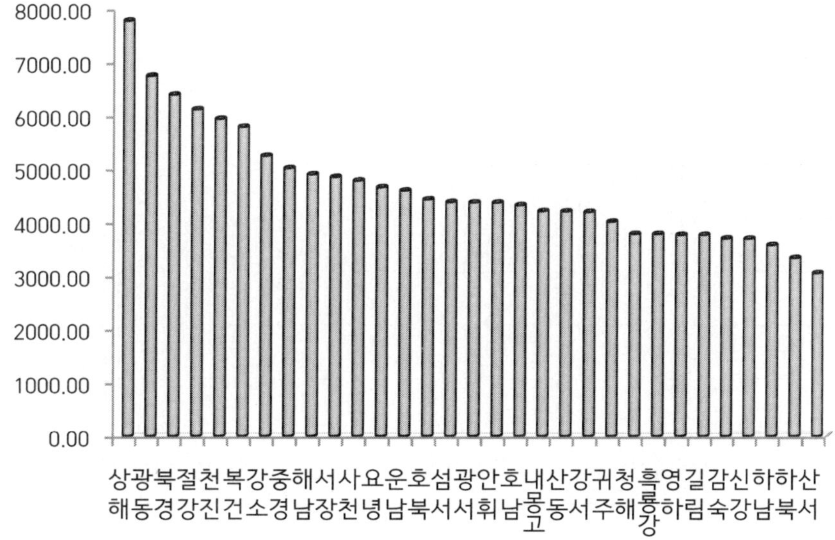

〈그림 V-9-7〉 지역별 도시주민 1인당 술과 음료 지출(2010)

(단위 : 위안)

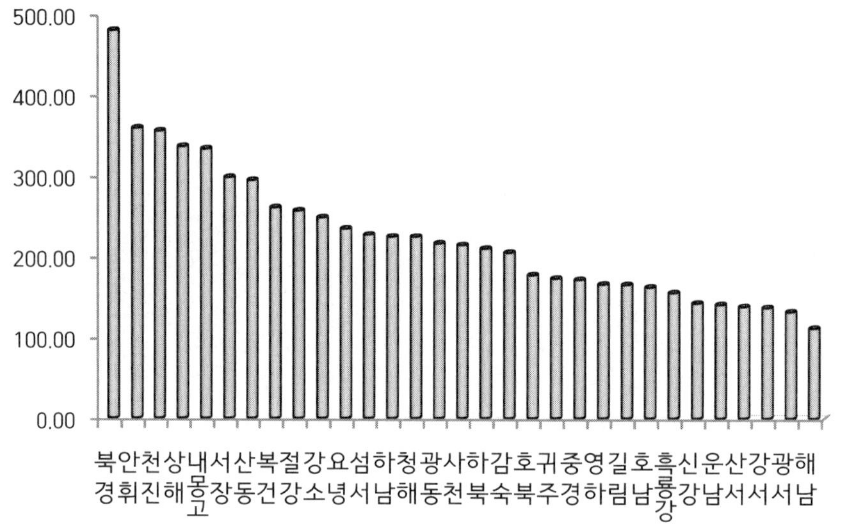

〈그림 V-9-8〉 지역별 도시주민 1인당 의류 지출(2010)

(단위 : 위안)

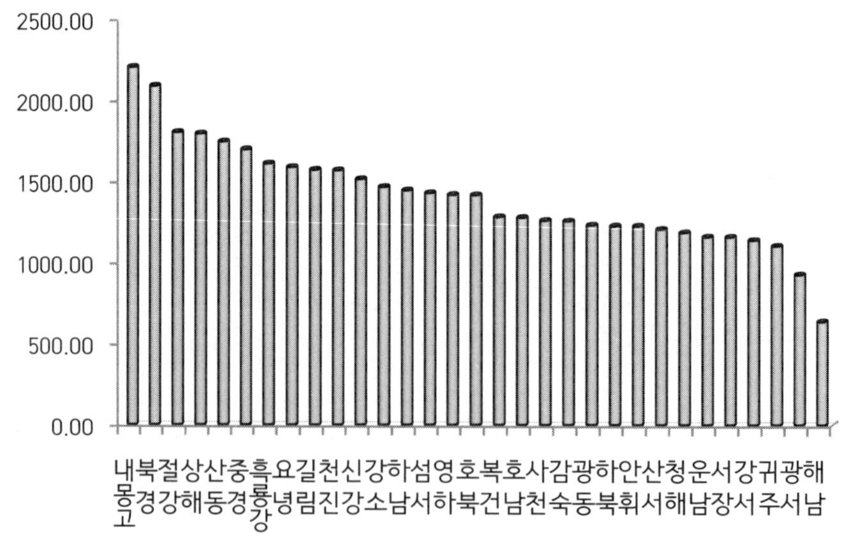

10 자원 분포

〈그림 V-10-1〉 지역별 석유생산 분포(2010)

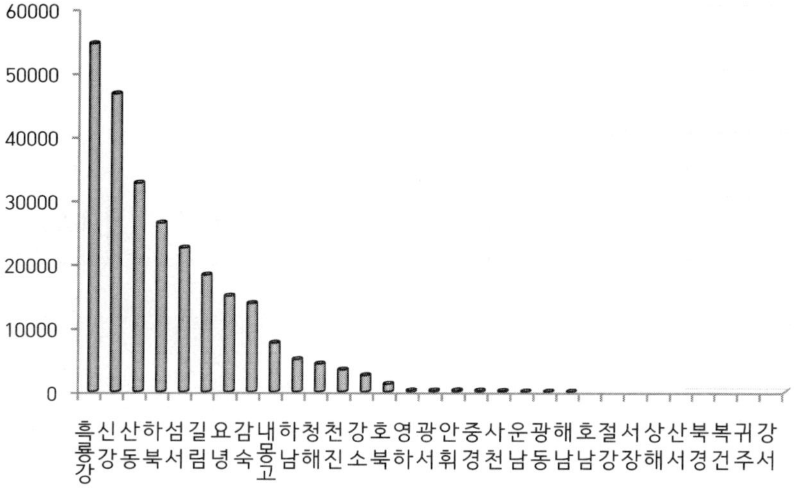

〈그림 V-10-2〉 지역별 석탄 생산 분포(2010)

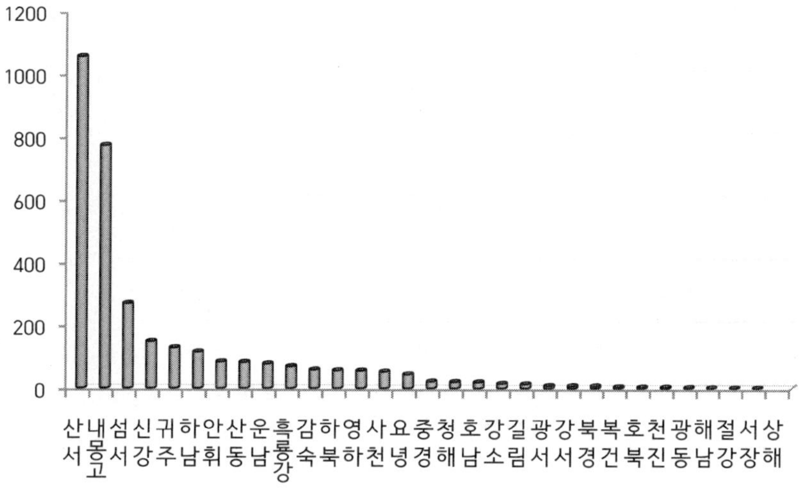

〈그림 V-10-3〉 지역별 전력사용량(2010)

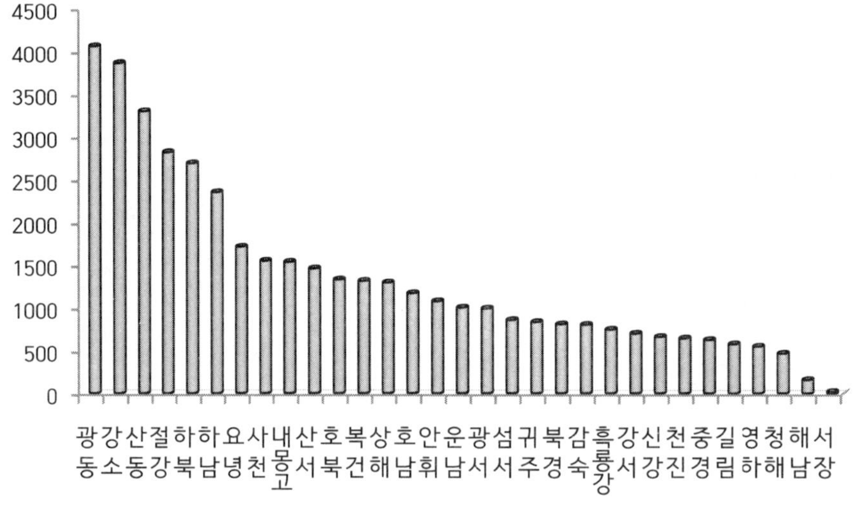

〈그림 V-10-4〉 지역별 관광수입 현황(2010)

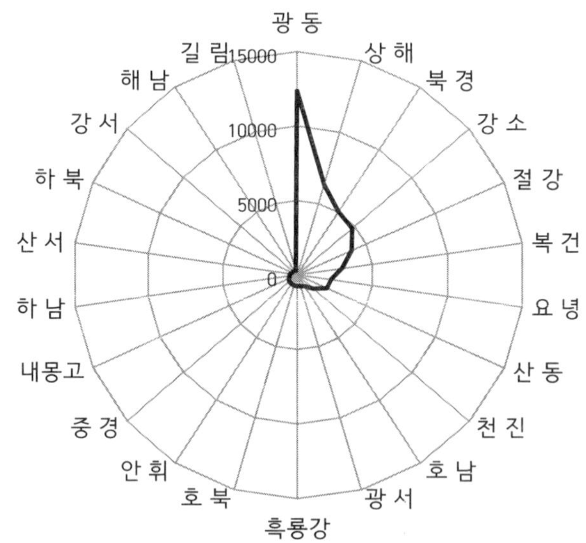

<그림 V-10-5> 지역별 자본형성(2010)

(단위 : 억 위안)

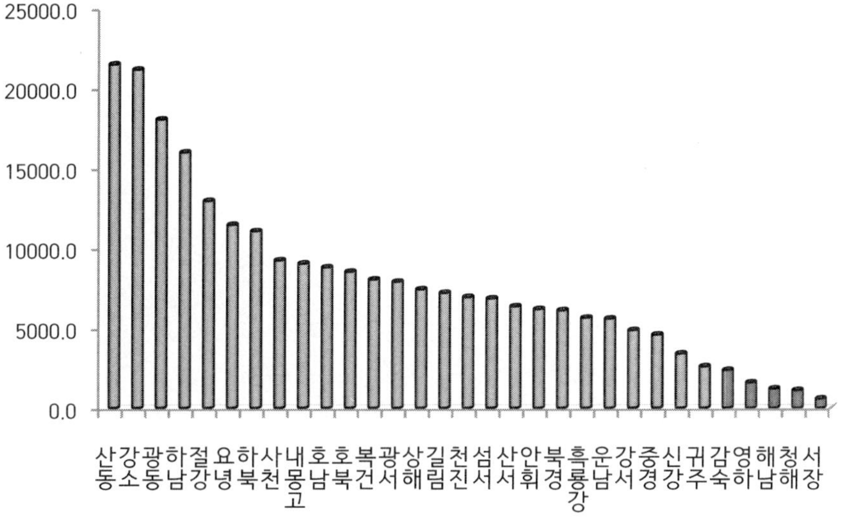

<그림 V-10-6> 지역별 과학기술 지출(2010)

(단위 : 억 위안)

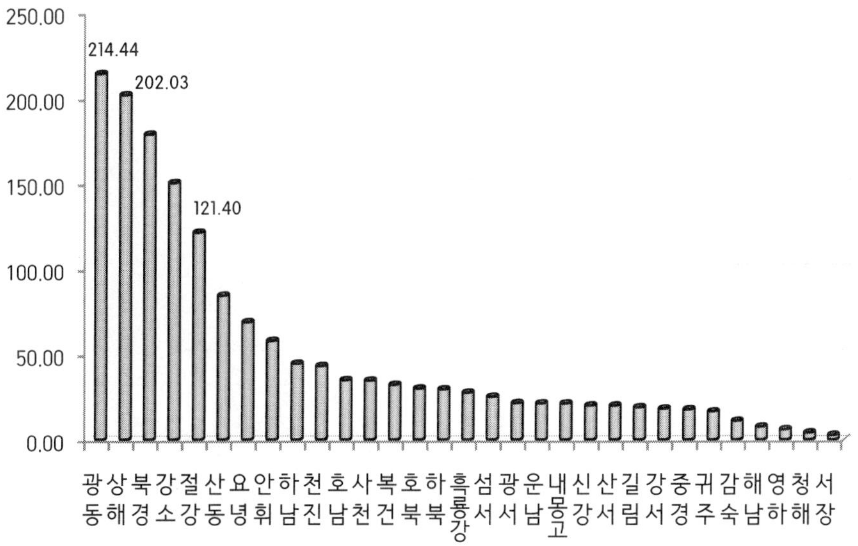

Ⅵ. 한국과 중국의 경제교류와 발전

무역

투자

관광 및 인적교류

1 무역

〈표 VI-1-1〉 한국과 중국의 수출입 증가 추이

(단위 : 백만 달러)

연도	수입	수출	무역총액
1998	6,232	15,021	21,253
1999	7,817	17,232	25,049
2000	11,287	23,208	34,495
2001	12,544	23,396	35,940
2002	15,508	28,581	44,089
2003	20,105	43,161	63,266
2004	27,809	62,166	89,975
2005	35,117	76,874	111,991
2006	44,558	89,818	134,376
2007	56,129	104,045	160,174
2008	73,905	112,154	186,059
2009	53,630	102,125	155,755
2010	68,811	138,023	206,834
2011	82,825	161673	244,498

〈표 VI-1-2〉 중국의 성별 대한국 수출

(단위 ; 백만 달러)

	연도	2010	2011
	합계	68,811	82,925
1	Jiangsu (강소성)	13,860	16,884
2	Shandong (산동성)	14,130	15,168
3	Guangdong (광동성)	9,744	13,323
4	Shanghai (상해)	5,535	6,829
5	Zhejiang (절강성)	4,635	5,446
6	Liaoning (요녕성)	4,129	5,093
7	Tianjin (천진)	4,242	4,616
8	Hebei (하북성)	2,220	2,826
9	Fujian (복건성)	2,020	2,526
10	Beijing (북경)	1,325	1,764

〈표 VI-1-3〉 중국의 성별 대한국 수입

(단위 : 백만 달러)

	연도	2010	2011
	합계	138,023	161,673
1	Jiangsu (강소성)	40,738	40,820
2	Guangdong (광동성)	31,057	37,842
3	Shanghai (싱해)	13,994	17,703
4	Shandong (산동성)	16,562	17,492
5	Tianjin (천진)	10,026	12,887
6	Beijing (북경)	8,396	11,179
7	Zhejiang (절강성)	5,880	8,134
8	Liaoning (요녕성)	3,223	3,948
9	Fujian (복건성)	3,389	3,582
10	Sichuan (사천성)	601	1,880

〈그림 VI-1-1〉 중국 성별 대한국 수출 추이

(단위; 백만 달러)

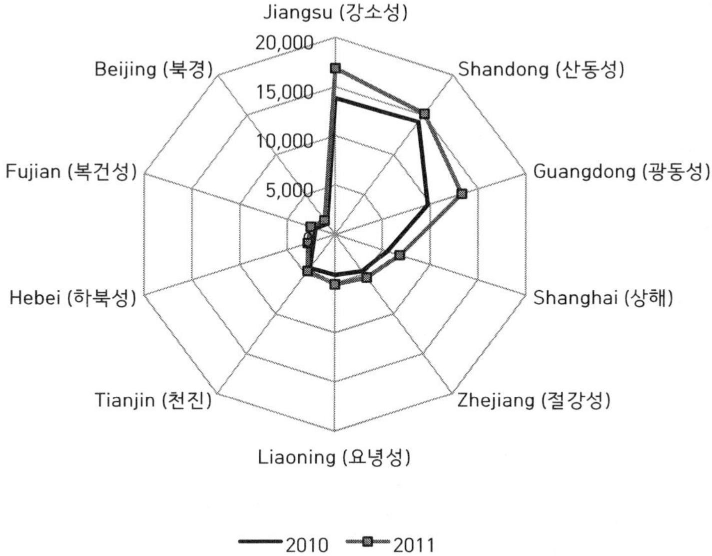

〈그림 VI-1-2〉 중국 성별 대한국 수입 현황

(단위; 백만 달러)

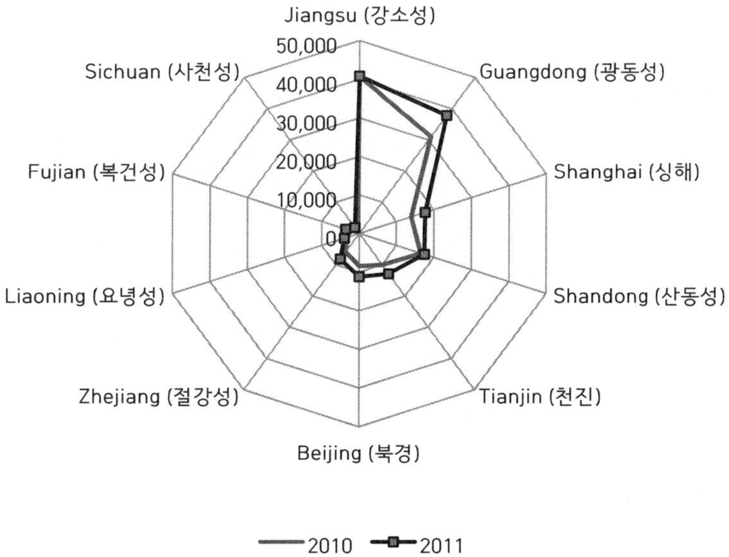

2 투자

〈그림 VI-2-1〉 한국의 대중국투자 추이

(단위 : 천 달러)

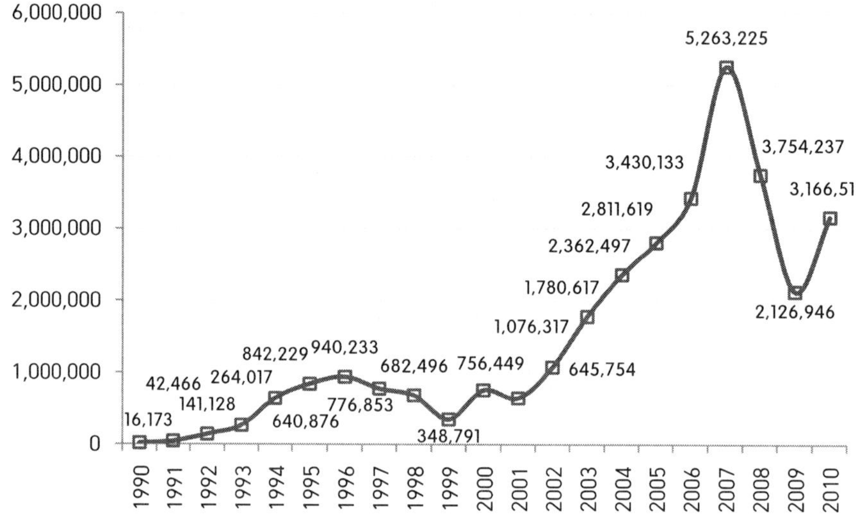

〈그림 VI-2-1〉 한국의 대중국 지역별 투자비중 추이

(단위 : %)

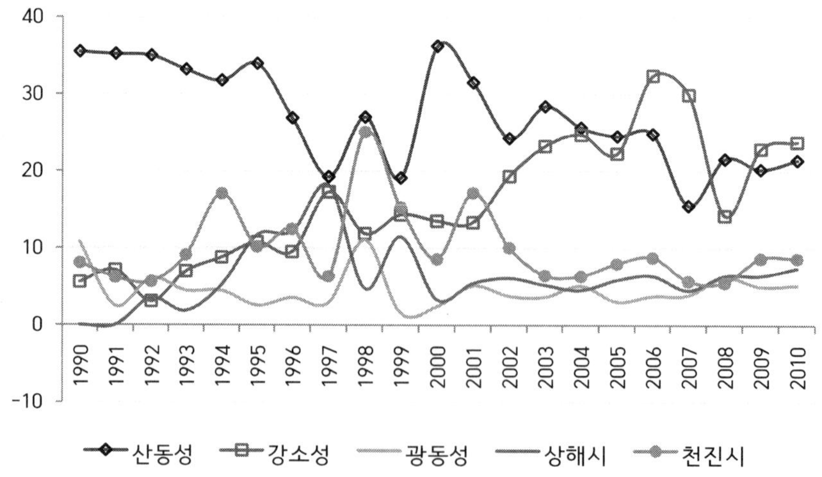

〈그림 VI-2-3〉 한국의 대중국 투자 중 동북3성 투자비중 추이(1)

(단위 : %)

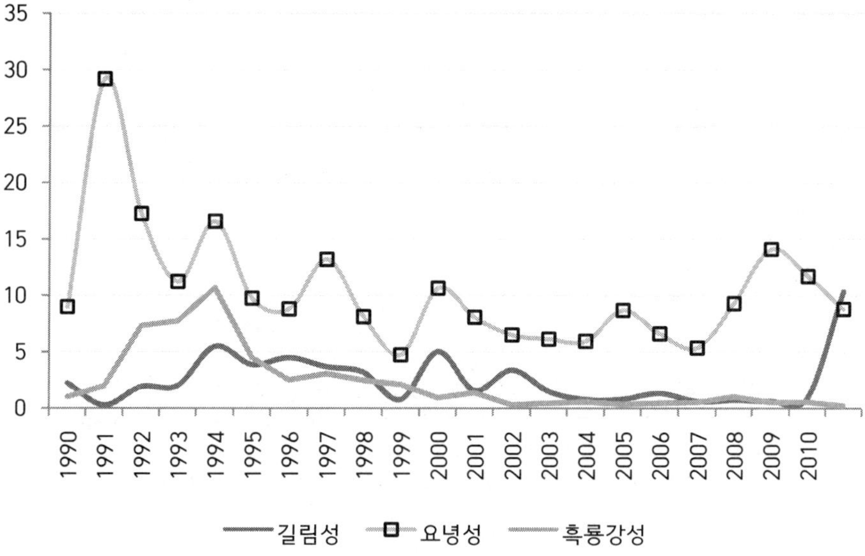

〈그림 VI-2-4〉 한국의 대중국 투자 중 동북3성 투자비중 추이(2)

(단위 ; 천 달러)

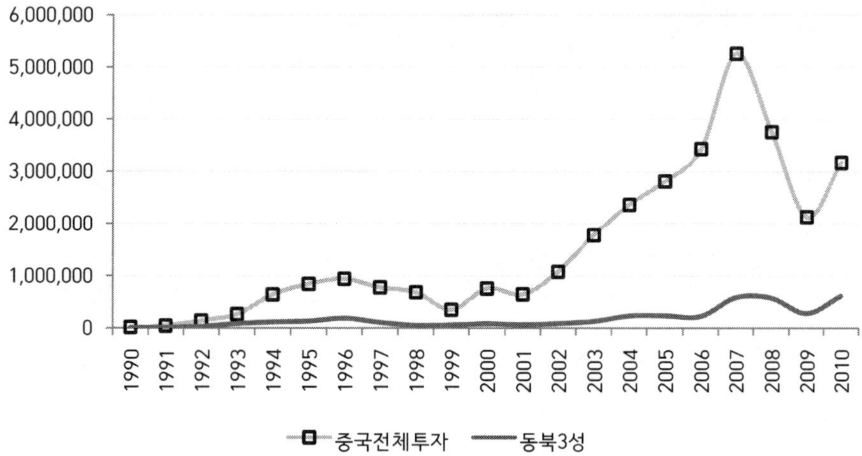

<그림 Ⅵ-2-5> 한국의 대중국 투자규모별 투자 추이

(단위 : %)

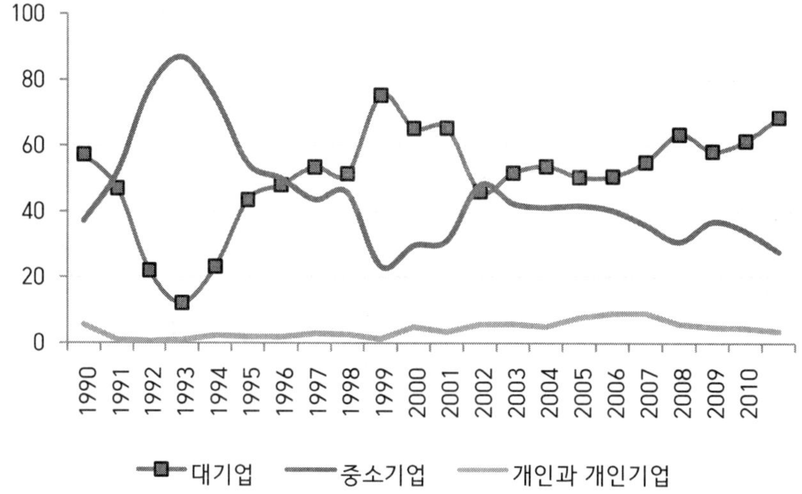

<그림 Ⅵ-2-6> 한국의 대중국 투자형태별 투자 추이

(단위 : %)

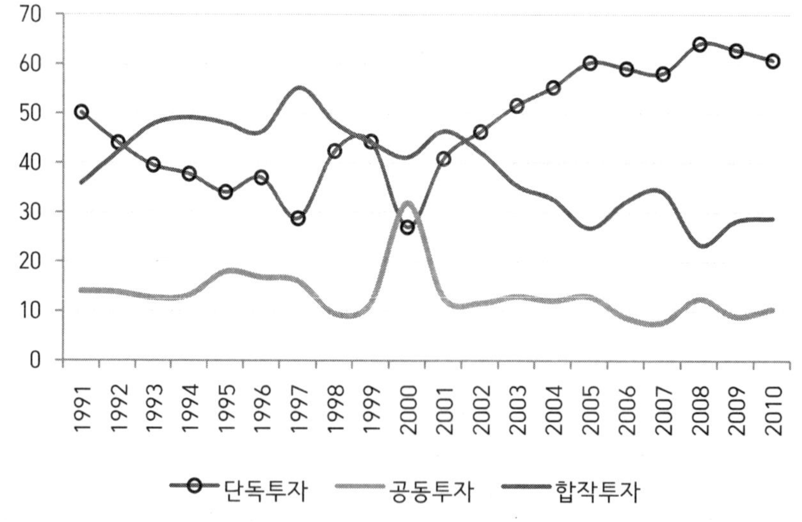

〈그림 VI-2-7〉 한국의 대중국 투자목적별 투자 추이(1)

(단위 : %)

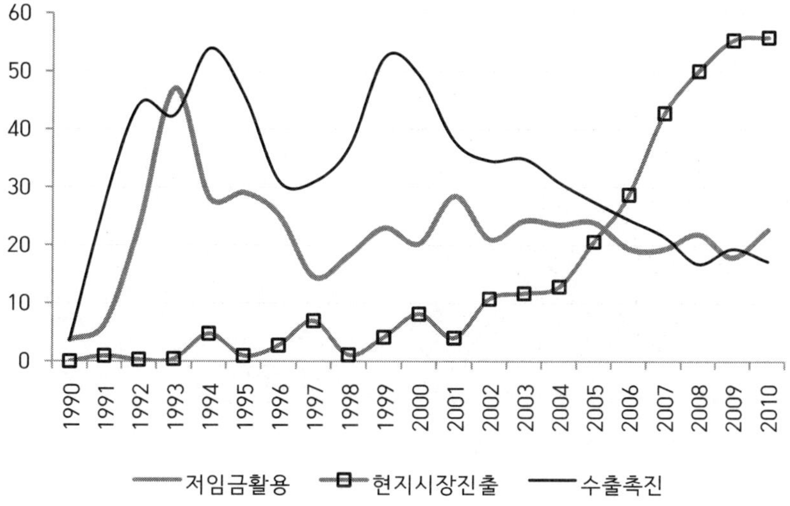

〈그림 VI-2-8〉 한국의 대중국 투자목적 투자 추이(2)

(단위 : %)

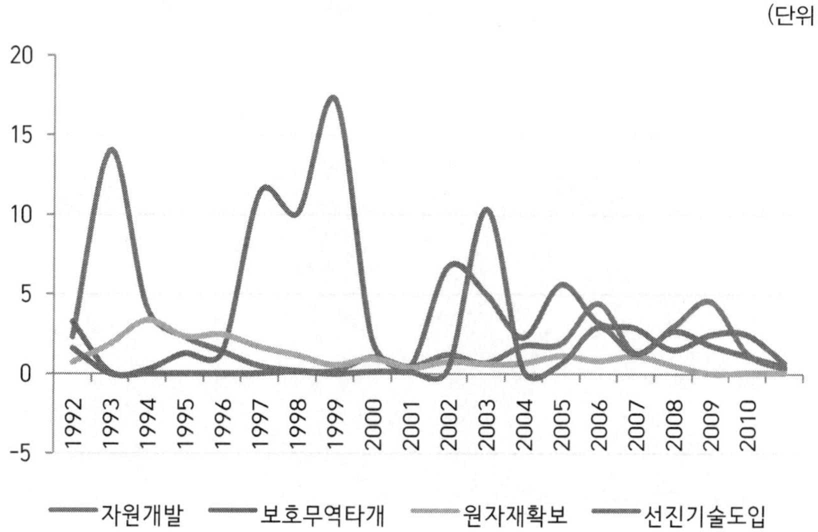

〈그림 VI-2-9〉 대기업의 대중국 투자형태별 투자 추이

(단위 : %)

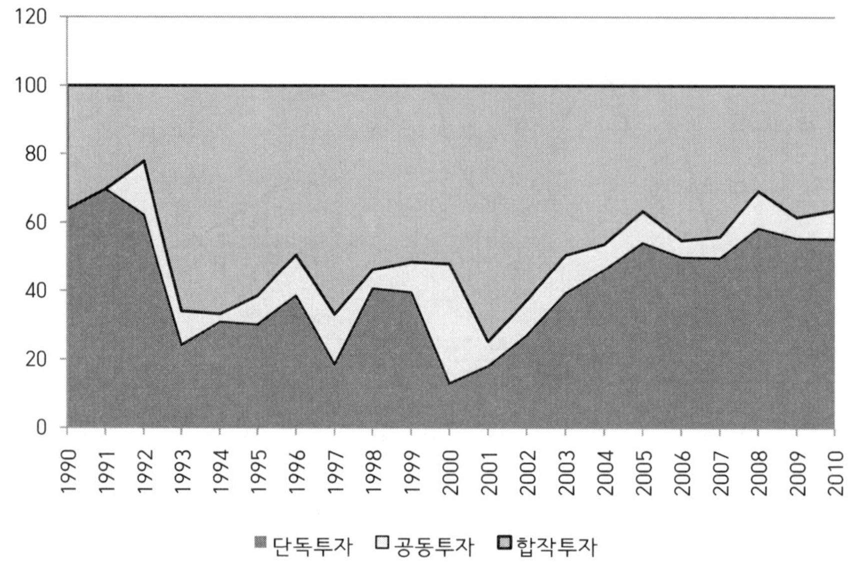

〈그림 VI-2-10〉 중소기업의 대중국 투자형태별 투자 추이

(단위 : %)

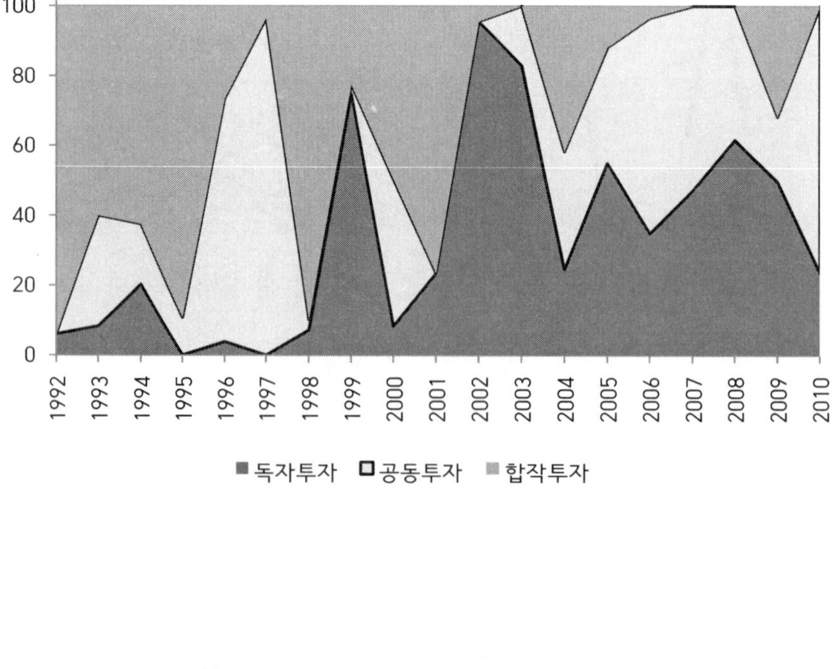

〈그림 VI-2-11〉 대기업의 대중국 투자목적별 투자 추이(1)

(단위 : %)

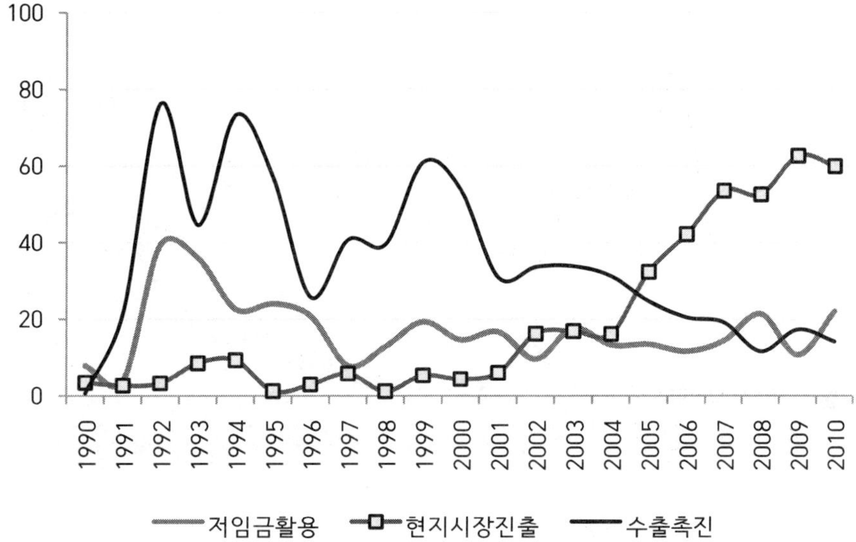

〈그림 VI-2-12〉 대기업의 대중국 투자목적별 투자 추이(2)

(단위 : %)

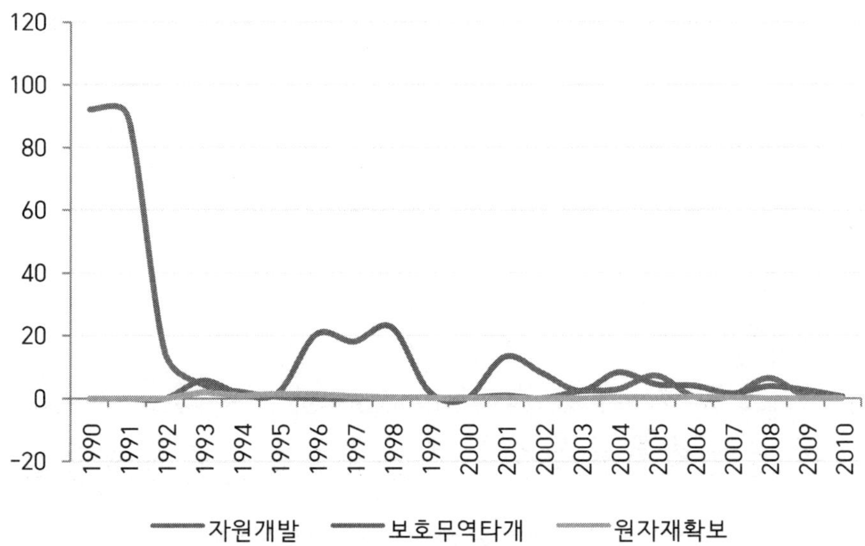

〈그림 Ⅵ-2-13〉 중소기업의 대중국 투자목적별 투자 추이 (1)

(단위 : %)

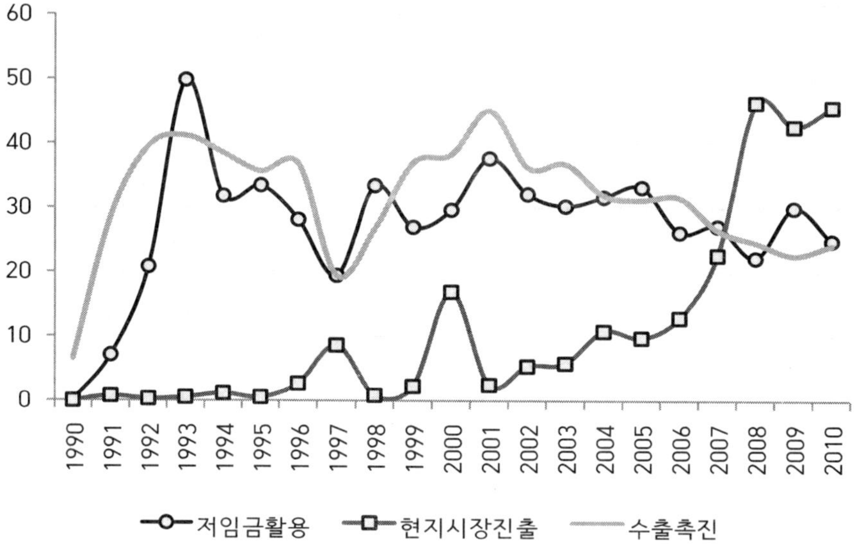

〈그림 Ⅵ-2-14〉 중소기업의 대중국 투자목적별 투자 추이 (2)

(단위 : %)

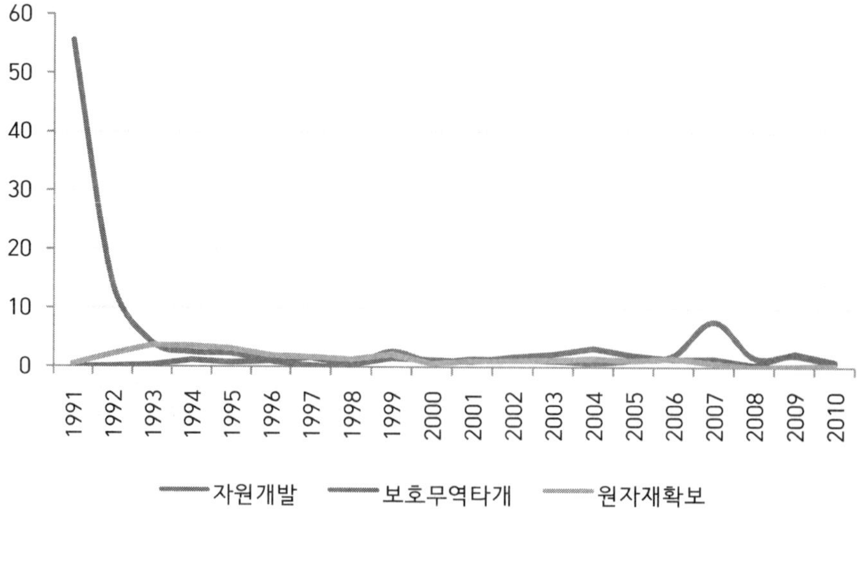

〈그림 VI-2-15〉 한국의 대중국 단독투자 투자목적별 투자 추이 (1)

(단위 : %)

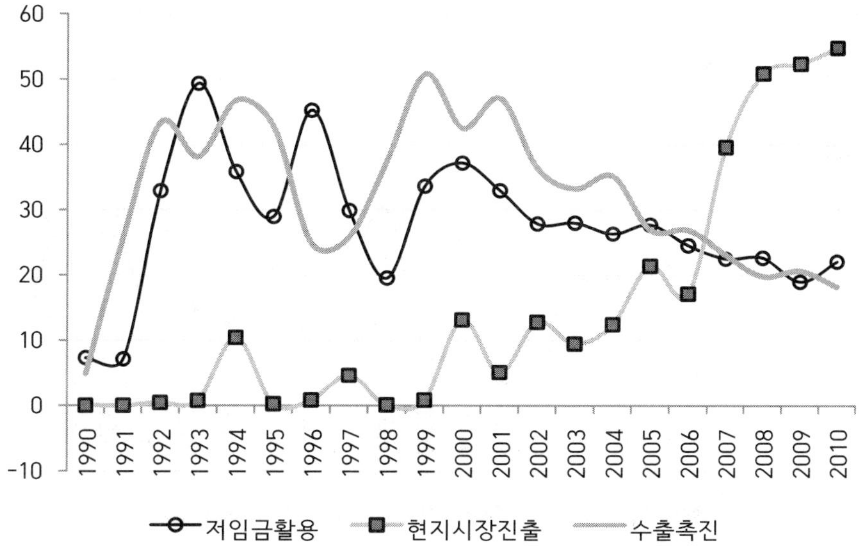

〈그림 VI-2-16〉 한국의 대중국 단독투자 투자목적별 투자 추이 (2)

(단위 : %)

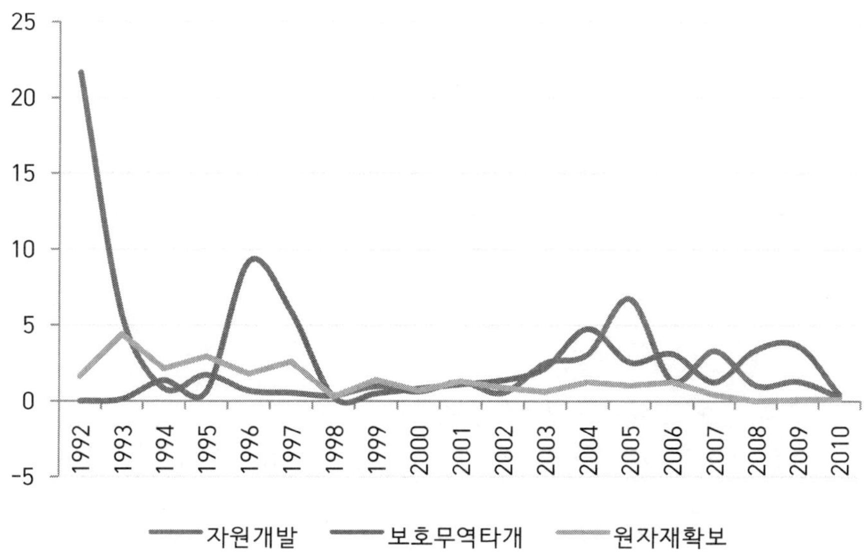

〈그림 VI-2-17〉 한국의 대중국 공동투자 투자목적별 투자 추이 (1)

(단위 : %)

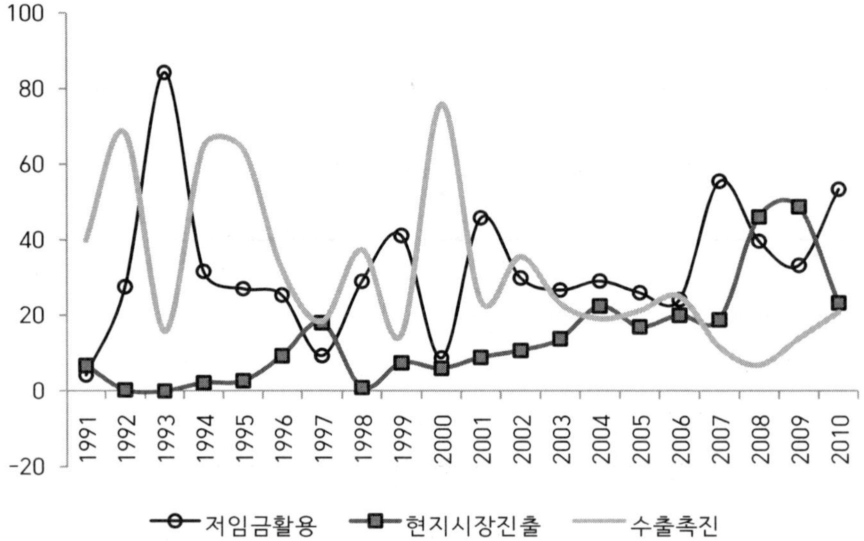

〈그림 VI-2-18〉 한국의 대중국 공동투자 투자목적별 투자 추이 (2)

(단위 : %)

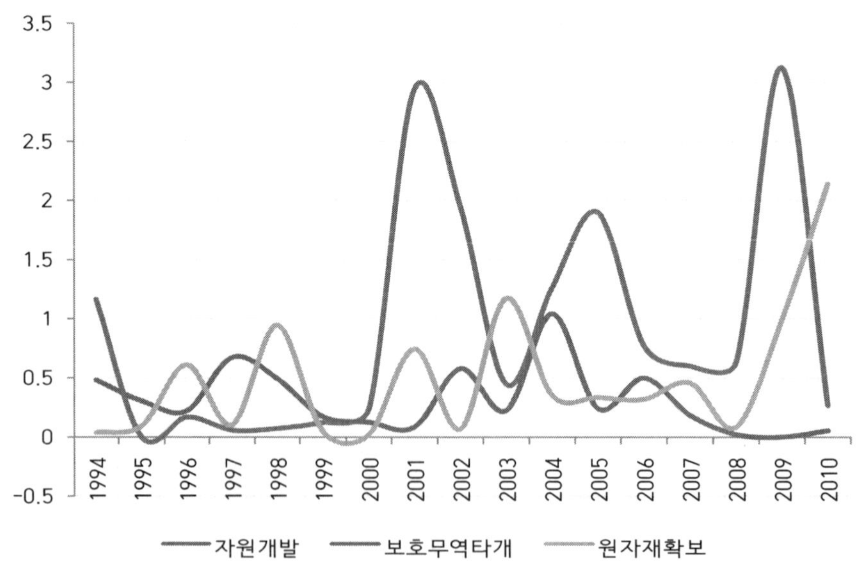

〈그림 Ⅵ-2-19〉 한국의 대중국 합작투자 투자목적별 투자 추이 (1)

(단위 : %)

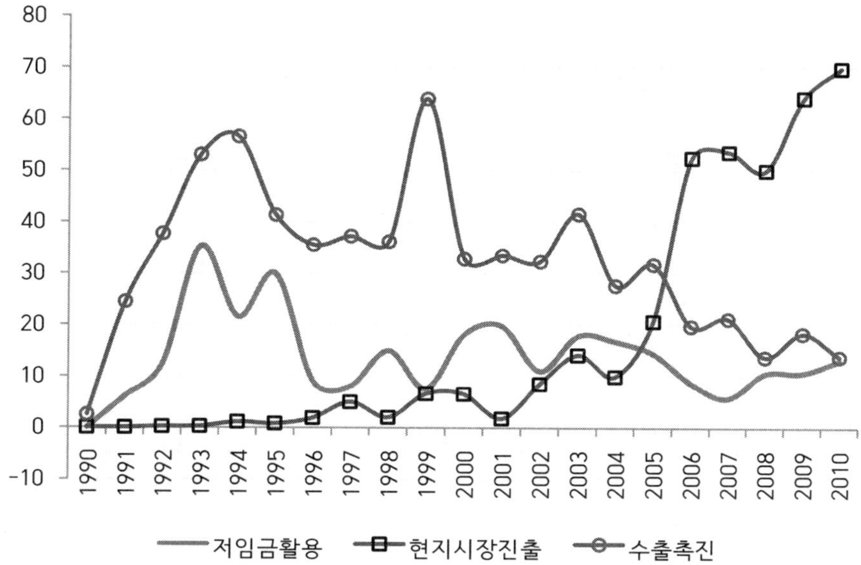

〈그림 Ⅵ-2-20〉 한국의 대중국 합작투자 투자목적별 투자 추이 (2)

(단위 : %)

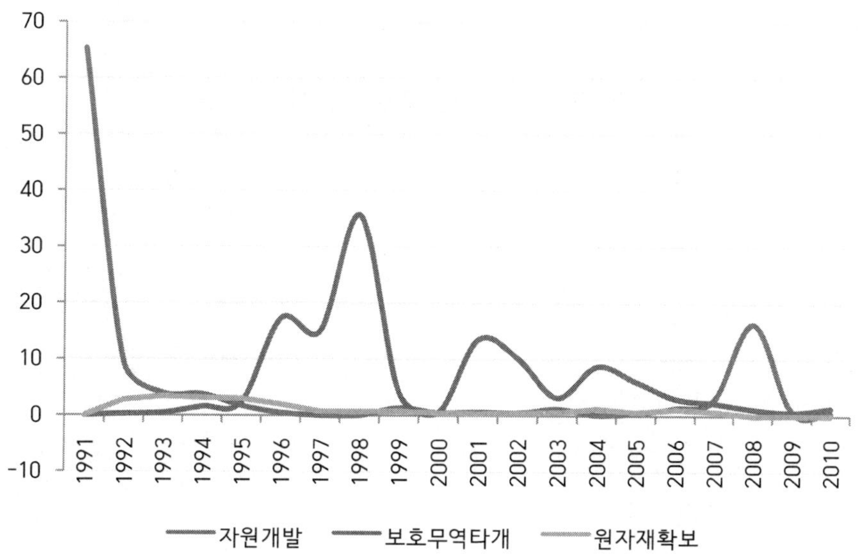

3 관광 및 인적교류

〈표 VI-3-1〉 외국인 국별 입국자수(2010)

(단위 : 명)

총계	7,774,645
아시아주계	6,296,089
일본	3,004,066
중국	1,421,240
타이완	438,041
한국계중국인	302,609
홍콩	221,121
홍콩거주난민	34
북아메리카주계	806,388
미국	693,892
캐나다	112,496
남아메리카주계	30,914
유럽주계	475,229
영국	90,331
독일	81,396
러시아(연방)	73,438
프랑스	58,531
이탈리아	21,131

〈표 VI-3-2〉 외국인 국별 체류자 수(2010)

(단위 : 명)

총계	1,261,415
아시아주계	1,060,033
한국계중국인	409,079
중국	199,802
베트남	103,306
일본	48,905
북미주계	147,575
미국	127,140
캐나다	20,435
남미주계	4,269
유럽계	29,536

〈그림 VI-3-1〉 외국인 국별 입국자수(2010)

(단위 : 명)

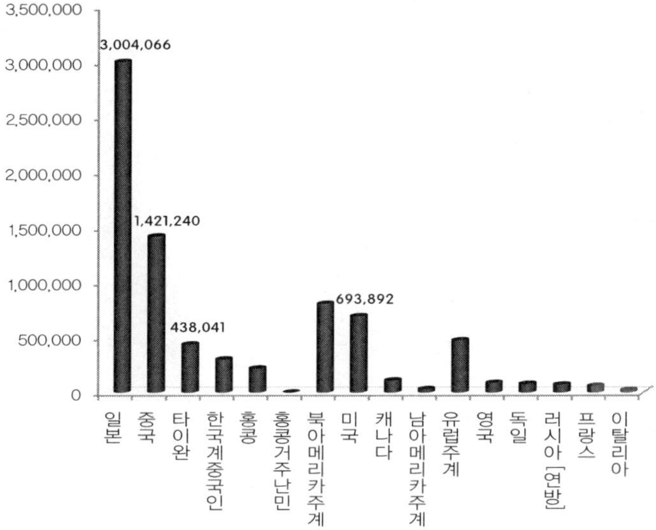

〈그림 VI-3-2〉 외국인 국별 체류자 수

(단위 : 명)

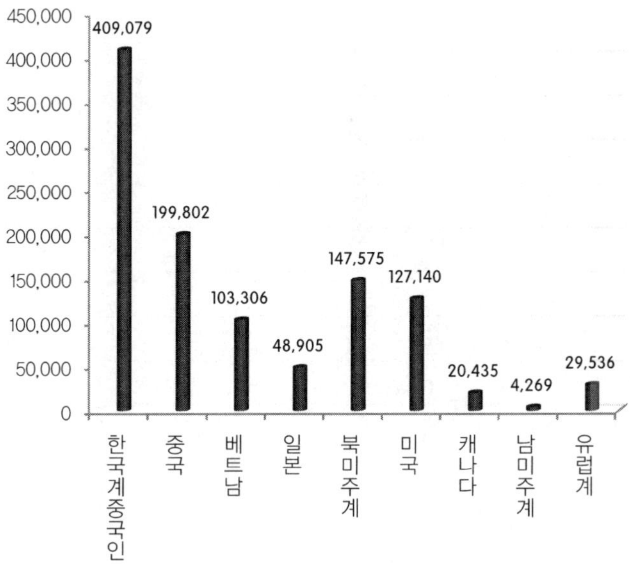

〈표 VI-3-3〉 국별 유학생 현황(1)

(단위 : 명)

총계	87,480
한국계중국인	2,959
중국	63,676
베트남	3,033
일본	1,745
몽골	4,405
미국	966
캐나다	110

〈그림 VI-3-3〉 국별 유학생 현황(2)

(단위 : 명)

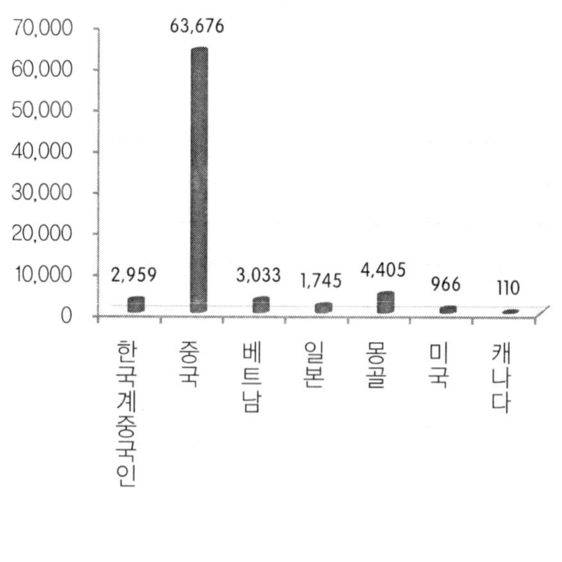

●● 참고자료 ●●

건설교통부「국토이용에 관한 연차보고서」2000, FAO「www.fao.org」2001. 7

스위스 국제경영개발원「http://www.imd.org」 2011. 7

한국은행「http://ecos.bok.or.kr」2011. 8,

한국수출입은행「www.koreaexim.go.kr 해외투자통계」

한국철강협회「철강통계연보」2006~2011

한국자동차공업협회(KAMA)「http://www.kama.or.kr 세계자동차통계」 2011. 7,「세계자동차통계」

한국조선협회「http://www.koshipa.or.kr」2011. 7, 1994년~1996년 자료는「2001조선자료집」

통계청「장래인구추계」2006.11

통계청「시도별 장래인구 추계」2007.12

통계청,『북한인구 추계결과』, 1999

특허청「지식재산통계연보」2011

대만「http://www.cbc.gov.tw」2011. 8

대만「http://eng.stat.gov.tw」2011. 8

대만「Statistical Yearbook」2009

BP「BP Statistical Review of World Energy」2011,「http://www.bp.com」2011. 7,

IEA「CO_2Emissions from Fuel Combustion」2010

ILO「http://laborsta.ilo.org」2011. 8

IMF「International Financial Statistics」2011. 8,

ITU「http://www.itu.int」2011. 7

OECD「http://www.oecd.org」2011. 7,

OECD「OECD Factbook」2008~2010

The World Bank「http://www.worldbank.org」2011. 8

The World Bank「World Development Indicators」2010

UN「http://esa.un.org/wup2009/unup」2010. 6

UN『World Population Prospects』, 1998

UN「http://esa.un.org/unpp」2011. 8,

UN「http://esa.un.org/unpp」2011. 7, 대만「Statistical Yearbook」2009

UNDP「Human Development Report」2010

WTO「Compendium of Tourism Statistics」2010

고정식

현 배재대학교 중국학과 교수
한국동북아경제학회장 역임(2008)
한중사회과학학회장 역임(2006-2007)
산업연구원 북경사무소 대표 역임(1993-1995)
통일부 통일교육원 교수 역임(1996-1997)
스탠포드대학 방문학자(2005)
아이오와대학 방문학자(2013)

도표와 통계로 배우는 중국경제

1판 1쇄 발행 _ 2015년 8월 30일
1판 2쇄 발행 _ 2018년 3월 10일

저　　자 · 고 정 식
발 행 인 · 정 현 걸
발　　행 · 신 아 사
인　　쇄 · 현대문화
출판등록 · 1956년 1월 5일 (제9-52호)
주　　소 · 서울특별시 은평구 녹번동 통일로 59길 4 2F
전　　화 · (02)382-6411 · 팩스 (02)382-6401
홈페이지 · www.shinasa.co.kr
E-MAIL · shinasa@daum.net

ISBN : 978-89-8396-905-7 (93310)

정가 *17,000*원